KB109402

파이브 팩터

지 은 이

패트릭 벳-데이비드 Patrick Bet-David

패트릭 벳-데이비드는 10세에 전쟁으로 피폐해진 이란을 탈출해 이민자로 미국에 입성했다. 고등학교를 졸업하고 대학 대신 미군에 입대해 101공수부대에서 복무했고, 제대 후 피트니스 센터에서 영업 사원으로 일했다. 이곳에서 일하는 동안 얻은 경험과 통찰로 그는 직종을 금융업 으로 바꾼 뒤, 만 30세의 나이에 금융 서비스 기업 PHP에이전시를 설립했다. PHP에이전시는 설립 당시 캘리포니아주 노스리지 Northridge에 있는 직원 66명 규모의 소기업에 불과했으나 패트 릭이 터득한 비즈니스 예측의 기술 덕분에 현재는 푸에르토리코를 포함한 미국 49개 주에 지점 120개, 직원 약 1만 5000명 규모의 대기업이 되었으며, 여전히 가파르게 성장 중이다.

패트릭은 CEO인 동시에 비즈니스 리더를 양성하는 교육자이기도 하다. 그는 새로운 기업가 정신과 비즈니스 능력 계발에 대한 지식과 영감을 나누기 위해 미디어 브랜드인 밸류테인먼트 Valuetainment를 런칭하고, 관련 콘텐츠를 제작함은 물론 멘토링을 제공하고 콘퍼런스 개최하는 등 다양한 교육 활동을 하고 있다. 밸류테인먼트를 통해 그는 레이 달리오, 로버트 그린, 코비 브라 이언트, 스티브 워즈니악, 조지 W. 부시 전 대통령을 비롯한 수많은 유명 인사와 흥미로운 인터 뷰를 진행했으며, 수백만 명에게 비즈니스 코칭을 제공하고 있다.

이 책은 평범한 영업 사원에서 CEO 자리에 오르기까지 그가 경험한 수많은 실패와 눈부신 성 공의 산물이자 세계적인 비즈니스 구루와의 대담을 통해 얻은 인사이트의 결정판이다.

그레그 딘킨 Greg Dinkin

작가, 전문 연설가, 그리고 TV 진행자다. 코넬대학교를 졸업하고 애리조나주립대학교에서 MBA 학위를 취득했으며, 프로 포커 플레이어로도 활동했다. 대표작으로는 《포커 MBA》《The Leading Man》《The Finance Doctor》 등이 있다.

YOUR NEXT FIVE MOVES

: Master the Art of Business Strategy

Copyright © 2020 by BetDavid Enterprises LLC. All rights reserved.

Korean translation copyright ©2021 by Bookie Publishing House, Inc.

Published by agreement with Folio Literary Management,

LLC and Danny Hong Agency.

이 책의 한국어판 저작권은 대니홍 에이전시를 통한 저작권사와의 독점 계약으로 부키㈜에 있습니다. 저작권법에 의하여 한국 내에서 보호를 받는 저작물이므로 무단 전재와 복제를 금합니다.

파이브 팩터

스펙, 배경, 운을 뛰어넘는 5가지 비즈니스 예측의 기술

YOUR NEXT FIVE MOVES

패트릭 벳-데이비드 · 그레그 딘킨 지음

서유라 옮김

부·키

옮긴이 서유라

서강대학교 영미어문학과 및 신문방송학과를 졸업했다. 백화점 의류패션 팀과 법률 사무소 기획 팀을 거쳐 현재 전문 번역가 및 작가로 활동 중이다. 《인플루언서의 말센스》《후배 하나 잘 키웠을 뿐인데》《좋은 권위》《태도의 품격》《인듀어》《인재로 승리하라》《나는 내 나이가 참 좋다》 등을 우리말로 옮겼으며, 에세이 《회사 체질이 아니라서요》《나와 작은 아씨들》을 펴냈다.

파이브 팩터

2021년 9월 27일 초판 1쇄 인쇄 | 2021년 10월 12일 초판 1쇄 발행

지은이 패트릭 벳 데이비드 · 그레그 딘킨
옮긴이 서유라
펴낸곳 부키(주)
펴낸이 박윤우
등록일 2012년 9월 27일 | 등록번호 제312-2012-000045호
주소 03785 서울 서대문구 신촌로3길 15 산성빌딩 6층
전화 02)325-0846 | 팩스 02)3141-4066
홈페이지 www.bookie.co.kr | 이메일 webmaster@bookie.co.kr
제작대행 올인피앤비 bobys1@nate.com
ISBN 978-89-6051-888-9 03320

책값은 뒤표지에 있습니다. 잘못된 책은 구입하신 서점에서 바꿔 드립니다.

내 인생의 아리스토텔레스, 우리 아버지
게이브리얼 벳-데이비드에게 이 책을 바칩니다.

차례

팩터 1
나 자신을 제대로 알기

팩터 4
기하급수적인 확장 실현하기

작가의 말

이 책에 실린 이야기들은 30여 년에 걸쳐 일어난 것이며,
나는 각 사건을 정확히 묘사하기 위해 최선을 다했다.
이름과 성을 동시에 소개한 사람들은 모두 실존 인물이며,
이름만 언급한 이들은 여러 사람의 특성을 합치거나
세부적인 정보를 바꿔서 만들어 낸 인물이다.
그러나 가상의 인물이라도 그 이야기의 핵심적 내용은 사실이다.

이 책
사용 설명서

망누스 칼센Magnus Carlsen의 이야기를 담은 다큐멘터리 〈망누스Magnus〉를 처음 본 순간부터 나는 체스와 비즈니스의 평행 관계에 관한 생각을 멈출 수 없었다. 칼센은 열세 살에 그랜드마스터(국제 체스 연맹에서 부여하는 체스 선수의 최상위 칭호-옮긴이)를 차지한 노르웨이 출신 체스 천재다. 그는 예지력을 발휘하여 경기 내내 열다섯 수 앞을 내다본다. 이 능력은 상대편의 수를 예측하는(그리고 통제하는) 신비로운 묘기의 바탕이된다. 그의 치밀한 준비 과정 또한 내 마음을 움직였다. 칼센은 진짜 경기에 들어가기 '전에' 머릿속으로 수없이 가상 경기를 치른다. 그 때문에 실전의 열기에도 전혀 동요하지 않는다. 이에 더해 그는 기업의 창업자와 경영자들이 직면하는 문제를 매일같이 마주한다. "정상에 오르고 싶다면 사람들 사이에서 고립될 리스크를 항상 짊어져야 합니다." 그는 말한다.

〈망누스〉를 본 뒤, 나는 성공한 기업가와 체스 그랜드마스터의 공통점을 끊임없이 생각했다. 테슬라와 스페이스X의 창업자인 일론 머스크가 어릴 때부터 체스를 두었다는 이야기를 들었을 때는 딱히 놀랍지 않았다. 그의 동생 킴벌 머스크_{Kimbal Musk}는 이렇게 말했다. "체스에서 그랜드마스터의 경지에 오른 이들은 열두 수 앞을 내다봅니다. 그리고 일론 형은 어떤 상황에서도 열두 단계를 예측하고 움직이죠."

킴벌의 이야기는 아귀가 딱 들어맞는다. 사람들 대부분은 한두 수 이상을 내다보지 않는다. 이런 자들은 아마추어로, 순식간에 업계에서 밀려난다. 효과적인 전략은 하나의 수를 둔 뒤 시장과 경쟁자들이 보이는 일련의 반응을 관찰하며 다음 수를 준비하는 과정에서 나온다. 전략을 효율적으로 실행하려면 첫 번째 움직임을 뛰어넘는 생각을 할 줄 알아야 한다. 일이 잘 풀리기 시작하면 다른 이들의 움직임을 정확히 예측하고 반격이 불가능한 방향으로 판을 움직일 수 있다.

비즈니스는 체스와 마찬가지로 몇 수 앞을 내다보는 게임이지만, 이 책의 주제는 체스의 기술이 아니다. 《파이브 팩터》에는 체스 그랜드마스터들의 비전과 사고방식을 비즈니스에 적용하는 방법이 담겨 있다. 실제로 체스 규칙을 전혀 몰라도 상관없다. 이어질 본문에는 체스 경기가 전혀 나오지 않지만, 체스 마스터들과 같은 '생각'으로 성공을 거둔 사람의 사례가 수없이 등장한다.

한 수 이상을 내다보지 못하는 사람들은 '자존심'과 '감정' '두려움'에 휘둘린다. 최고의 실적을 올리는 영업 사원이 연봉을 올려 주지 않으면 그만두겠다고 으름장 놓는 상황을 떠올려 보자. 감정적인 아마추어 경영자는 "감히 나를 협박하다니" 혹은 "그따위 직원은 필요 없어" 같은 반응을 보일 것이다. 반면 실리적인 전략가는 이어질 수를 신중하게 계획한다.

육아에도 동일한 접근법이 적용된다. 사탕이든, 아이패드든, 혹은 피아노 연습을 건너뛰어도 된다는 허락이든, 아이들이 원하는 것을 바로 줘 버리면 편하다. 아이는 미소를 가득 머금고 자신이 부모님을 얼마나 사랑하는지 재잘거릴 것이다. 게다가 그 반대의 결정을 내렸을 때 쏟아질 미움과 짜증과 독기 어린 눈물 바람은 생각만 해도 머리가 아프다. 대부분의 비즈니스 의사 결정과 마찬가지로, 아이를 기르는 방법에도 '더 쉬운' 선택지가 있다. 그러나 다섯 수 앞을 내다보면 '더 효과적인' 선택지가 눈에 들어온다.

내가 영업 사원에서 영업 책임자를 거쳐 기업 CEO로 레벨업하는 동안 누군가가 이런 통찰을 알려 주었다면 얼마나 좋았을까. 이렇게 비판적인 사고방식을 갖췄다면 지금까지 지나온 그 모든 길목에서 수십 번의 공황 발작과 수백만 달러의 낭비를 막았을 것이다. 내가 성질 급하고 불안정하고 시건방진 운동 기구 영업 사원에서 전략적이고 객관적이며 자신감 넘치는 CEO로 성장한 과정을 돌아보면, 최소 다섯 수 앞을 내다보고 움직이는 방법을 깨달은 순간이 핵심이었음을 알 수 있다.

독자 중에는 어째서 '고작' 다섯 수만 앞서 생각하는지 궁금해하는 사람도 있을 것이다. 여기에는 2가지 이유가 있다. 첫째, 다섯 수는 신중한 전략과 신속한 행동을 동시에 가능케 하는 이상적인 중간 지점이다. 회사의 연례 워크숍을 기획하거나 인수 합병 계획을 분석할 때면(혹은 화성 식민지 개척 프로젝트를 추진할 때면) 다섯 단계 이상을 내다보고자 하는 욕망이 들기도 할 것이다. 그러나 지나치게 앞서 나가다 보면 분석의 덫에 갇혀 행동이 마비될 수 있다. 예상되는 결과를 그려 보고 내 움직임과 경쟁자의 반격을 예측하는 데는 다섯 수로 충분하다.

둘째, 비즈니스를 거시적인 차원에서 성공시키려면 반드시 다섯 단계의 움직임을 거쳐야 한다. 나는 여러분이 성공을 손에 넣기 위해 취해야 할 단계별 움직임을 확실히 배울 수 있도록 이 책의 본문을 다섯 장으로 구성했다.

세상에는 내가 할 수 없는 일이 아주 많다. 나는 195센티미터에 110킬로그램의 거구지만 농구나 축구는 전혀 못 한다. 코딩이나 공학 기술에도 문외한이다. 이런 내가 잘하는 게 하나 있다면, 그것은 관리자와 경영자가 시장을 정복할 전략을 세우도록 돕는 일이다. CEO나 이사회 의장과 회의를 할 때, 우리는 게임의 관점에서 비즈니스 전략에 접근한다. 비즈니스와 체스(그리고 모노폴리나 파이널판타지)의 유일한 차이점은 우리가 승자의 자부심을 넘어서 수백만, 수백억 달러의 이익을 추구한다는 것뿐이다. 경영자가 이런 마음가짐을 갖추면 성장을 이끄는 전략 수립 기술을 배울 수 있다.

경영진의 멘토이자 야심 찬 기업가와 학생들의 안내자로서 나는 다음과 같은 질문을 가장 많이 듣는다. "사업을 시작하기 위해 지금 하는 일을 그만둬야 할까요?" 이 외에도 빈번하게 듣는 질문이 몇 가지 있다. "자산을 매각하거나 대출을 받아서 자금을 마련해야 할까요?" "고위 임원진이나 능력을 기반으로 보상받는 영업 팀을 붙잡아 두려면 어떤 인센티브 구조를 마련해야 할까요?" "지금 당장 해외 진출을 하는 대신 시장 상황이 바뀔 때까지 기다리는 게 나을까요?"

비즈니스상의 간단한 질문들의 답변은 대개 '예' 혹은 '아니요'라는 이분법의 규칙을 따른다. 하지만 '모든' 답이 이분법으로 딱 떨어지리라는 착각의 함정에 빠져서는 안 된다. 사실 질문에 대한 가장 적절한 답변은 올바른 순서로 배치된 일련의 행동이라고 할 수 있다. 소위 '전문가'라고 불리는 사람들은 종종 모든 사람에게 똑같은 기준이 적용되는 것처럼 '예, 아니요' 식의 대답을 내놓음으로써 상황을 악화시킨다. 바로 이런 이유로 우리가 취할 첫 번째 행동은 내가 어떤 사람이며 무엇을 원하는지 정확히 확인하는 단계가 된다.

또 다른 문제점은 바로 계획 부족이다. 열정이 강력한 무기가 될 수 있는 것은 오직 다섯 수 앞을 내다보는 계획이 세워져 있을 때뿐이다. 많은 사람이 앞의 네 수를 건너뛴 채 곧바로 다섯 번째 행동을 실행하고자 한다. 그러나 일에는 순서가 있다. 다음 단계로 나아가려면 앞으로 진행될 여러 단계를 미리 내다보며, 하나의 트랙에서 다음 트랙으로(혹은 한 번의 수에서 다음번 수로) 신중하게 넘어가야 한다.

가령 당신에게 기업가가 되겠다는 분명한 목표가 있다면 지금부터 네 수 앞에 회사를 그만둔다는 결정을 할 수 있다. 혹은 상황에 따라 현재의 직장에서 더 탄탄한 지위를 확보하기 위해 일련의 계획들을 먼저 구축할 수도 있다(사내기업가Intrapreneur가 되는 방법은 3장에서 자세히 다룰 예정이다). 부양할 가족이 있고 저축이 충분하지 못한 상태라면 퇴사라는 결정을 첫수에 두어서는 안 된다. 목표를 이루기 위해 반드시 회사를 떠나야만 하는 것도 아니다. 이 책에는 인생의 모든 단계와 비즈니스의 모든 레벨에 속한 사람들에게 도움이 될 정보들이 담겨 있다. 현재의 당신은 직책에 충분히 만족하는 기업의 최고재무책임자일 수도 있고, 다양성과 유연함을 즐기는 프리랜서, 일명 '1인 기업가_{Solopreneur}'일 수도 있다. 내가 비즈니스를 이토록 사랑하는 이유 중 하나는, 자기 자신을 정확히 알고 다섯 수를 내다보려는 의지를 갖췄다는 전제하에 모든 사람을 위한 길이 열려 있기 때문이다.

어떤 순서가 가장 적합한 상황이든, 기민한 전략가가 되려면 반드시 '예측 능력'을 갖춰야 한다. 최고의 군사 지도자들은 몇 단계의 전술을 미리 계획할 줄 안다. 최고의 파이터들은 상대방을 파악하는 방법을 알고 있다. 그들은 초반에 자신을 한 방 먹인 상대의 기술을 미끼로 이용하여 후반부에 실수를 유도한다. 그래서 기꺼이 1라운드에 펀치를 맞아준다. 세계적인 포커 플레이어들도 정확히 같은 전략을 취한다. 게임 초반에 허세를 부리거나 일부러 패를 버리며 결과적으로 상대를 무너뜨릴 일련의 단계를 차근차근 밟아 나가는 것이다. 워런 버핏이 체스 마스터라고 할 수는 없지만, 그의 지속적인 성공이 인내심을 동반한 전략적 접근에서 비롯된다는 사실만큼은 분명하다. 버핏은 한 번의 투자에서 곧장 이익을 보려 하지 않는다. 심지어 분기 실적이나 연간 실적에도 연연하지 않는다. 그는 긴 경주에서 승리를 거두기 위해 잘 계획된 수를 차분히 두어 나간다.

NBA의 전설 코비 브라이언트_{Kobe Bryant}는 그 비극적인 죽음을 채 6개월도 남겨 두지 않은 시점에 나를 만나 어린 시절 이야기를 들려주었다. 그는 이미 열세 살에 자신이 역사상 가장 뛰어난 농구 선수가 되길 원한다는 사실을 분명히 알았다고 한다. 당시 미국 리그에서 랭킹 56위의 청소년 선수였던 그는 자기보다 높은 순위를 차지한 모든 선수를 넣은 경쟁자 리스트를 만들었다. 그리고 5년 뒤, 그들을 모두 제치고 고등학교 졸업과 동시에 1라운드 지명 선수가 되었다. 마이클 조던은 1984년 로스앤젤레스 올림픽에 출전했을 때 함께 국가대표로 뛴 선수들의 약점을 모두 파악하고, 훗날 NBA로 돌아왔을 때 이 정보를 이용하여 그들을 제쳤다고 알려져 있다. 두 선수 모두 언제나 다섯 수 앞을 내다보며 계획을 세우던 전략가였다. 당신 또한 그들과 같은 관점을 취해야 한다. 만약 당신의 목표가 시장에서 경쟁력을 갖추고 궁극적으로 업계를 정복하는 것이라면 더욱더 그래야 한다.

이어질 본문에는 당신이 최고의 전략가가 되는 데 필요한 모든 정보가 담겨 있다. 여기에 더해, 나는 이 책을 통해 다음과 같은 목표를 달성하는 방법들을 알려 줄 것이다.

1. 자신을 차별화하고 자기만의 고유한 가치를 전달하는 법
2. 투자자를 찾고 효율적인 가치 평가 시스템을 구축하여 수익성 있는 결과를 도출하는 법
3. 인재를 유치하고 육성하는 인센티브 제도를 설계하는 법
4. 빠른 성장과 동시에 시스템을 유지하고 혼란스러운 상황에서 인내력

과 분별력을 유지하는 법

5. 안건을 처리하고 의사 결정을 내리고 문제를 효과적으로 해결하는 법

6. 이루고자 하는 목표와 그 이후에 남길 유산을 확실히 결정하는 법

7. 협상과 판매와 계획에 모든 추진력을 쏟아붓는 법

어쩌면 당신이 이 책을 집어 든 이유는 비즈니스를 하는 데 필요한 배움 혹은 지식이 부족하다는 고민 때문이었을지도 모른다. 어쩌면 당신은 지능이 너무 높고, 생각이 너무 많은 나머지 인생에 꼭 필요한 결정을 제때 내리지 못하는 사람일 수도 있다. 출발점이 어디였는지는 중요하지 않다. 혹시 자신이 제대로 된 기업가로 성장할 재목이 아닐지도 모른다는 불안감이 든다면 지금부터 이어지는 내 이야기를 생각해 보자.

과거의 나를 알았던 사람이라면 누구나 내게 '성공할 가능성이 거의 없는 사람'이라는 딱지를 붙였을 것이다. 당신은 내 이야기를 통해 한 치 앞도 내다보지 못했던(그리고 그 결과 26개의 신용카드와 총 4만 9000달러의 빚을 지게 된) 인간이 어떻게 CEO로 성장했는지 보게 될 것이다. 내가 어떻게 캘리포니아주 노스리지Northridge에 직원 66명 규모의 금융 서비스 마케팅 전문 기업인 PHP에이전시PHP Agency를 세웠는지, 그리고 10년 사이에 이 기업을 푸에르토리코를 포함한 미국 49개 주에 지점 120개, 직원 약 1만 5000명 규모로 키워 냈는지도 확인하게 될 것이다.

나는 독보적인 다양성과 밀레니얼 문화, 소셜미디어 전략의 구심점으로 인정받고 있는 우리 회사에 큰 자부심을 느낀다. 우리는 그 '지루한' 생명보험 업계에서 이런 성과를 거둬 냈다(이 업계에서 활동하는 평균적인

보험 중개인은 만 57세의 백인 남성이지만 우리 회사의 평균 구성원은 만 34세의 라틴계 여성이다). 우리의 성공 비결은 인맥도 행운도 아니다. 사실 내게 는 당신이 갖지 못한 특별한 자질이 하나도 없으며, 내 개인적인 배경은 오히려 누구나 기업가가 될 수 있다는 사실을 증명한다.

CEO 자리에서 가장 멀리 있던 남자

나는 이란의 수도 테헤란에서 자랐다. 1987년 이란-이라크 전쟁 당시 우리 가족은 매 순간 공격당할지도 모른다는 두려움을 안고 살았다. 당시 나는 겨우 여덟 살 소년이었지만 그 무시무시한 소리가 지 금도 내 귀에 생생하게 맴돈다. 공격은 늘 공습경보와 함께 시작되었다. 듣는 것만으로도 영혼을 꿰뚫어 버리는 그런 소리였다. 그 후에는 적군 전투기가 국경을 넘었다는 경고 방송이 나오고, 마침내 공기를 가르며 내려오는 폭탄의 날카로운 마찰음이 들려왔다.

그 소리를 들을 때마다 우리는 제발 폭탄이 이 대피소를 피해 가길 기도했다. 부모님 옆에 붙어 앉아 공포에 떨던 기억이 선명하다. 이런 경 험이 반복되자 어머니는 마침내 중대한 결정을 내렸다. 아들이 전장으 로 끌려가는 사태를 막기 위해서라도 나라를 떠나야 한다고 아버지를 설득한 것이다. 아버지는 지금 행동하지 못하면 모든 것이 무너지리라 는 사실을 깨달았다.

부모님과 나, 누나는 흰색 르노 소형차를 타고 테헤란에서 2시간 거 리에 있는 카라즈Karaj로 향했다. 우리 차가 카라즈로 향하는 다리를 건너오자마자 뒤쪽에서 굉음과 함께 눈부신 섬광이 번쩍였다. 아버지는 나와 누나에게 돌아보지 말라고 했지만, 우리는 본능적으로 뒤를 쳐다보았다. 그때 아버지 말씀을 들었어야 했는데 말이다. 고개를 돌리자채 100미터도 안 되는 지점에 떨어진 폭탄의 무시무시한 흔적이 눈에들어왔다. 우리가 다리를 무사히 건넌 직후에 생긴 일이었다. 나는 아직도 그 장면을 제대로 묘사할 수가 없다. 한 가지 분명한 건, 그게 겁에질린 두 아이가 절대 봐서는 안 될 장면이었다는 사실뿐이다.

나는 그 순간을 마치 어제 일처럼 머릿속에서 되감을 수 있다. 이런 기억은 누군가를 망가뜨릴 수도 있고, 고통과 역경에 대한 크나큰 인내력을 심어 줄 수도 있다. 어찌 됐든 우리 가족은 재난을 피해 탈출하는 데성공했고, 독일 에를랑겐Erlangen의 난민촌에서 2년간 지내다가 1990년11월 28일 캘리포니아주 글렌데일Glendale로 이주했다. 미국에 막 도착했을 때 나는 겨우 만 12세였고 영어를 거의 못 했으며 전쟁으로 황폐해진 나라를 탈출하는 과정에서 겪은 끔찍한 정신적 트라우마에 시달리고 있었다.

하지만 생사의 갈림길에서 부모님이 내린 올바른 결정 덕분에, 나는이렇게 살아남아 번창하는 사업과 아름다운 가정을 유지하는 당당한미국 시민이 되었다.

다섯 수를 내다보는 법을 제대로 배우면 마치 독심술사가 된 듯한 기분이 들 것이다. 실제로 당신은 목표 달성에 필요한 수를 끊임없이 내다보고, 그 과정에서 상대의 다음 말이나 행동을 예측하는 능력을 손에 넣을 것이다. 이 시점에 당신은 분명 이러한 질문을 떠올리고 있을 것이다. '내가 이런 일을 할 수 있을까?' '경험이 모자란 내가 전략적인 사고를 통해 비즈니스 제국을 건설한다는 게 정말로 가능한 일일까?'

어쩌면 당신은 내 말에 이런 반론을 펼칠지도 모른다. "하지만 패트릭 씨, 당신은 언변이 뛰어난 사람이잖아요? 사업을 운영한 부모님의 피를 물려받기도 했고, 게다가 저보다 훨씬 똑똑한 사람이잖아요."

내가 당신보다 더 똑똑하다고? 과연 그럴까? 아래 조건들을 한번 살펴보라.

1. 나는 고등학교를 겨우 졸업했다. 평점은 1.8에 불과했고, SAT 점수는 1600점 만점에 반타작인 880점이었다. 4년제 대학에는 발도 들여놓지 않았다. 성장하는 내내 친구와 친척들로부터 아무것도 될 수 없으리라는 말을 수없이 들었다.

2. 내가 말재주가 있다고 생각하는가? 나는 만 41세가 된 지금까지도 '여전히' 어눌한 억양 때문에 놀림을 받는다. 이민자 출신으로 10대를 보내던 시절에는 전쟁을 겪는 것보다 발음이 어려운 단어를 내뱉는 게 더 무서웠다. '수요일Wednesday' '섬Island' '정부Government' 같은 단어의 발음은 내 인생 최대의 도전이었다. 당시는 TV 프로그램 《길리건의 섬Gilligan's Island》이 인기를 구가하던 시절이었는데, 내가 프로그램 이름을 얼마나 웃기게 발음했는지, 그 때문에 얼마나 심한 비웃음을 당했는지 당신은 상상도 할 수 없을 것이다.

3. 우리 부모님은 미국에 도착한 직후 이혼했다. 나는 생활 보조금으로

근근이 살아가던 엄마와 함께 지냈다. 운동을 좋아하던 키 큰 소년이었지만, 엄마에게 월 13달러 50센트의 YMCA 회비를 감당할 능력이 없었던 탓에 어떤 스포츠도 제대로 배우지 못했다.

4. 내가 만 18세에 군에 입대한 이유는 다른 선택의 여지가 없었기 때문이다. 잘 배운 사람들이 커리어를 시작할 나이인 만 21세에 나는 '밸리 토털 피트니스Bally Total Fitness' 라는 피트니스 센터의 회원권을 팔러 다녔다.

어찌 보면 도저히 극복하기 어려운 악조건일 수도 있었다. 하지만 실제로 나를 성공으로 이끈 것은 바로 이런 도전들이었다. 만약 이 모든 악조건을 갖고 있지 않았다면, 나는 성공을 향해 그토록 강렬한 야망을 품지 않았을 것이다.

이쯤에서 분명히 짚고 넘어갈 것이 있다. 나는 당신에게 야망을 가르쳐 줄 수 없다. 당신이 힘든 일을 피하기만 하는 사람이라면, 인생에서 중요한 일을 해내고 싶다는 욕망이 없는 사람이라면, 내가 당신에게 해줄 수 있는 일은 거의 없다. 이 책은 자신의 목표가 얼마나 높은지 확인하고 그곳에 도달하는 확실한 전략을 추구하는 이들을 위해 썼다. 이런 인재들은 단순한 동기 부여가 아니라 효과적이고 입증된 전략을 원한다. 그들은 다음 단계로 가는 속도를 끌어올리기 위해 효율적인 공식을 손에 넣고자 한다. 당신은 이런 부류에 속하는가?

공식 얘기가 나와서 말인데, 나는 공식을 찾아내는 것만큼이나 공유하는 것에도 부지런하다. 나는 2013년부터 내게 도움이 된 비즈니스 전략들을 소개하는 영상을 만들기 시작했다. 제작진은 나와 내 오른팔 마리오뿐이었고 장비라곤 캐논의 소형 카메라 'EOS Rebel T3'(보통은 영상이 아니라 사진 찍는 용도로만 활용되는 제품)밖에 없었다. 우리는 그 영상에 〈패트릭과의 2분Two Minutes with Pat〉이라는 제목을 붙여 유튜브에 올렸고, 1년 후 구독자 60명이 생겼을 때 채널 이름을 '밸류테인먼트Valuetainment'로 바꿨다. 3년 후에는 구독자가 10만 명을 넘어섰고 유용하고 실용적인 콘텐츠를 제작한다는 평판도 얻었다. 2020년 3월에는 구독자가 200만 명을 돌파했다(2021년 9월을 기준으로 현재 구독자는 311만 명에 이른다 – 옮긴이). 그 과정에서 나는 인생의 모든 단계에 있는 사람들에게 조언을 건넸다. 2019년 5월, 우리는 '볼트Vault'라고 이름 붙인 첫 대규모 콘퍼런스를 열었다. 행사에 참석하기 위해 43개 국가, 140개 산업에 종사하는 기업가 600명이 댈러스로 날아왔다. 그중에는 소규모 스타트업 대표부터 매출 5억달러 규모의 거대 기업 임원진과 CEO까지 다양한 구성원이 섞여 있었다.

이 기업가들은 왜 지구 반 바퀴를 돌고 힘들게 번 돈을 써 가면서 우리 콘퍼런스를 찾은 걸까? 그 많은 사람이 우리 채널을 구독하는 이유는 뭘까? 그 이유는 내가 배운 모든 철학과 전략이 '전환 가능'한 것들이기 때문이다. 내 조언은 누구나 쉽게 이해하고 즉시 활용할 수 있다. 우리 구독자 중 상당수가 스스로를 '밸류테이너Valuetainer'라고 부르며 막대한 이익을 창출하고 있다. 하버드나 스탠퍼드, 와튼스쿨 같은 전통적인 학교들과는 결이 다르지만, 밸류테인먼트는 성공적인 임원진과 경영인을 배출하는 세계적인 교육의 장이 되었다.

나는 기업가정신이 세상의 많은 문제를 해결할 수 있다고 굳게 믿으며, 그간의 경험을 통해 이러한 목표를 이루는 방법과 더불어 이를 사람들에게 알리는 방법도 배웠다. 개인적인 대화부터 그룹 회의와 긴박한 협상까지, 이 책에 내가 가진 모든 지혜를 담아낸 것은 그 효과를 스스로 경험했을 뿐 아니라 다른 이들에게서도 같은 성공을 이끌어 낼 수 있다는 사실을 깨달았기 때문이다.

비즈니스 목표를 달성하는 방법

당신의 손에는 어떤 비전이든 현실로 만들어 줄 완벽한 전략서가 들려 있다. 당신은 목표 달성에 필요한 기술뿐 아니라 '마음가짐'까지 배우게 될 것이며, 그 과정에서 더 나은 리더이자 더 나은 인간이 되기 위해 어떤 노력이 필요한지 알게 될 것이다. 이 책에서 소개하는 다섯 수를 모두 마스터할 무렵이면, 당신은 업계를 막론하고 사업을 성공시키는 데 필요한 모든 것을 손에 넣을 것이다. 여기서 말하는 다섯 수란 다음과 같다.

1. 나 자신을 제대로 알기
2. 논리적으로 추론하기
3. 이상적인 조직 구성하기
4. 기하급수적 확장 실현하기
5. 힘의 균형을 움직이는 전략 익히기

첫 번째 수인 '나 자신에 관한 탐구'는 비즈니스에서 일반적으로 잘 언급되지 않는 주제다. 하지만 이 책을 읽으면 자신에 대한 정확한 이해 없이 다음 수를 내다본다는 것이 불가능하다는 사실을 알게 될 것이다. 우리는 자기 인식을 통해 자신의 행동에 대한 선택권과 통제력을 갖게 되며, 무엇보다 스스로 되고자 하는 모습을 분명히 파악하고 그 목표의 중요성을 이해할 때 정상에 도달하기 위해 어떤 길을 걸어야 하는지 명확히 알게 된다.

두 번째 수는 '논리적인 추론 능력'에 관한 것이다. 이 부분에서는 문제를 처리하는 방법과 더불어 주제와 관계없이 비즈니스를 진행하며 마주하게 되는 모든 의사 결정을 다루는 방법을 살펴볼 것이다. 단순한 흑백논리로 나눌 수 있는 결정은 세상에 없다. 우리는 두 번째 수를 통해 중간의 회색지대를 파악하고 불확실성을 고려해서 확고하게 전진하는 방법을 배우게 될 것이다.

세 번째 수는 타인을 이해하고 그 결과 당신의 성장을 돕는 '이상적인 조직 구성'이다. 이 책에 제시된 전략 중 일부가 일종의 권모술수처럼 보일 수도 있겠지만, 내가 취하는 모든 행동의 핵심은 사람들이 자신의 능력을 최대한 발휘할 수 있도록 이끄는 것이다. 나는 내면의 가장 깊은 욕망을 드러내는 질문을 던짐으로써 그들이 잠재력을 발휘할 수 있도록 촉진한다. 내가 사람들에게 자기 자신을 이해하라는 도전을 제시하듯이, 당신에게도 주변과의 관계를 이해하라고 요구할 것이다. 직원들과 사업 파트너 관계로서 신뢰가 쌓이면 수익성 높은 동맹 관계가 형성되고, 비즈니스의 모든 영역에서 효율이 높아지며, 그 결과 밤마다 마음

편히 숙면에 빠질 수 있다.

네 번째 수는 확장 전략을 통한 '기하급수적 확장의 실현'이다. 이 파트에서는 자본을 조달하는 방법부터 빠른 확장을 달성하는 방법, 조직 구성원들에게 책임감을 심어 주는 방법까지 성장과 관련된 모든 것을 다룰 것이다. 이 수를 배울 즈음이면 당신은 노련한 CEO처럼 생각하며 추진력을 얻고 유지하는 방법, 비즈니스의 중심 요소들을 파악하고 측정하는 시스템 구축 방법을 알게 될 것이다.

다섯 번째 수의 핵심은 '힘의 균형을 움직이는 전략'이다. 당신은 업계에서 골리앗을 상대로 승리를 거두는 기술을 익힐 것이다. 자신의 이야기를 제대로 통제하고 소셜미디어를 활용하여 적절한 프레임을 부여하는 방법 또한 배울 것이다. 이 파트에서는 인간의 심리와 더불어 세상에서 가장 악명 높은 비즈니스 조직인 마피아의 은밀한 내부 비밀을 다룬다(당신이 생각하는 그 마피아가 맞다. 왜 하필 이 조직을 택했는지 곧 알게 될 것이다!). 그리고 성공한 기업가들이 다섯 수 앞을 내다본 놀라운 사례들을 살펴보며 책을 마무리할 것이다.

나는 정식 비즈니스 교육을 받아 본 적이 없다. 하지만 관련 서적을 1500권 이상 읽었으며 지금도 여전히 적극적으로 공부하고 있다. 이 모든 책에서 짜낸 지혜들은 내 사업에 살뜰하게 적용됐다. 밸류테인먼트가 탄생한 이후로는 뛰어난 지성인과 탁월한 전략가들을 인터뷰할 기회를 얻었다. 이 인터뷰는 지금까지 2가지 목적으로 진행되었고, 앞으로도 같은 목적을 위해 이어질 것이다. 다시 말해서 나는 그들로부터 얻은 지혜를 활용해 나 자신의 인생과 비즈니스를 성장시킬 것이며, 그 과정에서 전 세계의 구독자들이 같은 혜택을 받도록 할 것이다.

이 책에는 가장 성공한 기업가와 전략가들이 생각하고 행동하는 방식을 보여 주는 다양한 이야기가 담겨 있다. 나는 레이 달리오Ray Dalio와 빌리 빈Billy Beane, 로버트 그린Robert Greene, 코비 브라이언트, 패티 맥코드Patty Mccord 등을 인터뷰했고, 일명 '황소 새미Sammy the Bull'라 불리던 마피아 조직의 간부 살바토레 그라바노Salvatore Gravano를 포함하여 다수의 범죄 조직원들과도 대화를 나눴다. 내가 비즈니스를 공부하며 먼발치에서 존경해 오던 인물, 가령 스티브 잡스나 셰릴 샌드버그, 빌 게이츠 같은 경영인들의 이야기도 포함했다. 이들의 이야기는 하나같이 멋질 뿐 아니라 내 조언을 당신의 실제 삶에 적용하는 데도 큰 도움이 될 것이다.

이 책의 가장 큰 목적은 바로 '당신의 성공'이다. 당신이 현재 어느 위치에 있는지는 중요하지 않다. 《파이브 팩터》를 끝까지 읽으면 앞으로 취해야 할 다섯 단계의 움직임이 명확히 눈에 들어올 것이다.

내 목표는 당신에게 일련의 '유레카!' 순간을 선물하는 것이며, 당신의 두뇌에 정보와 전략을 처리할 새로운 방법을 심어 주는 것이다. 올바른 숫자 조합을 모르는 상태에서 금고 비밀번호를 풀려고 애쓸 때의 좌절감을 떠올려 보라. 그런 다음 정확한 조합을 찾아내 비즈니스의 지혜가 가득 담긴 금고를 활짝 여는 순간을 상상해 보라. 이 책을 읽음으로써 당신은 해야 할 일뿐 아니라 그 방법까지 알고 있다는 자신감을 얻게 될 것이다. 그 결과 당신은 퍼스널 브랜딩과 비즈니스를 동시에 성장시키며 모든 수준의 문제를 해결할 수 있는 기반을 얻게 될 것이다.

팩터 1

나 자신을
제대로 알기

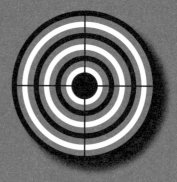

당신은 어떤 사람이 되고 싶은가?

제 1 장

"정답보다 질문이 더 낫다. 질문은 더 많은 배움으로 이어지니까. 배움의 핵심은 결국 당신이 원하는 것을 얻게 해 주는 게 아닌가? 그렇다면 우선 당신이 원하는 것에서부터 출발하고, 그것을 손에 넣기 위해 무엇을 배워야 하는지 정확히 파악해야 하지 않을까?"

−레이 달리오, 《원칙》 저자, 2012년 《타임》이 '세계에서 가장 영향력 있는 100인'으로 선정한 투자가

1987년에 개봉한 영화 《월스트리트》에서 마이클 더글러스Michael Douglas가 연기한 고든 게코는 찰리 쉰Charlie Sheen이 맡은 버드 폭스에게 말한다. "나는 지금 월스트리트 증권 회사에서 연봉 40만 달러쯤을 받으면서 비

행기 일등석이나 타고 적당히 편안하게 사는 그런 삶을 얘기하는 게 아니야. 내가 말하는 건 유동 자산이라고. 전용 제트기 정도는 소유할 수 있는 그 정도의 부를 말하는 거야."

누군가는 이 대사를 보고 이렇게 생각할 것이다. '연봉 40만 달러(한화로 약 4억 7000만 원)면 이미 꿈 같은 돈 아닌가?' 반면 어떤 이는 그런 물질적인 재산에 전혀 관심이 없다고 생각할 수도 있다. 개중에는 벅찬 목소리로 하늘을 향해 언젠가 나만의 전용 제트기를 손에 넣고야 말겠다고 외치는 사람도 있을 수 있다. 중요한 것은 당신 '자신'의 생각이다. 당신이 가고자 하는 방향이 어딘지에 따라 앞으로 이뤄질 모든 선택이 결정될 것이다.

장래를 고민하는 고등학생이든, 5억 달러짜리 회사를 운영하는 CEO든, 누군가 내게 질문을 던지면 나는 늘 이렇게 답한다. "모든 것은 당신이 이 질문에 얼마나 정직하게 대답할 수 있느냐에 달렸습니다. 당신은 어떤 사람이 되고 싶습니까?"

이 장에서는 이 질문에 명쾌하게 대답하는 방법을 안내할 것이다. 열정을 이끌어 내고 행동을 시작하기 위해서 스스로 인생의 설계도를 되돌아보며 새로운 비전을 세우는 방법 또한 알려 줄 것이다. 이와 더불어 우리는 계획을 수립하고 실행하는 과정이 어떻게 당신의 미래에 필요한 에너지와 통제력으로 이어지는지 쭉 살펴볼 것이다. 이 책의 가장 큰 목표 중 하나는 당신이 스스로 어떤 사람이 되고자 하는지 명확히 이해하도록 돕는 것이다.

가슴속에서 당신의 야망을 꺼내 보라

당신을 움직이게 하는 원동력이 무엇인지, 당신이 되고자 하는 사람이 누구인지 정확히 이해하는 것보다 더 중요한 일은 없다. 소위 컨설턴트나 인플루언서라 불리는 이들은 모든 사람이 같은 목표를 원한다고 착각하는 실수를 너무나 자주 저지른다. 나는 기업의 창업자나 경영자와 대화를 나눌 때마다 일단 질문부터 던진다. 솔루션을 제시하기 전에 상대방이 어떤 모습의 사람이 되고자 하는지, 그가 인생에서 원하는 게 무엇인지 최대한 많은 정보를 수집하는 것이다.

물론 사람들이 모두 자신의 이상을 정확히 알고 있는 것은 아니다. 당장은 답을 갖고 있지 못한 게 보통이다. 하지만 기억하라. 내가 던진 질문은(그리고 이 책에서 안내하는 모든 움직임은) 일련의 과정이다. 내가 전할 모든 사례와 에피소드들은 오직 '당신'을 위해 존재한다. 당신은 이야기들을 통해 자기 자신을 돌아보고 더 깊이 이해하게 될 것이다. 지금 시점에는 오히려 명확한 답을 내놓을 수 없는 사람이 대다수일 것이다. 다만 내가 바라는 건, 당신이 적절한 시점에 답을 얻겠다는 목표를 지니고 열린 마음으로 계속해서 책을 읽어 나가는 것이다.

첫 번째 수의 목적은 당신에게 가장 중요한 것이 무엇인지 파악하고, 자신의 신념과 비전의 수준에 맞춰 전략을 짤 수 있도록 그 바탕을 마련하는 것이다. 당신의 목표 성취를 위해 어떤 결정을 내려야 할지, 혹은 어떤 길을 택해야 할지에 대해서는 내가 조언해 줄 수 있지만, 결국 더 큰 사고와 성장을 추구한다는 목표는 오직 당신만이 정할 수 있다.

당신은 어떤 사람이 되고 싶은가?

스스로 이러한 질문을 계속 던졌을 때 나오는 대답이 당신의 속도를 결정하는 기준이 된다. 만약 당신의 목표가 작은 구멍가게 주인이라면 비즈니스에 전사처럼 뛰어들 필요도 없고 속도를 최대치로 끌어올릴 필요도 없다. 하지만 업계를 뒤흔드는 기업을 건설하고 싶다면 적절한 인재와 데이터, 전략, 스토리텔링을 확실히 갖춘 상태에서 접근해야 한다. 이것이 바로 당신이 반드시 시간을 내서 자신의 이야기(당신이 정확히 어떤 사람이 되고자 하는지에 관한 이야기)를 명확하게 확인해야 하는 이유다. 그러지 않으면 상황이 어려워졌을 때 시련을 견디지 못하고 나가떨어질 수밖에 없다. 그리고 비즈니스를 운영하다 보면 어려운 상황은 반드시 닥치기 마련이다.

고통은 수치가 아니라 우리의 연료다

나는 지금 이 자리에서 당신이 누리게 될 미래의 삶에 관해 이야기해 줄 수 있다. 고급 자동차와 전용기, 유명 인사와의 친분 같은 것들은 너무나 멋들어진 전망이지만 일단은 그보다 앞서 겪게 될 미래부터 내다보자. 장밋빛 목표에 도달하기 위해서 당신은 상상하기 어려운 괴로움을 견뎌야 할 것이다. 고통을 잘 견디는 사람, 즉 인내심이 매우 강한 사람이야말로 비즈니스 세계에서 성공할 가능성이 가장 높은 인재다.

자기 사업에 몇 년을 투자한 이들 중 상당수가 냉소적으로 변한다.

별로 듣기 좋은 이야기는 아니지만, 실제로 나는 이런 사례를 많이 목격했다. 우리는 성공을 향한 꿈을 품고 그곳에 도달하기 위한 계획도 잔뜩 세워 둔다. 그러나 인생이 앞길을 방해하고 처음 생각했던 것처럼 계획이 풀리지 않으면 우리는 결국 목표에 집중하는 힘과 그에 대한 믿음을 잃어버린다. 당사자는 눈치채지 못하겠지만, 이런 상황이 닥치면 결국 다음 수를 내다보는 능력까지 손상되고 만다.

어떤 이들은 이런 식으로까지 생각하기 시작한다. "어차피 해내지도 못할 거라면 원대한 목표를 세우는 게 무슨 의미겠어? 차라리 목표를 낮추고 안전하게 가는 게 낫지."

뛰어난 인재와 우리 같은 평범한 사람의 유일한 차이는 위대한 목표를 성취하기 위한 비전과 계획이 있는지 여부뿐이다. 꿈과 대의를 비롯하여 자기 자신보다 더 커다란 무언가를 위해 도전할 때, 우리는 인생을 위대한 모험으로 이끄는 열정과 야망, 기쁨을 찾아낼 수 있다. 이 여정의 핵심은 자신의 대의를 파악하고 스스로 어떤 사람이 되고 싶은지 이해하는 것이다.

1999년 여름, 만 스무 살의 나는 군대를 막 제대한 상황이었다. 당시 나는 중동 출신의 아널드 슈워제네거Arnold Schwarzenegger가 되겠다는 꿈을 품고 있었다. 그해 6월의 어느 날, 내 마음속에는 최고의 보디빌더에게 주어지는 미스터 올림피아Mr. Olympia 자리를 꿰차고 영화배우로 데뷔한 뒤, 케네디 가문의 아가씨와 결혼해 캘리포니아주 주지사에 당선되리라는 확신이 있었다.

이 목표의 첫 단추로, 나는 가능한 한 빨리 주목받는다는 포부와 함께 피트니스 센터에 취직했다. '밸리 토털 피트니스'는 캘리포니아주에서 가장 큰 피트니스 센터 체인으로, 나는 누나의 도움을 받아서 컬버시티Culver City 지점에 자리를 얻을 수 있었다. 아마도 컬버시티는 그 당시 밸리 토털 피트니스가 위치한 도시 중에서 가장 작고 낙후된 지역이었을 것이다.

시작은 전혀 이상적이지 못했지만, 나는 결국 승진해서 할리우드에 있는 가장 큰 지점으로 이동할 수 있었다. 계획은 순조롭게 진행되었다! 회원권 판매가 계속 증가하면서 내 월급은 한 달에 3500달러까지 늘어났다. 군대에서 받았던 박봉과 비교하면 마치 수백만 달러처럼 느껴지는 거금이었다.

하루는 내 실적을 관리하는 본사 담당자 로비가 할리우드에서 약 50킬로미터 떨어진 채츠워스Chatsworth 지점의 부매니저 자리를 제안했다. 그는 월간 목표의 40퍼센트밖에 채우지 못하고 있는 채츠워스 지점의 부진한 매출을 내가 끌어올려 주길 바라고 있었다.

솔직히 나는 그 제안이 탐탁지 않았다. 내 목표는 할리우드 지점에서 연봉 5만 5000달러를 받는 주말 담당 매니저가 되는 것이었으니까. 로비는 채츠워스 지점의 매출 실적을 달성하는 순간 내가 원하는 자리를 주기로 약속했다. 내가 신경 써야 할 경쟁자는 우리 센터에서 오래 일한 에드윈이라는 선배뿐이었다. 그를 넘어서기만 한다면 꿈에 그리던 할리우드 지점 주말 매니저 자리가 손에 들어올 터였다.

순식간에 3개월이 흘러갔다. 우리는 채츠워스 지점의 매출을 월 목표 대비 40퍼센트에서 115퍼센트까지 향상시키는 데 성공했다. 내 실적은 에드윈을 아득히 제치고 전 지점에서도 최고 수준을 기록했다. 로비가 만나서 얘기하자는 전화를 걸어왔을 때, 나는 당연히 본사에서 내 능력을 인정했다고 생각했다. 그 순간 내 눈에는 보디빌딩계의 전설인 조 웨이더Joe Weider를 만나고, 할리우드 기획사에 스카우트되고, 연기 경력을 시작하고, 좋은 집안 출신의 아름다운 아가씨와 연애하는 미래의 내 모습이 똑똑히 보였다. 그날 오후 터질 듯 부푼 가슴을 안고 로비를 만나러 가던 기분을 지금도 또렷이 떠올릴 수 있다.

그러나 사무실에 들어선 순간 뭔가 이상하다는 직감이 스쳤다. 지금 내 눈앞에 있는 사람은 에드윈을 이기기만 하면 원하는 자리를 주겠다고 장담하던 석 달 전의 그 로비가 아니었다.

'그럴 리 없어. 그냥 조바심이 나서 그런 걸 거야.' 나는 애써 평정을 찾으려고 노력했다. '로비에게 설명할 시간을 주고 무슨 얘기를 하는지 차분히 들어 보자.'

"패트릭, 지난 90일 동안 당신과 팀원들이 보여 준 성과가 너무 자랑스럽습니다." 로비는 말을 이었다. "저는 당신이 그곳에 6개월 더 머물면서 채츠워스 지점의 위상을 한 단계 더 끌어올려 주길 바랍니다."

"무슨 말씀이시죠?" 내가 되물었다. "저는 실적 달성에 대한 보상으로 할리우드 지점의 주말 매니저 자리를 원한다고 분명히 말씀드렸는데요." 하지만 돌아온 대답은 그 자리가 이미 충원되었다는 내용이었다.

피가 거꾸로 솟는 기분이었다. 다 큰 성인 남성이 스스로 한 약속을 어기고도 내 눈을 똑바로 쳐다볼 수 있다는 사실이 믿기지 않았다. 목표를 이루는 데 온 힘을 쏟았던 나는 일이 뜻대로 풀리지 않았을 경우를 대비한 방책을 전혀 세워 두지 못한 상태였다.

나를 대신해 주말 매니저 자리를 꿰찬 사람은 누구였을까? 아마도 예상했겠지만, 그 주인공은 바로 에드윈이었다. 이유가 뭘까? 에드윈은 밸리 토털 피트니스에서 무려 6년이나 일한 베테랑 직원이었고, 나는 고작 9개월 차 신입에 불과했다. 본사는 내 실적을 무시한 채 에드윈의 경력에 손을 들어 주었다. 객관적인 데이터가 내 능력을 정확히 보여 주었음에도 결정은 바뀌지 않았다.

공평하게 말하자면 로비는 비열한 사람이 아니었다. 그는 단지 회사의 인사 결정을 따르기 위해 중립적인 입장을 취했을 뿐이었다. 현재의 관점에서 보면 의사 결정의 주체가 개인이 아닌 회사이며, 능력만으로 보상이 주어지지 않는다는 사실을 그렇게 어린 나이에 깨달을 수 있었다는 것은 여러모로 축복이다. 내 분노를 눈치챈 로비는 밖으로 나가서 열을 좀 식히는 게 어떻겠냐고 제안했다. 나는 주차장으로 걸어가면서 생각을 정리하기 위해 애썼다. 지금 이 상황이 내 남은 인생에 어떤 영향을 미칠지 상상해 보았다. 마음속으로 영상을 쭉 재생했지만 로비의 통보를 그대로 받아들였을 때 다가올 결과를 도저히 용납할 수가 없었다. 당시에는 깨닫지 못했지만, 나는 벌써 다음 수에 손을 뻗고 있었다. 그 수의 유일한 문제는 나 자신이 세운 계획을 실천하는 대신 상대방의 움직임에 기계적으로 반응했다는 점이었다. 나는 사무실로 돌아가 방금 그 결정이 바뀔 가능성이 있는지 물었다. 그는 없다고 대답했다.

나는 그의 눈을 똑바로 쳐다보며 그만두겠다고 말했다. 처음에 그는 내가 농담을 한다고 생각했다. 하지만 내 결심은 확고했다. 승진에 대한 기준도 명확하지 않은 조직에서 일하며 어떤 발전을 기대할 수 있겠는가? 눈에 뻔히 보이는 부조리를 참아야 할 이유가 뭐란 말인가? 나는 그 순간 내가 남의 손에 운명을 맡겨 두고는 하루도 살 수 없는 사람이라는 사실을 깨달았다.

하지만 경험이 부족했던 그때의 나는 성공한 사람들처럼 생각하는 법을 몰랐다. 한두 수 앞도 내다보지 못하는 미숙함 때문에 나는 여전히 아마추어 수준을 벗어나지 못했다. 그 결과는 두려움으로 찾아왔다. 차를 몰고 집으로 돌아오는 내내 인생 최악의 결정을 내린 것인지도 모른다는 두려움이 머릿속을 떠나지 않았다. 동료들은 끊임없이 전화를 걸어 대체 무슨 미친 짓을 한 거냐고 다그쳤다. 가족들도 내 결정을 믿지 못했다.

그날 밤 잠자리에 들어서야 나는 들끓는 감정을 가라앉히고 다음에 취할 움직임을 고민하기 시작했다. 감정이 한창 끓어오르는 순간에도 일을 제대로 처리하는 요령을 알게 된 것은 인생 경험을 한참 더 쌓은 뒤였다. 그러나 다행히도 그날 나는 다음 행보에 대해 진지하게 생각할 수 있을 만큼 마음을 충분히 가라앉힐 수 있었다. 돌이켜보면 그날 밤은 내 인생의 결정적 순간이었다.

나는 내면을 돌아보며 내가 되고자 하는 모습과 내가 도달하고 싶은 목표를 분명히 확인했다. 당시 내가 만든 목록은 다음과 같았다.

1. 패트릭 벳-데이비드라는 이름을 의미 있게 만들어서 우리 부모님이 이란을 떠나 온 결단을 자랑스럽게 여기도록 하고 싶다.
2. 약속을 지키는 사람들과 함께 일하고 싶다. 특히 나와 함께 나아가

며 내 커리어에 영향을 끼칠 리더들을 만나고 싶다.

3. 온전히 내가 얻어 낸 결과를 바탕으로 최고가 되는 공식을 알아내고 싶다. 목표로 향하는 과정에서 당황하거나 우왕좌왕하는 것은 참을 수가 없다.

4. 나와 같은 비전을 지닌 팀을 꾸려서 우리가 어디까지 함께할 수 있는지 확인하고, 100퍼센트 믿을 수 있는 러닝메이트를 발굴하고 싶다.

5. 타인의 결정과 정치적 태도에 영향을 받지 않을 정도로 충분한 돈을 벌고 싶다.

6. 손에 넣을 수 있는 모든 전략서를 읽고 판을 바라보는 시야를 넓힘으로써 기업의 횡포에 휘둘리는 리스크를 최소화하고 싶다.

내가 되고자 하는 모습을 확실히 알게 되자 다음에 두어야 할 수가 자연스레 눈에 들어왔다. 내가 세운 첫 번째 계획은 뚜렷한 목표와 성과급 체계를 갖춘 영업직에 취업하는 것이었다. 그로부터 20년이 지난 지금, 나는 한 사람의 핵심적인 가치와 신념에서 나온 결정이야말로 확실한 선택으로 이어진다고 분명히 말할 수 있다.

무시와 미움은 추진력으로 불태워 버려라

내가 승진을 거부당한 경험을 나눈 것은 당신이 이 이야기를 통해 고통을 활용하는 방법을 깨닫길 바라기 때문이다. 슬프거나 무력하거나 화가 나는 순간들은 당신 내면의 가장 깊은 곳에 잠재된 추진력을 일깨워 준다. 동기 부여의 원천이 되는 수치심의 힘을 과소평가해서는 안 된다. 일론 머스크가 만 17세에 남아프리카공화국을 떠나 캐나다로 향할 무렵, 그는 아버지에게 툭하면 무시당하는 무력한 장남일 뿐이었다. 닐 스트라우스Neil Strauss 기자는 2017년 11월에 발간된 《롤링스톤》 기사에서 아버지와 헤어지던 당시에 대한 머스크의 설명을 인용했다. "아버지는 단호한 말투로 제가 3개월 안에 아무런 성과도 없이 돌아올 것이며, 앞으로도 평생 아무것도 이루지 못하리라고 장담했습니다. 그분은 저를 늘 '얼간이'라고 불렀죠. 이 정도는 아버지가 저를 무시하며 했던 다른 행동에 비하면 아무것도 아니었어요."

《샤크 탱크Shark Tank》(사업가들이 투자자의 선택을 놓고 경쟁하는 미국의 서바이벌 오디션 프로그램−옮긴이)로 대중들에게 익숙한 부동산 거물 바버라 코코란Barbara Corcoran은 뉴저지의 한 블루칼라 집안에서 태어난 10남매 중 한 명이었다. 1973년 식당에서 웨이트리스로 일하던 만 23세의 그는 훗날 자신의 부동산 회사 설립을 위해 1000달러를 투자해 줄 남성을 만났다. 두 사람은 사랑에 빠졌고 영원히 행복하게 살자고 약속했다. 만약 이 동화가 아름답게 끝을 맺었다면 코코란은 아마도 적당히 괜찮은 부동산 사업체를 운영하게 되었을 것이다. 그러나 1978년에 남자는 코코란을 차 버리고 그녀의 비서와 결혼했다. 게다가 상처에 소금을 뿌리듯 자신이 버린 여자에게 말했다. "당신은 나 없이 절대로 성공할 수 없어."

2016년 11월 코코란은 잡지 《잉크Inc.》와의 인터뷰에서 분노야말로 자신의 가장 가까운 친구였다고 털어놓았다. "그가 저를 무시했을 때, 제안에서 최고의 잠재력이 깨어났어요." 코코란은 말했다. "그 작자에게 지옥 같은 기분을 선사해 주기로 마음먹었죠. 그가 절대로 저를 잊지 못하게 만들기로 했어요. 그건 도저히 참을 수가 없었거든요. 저는 때때로 그를 떠올리며 중얼거렸어요. '엿이나 먹어, 개자식아.'"

이런 종류의 괴로움과 수치심은 동기 부여의 원동력이 될 수 있다. 지난 몇 년 사이에 당신을 무시한 선생님과 코치, 상사, 부모님, 친척들을 떠올려 보라. 그들의 부정적 반응을 마음에 담고 살라는 얘기가 아니라 이를 로켓의 추진력으로 불사르라는 말이다. 코코란은 수치심을 연료로 활용했고, 결국 뉴욕에서 가장 성공한 부동산 임대 사업체를 설립하여 6600만 달러에 매각했다. 그 이후에는 베스트셀러를 출간하고 《샤크 탱크》를 통해 TV 스타가 되었다.

코코란은 투자자로서 고통을 연료로 삼아 성장한 사업가를 높이 평가한다. 불우한 과거는 그의 관점에서 귀중한 자산이다. "가난한 어린 시절을 보냈나요? 좋아요! 저는 가난했던 경험이 능력을 보증하는 보험이라고 생각해요. 아버지가 손찌검을 했다고요? 괜찮아요. 아버지가 아예 안 계셨다고요? 더욱 훌륭하군요! 제가 키워 낸 최고의 사업가들이 모두 불우한 과거를 보냈다고 할 수는 없지만, 그중 일부는 분명 그 경험 덕분에 여기까지 성장한 인재들이에요."

나는 결코 당신의 고통을 가볍게 여기지 않는다. 내 말을 믿어도 좋다. 실제로 나는 어린 시절 평생을 따라다닐 수치심을 겪으며 자랐다. 그 고통은 그때도 아팠고 지금도 아프다. 비난과 모욕, 욕설은 실패의 변명이 될 수도 있지만, 성공의 연료가 될 수도 있다. 그것도 끝내주게 강력한 연료가.

NBA에서 은퇴하고 5년 뒤, 명예의 전당에 오른 마이클 조던이 추대기념 연설에서 가장 비중 있게 다룬 이야기는 무엇이었을까? 바로 자신을 미워하고 의심했던 이들에 관한 이야기였다. 그는 자신에게 고통을 준 사람들의 기억을 여전히 극복하지 못하고 있었다. 하비스트 르로이 스미스 주니어Harvest Leroy Smith Jr.는 조던이 고등학교 대표 팀 선수 명단에서 제외됐을 때 그 자리를 차지했던 사람이다. 자신이 그때의 고통을 얼마나 강한 연료로 사용했는지 보여 주기 위해, 그는 르로이를 추대식에 초청했다. "제가 탈락하고 르로이가 지명되었을 때, 저는 저와 르로이를 뛰어넘어 그를 택한 코치에게 제 실력을 보여 주기로 마음먹었습니다. 그가 진실을 분명히 깨닫길 원했거든요. 본인이 큰 실수를 저질렀다는 진실 말입니다."

머스크와 코코란, 조던은 모두 고통을 추진력으로 삼아 성장했다. 당신 또한 같은 길을 걸을 수 있다. 두 번 다시 겪고 싶지 않은, 인생에서 가장 힘들었던 시간을 떠올려 보라. 이 시간에 대한 기억이 당신의 연료가 될 것이다.

아직도 내 인생에는 매디슨스퀘어가든을 가득 채울 수 있을 만큼 수많은 악역이 존재하는 것 같다. 만 26세가 되었을 때, 나는 모교인 글렌데일고등학교에서 연설을 해 달라는 초청을 받았다. 연설 당일 학교에 도착한 나는 우연히 입학처 직원인 도티와 마주쳤다. 그는 내게 물었다. "패트릭, 학교에는 어쩐 일이니? 동기 부여 강연을 들으러 왔니?" 그는 내 부모님만 생각하면 가여운 마음이 들더라는 이야기를 몇 번이나 반복했다. 스물여섯 살의 나는 졸업한 학교에 초청되어 후배들에게 성공담을 들려주는 사람으로 성장했다. 그러나 도티는 그런 나를 불쌍한 사람 취급하며, 의지도 방향도 찾지 못했던 10년 전의 나약한 나와 그런 아들을 둔 가련한 부모님에 대한 자신의 동정심을 끊임없이 상기시켰다.

그는 재잘거리며 나를 강당으로 안내했다. 그곳에서는 600명의 학생이 초청된 연사의 동기 부여 연설을 듣기 위해 기다리고 있었다. 마침내 교감 선생님이 자리에서 일어나 나를 연사로 소개했을 때 도티의 표정이 어땠냐면, 차마 말로 설명하기 어려울 지경이었다.

나는 그의 말을 한마디도 받아치지 않았다. 다만 그를 내 인생에 계속해서 나타나는 악역 목록에 추가했을 뿐이다. 그들은 나에게 지치지 않고 앞으로 나아가게 하는 원동력이 된다. 솔직히 말하면, 나는 지난 세월 동안 사람들이 내게 던진 평가들도 목록화해서 갖고 있다. 보통 사람들은 자신감을 유지하기 위해 긍정적인 평가만을 기억해 두지만, 나는 반대로 나를 의심하거나 무시하는 사람들의 '확언'을 마음에 새긴다. 그러한 평가를 곱씹고 또 곱씹으면 세상 모든 물을 부어도 절대로 끌 수 없는 추진력이 타오른다.

내가 살면서 만난 최악의 악역은 완전한 타인이었다. 만 23세 무렵 아버지가 심장마비로 13번째 쓰러졌을 때였다. 나는 아버지를 모시고 공공병원인 로스앤젤레스 카운티 의료센터Los Angeles County Medical center로 곧장 달려갔다. 그러나 그곳 사람들은 아버지를 더러운 먼지처럼 취급했다. 나는 이성을 완전히 잃고 물건을 집어 던지며 소리를 질렀다. "우리

아버지를 함부로 대하지 마! 당신들 지금 선을 넘었다고!" 즉시 경비원이 달려와 통제 불능 상태의 나를 병원 밖으로 끌어냈다. 내가 난동을 부리는 동안 어떤 남자가 이런 말을 던졌다. "이봐, 잘 들어. 당신한테 '돈'이 있었다면 더 좋은 보험을 들었을 테고 아버지를 더 좋은 의료진에게 데려갔겠지. 하지만 너는 그 돈을 지불하지 않았잖아. 당신 아버지는 우리가 낸 세금으로 치료받는 거라고. 그게 바로 공공의료보험제도야."

병원에서 쫓겨난 나는 포드 자동차에 앉아 하염없이 눈물을 흘렸다. 분노는 곧 수치심으로 변했다. 결국 그 남자가 옳았던 것이다. 아버지가 형편없는 치료를 받은 것은 내게 더 나은 치료에 투자할 비용이 없었기 때문이다. 그리고 내게 돈이 없는 까닭은 고객 앞에서 보내는 시간보다 나이트클럽에서 낭비하는 시간이 더 많았기 때문이다. 나는 인생의 밑바닥을 보고 있었다. 결혼하리라고 믿었던 여자는 나를 떠나 버렸고, 가진 거라곤 4만 9000달러의 카드 빚뿐이었다. 나는 30분 동안 어린아이처럼 목 놓아 울었다.

길고 긴 눈물 바람과 죄책감과 수치심 끝에 깨달음이 찾아왔다. 그리고 그날 밤 과거의 패트릭 벳-데이비드는 죽었다.

그날 내 모든 것이 변했다. 나는 그 고통을 지렛대 삼아 살면서 들었던 모든 평가를 아주 사소한 것까지 기억해 냈다. "낙제생. 패배자. 깡패들과 어울리는 불량 학생. 불쌍한 자식. 재능이라곤 없는 놈. 기초생활수급자 가정 출신. 이혼한 부모. 군대 말고는 다른 선택의 여지가 없는 무능력자. 아무것도 될 수 없는 인간."

나는 아버지가 두 번 다시 유칼립투스 애비뉴와 맨체스터 애비뉴 사이에 있는 잉글우드의 99센트 숍에서, 총을 든 강도가 빈번히 들이닥치는 그곳에서 일하지 않도록 만들겠다고 다짐했다. 아버지는 평생 좋은 의료 서비스를 받을 것이고, 나 또한 다시는 오늘과 같은 수치심을 느끼지 않을 것이다.

나는 다짐했다. "세상은 '벳-데이비드'라는 성을 기억하게 될 거야. 나는 우리 가족이 겪었던 모든 고통을 알아. 이란에서 미국으로 건너왔을 때 닥쳤던 시련들, 어머니가 영어를 못해서 겪은 당혹스러운 순간들, 아버지가 가족들 앞에서 사람들에게 무시당했을 때 지었던 고통스러운 표정을 똑똑히 기억해. 하지만 머지않아 부모님은 우리 가족의 성을 자랑스러워하실 거야. 미국에 오길 잘했다고 생각하시게 될 거야. 당신들의 희생에 자부심을 느끼실 거야."

다음 날부터 재미있는 일이 일어났다. 옛 친구들이 나를 알아보지 못하기 시작한 것이다. 나는 태어나서 가장 기분 좋은 칭찬을 들었다. "패트릭, 너 어딘지 변했어. 마주쳤는데 알아보지도 못했잖아. 우리는 예전의 네가 그리워. 그때의 패트릭으로 다시 돌아와 줘." 그전까지의 나는 목요일 밤부터 토요일 밤까지 LA의 모든 나이트클럽을 휩쓸고 다니기로 유명했다. 1년에 라스베이거스를 스물여섯 번씩 방문하던 사람이 바로 나였다. 나는 친구들에게 더 이상 나를 불러내지 말라고 부탁했다. 물론 그들은 내 말을 듣지 않았고, 내가 나이트클럽에 복귀하는 것이 시간문제라고 믿었다.

방탕하고 자유분방했던 옛날의 패트릭을 영영 보지 못하리라는 사실을, 그때의 친구들은 쉬이 깨닫지 못했다. 하지만 나는 180도 달라졌다.

그것으로 게임은 끝났다. 그날 이후로 나를 비롯한 그 누구도 과거의 패트릭을 다시 만나지 못했다. 나는 나를 고통에 빠뜨린 악역들을 추진력으로 활용했고, 그들은 그 이후로도 무한한 연료 탱크가 되어 내게 끊임없는 에너지를 공급해 주었다.

나는 당신이 모든 분노와 고통을 연료로 전환하길 바란다. 이것은 당신의 게임이다. 만약 당신이 변화를 결심하고 스스로 되고자 하는 자신의 모습에 집중한다면 그 무엇도 당신을 막을 수 없다.

이러한 경험의 기억들은 여전히 나를 끓어오르게 한다. 예전처럼 극심한 아픔을 느끼진 않지만 마음만 먹으면 언제라도 그 순간으로 돌아가 처음과 똑같은 연료를 얻는다. 살다 보면 이 목록에 새로운 기억이 여럿 추가될 것이다. 비록 고통이 완전히 사그라지는 일은 없겠지만, 지금의 나는 악역들이 던진 의심과 고통을 일종의 선물이라 생각한다. 나는 그들 덕분에 내가 되고자 하는 모습의 이미지를 명확하게 그릴 수 있었다. 그들이 선사한 '두 번 다시 겪고 싶지 않은' 기억 덕분에 타협할 수 없는 목표(어떤 상황에 놓여도 절대로 양보할 수 없는 기준)를 갖게 되었다. 당신 또한 같은 연료를 추진력으로 활용해 보길 바란다.

행여 그 과정에서 다른 사람들의 눈에 이상하게 보일지도 모른다는 이유로 당신만의 독특한 특성을 희생하지는 마라. 이러한 특성이 중요한 까닭은 당신의 경험, 그리고 살아가는 방식과 연결되어 있기 때문이다. 희생할 수 있는 것과 절대로 희생할 수 없는 것을 분명히 구별해야 한다. 이러한 기준을 세우고 나면 당신만의 타협할 수 없는 목표가 자연스레 세워질 것이다.

가장 잘 맞는 길을 고민해 본 적이 있는가

내가 계속해서 자아 탐구와 관련한 질문을 던지는 것은 결국 당신에게 가장 잘 맞는 길을 찾기 위해서다. 자신의 재능을 돋보이게 할 수 있는 최고의 자리를 찾는 것이 핵심이다. 창업자, 경영자, 최고전략책임자, 최고마케팅책임자, 경영자의 오른팔, 사업개발자, 사내기업가를 비롯하여 목록은 끝없이 이어질 수 있다. 우리는 기업가들이 날마다 뉴스 머리기사를 장식하는 시대에 살고 있지만, 그들의 삶이 우리 모두에게 잘 맞는다고는 할 수 없다. 그렇다고 해서 당신이 부를 쌓고 성취감을 얻을 방법이 없다는 뜻은 아니다.

올바른 선택을 내리려면 일단 이 질문에 분명한 답을 내놓을 수 있어야 한다. 당신은 어떤 사람이 되고자 하는가?

기업가는 개인적으로나 재정적으로나 '하이 리스크 하이 리턴'에 해당하는 도전이다. 사람들 대부분은 성공한 기업가가 얻는 최종적인 보상에만 관심을 기울이며, 그 안의 투쟁과 배신, 파산을 비롯하여 그가 최고의 자리에 도달하기까지 극복해야 했던 모든 역경은 제대로 보지 못한다. 기업가들에게 6시에 귀가하여 가족과 저녁 식사를 함께하는 풍경은 당연한 일상이 아니다. 물론 운영하는 사업의 규모에 따라 일찍 퇴근하는 날이 상대적으로 많은 사람도 있을 것이다. 그러나 시장을 움직이는 다국적 기업을 경영하고자 한다면 훨씬 큰 희생을 감수해야 한다. 이러한 희생은 당신이 두어야 할 수의 일부이며, 여기에는 가족을

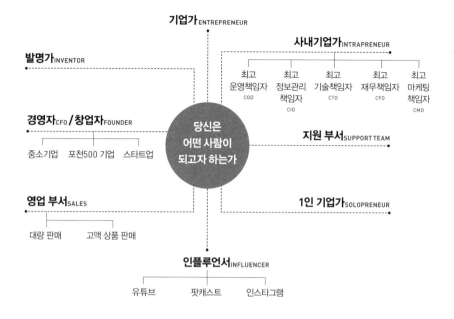

비롯한 다른 이들의 협조가 필요하다.

바쁜 사람일수록 더 체계적으로 움직여야 한다. 일반적으로는 기업가로서 최고의 자리에 오르는 것과 완벽한 가정생활을 동시에 누릴 수 없다는 것이 통념이지만, 이 두 가치를 모두 포기할 수 없는 사람이라면 어렵더라도 방법을 찾아낼 수는 있다. 이것은 오직 본인만이 내릴 수 있는 선택이다. 가령 나는 아이들에게 목표를 위해 최선을 다하는 아버지로서 모범을 보이는 쪽이 매일 저녁 식사를 같이 먹는 것보다 더 중요하다고 믿는다. 우리 가족은 이러한 계획을 함께 세웠고, 따라서 이런 내 결정을 이해한다. 여기에 더해 더 많은 자산은 더욱 다양한 선택권으로 이어진다. 어떤 기업가는 공휴일에도 일에 매달릴 수 있다. 하지만 자금

이 충분하다면 출장지에 가족을 데려가서 업무 외 시간을 가족 여행으로 활용하는 유연성을 발휘할 수도 있다. 인생의 모든 부분이 그렇듯 목표를 정하는 선택에도 위험과 보상, 비용과 수익이 따른다. 당신이 걸을 길은 이 질문에 대한 답변에 따라 완전히 달라질 것이다. 당신은 어떤 사람이 되고자 하는가?

미래에 펼쳐질 현실이 이미 일어난 것처럼

살면서 이런 말을 몇 번이나 들어봤는가? "만약 내가 목표를 이룬다면…." "일단 성공하기만 하면…." 아마 당신도 이런 식의 가정을 흔히 들어 왔을 것이다. "혹시 내가 백만 달러를 번다면…." "언젠가 내 소유 건물이 생긴다면…."

나는 닭과 달걀의 난제를 이해한다. 상당한 수준의 자본이 갖춰지지 않은 상황에서 당장 다국적 기업을 세우거나 최고 수준의 소프트웨어를 개발할 수는 없다. 우리가 할 수 있는 일은 (소득과 관계없이) 적절한 자리로 말을 옮김으로써 지금 상황에서 둘 수 있는 최고의 수를 두는 것뿐이다.

내가 즐겨 사용하는 말 중에 '미래의 현실Future truth'이라는 표현이 있다. '미래에 일어날 현실이 이미 일어난 것처럼 현재를 살아가라'는 의미다.

나는 IBM 창업자 토머스 J. 왓슨Thomas J. Watson의 통찰에서 영감을 얻었다.

IBM이 오늘과 같은 성공을 거둔 데는 3가지 특별한 이유가 있습니다.

첫째, 저는 회사를 처음 세울 때부터 완성된 IBM의 이미지를 명확하게 그리고 있었습니다. 제 꿈(혹은 비전)이 현실화된다면 어떤 모습일지 보여 주는 모델을 마음속에 품고 있었다고도 할 수 있겠군요.

둘째, 그 이미지를 그렸을 때, 저는 자신에게 그런 회사가 어떻게 움직여야 할지 물었습니다. 그리고 IBM이 완성되었을 때 움직일 방향을 분명히 정해 두었죠.

셋째, 완성된 IBM의 이미지를 명확히 그리고 그 회사가 움직일 방향을 분명히 정하고 나자 사업 초기부터 그런 식으로 움직이지 않는다면 결코 완성된 목표에 도달하지 못하리라는 사실이 확실히 보이더군요.

다시 말해서 저는 IBM을 최종 목표인 거물 기업의 자리에 올려놓으려면 실제로 회사 규모가 커지기 훨씬 전부터 마치 거물이 된 것처럼 움직여야 한다는 사실을 깨달았습니다.

마지막 문장의 의미가 확실히 와닿는가? 당신은 거물 기업이(혹은 거물 기업가나 거물 사내기업가가) 되기 훨씬 전부터 이미 그 목표를 이룬 것처럼 움직여야 한다. 지금부터 이해를 돕기 위해 추가적인 설명을 하겠다.

선구자들은 지금 이 순간, 이 장소에 살지 않는다. 그들은 이미 최소한 다섯 수의 미래를 내다본 뒤 그 미래 속에서 살아간다. 하지만 미래의 현실을 다른 이들에게 설명하면 상식에 어긋나거나 무례하거나 심지어 망상에 빠진 사람이라는 오해를 살 수 있다. 회사를 세운 지 얼마 되지 않았던 2009년, 나는 캘리포니아주 팜데저트Palm Desert에 위치한 JW 메리어트 호텔에서 400명의 청중을 두고 이런 연설을 했다. "언젠가 최고의 코미디언, 운동선수, 사상가, 그리고 미국 역대 대통령들이 우리 회사의 연례 워크숍에 참석해서 자신의 이야기를 들려줄 겁니다." 그로부터 9년 뒤 코미디언 케빈 하트_{Kevin Hart}가 우리의 연례 회의에서 입담을 뽐냈고, 창립 10주년이 되기도 전에 조지 W. 부시 전 대통령과 농구 선수 코비 브라이언트가 전 직원 앞에서 나와 대담을 나눴다.

사람들은 미래의 현실을 보고 움직이는 이를 따르고자 한다. 우리가 선구자에게 그토록 열광하는 이유가 바로 여기에 있다. 100퍼센트 확신을 담은 선구자의 이야기는 우리의 열정에 불을 지핀다.

최고의 리더들은 미래의 현실을 보는 능력뿐 아니라 다른 사람들이 그 비전에 동의하고 따르도록 고무시키는 능력까지 갖추고 있다. 1961년 5월 25일, 존 F. 케네디 대통령은 미국 상원, 하원 합동 의회에서 '긴급한 국가적 필요에 의한 특별 메시지_{Special Message to the Congress on Urgent National Needs}'라는 주제로 연설을 했다. 그의 목적은 명확했다. "1970년대가 오기 전에 (…) 인간을 달에 보낸 뒤 지구로 안전하게 귀환시키는 겁니다." 목표 기간을 5개월 남겨 둔 1969년 7월 20일, 닐 암스트롱이 달 표면을 걸은 최초의 인간이 되었을 때 케네디 대통령이 본 미래의 현실은 비로소 현재의 현실이 되었다.

당신은 스스로 어떤 사람이 되고자 하는지 아는가? 그 미래의 모습을 분명히 볼 수 있는가? 바로 지금 이 순간, 당신이 행동하는 방식은 그 미래의 현실과 일치하는가?

당신의 롤모델이라면 어떻게 행동했을까?

상황을 발전시키고 기준을 더 높이 설정하려면 영웅이 되고자 하는 열망을 품어야 한다. 자신의 영웅들을 떠올려 보고, 그들이라면 이 상황에서 어떻게 행동할 것인지 스스로 질문해 보라. 서점에 《○○이라면 어떻게 했을까?》와 같은 책이 쌓여 있는 것은 결코 우연이 아니다.

부자가 되고 싶은가? 《록펠러라면 어떻게 했을까?What Would the Rockefellers Do?》라는 책을 읽어 보라. 건국의 아버지 같은 인물이 되고 싶은가? 그런 당신에게는 《미국 건국자들은 어떻게 했을까?What Would the Founders Do?》를 추천한다.

우리는 '다른 사람이라면 어떻게 했을까?'라는 질문을 던지는 과정에서 시간을 갖고 자신의 다음 움직임을 계획할 수 있다. 이러한 질문의 두 번째 장점은 영웅들의 위대한 자질을 받아들일 수 있도록 해 준다는 것이다. 나는 자신을 한 단계 더 발전시키고자 하는 열망이 매우 강하다. 그리고 이를 실천으로 옮기기 위해 화가에게 특별한 그림을 의뢰한 다음 그것을 사무실 벽에 걸어 두었다.

《세상에 없는 멘토들Dead Mentors》이라는 주제만큼이나 독특한 이름이 붙은 이 그림은 보는 사람의 걸음을 멈추게 하는 힘을 지녔다. 그림 속의 나는 생전에는 결코 한자리에 있을 수 없었던 역사 속 위인들에게 둘러싸여 있다.

나는 사무실에서 일할 때마다 그들에게 끊임없이 조언을 구한다. 그들은 경제와 정치, 비즈니스, 전략, 그리고 내 개인적인 일상에까지 스며들어 모든 수준의 문제를 함께 처리한다. 이 열 명의 영웅이 함께한 장면을 볼 때마다 나는 그들의 10가지 영웅적 자질을 본받아야 한다는 사실을 새삼 되새긴다.

나는 그림의 모델로 같은 분야에 몸담았으면서도 완전히 다른 철학을 가졌던 인물들을 골랐다.

존 F. 케네디는 민주당 출신이고 에이브러햄 링컨은 공화당 출신이었다. 둘 다 위대한 대통령이었지만 목표를 이루기 위해 각기 다른 접근법을 취했다. 그리고 서로 다른 이유로 암살이라는 같은 결말을 맞이했다 (그 비극을 굳이 여기서 깊이 파고들지는 않겠다).

알베르트 아인슈타인과 밀턴 프리드먼은 둘 다 수학의 눈을 통해 세

왼쪽에서 오른쪽으로, 알베르트 아인슈타인, 존 F. 케네디, 마르쿠스 아우렐리우스 흉상, 에이브러햄 링컨, 투팍 샤커, 패트릭 벳-데이비드(영웅들에게 지혜를 배우는 학생), 모하마드 레자 팔라비, 아일톤 세나, 밀턴 프리드먼, 마틴 루서 킹, 아리스토텔레스 흉상.
(투팍은 래퍼 겸 시인, 모하마드 레자 팔라비는 이란의 마지막 군주, 아일톤 세나는 F1 챔피언, 밀턴 프리드먼은 경제학자다.-옮긴이)

상을 바라보았지만, 경제와 세금 문제에 대해서는 완전히 다른 의견을 보였다.

투팍 샤커Tupac Shakur와 마틴 루서 킹 목사는 같은 결과를 위해 다른 길을 선택했다. 하지만 그들 모두 강한 신념을 가졌다는 이유로 죽임을 당했다.

1941년부터 1979년까지 이란의 '샤Shah' 즉 군주였던 모하마드 레자 팔라비Mohammad Reza Pahlavi는 감당할 수 없는 권력 다툼으로 제국이 무너질 때까지 나라의 방향을 변화시켰다. 나는 팔라비 왕과 그의 추방을 주도한 아야톨라 루홀라 호메이니Ayatollah Ruhollah Khomeini를 떠올릴 때마다 절대로 적을 과소평가해선 안 된다는 사실을 가슴에 새긴다.

역사상 가장 위대한 F1 드라이버였던 아일톤 세나Ayrton Senna는 능력을 완벽의 경지로 끌어올리기 위해 자신의 한계를 시험한 인물이다. 그의 모습은 내게 늘 집중력을 가다듬고 한계를 끌어올려야 한다는 가르침을 준다(나는 우리 딸에게도 '세나Senna'라는 이름을 붙여 주었다).

마르쿠스 아우렐리우스는 늘 자신을 국민의 아래에 두었던 지도자였다. 그는 절대 권력을 등에 업고 다니지 않았다. 나는 그가 실천했던 스토아학파의 금욕주의를 떠올리며 항상 중심을 잡고 겸손하게 살자고 다짐한다.

아리스토텔레스는 군주의 길에 들어서는 알렉산더 대왕에게 이성의 목소리를 전했다. 논리와 이성을 두루 갖춘 이 그리스 철학자의 지성은 속도를 낮추고 시간을 들여 가며 신중하게 문제를 처리하는 태도의 중요성을 일깨워 준다.

나는 그림의 뒤편에서 링컨 대통령이 이끄는 토론을 들으며 투팍의 귀에 무언가를 속삭이고 있다. 그리고 맨 오른쪽에는 언젠가 나타날지도 모를 새로운 영웅을 위한 '빈자리'가 마련되어 있다.

이 그림은 내가 매일같이 의지하는 멘토들의 사적인 모임을 상징한다. 지금 활약하는 인물이든 이미 세상을 떠난 위인이든, 당신에게도 이러한 관점과 조언을 제공하는 멘토들의 모임이 있는가?

자신의 영웅을 시각적으로 드러낸 이미지는 그들을 본받고 그들의 이상을 따라 살라는 도전 과제를 던져 준다.

나는 사무실에 들어설 때마다 이 그림을 보며 영감을 얻고 느슨해진 노력의 고삐를 바짝 조인다. 이 방에는 약 4.5미터 길이의 맞춤 제작 책장이 있는데, 그 위에는 '읽어라READ'라는 명령이 쓰여 있다. 내 사무실의 이미지는 그 자체로 신중한 생각과 명확한 결정의 밑거름이 되며, 나는 큰 생각에 필요한 큰 정신이 가득한 이 공간에서 앞으로 나아갈 다섯 수를 계획한다.

물론 이렇게 독특한 사무실을 만들려면 아주 많은 비용이 든다. 이 이야기의 핵심은 어디서든 일단 시작해야 한다는 것이다. 내 출발점은 화장실 거울에 붙여 둔 잡지 사진이었지만, 지금은 사무실 전체를 영감의 원천으로 가득 채웠다. 당신에게 영웅의 이상을 불어넣어 주는 시각적 이미지를 마련하라. 작고 소박한 것이라도 좋다. 처음부터 화가를 고용할 필요는 없다. 포토샵이면 충분하다.

미래를 내다보는 선구안을 갖고 싶다면 월트 디즈니나 스티브 잡스의 얼굴을 크게 확대해서 눈에 잘 띄는 곳에 걸어 두자. 취향에 맞게 살짝 터치를 더해도 좋다. 만약 월트 디즈니의 모습에서 직접적인 영감을 받을 수 없다면 미키 마우스 캐릭터가 담긴 사진이나 소품을 사무실 곳곳에 배치하는 것도 방법이다.

전자 상거래 사업을 구상하는 중이라면 자신에게 이런 질문을 던져라. 아마존닷컴의 창업자 "제프 베이조스Jeff Bezos라면 어떻게 할까?"

투자 회사를 경영한다면 이렇게 물어라. "워런 버핏이라면 어떻게 할까?"

미디어 사업을 운영한다면 이렇게 물어라. "오프라 윈프리라면 어떻게 할까?"

우리의 영웅은 우리에게 영감을 준다. 그런 만큼 영웅들에 둘러싸인 환경은 매우 강력한 힘을 발휘한다. 당신이 그들을 많이 볼수록, 그리고 그들이 당신을 많이 볼수록, 당신이 영웅처럼 행동할 가능성은 더욱 커진다.

당신은 어떤 사람이 되고 싶은가? 1장을 시작할 때 던졌던 질문이자 마무리를 함께할 질문이다. 이 물음에 대답하는 유일한 방법은 당신이 살고 싶은 삶을 분명히 결정하는 것뿐이다. 당신은 이러한 결정을 통해 미래의 자신을 보고 지금 이 순간부터 그 사람처럼 행동할 수 있다.

이것은 평생에 걸친 훈련이다. 내가 소개한 생각의 도구들이 당신을 돌파구로 인도하여 당신이 진정 되고자 하는 사람을 알려 주는 바로 그 길로 이끌어 주길 바란다.

제 2 장

핵심 연구 주제는 '나 자신'이다

"너 자신을 연구하여 너 자신이 되어라."

—핀다로스Pindar, 고대 그리스 시인

어떤 사람이 벼락같은 영감을 얻어 한순간에 인생의 방향을 확실히 알게 된다는 건 영화에서나 볼 수 있는 판타지다. 현실에서는 자신이 되고자 하는 모습을 분명히 알기 위해 부단한 '노력'이 필요하다.

역사 속 위대한 철학자들이 자기 자신을 알려는 노력에 대해 어떻게 설명했는지 살펴보자.

자기 자신을 안다는 것은 인생에서 가장 어려운 일이다.

－탈레스Thales of Miletus

세상에는 극도로 단단한 3가지 물질이 있다. 강철과 다이아몬드, 그리고 자기 자신에 대한 지식이다.

－벤저민 프랭클린Benjamin Franklin

그래서 당신은 자신을 알아 가는 여정을 언제 시작할 것인가?

－잘랄 앗딘 루미Jalal ad-Din Muhammad Rumi

탈레스와 벤저민 프랭클린 그리고 이란의 시인 루미는 우리에게 자신을 아는 과정이 매우 힘들다고 경고한다. 하루에 300통씩 영업 전화를 돌리는 건 내게 어려운 일이 아니다. 일주일에 6일 동안 매일 18시간씩 이어지는 업무도 충분히 감당할 수 있다. 하지만 나 자신을 이해하는 과정은 인생에서 가장 힘든 시간이었다. 내가 그 도전을 받아들인 것은 충분한 보상이 따르리라는 확신이 있었기 때문이다. 그 보상에 대해서는 나보다 또 다른 세 명의 위인들이 더 멋지게 설명해 줄 것이다.

자신을 아는 순간이야말로 모든 지혜의 시작이다.

－아리스토텔레스

우리는 자신이 누군지 알게 되는 순간 자유로워진다.

—랠프 엘리슨Ralph Ellison

우리는 자신이 누구인지, 무엇을 원하는지 안다.
정답은 우리 존재의 중심에 있다.

—노자老子

우리는 책을 통해 다른 사람들을 연구한다. 그들을 파악하고, 설득하고, 그들에게 영향을 미치기 위해서다. 이것은 물론 가치 있는 활동이다. 하지만 우리는 그보다 더 중요한 연구에 시간을 투자해야 한다. 타인에 관한 공부는 지식을 가져다주는 데 그치지만, 자기 자신에 관한 공부는 궁극적으로 엄청난 양의 자유를 보장한다. 우리는 자신을 알아가는 과정에서 자아수용Self-acceptance 단계에 이르게 되고, 그 결과 자아비판Self-judgment에서 해방된다. 한때 내가 그랬던 것처럼 자신을 괴롭히는 대신 있는 그대로의 나를 받아들이게 되고, 스스로 단점이라고 믿었던 특성들이 실제로는 큰 자산이 될 수 있다는 사실을 깨닫는다. 나는 당신이 연구해야 할 가장 중요한 대상이 당신과 평생 함께할 단 한 사람, 즉 자신이라는 사실을 계속해서 강조할 것이다.

자신의 진짜 모습을 직시할 용기

─────── 내가 아끼는 직원 숀은 만 서른이 되기 전에 열 개도 넘는 직

업을 거쳤고 마침내 우리 회사에서 보험 중개인으로 일하게 되었다. 그런 그가 더 이상 보험 판매를 하고 싶지 않다는 전화를 걸어 왔을 때, 어찌 보면 예상 가능한 결과였음에도 나는 깜짝 놀랐다. 그를 만나서 무슨 일이냐고 물었다. 그리고 한동안 그의 이야기를 들은 뒤 이렇게 말했다. "숀, 솔직히 얘기하겠네. 조금 따끔할 텐데 괜찮겠나?"

그는 잠시 머뭇거리더니 이윽고 듣겠노라고 대답했다.

"지금까지 자네가 직장을 그만둔 이유가 모두 상사 때문이었다는 거 알아. 지난 몇 년 사이에 겪었던 입버릇 나쁜 상사들의 이야기는 나도 다 들었으니까. 하지만 자네는 매번 다른 사람의 잘못만 이야기하고, 누군가의 잘못은 절대 인정하지를 않네. 그 사람이 누군지 아나? 바로 자기 자신일세. 어째서 자네는 항상 그런 식으로만 생각하나?"

약간의 시간이 필요했지만, 숀은 결국 자신의 책임을 인정하기 시작했다. 그는 우리 대화를 생산적으로 이끌어 나가기 위해 남 탓보다는 자기 자신의 내면을 들여다보는 과정이 필요하다는 사실을 이해하게 되었다.

우리는 함께 상황을 분석했다. 숀은 자기 손으로 뽑은 후배가 자신의 연봉을 뛰어넘게 되었을 때 느꼈던 분노의 이면을 깊이 파고들기 시작했다. 그는 후배의 성공에 속이 뒤집히고, 심지어 추월당했다는 사실에 굴욕감까지 느꼈다는 사실을 인정했다. 우리는 그 감정을 박탈감과 질투심의 결합으로 정의했다.

나는 숀에게 그와 그 후배가 애초부터 꿈의 형태가 달랐을지도 모른다고 말했다. 그 젊은 인재는 아마도 처음부터 수백만 달러를 번다는 꿈을 지니고 있었을 테지만, 숀은 그렇지 않았을 것이다. "잠깐 모든 걸

제쳐두고 이 질문을 하겠네. 자네는 어떤 사람이 되고 싶은가?"

숀은 잠시 말이 없었고, 나는 그가 이 질문을 진지하게 받아들였다는 사실을 알 수 있었다. 마침내 그가 입을 열었다. "대표님, 저는 연봉 15만 달러를 벌고 싶습니다. 그 정도면 아주 여유로운 삶을 누릴 수 있을 거예요. 전 아이들이 뛰는 축구 팀에서 코치를 하고 싶고, 그 애들이 자라면서 겪을 중요한 순간들을 모두 함께하고 싶어요. 그리고 솔직히 말씀드리면 걱정 없이 잠을 푹 자고 싶어요. 하지만 지금까지는 이런 목표를 위해 치열하게 살지 않았다는 사실을 인정해야 할 것 같군요."

솔직한 자아성찰 덕에 숀은 올바른 방향을 찾을 수 있었다. 그는 자신을 다른 동료나 친구들과 비교할 필요가 없다는 사실을 이해하기 시작했다. 지점 전체에서 가장 높은 연봉을 받는 것만이 능사가 아니었다. 자신의 진정한 행복과 만족의 조건(연봉 15만 달러, 가족과 여가에 투자할 넉넉한 시간)을 깨달은 순간 모든 것이 제자리를 찾기 시작했다.

이런 대화를 나누던 중 그가 내게 물었다. "인생의 목표를 너무 작게 잡은 걸까요?"

"누군가에겐 그럴지도 모르지." 내가 대답했다. "하지만 자네의 기준에선 어떤가? 직장생활 측면에서는 잠재력을 100퍼센트 발휘할 수 없을지도 모르지만, 적당히 여유 있는 삶과 최고의 아빠가 되는 보상을 얻는다면 그걸로 만족스럽지 않겠어?"

숀은 다시 침묵에 빠져들었고, 나는 생각할 시간을 충분히 주었다. 그는 차츰 우리가 하는 논의의 주제가 '타인'이 아니라 철저히 자기 자신에게 초점을 맞추고 있음을 깨달아 갔다. 그는 자신이 어떤 사람이고,

인생에서 무엇을 원하는지 솔직히 인정할 필요가 있었다. 하지만 이런 종류의 고민은 불편하기 마련이고, 그는 내게서 쉬운 답을 찾으려고 했다. "대표님, 제가 어떻게 해야 할까요?"

"이건 본인 외에 그 누구도 대답할 수 없는 문제야." 나는 말을 이었다. "자네가 원하는 최고의 삶이 어떤 모습인지 결정하고 그 이상을 실천한다면 누구도 부럽지 않은 인생을 살게 될 걸세."

"무슨 말씀인지 알겠어요. 하지만 저는 여전히 대표님 머릿속에 있는 방법이 궁금해요."

"나는 이 빌어먹을 세상을 손에 넣고 싶어. 하지만 그건 내 목표지 자네의 꿈이 아니야. 자네는 내가 될 수 없고, 나 또한 자네가 될 수 없지. 타인의 꿈에 매달리는 건 인간이 할 수 있는 최악의 선택이야."

숀은 안도하는 기색으로 고개를 끄덕였다. 이제 그는 제대로 된 목표를 지니고 있었고, 덕분에 단순히 빠른 해결책(직장을 그만두는 결정)을 택하는 대신 장기적인 전략을 세울 수 있었다. 우리는 그 과정을 함께했고, 그는 결국 자신에게 가장 이상적인 선택지를 골랐다.

숀의 삶에서 결정적인 터닝포인트는 다른 사람들과의 비교를 그만둔 순간이었다. 그는 매일 저녁 일찍 퇴근해서 가족들과 함께 식사할 수 있는 일상을 원했다. 아이들에게 온 마음과 영혼을 바치는 아버지가 되길 원했고, 바로 그 여유로운 생활을 위해 연봉 15만 달러가 될 때까지 최선을 다할 준비가 되어 있었다. 우리는 서로 다른 목표와 이상을 지니고 있는데, 왜 모두가 제프 베이조스나 리처드 브랜슨Richard Branson(버진그룹의 창업자이자 회장으로 세계적인 경영 구루로 손꼽힌다—옮긴이)처럼 행동해야 한단 말인가?

가장 중요한 주제를 연구하려면 깊이 있게 파고들어야 한다. 다른 사람들과 마찬가지로, 숀은 자신에게 동기를 부여하는 것이 무엇인지 잘못 이해한 상태에서 경력을 쌓아 왔다. 그는 내면을 충분히 탐구하지 못했고 자신에게 솔직하지 못했다. 하지만 내면의 민낯을 마주한 순간, 지금부터 해야 할 선택이 무엇인지 명확해졌다. 물론 미래의 어느 시점에는 더 다양한 경험을 위해 더 많은 노력을 투자하겠다는 쪽으로 그의 목표가 기울어질 수도 있다. 지금부터 살펴보겠지만, 우리의 목표는 시간의 흐름에 따라서 자연스럽게 진화한다. 만약 숀이 슬금슬금 밀려오는 내면의 질투심을 감지한다면, 바로 그 감정이 목표를 다시 점검해야 한다는 강력한 증거가 될 것이다.

레이 달리오는 통찰력으로 가득한 저서 《원칙》을 통해 말했다. "창의적인 방식으로 최선을 다해 노력하면 어떤 것이라도 이룰 수 있지만, 원하는 모든 것을 얻을 수는 없다. 성숙함이란 좋은 목표를 가졌더라도 더 나은 목표를 위해 포기할 줄 아는 능력이다."

당신이 자기 자신을 정직하게 인정하는 순간 '모든 것'을 원하는 실수에서 벗어날 수 있다.

질투는 자신에게 솔직해지는 순간에 찾아오는 일종의 경고 신호다. 만약 당신이 갖지 못한 어떤 것을 가진 사람을 볼 때 "음, 하지만 난 정말로 저것을 원하지 않아"라고 진심으로 얘기할 수 있다면 당신은 제대로 된 길을 걷고 있는 것이다. 하지만 실제로는 원하면서 단지 겉으로만 원하지 않는 척한다면 질투에 잡아먹힐 가능성이 크다. 그것은 결국 당신이 무언가를 원하면서도 얻기 위해 최선을 다할 용기가 없다는 뜻이기 때문이다.

마음의 평화는 자신을 이해하고 원하는 삶을 살기 위해 필요한 노력을 기울일 수 있을 만큼 스스로에게 정직해졌을 때 찾아오는 선물이다. 다른 사람들의 성공을 볼 때, 심지어 당신은 갖지 못한 것을 그들이 갖게 되었을 때마저 그들의 행복에 진심으로 기뻐할 수 있다면 당신은 누릴 수 있는 최고의 인생을 살고 있는 것이다. 그러나 이때 느껴지는 감정이 질투심이라면 당신이 목표에 대해 거짓말을 하는 중이거나 목표를 이루기 위해 충분히 노력하고 있지 않다는 뜻이다.

나는 꿈을 이루지 못해 불행한 사람들을 많이 만났다. 그들 중에서도 가장 불행하고 또 위험한 부류는 거대한 야심을 지녔으면서 극도로 게으른 사람들이었다. 질투심은 야심과 게으름을 조합한 치명적인 결과물로 한 사람의 인생을 지옥으로 만들 수 있다. 이런 사람들은 큰 생각을 품고 중요한 일을 하고자 원하지만 그 목표에 도달하기까지 필요한 노력에는 인색하다. 그들은 꼼수를 찾는다. 비겁한 짓도 서슴지 않으며 지름길에 강하게 집착한다. 자신이 원하는 것을 가진 사람을 만나면 질투심에 사로잡혀 영혼부터 갉아 먹힌다.

만약 누군가 당신보다 목표에 더 가까운 성취를 얻었다면 당신의 행복에 맞는 수준으로 목표치를 낮추거나 기존 목표에 부합할 수 있도록 노력의 양을 늘려라. 둘 다 하지 않는다면 비참한 결론에 도달할 수밖에 없다.

성공의 열쇠는 목표에 부합하는 행동에서 나온다. 이를 위해 다음 4가지를 명심하자.

- 목표는 스스로 되고자 하는 사람의 모습과 일치해야 한다.
- 선택은 목표와 일치해야 한다.
- 노력의 정도는 목표의 크기와 일치해야 한다.
- 행동은 자신의 가치관 및 원칙과 일치해야 한다.

질문은 수용으로, 수용은 동기 부여로

우리가 인생의 모든 순간을 함께할 사람은 단 한 명뿐이다. 부모님도 아니고 배우자도 아니다. 자녀들도 아니며 친한 친구들도 아니다. 바로 우리 자신이다. 남은 인생을 누구와 함께 보내야 할지 이해하고 그 사실을 온전히 받아들이는 순간, 당신은 자아비판을 그만두고 더 대담하게 행동할 수 있는 추진력을 얻게 된다. 이러한 힘은 지나친 생각의 함정을 최소화하고 더욱 적극적인 행동으로 이어진다.

데이비드 호킨스의 《의식 혁명》을 읽었을 때, 나는 의식의 각 단계에 대한 그의 설명에 매료되었다. 이 책을 읽기 전에는 용기가 의식의 피라미드 꼭대기에 있으리라 믿었다. 하지만 내면에 대한 탐구를 마친 후에는 다음 페이지에 소개된 호킨스의 도표처럼 수용이 용기보다 한참 높은 단계에 위치한다는 사실을 이해하게 되었다.

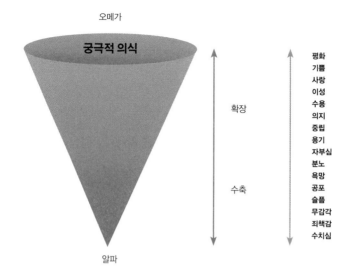

오메가

궁극적 의식

확장

수축

알파

평화
기쁨
사랑
이성
수용
의지
중립
용기
자부심
분노
욕망
공포
슬픔
무감각
죄책감
수치심

　당신이 자아 탐구를 두려워한다면 그럴 수 있다고 생각한다. 꼭꼭 숨어 있던 자신의 결점을 끌어내 직시하는 과정에서 상처를 입을 수도 있으니까. 나는 자신을 관찰하고 연구하는 과정에서 나에 대해 많은 사실을 알게 되었다. 좋은 특성도 나쁜 특성도 있었고, 개중에는 끔찍한 단점도 있었다. 이 힘겨운 과정을 거친 끝에 비로소 나 자신을 받아들이기 시작했다. 때로는 약해져도 된다는 사실과 있는 그대로의 모습을 드러내도 괜찮다는 사실 또한 알게 되었다. 한번은 시카고에서 탄탄한 회사를 운영하는 내 친구 바이런 어델Byron Udell이 존 가트너John D. Gartner의 저서 《조증》을 추천해 주었다. 이 책을 읽자 내가 약간의 광기를 지닌 유일한 인간이 아니라는 사실이 분명해졌다. 나는 자신의 광기를 받아들이고 약점이 아닌 강점으로 활용하기로 마음먹었다. 내가 중요한 일을 할 잠재력을 갖추고 있으며 내 성격이 기업을 운영하는 데 중요한 자산이 될 수 있다는 사실을 깨달은 것이다. 나는 결국 모든 결점을 포함해서 진정한 나 자신을 받아들이는 법을 배웠다.

우리를 움직이게 하는 4가지 요소

———— 밸리 토털 피트니스에서 회원권을 팔던 시절, 나와 함께 일했던 스튜어트라는 직원이 있었다. 그 또한 얼마 후에는 나처럼 보험 영업의 길로 들어섰고, 거의 비슷한 시기에 각자 회사를 차리게 되었다. 어느 날 점심을 먹으며 목표에 관한 대화를 나누던 중 스튜어트가 말했다. "내 비전은 우리 영업소를 캘리포니아주에서 가장 큰 보험 회사로 키워 내는 거야. 몇 년만 고생하면 자금이 돌면서 사업이 궤도에 오를 것으로 보여."

나는 말했다. "나는 자격을 갖춘 보험 중개인 50만 명을 고용하고 우리 조직을 미국 전체에서 가장 큰 보험 회사로 키워 낼 거야." 그는 망상증 환자를 바라보는 표정으로 내 얼굴을 쳐다보았다. 나는 나대로 이렇게 잠재력이 큰 시장에서 저렇게 작은 꿈을 꾸는 친구를 이해할 수 없어 혼란스러웠다. 나는 역사를 꿈꿨지만, 스튜어트는 상대적으로 소박한 꿈을 꾸고 있었다.

스튜어트를 움직이는 동기의 원천은 경제적 자유라는 목표였다. 현재의 그는 적당히 일하면서 1년에 50만 달러를 벌어들인다. 그는 자신이 원하는 것이 무엇인지 정확히 알았고, 마침내 그것을 손에 넣었다. 아마도 그는 나를 바라보며 자신이 훨씬 나은 선택을 했다고 느낄 것이다. 경제적 자유가 최고의 목표인 사람의 눈에는 일주일에 100시간씩 일하며 엄청난 압박과 스트레스를 견디는 삶이 불행하기 짝이 없게 느껴질 테니까.

내가 무슨 말을 하고 싶은지 알겠는가? 당신이 알아야 할 것은 '자기 자신'을 움직이는 동기의 원천이다. 우리는 모두 서로 다른 목표를 품고 있다. 나를 이끄는 힘이 무엇인지 깨닫고 나면 아침 알람을 꺼 두어도 된다. 그렇기에 나는 이미 경제적 안정을 손에 넣었음에도 그 어느 때보다 열정이 넘친다.

이것이 바로 내가 주 100시간 근무를 견딜 수 있는 이유다. 자기 연민이 조금이라도 마음을 파고들면 나는 즉시 멈춰 서서 되새긴다. "이건 나 자신이 선택한 길이야." 케케묵은 자동차 광고 문구처럼 들릴 수도 있다. "자신이 선택한 도전을 스스로 완주하라" 따위의 카피 말이다. 만약 내가 과거의 자리에 머물렀다면 연봉을 500만 달러까지 올릴 수 있었을 것이다. 하지만 파산에 내몰리거나 힘들어서 미쳐 버릴 것 같은 순간에도(혹은 두 위기를 동시에 경험하고 있는 순간에도) 나는 결코 지금의 길을 선택한 그 결정을 후회한 적이 없다.

어떻게 그럴 수 있느냐고? 그것은 내가 스스로를 움직이는 동력을 알기 위해 시간을 들여 노력했기 때문이다.

이제 당신 차례다. 당신이 지닌 동기의 원천을 발전과 광기, 개인적 이익과 목적이라는 네 범주로 구분하는 데서부터 시작하자(당신의 추진력을 기록할 빈 서식은 뒷부분 부록 A에 수록되어 있다).

발전 Advancement

−승진하기
−프로젝트 완수
−마감 기한 맞추기
−팀 목표 달성하기

개인적 이익 Individuality

−멋진 라이프 스타일
−사람들의 인정
−여유로운 생활

광기 Madness

−저항
−경쟁
−통제
−권력과 명예
−내가 옳았음을 증명하기
−매 순간 당당한 삶
−정복
−최고가 되려는(기록을 세우려는) 열망

목적 Purpose

−역사
−타인을 위한 도움
−변화
−영향력
−깨달음 / 자아실현

동기의 원천이 한 가지 이상인 것은 지극히 정상이다. 상황에 따라 우선순위가 바뀌는 것도 자연스러운 일이다. 위에 제시된 목록을 주의 깊게 살펴보고 당신을 움직이는 힘이 무엇인지 진지하게 고민해 보라. 많은 경우, 이 힘을 정확히 파악하기 위해서는 어떤 계기가 필요하다. 아래 4가지 요소를 함께 고려하면 당신이 어떤 동기에 의해 움직이는지 자신을 재평가해 볼 수 있을 것이다.

- 지루함

- 실적 하락

- 정체기
- 재능이 녹슬고 있다는 느낌

만약 당신이 이런 기분을 느끼는 순간이 온다면, 바로 그 순간이 자신의 진정한 목표가 무엇인지 더 깊이 파고들 완벽한 타이밍이다.

'왜?'의 다음 단계를 생각할 때 성장한다

추진력을 파악하는 또 하나의 방법은 진정한 '왜?'를 찾는 것이다. 누군가에게 "당신은 왜 목표를 추구하나요?"라고 물으면 이런 식의 대답이 나올 수 있다. "솔직히 잘 모르겠어요." "가족을 위해서 아닐까요?" "경제적 자유를 얻고 싶어서요." 누구나 '왜?'를 갖고 있다. 문제는 대부분의 사람이 이 질문의 초창기 답에 계속 머무른다는 것이다.

심리학자 에이브러햄 매슬로Abraham Harold Maslow가 제시한 욕구 단계 이론을 한 번쯤 들어 보았을 것이다. 1943년 《심리학평론Psychological Review》에 게재한 논문 〈인간 동기 이론A Theory of Human Motivation〉에서 매슬로는 인간의 욕구가 어떤 단계를 거쳐 진화하는지 설명했다. 당신이 죽음을 앞두고 있다면 인생의 목표에 대해 생각할 겨를이 없을 것이다. 가족을 먹여 살리느라 애쓰는 중이라면 세상에 이름을 남길 방법을 고민할 여유가 있을 리 없다. 충분히 말이 되는 이야기다. 핵심적인 욕구들을 충족하면 자연스럽게 피라미드의 위쪽으로 올라가 소속감이나 존경심, 개인적 발전 같은 상위 욕구를 추구하게 된다는 설명도 설득력 있다.

나는 성장에 대한 욕구가 '왜?'의 다음 단계로 나아가는 과정이라고 생각하며, 이 과정은 총 4단계로 이뤄진다고 본다.

'왜?'의 4단계

1단계: 생존

소득이 있는 직업을 가진 모든 사람은 1차적으로 각종 청구서를 처리하는 데 집중한다. 어떤 이들은 삶이 끝날 때까지 이 단계에 머무른다.

2단계: 지위

살다 보면 이렇게 말하는 사람들을 종종 만나게 된다. "난 백만장자가 되고 싶어." 왜일까? 지위 때문이다. 그들은 멋진 차나 집을 원하고, 아이들을 명문 학교에 보내고자 할 것이다. 이런저런 것들을 구매했다고

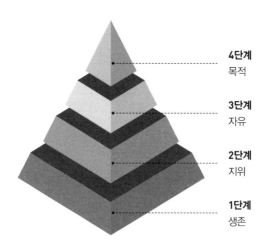

4단계
목적

3단계
자유

2단계
지위

1단계
생존

자랑하고 싶을 것이다. 이러한 욕구는 기본적으로 남들과의 비교에서 나온다. 지위는 하위 단계에 속하는 욕구지만, 그래도 생존보다는 수준이 높다. 이 수준에 도달하면 사람들 대부분이 속도를 늦추고 정착하려 한다.

3단계: 자유

어떤 이들은 이렇게 말한다. "그거 알아? 고만고만하게 벌어서 아등바등 사는 데 신물이 나. 난 자유로워지고 싶어. 매일같이 출근하지 않아도 될 정도의 재산을 모아서 숨통이 좀 트였으면 좋겠어." 이들 중 누군가는 아이들이 아무런 걱정 없이 천진난만하게 뛰놀 수 있는 삶을 원할 것이다. 누군가는 여름에 서핑을 하고 겨울에 스키를 타며 디지털 유목민으로 살아가는 삶을 동경할 것이다.

사실 자유는 '왜?'에 대한 대답치고 다소 자기중심적인 면이 있다. 자유를 원하는 것 자체는 아무 문제도 없지만, 일단 이런 상태에 도달하면 공허함을 느낄 수도 있다. 만약 당신에게 이런 상태가 찾아오고 일시적인 만족감이 지루함으로 바뀐다면, 그 시점부터는 더욱 깊은 가치를 탐색하며 삶에 진정한 성취감을 가져다줄 다소 사치스러운 고민을 할 수 있다.

4단계: 목적

삶의 목적에 대한 고민에는 다음과 같은 질문이 수반된다. "나는 어떻게 기억되길 원하는가?" "어떻게 하면 다른 이들의 삶에 영향을 미칠 수 있을까?" 이러한 질문은 우리가 세상에 태어난 이유와 주어진 한계를 끝까지 밀어붙여야 할 이유에 대한 깨달음으로 이어진다. 피라미드의 꼭대기에 도달한 사람들이 추진력을 얻는 원천은 다음과 같다.

- 역사
- 타인을 향한 도움
- 변화
- 영향력
- 깨달음 / 자아실현

살면서 이 단계에 도달하는 사람은 매우 드물다. 어째서일까? 그 이유 중 하나는 두려움이다. 어떤 이들은 이러한 목적을 생각할 겨를도 없이 평생 생존에만 매달린다. 소셜미디어나 스포츠, 각종 오락거리를 포함한 말초적인 자극에 사로잡힌 사람들도 있다. 아니, 사실 이러한 자극은 인간을 진정으로 사로잡을 수 없다. 그들은 단순히 현실에서 도피하고 자아 탐구라는 어려운 도전을 회피하기 위해 눈앞의 재밋거리로 도망치는 것이다. 결론적으로 말해서 그들은 인생에 꼭 필요한 질문을 하는 데 충분한 시간을 투자하지 않는다.

만약 당신이 세상에 큰 영향을 미치고 싶다면 차분히 앉아 인생에 관한 중요한 질문들을 고민해야 한다. 안타깝게도 많은 사람이 쳇바퀴 안에서 달리고 또 달리다가 자신에게 가장 중요한 질문을 떠올리지도 못한 채 세상을 떠나고 만다.

내가 당신에게 건넬 도전 과제는 지금 당신이 어느 단계에 있든 삶의 목적을 분명히 세우라는 것이다.

나 자신을 진지하게 탐구하자 벌어진 일

'개인 정체성 감사Personal Identity Audit'는 이 책에서 안내하는 도구 중에서 가장 중요하다. 사람들은 "이것이 당신의 인생을 바꿔 줄 겁니다"라는 표현을 너무 남용하는 경향이 있는데, 개인 정체성 감사에 포함된 일련의 자아 탐구 질문들만큼은 내 인생을 근본적으로 완전히 바꿔 놓았다고 확실히 말할 수 있다.

당신이 존경하는 창업자와 지도자, 운동선수, 세상을 뒤흔든 인재들은 단순한 운으로 그 성공을 거머쥔 것이 아니다. 그들은 잔인할 정도로 자신에게 솔직한 순간을(혹은 순간들을) 경험했다. 이것은 인간이 자신과 단점과 공포, 한계에 대한 믿음을 포함해 내면에 깊이 숨어들어서 성장을 방해하는 요소들과 마주하는 지극히 사적인 시간이다. 그리고 그것은 보통 인생의 역경을 겪은 후에 찾아온다.

현실에서 이러한 인생의 돌파구를 찾아내기 위해 기꺼이 시간을 투자하는 사람은 극소수에 불과하다. 현대인의 삶은 그 어느 때보다도 빠르게 흘러간다. 우리가 매일같이 확인해야 하는, 10년 전에는 존재하지도 않았던 스마트폰 앱이 얼마나 많은지 생각해 보라. 인스타그램과 페이스북, 트위터, 유튜브, 이메일, 링크드인, 각종 뉴스 앱을 체크하는데 시간을 얼마나 많이 투자하고 있는가? 이 외에도 우리가 외부적으로 신경 써야 할 것들의 목록은 말 그대로 끝이 없다.

2003년 8월, 한 지혜로운 친구가 내 고충을 알아차렸다. 만 24세의 나는 이제 막 재능과 인내심을 발휘하기 시작한 참이었다. 커리어는 순조로웠고 지식을 향한 욕구도 솟아오르고 있었다. 하지만 한편으로 분노와 혼란에 괴로워하고 있었다. 친구는 나를 훈계하거나 정신과에 가보라고 말하는 대신 83개의 질문 목록을 보내왔다. 그의 유일한 조언은 "어딘가 조용한 곳에 가서 계속 질문을 던지고, 답을 찾을 때까지 멈추지 마"라는 것뿐이었다.

나는 그의 조언을 정확히 따랐다. 때때로 해변으로 가서 일고여덟 시간 동안 혼자 머물며 그가 보낸 질문에 하나씩 대답하곤 했다. 그것은 감정이 북받쳐 오르는 강렬한 경험이었다. 때로는 좌절과 실망의 순간도 겪었다. 나는 끊임없이 물었다. "저렇게 많은 사람이 성공에 이르는데, 왜 나는 그럴 수 없는 걸까?" 홀로 고민하는 과정에서 나는 현실을 분명히 볼 수 있었고 반복되는 흐름과 패턴 또한 확인할 수 있었다. 결국 모든 문제는 내 안에 있다는 결론에 도달하자 안도감이 밀려왔다. 이러한 결론과 함께 나는 문제를 해결할 수 있다는 깨달음을 얻었다.

이 경험의 가치가 이루 말할 수 없을 정도로 컸기에, 나는 당시 던졌던 질문 중에서 가장 중요한 것들을 추려서 '개인 정체성 감사'라는 이름으로 정리했다.

인생에서 가장 중요한 사람(자신)에 관해 연구할 때, 우리는 비로소 우리의 잠재력을 억누르는 가장 중요한 인물(자신)을 정복하는 방법을 알게 된다.

이러한 질문과 고민 끝에 나온 답변은 내 인생을 완전히 바꿔 놓았다. 지극히 평범하던 나는 이 과정을 거쳐 내면의 잠재력을 깨달았다. 나는 해방되었고, 자신에게 주어진 한계와 도전을 받아들였다. 현재도 나는 기업가들에게 조언할 때마다 우선 개인 정체성 감사를 실시해 달라고 요청한다.

이 훈련의 핵심은 최대한의 성의를 보여야 한다는 것이다. 감사를 빨리 끝내거나 이상적인 답변을 내놓으려고 애쓰지도 마라. 유일한 정답은 정확하고 정직한 대답이다. 돌파구를 찾고 싶다는 마음가짐이 핵심이다. 격렬한 감정이 밀려올수록 돌파구를 찾아낼 가능성은 더욱더 커진다. 일단 자신에 대한 감사를 마친 다음에는 다른 사람들에게도 이 경험을 적극적으로 추천하라. 내 인생의 돌파구를 찾은 뒤 다른 이들에게 같은 선물을 주는 것만큼 훌륭한 일은 없으니까.

개인 정체성 감사에 필요한 질문은 뒤편에 실린 부록에서 확인할 수 있다.

내 개인 홈페이지에 이 양식을 올린 후 130개국에 사는 20여만 명이 다운로드를 받았다. 결과는 가히 혁명적이었다. 자신의 정체성을 감사하는 데 시간을 투자하라. 그 과정은 수많은 이에게 그랬던 것처럼 당신에게도 심오한 경험이 될 것이다.

◉ 자아 탐구와 개인 정체성 감사가 가져다줄 이익

1. 나 자신이 모든 문제(와 그 해결책)의 중심에 있다는 사실을 직시할 수 있다.

2. 문제를 해결할 수 있다는 깨달음을 얻을 수 있다.

3. 스스로 규정한 한계를 깰 수 있다.

4. 문제의 패턴을 확인함으로써 해로운 습관을 버릴 수 있다.

5. 나 자신 외에는 아무도 내 운명을 지배할 수 없다는 사실을 인식함
으로써 타인에 대한 분노를 내려놓을 수 있다.

완벽한 사람에게도 사각지대는 있다

자신을 아무리 세심하게 연구한다 해도 사각지대는 있기 마련이다. 당신이 놓친 부분을 찾아내고 싶다면 일단 사각지대를 찾고자 하는 '욕구'를 느껴야 한다. 이러한 욕구는 사각지대를 확인함으로써 궁극적으로 더 나은 삶을 살 수 있다는 깨달음에서 비롯된다. 이것이 바로 우리가 적극적인 관찰을 시작해야 하는 이유다.

나는 자기 인식 능력을 타고난 사람이 아니다. 실제로 커리어를 막 시작한 무렵에는 이런 자질이 거의 없다시피 했다. 내 이름으로 된 보험 회사를 막 설립했을 때, 나는 미팅을 할 때마다 거만하다는 평가를 받았다. 업계의 대기업 구성원들을 만나는 자리마다 이렇게 말하고 다녔기 때문이다. "우리 회사는 장차 보험 중개인 50만 명을 거느리고 업계 역사상 가장 많은 고객을 확보할 겁니다."

짐 콜린스Jim Collins와 제리 포라스Jerry I. Porras는 1994년에 발간한 저서 《성공하는 기업들의 8가지 습관Built to Last》에서 '크고 위험하고 대담한 목표Big Hairy Audacious Goal, BHAG'라는 용어를 소개했다. 콜린스와 포라스는 이

BHAG를 '계획된 미래를 향해 나아가는 10~30년 기간의 대담한 목표' 라 정의했다.

내가 업계의 대기업 사람들에게 나의 BHAG를 선언하면 항상 같은 질문이 돌아왔다. "사업을 시작한 지 얼마나 되었나요?"

나는 이렇게 대답했다. "2주요."

내 사각지대는 BHAG 자체가 아니었다. 진짜 문제는 내가 청중을 이해하지 못한다는 사실이었다. 금융 시장은 2008년 말에 한 번 무너졌다. 금융 위기의 타격이 너무 커서 AIG 같은 보험 업계 공룡들도 폐업의 문턱까지 갔다. 업계 전체가 방어적인 태도를 취할 수밖에 없는 상황이었다. 그런데 바로 이듬해인 2009년에 만 30세의 중동 출신 풋내기가 중개인 50만 명을 운운하며 거대한 비전을 들이댄 것이다. 생존과 규칙, 리스크 관리에 온 힘을 쏟던 당시 대기업들이 이렇게 위험해 보이는 스타트업과 선뜻 거래해 줄 리가 없었다.

4000억 달러 규모의 보험 회사 알리안츠Allianz의 중역이었던 캐시 라슨Cathy Larson은 내 당당한 선언을 듣고는 이렇게 대답했다. "자신감이 넘치는군요. 하지만 그런 말을 하는 사람들이 얼마나 많은지 알아요? 터무니없는 허세를 부리기 전에 좀 더 제대로 된 경력을 쌓아야 할 것 같네요."

그의 따끔한 충고는 내 명치에 적중했다. 나는 미래의 현실을 확신했고 내 마음속에서 이미 그 현실을 보고 있었다. 그러나 상대의 요구 조건을 충족하려면 접근 방식을 바꿔야 했다. 내 비전은 달라지지 않았지만, 이를 전달하는 방식은 큰 폭으로 수정할 필요가 있었다.

나는 톤을 조절하는 방법을 고민하기 시작했다. 내가 어떤 사람인지 깊이 있게 탐구하는 시간도 가졌다. 자신을 더 정확히 인지하고 내가 이루고 싶은 것을 정확히 전달하는 방법을 연구했다. 나는 먼 미래의 BHAG를 바로 다음에 둘 수로 연결시키는 방법을 배웠다. 그보다 더 중요한 것은 청중에 대한 새로운 인식을 바탕으로 내가 움직임의 '순서'를 이해하게 되었다는 사실이다.

나 자신을 알아가는 길고 힘겨운 여정

우리는 자신이 누구인지, 무엇이 우리를 움직이는지, 스스로 얼마나 큰 위험을 감당할 수 있는지, 어떤 유형의 가족을 얻고자 하는지 이해해야 한다. 이 수에 필요한 모든 노력과 이야기의 핵심은 정직함이다. 거울을 들여다보는 행위는 때로 고통을 수반한다. 앞에서 털어놓았듯이 나 또한 개인 정체성 감사를 겪으며 수없이 눈물을 흘렸다.

하지만 이 고통에는 그만큼의 가치가 있다. 당신이 가장 중요한 연구 대상(자신)을 정확히 이해한 순간부터 당신이 내린 결정들이 자연스럽게 당신을 목표 달성의 길로 이끌 것이다.

모든 사람이 똑같은 방법으로 성공할 순 없다

제 3 장

> "돈은 수단에 불과하다. 돈이 있으면 어디든 갈 수 있지만
> 스스로 운전해야 한다는 사실은 바뀌지 않는다."
>
> ―에인 랜드Ayn Rand

에릭 드라치Eric Drache는 세계에서 가장 재능 있는 포커 플레이어 중 한 명이었다. 1973년부터 2009년까지 36년 사이에 월드시리즈 포커대회에서 2위를 세 번이나 입상했다. 많은 이가 드리치를 세계에서 일곱 번째로 뛰어난 포커 플레이어라 여겼다. 그가 항상 랭킹 6위 이내의 선수들하고만 붙었다는 우스갯소리는 지금까지도 재치 있는 농담으로 회자된다. 이토록 뛰어난 재능에도 불구하고 그는 몇 번이나 경제적인 파산 상태

에 이르렀다. 지금부터 드리치의 사례를 바탕으로 어떻게 사업을 운영하면 '안 되는지' 살펴보려 한다.

우리는 누구나 자신에게 유리하고 승산이 있는 길을 고르고 싶어 한다. 포커에서는 이러한 상황을 게임 선택이라고 부른다. 어떤 게임(혹은 비즈니스)이든 참가자의 승패는 그의 실력에 따라 결정된다. 다시 말해서 플레이어의 승률은 상대편과 비교해 그가 얼마나 실력 있는지에 달려 있다. 따라서 자신의 강점과 약점을 명확히 알고 자신에게 유리한 시장을 찾는 것이 무엇보다 중요하다.

앞서 1장과 2장에서는 자기 인식에 관한 내용을 다뤘다. 지금까지 당신이 되고 싶은 사람을 정의하고 가장 중요한 연구 대상을 분석했다면, 이제는 당신의 비전과 일치하는 길을 선택하는 방법에 대해 구체적으로 논의할 시점이다.

나는 세상 모든 사람이 애플 같은 기업을 세워야 한다고 생각하지 않는다. 모두가 제2의 일론 머스크가 되고 싶어 하지 않는다는 사실도 안다. 거대한 제국을 건설하기 위해 일주일에 80시간에서 100시간씩 일하는 삶도 누군가에게는 분명 맞지 않을 것이다. 어떤 이들은 포천 선정 500대 기업을 경영하며 매일같이 정치적 압박에 시달리느니 혼자 힘으로 충분히 통제할 수 있는 작은 사업을 운영하고자 한다. 세계를 여행하며 관리할 수 있는 온라인 비즈니스를 꿈꾸는 사람도 있을 것이다.

자기 인식은 내게 맞는 길을 찾는 데 꼭 필요한 과정이다. 자신에게 정직해지는 순간, 어쩌면 당신은 기업가가 되는 것이 본인에게 잘 맞지 않는 길이라는 사실을 깨달을지도 모른다. 지금부터 찬찬히 살펴보겠지만, 만일 그런 결론이 나왔다 해도 당신에게는 여전히 충실하고 경제적으로도 여유로운 삶을 선사해 줄 다양한 선택지가 있다.

내 사다리는 내가 선택한다

강연을 나갈 때마다, 나는 그 장소에 있는 모든 이에게 묻는다. "여러분이 알고 지내는 가장 부유한 사람은 누구인가요?"

대부분 이 질문에 즉시 답을 내놓는다. 우리는 누구나 부유한 삼촌이나 사촌, 가족의 친구 등을 한 명쯤 떠올릴 수 있다. 큰 저택에 살면서 추수감사절마다 가족을 초대하는 먼 친척이나 툭하면 해외여행을 다니며 SNS에 이국적인 사진을 올리는 지인 같은 사람들 말이다.

이 시점에 나는 두 번째 질문을 던진다. "그 사람은 재산을 월급으로 모았나요, 사업으로 모았나요?"

이 질문을 듣는 순간 청중의 얼굴에는 깨달음의 빛이 번진다. 나는 표정을 통해 그들의 마음속 외침을 읽을 수 있다. "맙소사!"

그럼에도 불구하고 우리는 걸음마를 시작한 순간부터 남의 사다리를 오르는 법만 훈련받는다. 첫 사다리는 학교로 연결된다. 좋은 성적을 받고 명문 학교에 가서 법대나 경영대나 의대처럼 최대한 좋은 과를 고르라는 식이다. 학교 사다리를 다 오르면 직장 사다리가 기다리고 있다. 적당한 월급을 받고 업무에 사적인 감정을 개입시키지 않으면서 무난하게 중간 관리자까지 올라가는 것이다. 여기가 바로 '안정'에 도달하는 지점이다.

하지만 실제로 사다리를 올랐던 이들이 증명하듯이, 이 이야기는 완전히 거짓말이다. 로버트 기요사키Robert Toru Kiyosaki는 저서《부자 아빠 가난한 아빠》에서 교육이 부를 가져다준다는 신화의 진실을 폭로했다. 대부분의 경우에 부와 성공은 다른 누군가가 만든 사다리의 꼭대기에서 우리를 기다리고 있지 않다. 경제적으로, 정서적으로, 지적으로 부유한 삶은 오직 자기 자신의 성공을 스스로 책임지는 자에게만 찾아온다.

자신의 성공을 책임지는 방법에는 한 가지만 있는 것이 아니다. 조직에서 일하되 성과에 따라 막대한 인센티브를 받을 수도 있고, 잠시 후에 확인할 방법처럼 큰 기업 안에서 사내기업가의 길을 개척할 수도 있다. 한 가지 분명히 말할 수 있는 것은 기업가가 된다는 것이 결코 돈벌이에만 국한되는 이야기가 아니라는 사실이다. 당신의 목표가 기업 경영을 통해 백만장자 혹은 억만장자가 되는 것이라면 지금 이 이야기가 이상하게 들릴지도 모른다. 하지만 돈이 유일한 동기인 사람은 어느 순간에 걸음을 멈추게 되어 있다. 게으르거나 안이해지는 것이다. 다시 말해서 만약 당신의 목표가 '기업가'라면 돈벌이를 뛰어넘는 목표를 지녀야 한다.

기업 경영은 단순히 돈을 위해서 견디기에는 너무 큰 고통을 수반한다. 나는 허영심이 인생의 중요한 동기가 될 수 없다는 식의 허울 좋은 말을 하려는 것이 아니다. 타인의 인정과 권력, 명성, 특권, 존경(그리고 당신을 무시하던 이들이 틀렸다는 증명)은 종종 이 길을 택하는 중요한 이유가 된다. 그러나 그 길을 계속 걸어갈 수 있는 사람들은 돈보다 훨씬 큰 무언가에 의해 움직인다.

앞서 논의한 것처럼 부를 쌓고 충실한 삶을 사는 방법에는 여러 가지가 있다. 기업가정신은 가장 큰 경제적 성공으로 이어질 수 있지만 그만큼 리스크도 크다. 당신에게 더 큰 통찰을 전하기 위해, 지금부터 이 문제에 대한 서로 다른 관점을 살펴보고 다양한 사람이 걸었던 길을 자세히 소개하려 한다.

창업하지 않고 591억 달러를 벌어들이는 방법

하루는 IBM의 한 임원이 링크드인을 통해 메시지를 보내왔다. "저는 IBM에 오랫동안 몸담았고 지난 몇 년 동안 패트릭 씨가 올리는 콘텐츠를 구독하고 있습니다. 지금도 괜찮은 연봉을 받고 있지만, 이제는 제 이름으로 된 사업체를 운영하고 싶어요. 하지만 아내와 세 명의 아이들을 생각하면 걱정이 앞섭니다. 제가 어떻게 해야 할까요?"

우리는 한동안 이메일을 주고받았고, 나는 그에게 어떤 사람이 되고 싶냐는 질문을 던졌다. 그는 기업가정신을 실천하는 삶이야말로 본인에게 가장 잘 맞는 길이라는 확신을 굳혀 가는 상태였다. 당신에게도 이러한 시기가 찾아온다면, 바로 그때가 조직 내에서 새로운 사업부를 만들거나, 새 사업 계획을 이끌거나, 기업의 성장과 혁신을 주도한 보상으로 인센티브 계약을 요구할 시점이다. 어떻게 보면 조직이 당신을 붙잡기 위해 기꺼이 혜택을 제공할 만큼 필수 불가결한 인재가 되어야 한다는 의미가 될 수도 있다.

최고재무책임자와 최고기술책임자의 평균 재직 기간은 3년이 채 되지 않는다. 그 정도면 자산을 어느 정도 모으기에 충분한 기간이다. 그러나 그중 일부는 새로운 기회를 창출하며 자리를 남들보다 오래 지켜 내고, 그 과정에서 탄탄한 연봉뿐 아니라 상당한 추가 수익을 배당받는다. 이런 수준이 되면 기업 내에서 자신만의 파이를 따로 창출하여 수익을 올린다고 볼 수 있을 것이다.

591억 달러(한화 약 69조 원). 2020년 3월 현재 세계에서 가장 부유한 사내기업가 스티브 발머Steve Ballmer가 보유한 순자산이다. 그는 1980년 스탠퍼드대학교 MBA 과정을 중퇴하고 마이크로소프트의 30번째 직원으로 합류했다. 그 후에는 20년 동안 사내기업가의 관점에서 생각하고 행동한 끝에 2000년 최고경영자 자리에 올랐고, 2013년까지 그 자리를 지켰으며, 스톡옵션과 보너스로 막대한 부를 쌓았다. 2014년 NBA의 LA 클리퍼스가 매물로 나왔을 때 그는 경쟁자를 싱겁게 물리치고 구단주가 되었다. 사내기업가로서 그가 거둔 경제적 성공에 비하면 농구 팀에 붙은 2억 달러라는 가격표는 저렴한 수준이었다.

우리는 모두 1976년 스티브 잡스가 애플을 설립했던 순간은 기억하지만, 많은 이가 1985년에 그가 회사에서 쫓겨났다는 사실은 종종 잊곤 한다. 그가 최고경영자로서 애플에 복귀한 것은 넥스트NeXT와 픽사 애니메이션 스튜디오를 설립한 다음인 1997년이 되어서였다. 그는 연봉 협상을 통해 550만 주의 스톡옵션을 얻어 냈다. 물론 이 주식은 그 자체로 수십억 달러의 가치가 있지만, 우리가 주목해야 할 점은 따로 있다. 그 대단한 스티브 잡스조차도 사내기업가로 활동했다는 점이다.

사내기업가에게 필요한 자질은 무엇일까? 사내기업가를 끌어당기고 육성시키는 회사는 어떻게 찾아낼 수 있을까? 우선 첫 번째 질문에 대한 답변은 아래와 같다.

◉ **성공적인 사내기업가가 지녀야 할 5가지 자질**

1. 사내기업가는 기업가처럼 생각해야 한다.
2. 사내기업가는 기업가처럼 일해야 한다.
3. 사내기업가는 기업가와 동일한 수준의 절박함을 지녀야 한다.
4. 사내기업가는 기업가처럼 혁신을 추구해야 한다.
5. 사내기업가는 기업가와 같이 브랜드(및 자산)를 보호해야 한다.

이 목록은 사내기업가가 회사의 직원이 아니라 소유주처럼 생각하고 행동해야 한다는 사실을 강조한다. 사내기업가는 월급을 받기 위해 일하는 사람들이 아니다. 그들의 목표는 스스로 자부심과 성취감을 느낄 수 있는 무언가를 창조하는 것이다. 이러한 선택을 통해 그들은 능력에 대한 인정과 동시에 자유, 자원, 주인 의식을 손에 넣는다.

사내기업가와 일반적인 기업가의 가장 큰 차이는 전자가 일반적으로 자신보다 높은 권위를 존중하는 반면 후자는 거부감을 보인다는 점이다. 사내기업가는 기업가를 존경하며 이렇게 말할 수 있는 사람이다. "저는 대표님처럼 생각하고 행동하며 똑같은 일을 했어요. 하지만 결국 회사에 이익을 가져온 건 대표님이라고 생각합니다. 직원들에게 비전을 보여 주고 모든 리스크를 짊어진 사람은 대표님이니까요." 사내기업가는 시스템 내에서 일하지만 회사를 발전시키는 동시에 자기 자신을 성장시키는 방법을 찾는다. 당신이 창업자나 현재의 경영자에게 상당한 존경심을 느끼지 않는다면, 지금 몸담은 조직이 사내기업가로서 위치를 다지기에 적절한 배경이 아니라는 뜻이다.

구글이 '20퍼센트' 정책을 쓰는 이유

구글은 창의적인 인재들을 고용하고 그들의 능력을 끌어올리기 위해 사내기업가정신 육성 정책을 마련했다. 이 정책의 창안자인 래리 페이지Larry Page와 세르게이 브린Sergey Brin은 IPO 보고서를 통해 자신들이 고안한 '20퍼센트' 아이디어를 이렇게 소개했다.

> 당사는 직원들이 정규 프로젝트와 별도로 구글의 발전에 가장 도움이 되리라 생각하는 활동에 업무 시간의 20퍼센트를 할애하길 권장하며, 이러한 투자가 더욱더 창의적이고 혁신적인 성과로 이어질 것이라 확신합니다. 우리가 거둔 결정적 성과 중 상당수가 이런 과정의 결과물로 탄생했습니다.

이 20퍼센트의 시간으로 탄생한 서비스에는 구글뉴스Google News, 지메일Gmail, 애드센스AdSense 등이 있다.

사내기업가를 끌어당기고 육성하는 기업은 더 편안하게 활동할 수 있는 '조직 환경'을 혁신가와 스타 플레이어들에게 어필하는 방식으로 소통함으로써 이러한 결과를 얻는다. 다시 말해서 모든 구성원이 능력을 인정받을 수 있으며 비용 투자나 리스크 관리나 불면증에 대한 두려움 없이 자유롭게 아이디어를 펼치고, 실행과 혁신과 이익 창출을 해낼 수 있다는 비전을 제시하는 것이다.

나는 20대부터 보험 회사에서 일하며 상당히 높은 연봉을 받았다. 당시 내 꿈은 이 조직의 CEO가 되어 더 많은 부를 쌓는 것이었다. 재산을 모으고 영향력을 갖기 위해 다니던 회사를 그만둬야 한다는 생각을 단 한 번도 한 적이 없었다. 어느 날 나는 영화《제리 맥과이어》의 주인공처럼 회사의 성장에 대한 비전이 담긴 16쪽짜리 제안서를 작성해서 임원들에게 보냈다. 하지만 그 누구도 답장을 주지 않았다. 나는 그 파일을 다시 모회사의 임원들에게 보냈고, 30분 후 잭이라는 임원이 회의를 잡자고 연락해 왔다. 그는 내게 임원들 앞에서 아이디어를 설명할 기회를 주었고, 그 결과 몇 가지 제안이 실행 단계로 넘어갈 뻔했다. 하지만 마지막 순간 케이티라는 사람의 반대로 모든 것이 중단됐다.

그곳의 조직 문화는 구글과 정확히 반대였다. 회사 측은 내가 혁신을 주도하길 원하지 않는다는 뜻을 분명히 밝혔다. 저널리스트 로라 잉그램Laura Ingraham이 르브론 제임스LeBron James에게 "입 다물고 드리블이나 하세요"라고 말했던 것처럼 그 회사의 모토는 "입 다물고 보험이나 파세요"였다.

케이티는 관료주의와 귀족주의의 완벽한 표본이었다. 로런스 밀러Lawrence M. Miller는 자신의 책《야만인에서 관료제까지Barbarians to Bureaucrats》에서 한 기업이 어떻게 온갖 정체성을 지닌 인재들(야만인형, 예언자형, 건

축가형, 탐험가형, 경영자형, 공무원형, 귀족형 등)을 끌고 나아가는지를 묘사한다. 그의 설명에 따르면, 아주 가끔 나타나는 시너지형 인재를 잘 활용하면 조직의 침몰을 막을 수 있다. 당시 내가 다니던 회사는 비윤리적인 관행으로 브랜드에 심각한 타격을 입은 데다가 수많은 소송으로 몸살을 앓고 있었다.

케이티는 고집이 세고 변화를 두려워한 탓에 결과적으로 조직에 수억 달러 규모의 손해를 끼쳤다. 결코 적다고 할 수 없는 금액이다. 그는 거만했다. 정말이지 너무나 거만했다. 드라마 《왕좌의 게임》의 악역, 자신이 세상에서 가장 뛰어나다고 생각하는 서세이 라니스터Cersei Lannister를 연상케 하는 인물이었다. 하지만 더욱 참을 수 없었던 것은 회사가 그의 행동을 용인한다는 사실이었다. 이는 최초에 기업을 세운 예언자가 떠나고 남아 있는 건축가와 탐험가들이 능력 없는 인재에게 너무 많은 권한을 쥐여 줬을 때 흔히 일어나는 부작용이다.

케이티는 내 양손을 묶고 나를 궁지에 몰아넣었다. 하지만 그때까지만 해도 나는 다음에 두어야 할 수가 저축한 돈을 모두 투자해서 내 사업을 차리는 것이라고 확신하지 않았다. 최종 결정을 내리기 전, 나는 케이티와 임원진 그리고 법무 팀 변호사들과 회의를 잡았다. 회의실에는 내가 매우 존경하던 사람들도 몇 명 있었다. 그 자리를 마련한 이유는 내가 앞으로 취할 다섯 수를 공유하고 마땅히 들어야 할 대답을 듣기 위해서였다.

당시에는 모두 별말이 없었지만, 한참 시간이 지난 후 그들이 내 계획을 모두 속임수로 치부했었다는 이야기를 전해 들었다. 내가 떠날 마음도 없이 으름장을 놓음으로써 연봉을 올리려 한다고 생각했다는 것이다. 내가 한때나마 진심으로 존경했던 대표는 몇 번이고 말했다. "이봐, 우리 업계에서는 이런 일이 굉장히 흔하다네. 자네처럼 실적이 뛰어난 인재가 찾아와서는 연봉을 더 올려 주지 않으면 나가겠다고 선언하는 일 말이야. 하지만 우리는 자네의 허풍을 받아 줄 수 없어."

단언컨대 그 자리에 있던 임원진 중 월드시리즈 포커대회에서 우승할 가능성이 개미 눈곱만큼이라도 있는 인간은 단 한 명도 없었다. 그들은 상황을 완전히 잘못 이해했다. 나는 100퍼센트 정직하게 호소하고 있었다. 그러나 그들은 내 제안을 성장의 기회로 보는 대신 막아야 할 대상으로 치부했고, 현실을 정당화하기 위해 나를 분란이나 조장하는 허풍쟁이로 몰아갔다.

이 이야기를 하는 이유는 결코 나를 희생자로 만들기 위함도 아니고, 그들을 향한 복수심에 불타서도 아니다. 나는 다만 그 조직의 문화가 수익성과 효율성보다 고집과 자존심으로 움직이는 사람에게 힘을 실어 주었다고 생각할 뿐이다. 상황이 이렇게 되자 나는 더 이상 다음 수를 변경하는 것을 미룰 수 없었다.

인생의 그 시점에 나는 주 100시간씩 10년을 꼬박 일하거나 온갖 송사에 휘말리거나, IT(정보통신기술)나 HR(인적자원 관리)이나 CRM(고객관계 관리) 같은 어려운 약자로 된 업무들을 다룰 각오가 되어 있지 않았다. 케이티가 사자와 대화하는 기술을 제대로 알았더라면(이 기술은 8장에서 자세히 다룰 예정이다) 나도 기꺼이 조직에 남았을 것이다. 하지만 그는 사내기업가를 육성하는 방법을 알지 못했고, 나는 결국 퇴사를 택했다.

내가 이 사건에서 나 자신을 희생자로 보지 않았다는 사실은 다시 한 번 강조할 가치가 있다. 비즈니스에 몸담고 있으면 통제할 수 없는 일들이 일어나기 마련이다. 이때 당신이 어떤 반응을 선택하느냐가 그 분야에서 당신이 최고가 될 수 있는 인재인지 여부를 결정한다.

우리는 때로 의도했던 것보다 훨씬 빨리 움직여야 할 순간을 마주한다. 나는 내가 타협할 수 없는 조건에 대해 정확히 알고 있었고, 일단 그 조건이 훼손된 순간 커리어의 체스판으로 돌아가 새로운 공격 플랜을 짤 수밖에 없었다.

⊙ 사내기업가를 육성하는 기업의 특성

1. 경영진이 예상되는 리스크를 감수하고 창의성을 독려하는 데 익숙하다.
2. 뛰어난 성과와 혁신을 가져다준 직원에게 동기를 부여하는 보상 제도를 갖추고 있다.
3. 경영진이 수비(본인의 안전)에만 치중하지 않고 공격(회사의 발전)에도 적극적이다.
4. 경영진이 잠재적 스타 플레이어의 능력을 억누르는 대신 끌어올린다.
5. 경영진이 조직도의 모든 단계에서 적극적으로 아이디어를 수용한다.
6. 활기차고 혁신적인 조직 문화를 유지하기 위해 젊은 인재를 적극적으로 찾는다.

이쯤에서 이러한 정보를 유용하게 활용할 수 있는 사람들이 어떤 부류인지 분명히 짚고 넘어가도록 하자. 만약 당신이 자신의 길을 갈망하거나 본인 회사를 차리기 위해 회사를 떠날까 고민하고 있다면, 지금 내가 하는 이야기는 바로 당신을 위한 것이다. 제대로 된 회사만 잘 찾아낸다면 어쩌면 당신에게 더 잘 맞는 선택은 사내기업가가 되는 것일 수 있다. 이미 본인 사업을 운영하고 있는 독자들도 이 정보를 잘 새겨두길 바란다. 경영자가 사내기업가를 영입하고 육성하는 방법을 잘 알아 두면 조직의 성장에 막대한 영향을 미칠 것이다.

사내기업가정신에 대한 마지막 이야기를 들려주려 한다. 최근에 나는 한 보험 회사와 협상을 진행했다. 그곳 직원들은 망설임 없이 경영진에 대한 불만을 털어놓았다. 임원들이 자기방어에만 급급한 나머지 새로운 아이디어를 계속해서 거부하고 있다는 것이었다. 리스크를 극도로 꺼리는 최고경영자와 보수적인 기업 문화는 조직의 발목을 잡고 현상 유지에만 매달리는 분위기로 이어졌다. 가장 야심 찬 직원들이 연이어 퇴사하고 매출이 항상 제자리걸음인 이유를 더 설명할 필요가 있겠는가? 움직이지 않는 선택도 하나의 움직임이라는 사실을 기억하라. 체스를 두든 사업을 운영하든, 시간을 낭비하는 선택은 반드시 부정적인 결과로 돌아온다.

기업은 아이디어와 혁신을 제대로 보상하는 인센티브 구조를 갖춰야 한다. 사내기업가형 인재들은 자신의 노력과 결단, 그리고 혁신이 보너스, 스톡옵션, 혹은 다른 어떤 형태로든 회사 차원의 정당하고 구체적인 보상으로 돌아오길 원한다. 떠오르는 인재가 조직 내에서 부를 쌓을 수 있는 길을 찾아낸다면 굳이 회사를 나갈 이유가 없다. 하지만 그럴 수 없다면 그들은 미련 없이 떠날 것이다. 이것이 바로 과거의 내게 일어 났던 일이다.

어떤 이들은 내게 조언을 구했던 IBM의 임원과 마찬가지로 뛰어난 야심과 재능을 가졌음에도 불구하고 아직 본인 사업을 시작하지 못한 어떤 이유를 가지고 있다. 그런 인재들에게는 사내기업가를 육성하는 회사와 협력 관계를 맺는 것도 좋은 대안이 될 수 있다.

편집된 결과물만 보고 사람을 판단하지 마라

누군가의 삶이 겉으로 얼마나 완벽해 보이는지는 중요하지 않다. 사람이라면 누구나 경력의 어느 시점에선가 괴로움을 겪기 마련이다.

아래 트위터 멘션은 기업가들의 이미지와 그들이 실제로 겪는 현실 사이의 간극을 완벽히 보여 준다.

에릭 디페빈 Eric Diepeveen
@EricDiepeveen

일론 머스크의 트위터 계정 @ElonMusk를 팔로우하면 끝내주게 멋 진 인생을 구경할 수 있다. 이렇게 성공한 사람도 삶의 질을 높이기 위해 단맛 쓴맛 겪어 가며 노력하고 있을까?

일론 머스크
@ElonMusk

에릭 디페빈@EricDiepeveen 씨에게. 제 현실은 황홀한 단맛과 끔찍하게 쓴맛, 그리고 끊임없는 스트레스로 이루어져 있습니다. 뒤쪽의 2가지에 대해서는 아무도 알고 싶어 하지 않죠.

너무나 많은 사람이 기업가를 과거의 노력이 아닌 현재의 결실로만 판단한다. 성공과 함께 찾아오는 엄청난 압박감 또한 보지 못한다(혹은 보고 싶어 하지 않는다). 이러한 오해는 당신을 잘못된 선택으로 이끄는 인식의 맹점이다.

성공한 기업가를 만날 때마다 나는 그들이 지옥을 경험했던 순간에 대해 듣고자 한다. 내가 그들에게 던지는 질문은 다음과 같다. "대출금 상환에 대한 확신이 없을 때 어떻게 위기에 대응했나요?" "영혼에 사무치는 어두운 시기를 보낸 적이 있나요?" "절망에 휩싸였을 때 지쳐 쓰러지도록 눈물을 흘렸나요, 아니면 두려움에 마비되어 뜬눈으로 밤을 지새웠나요?" "사업을 하면서 가장 극복하기 힘들었던 역경에 대해 말해 줄 수 있나요?" "당신이 가장 두려워했던 건 무엇이었나요?" "그 엄청난 두려움과 불안함을 이겨 내는 데 도움이 되었던 요소에는 어떤 것들이 있나요?"

나는 유튜브 밸류테인먼트 채널에서 유명 인사와 인터뷰를 할 때도 비슷한 질문을 던진다. 남들이 다 하는 것처럼 그들의 업적을 찬양하거나 성공한 삶의 멋진 부분만 부각시키고 싶지 않다. 나는 더욱더 깊이 있는 대화를 원하며, 이러한 부분이야말로 그들의 이야기에서 진정 가치 있는 부분이라고 믿는다.

2015년 두바이 여행길에 오르면서, 나는 바로 얼마 전에 결혼한 사내 커플 시나 사파울라Sheena Sapaula와 맷 사파울라Matt Sapaula를 비롯하여 회사 동료 몇 명을 데려갔다. 공항에 도착한 후 시나와 맷은 그때까지 전혀 모르는 사이였던 직원들과 같은 엘리베이터를 탔고, 부족한 은행 잔고 얘기를 하다가 사람들 앞에서 크게 다퉜다.

그날 저녁, 여행 멤버 전원을 초대하여 저녁 식사 자리를 마련한 나는 신혼부부를 이렇게 소개했다. "시나와 맷은 정말 에너지 넘치는 커플이에요. 열정이 너무 대단한 나머지 서로를 죽일 수도 있을 정도랍니다." 두 사람은 얼굴을 붉혔고 엘리베이터를 함께 탔던 사람들은 미소를 짓거나 킥킥 웃기 시작했다. 하지만 나는 무슨 일이 일어나고 있는지 전혀 눈치채지 못했다.

식사 후 우리는 요트를 타러 갔다. 모두가 술을 몇 잔쯤 마셨을 때, 맷이 다가와 말했다. "패트릭, 사실 우리가 저 사람들(함께 저녁을 들었던 동료들)과 같이 탔던 엘리베이터에서 크게 싸웠어요." 커플은 어색한 분위기를 풍겼다. 대화를 나누다 보니 주제가 결혼 쪽으로 흘러갔고, 그들은 내게 우리 부부의 이야기를 들려 달라고 부탁했다.

"두 사람에게 꼭 해 주고 싶은 얘기는." 내가 대답했다. "우리 아내와 나도 때때로 심하게 다툰다는 점이야. 실은 지난주에도 크게 한 건 했지. 그 장면을 봤다면 우리가 10초도 안 돼서 이혼하리라고 생각했을 거야. 하지만 우리는 결국 화해를 하고 다시 부부의 삶을 이어 갔어."

"우리가 싸우는 건 함께 많은 일을 해 나가고 있기 때문이야. 일단 두 아이를 키우고 있지(2015년은 아직 우리 셋째가 태어나기 전이었다). 서로 다른 가정에서 자라나며 생겨난 여러 가지 차이점도 극복해야 해. 함께 사업을 운영하고, 건강과 체형을 유지하기 위해 운동도 열심히 한다네. 이 외에도 계속 신경 써야 할 문제들을 나열하다 보면 끝도 없을 거야."

아내와 내가 언제나 사랑과 애정을 주고받는 완벽한 결혼 생활을 하는 것처럼 보일 수도 있다. 하지만 일과 삶이 불러오는 각종 스트레스를 생각하면 완벽이란 불가능하다. 결혼한 지 20년 이상 된 부부에게 이혼을 생각한 적이 있느냐고 물어보면 대다수가 '그렇다'라는 답변을 내놓을 것이다.

이 이야기에서 가장 흥미로운 부분은, 나와 함께 여행했던 2015년 당시 시나와 맷이 우리 회사에 갓 입사한 신입 커플이었다는 점이다. 4년 후, 그들 부부의 연봉은 합쳐서 약 150만 달러에 달했다. 그들의 성공을 부러워하는 이는 많지만, 그들이 그곳에 도달하기까지 겪어야 했던 역경을 제대로 꿰뚫어 보는 사람은 거의 없다.

최종적으로 손에 넣은 결실보다는 성공을 향해 달려왔던 기업가의 노력에 주목하자. 그 과정에서 수반되는 모든 역경을 받아들이고, 당신이 같은 결과를 얻기 위해 견뎌야 할 고통이 얼마나 클지도 솔직히 인정하자. 두려움이 밀려오는가? 그렇다면 내 이야기가 목적을 달성한 셈이다. 나는 현실을 솔직히 알려 주기 위해 이 자리에 섰다. 다시 한번 말하지만, 누군가는 이 글을 읽으면서 기업가정신은 자신을 위한 세계가 아니라는 사실을 깨달을 것이다. 하지만 어떤 이들은 그 어느 때보다도 분명하게 그 길을 걷고 싶다는 확신을 얻게 될 것이다.

'블루오션'은 아직 남아 있다

이 책에서 나는 특정한 사업을 시작하는 데 필요한 구체적인 준비 사항에 대해 언급하지 않을 것이다. 세상에는 이미 프랜차이즈 식당을 여는 법이나 스마트폰 앱을 개발하는 법에 대해 알려 주는 책과 온라인 자료가 넘쳐난다. 이런 흔한 정보 대신, 나는 당신에게 승리할 수 있는 판을 찾아내기 위해서 더욱더 넓은 시야를 갖추는 방법을 알려 줄 것이다.

프랑스 인시아드ₜₙₛₑₐ𝒹 경영대학원의 김위찬 교수와 르네 마보아Renée Mauborgne 교수가 2004년에 발간한 《블루오션 전략Blue Ocean Strategy》은 내가 이길 수 있는 게임을 구별하는 능력을 갖추는 데 결정적인 역할을 했다. 《블루오션 전략》은 약자가 될 수밖에 없는 게임에 뛰어들기보다 승리할 수 있는 미개척 시장을 찾아서 경쟁을 무의미하게 만들어야 한다는 전제에서 출발한다.

1950년대 초반, 기존 시장에서 거대한 경쟁사들을 이길 수 없다고 판단한 인화지 제조업체 헬로이드 컴퍼니Haloid Company는 블루오션이라고 판단한 복사기 시장으로 눈을 돌렸다. 1958년 헬로이드 제록스Haloid Xerox로 회사명을 바꾼 뒤 이 회사는 1959년 9월 16일 제록스91 모델을 내세워 TV 광고를 시작했고, 얼마 후 업계에 혁명을 일으켰다. 복사기 시장의 성공에 힘입어, 그들은 1961년에 회사명을 아예 제록스 코퍼레이션 Xerox Corporation으로 변경했다.

사업을 운영하려면 자사만의 독특한 포지션을 확보해야 한다. 그리고 승리할 수 있는 시장을 확인하려면 일단 자기 자신을 제대로 알아야 한다. 다음과 같은 질문을 던지며 해당 시장의 경쟁 환경을 파악하라. 현존하는 경쟁사를 모두 고려해도 승산이 충분한가? 경쟁에 필요한 자원을 모두 갖추고 있는가? 경쟁을 시작하기 전에 반드시 확보해야 할 자원은 없는가?

과거의 나는 정부를 등에 업은 대기업들과 경쟁하며 항상 약자의 위치에 서야 했다. 정부 지원을 받는 선두 그룹에 속하지 않는 한 승산이 없는 게임이었다. 그 경험을 통해 내가 어렵게 배운 교훈은 '인사이더'가 되지 못하는 한 언제나 '아웃사이더'에 머무를 수밖에 없다는 사실이었다. 경쟁사들은 우리에게 없는 자원과 영향력을 갖추고 있었고, 따라서 아무리 노력해도 돌아오는 것은 언제나 패배였다.

눈앞에 닥칠 경쟁을 충분히 연구했는가? 그 결과 경쟁자에게 당신이 무슨 짓을 해도 이길 수 없는 강점이 있다는 결론을 얻었는가? 만약 그렇다면 당신은 애초에 잘못된 시장을 공략한 것이다. 불공평하다고 투덜거릴 시간에 당신만의 강점을 발휘할 수 있는 다른 시장을 찾아 나서라.

김 교수와 미보아 교수는 절대 상대의 강점을 이기려 들지 말라고 조언한다. 통계적으로 봤을 때 무모한 도전이 패배로 이어진 사례가 너무 많다는 것이 그들의 설명이다. 상대적으로 경쟁이 적고 큰 폭의 성장이 기대되는 블루오션 마케팅에 초점을 맞추면 성공 가능성은 그만큼 높아진다.

2007년으로 돌아가 보자. 당시 상원에 막 입성했던 버락 오바마 의원은 소셜미디어를 통해 공약을 전파하며 강력한 대선 후보로 떠올랐다. 같은 해 12월 17일, 만 72세의 론 폴Ron Paul 하원의원은 하룻밤 새 온라인으로 620만 달러의 선거 자금을 확보했다(약 5만 5000명이 참여했으며 그중 약 2만 4000건은 새로 확보된 지지자였다). 그러나 구세대 기득권층은 대부분 이 현상을 무시했다. SNS를 이용하지도 않는데 어떻게 이해할 수 있겠는가?

당시 나는 아이비리그 학위는커녕 흔한 대학 졸업장 하나 없는 만 29세의 청년이었다. 이란에서 온 이민자 출신이었고, 평균 만 57세의 백인 남성으로 구성된 보험 중개 업계에 대해서도 일절 아는 바가 없었다.

이런 조건을 보고 승산이 없다는 생각부터 들었다면 당신이 기회보다 위험 요소에 더 민감한 사람이라는 뜻이다. 어쩌면 당신은 부족한 학벌을 준비 부족에 대한 변명으로 삼고 있을지도 모른다. 그런 당신에게 지금부터 자신만의 특별한 기술과 경쟁 환경에 관한 연구가 어떻게 블루오션에 대한 발견으로 이어지는지 보여 주려 한다.

만 57세의 백인 남성에게 '부족할 가능성이 큰' 기술이 무엇일지 생각해 보자. 첫째, 그들 중 스페인어가 유창한 인재는 거의 없다. 둘째, 그들은 SNS를 마케팅 도구로 활용하는 방법을 잘 모른다. 마지막이자 가장 중요한 포인트는 그들이 속한 베이비붐 세대는 밀레니얼 세대의 관점을 잘 이해하지 못하며, 그렇기 때문에 자연히 젊은 고객과 소통하는 데 어려움을 겪는다.

2007년만 해도 보험 중개인의 전형적인 이미지는 나이 든 백인 남성이었다. 그러나 그 무렵 미국 사회는 더 이상 드라마 〈초원의 집〉의 이미지로 대표되는 개척 시대가 아니었다. 이제 미국의 중심은 다양성으로 대표되는 도시인 LA와 시카고, 마이애미, 뉴욕이었다. 나는 바로 이 지점에서 새로운 기회를 포착했다. 베이비붐 세대는 오늘날 미국에서 가장 큰 집단이 아니었고, 어딜 가나 컴퓨터(혹은 스마트폰)를 끼고 다니는 밀레니얼 세대가 그 자리를 차지했다.

당시 금융 업계의 주된 마케팅 방식은 구세대 정치인들과 마찬가지로 시대에 뒤떨어지고 있었다. 그들은 여전히 SNS를 수용하지 못했다. 그러나 시대의 변화는 정책의 변화로 이어졌다. 베이비붐 세대는 주로 고객에게 무작위로 전화를 걸어 상품을 설명하고 판매하는 전략을 취했는데, 2003년에 제정된 스팸 전화 방지 규정에 따라 원치 않는 무작위 전화가 불법 행위로 규정된 것이다. 그 결과 업계의 기존 베테랑들은 새로운 고객들과의 끈을 잃어버렸다.

한편에서는 생명보험을 온라인으로 판매할 수 있다고 믿는 기술 인재들이 생겨나기 시작했다. 물론 인터넷 플랫폼을 구축하는 방법은커녕 '알고리즘Algorithm'이라는 단어도 제대로 발음하지 못하던 나는 이러한 변화 속에서도 기본적으로 불리한 입장이었다. 그러나 나는 그 속에서 기회를 찾아냈다. 자동차보험과 달리 종신 생명보험은 가입자들이 임의로 '구매'할 수 없게 되어 있었다. 다시 말해서, 생명보험은 반드시 대면 상담을 통해 중개인이 고객에게 '판매'하는 형태로 가입해야 했다. 내가 이 시장을 더욱 눈여겨보게 만든 것은 바로 구글의 선택이었다. 보험 상품 검색이 얼마나 큰 수익으로 연결되는지 파악한 그들이 '보험$_{Insurance}$'이라는 검색어의 노출 권리에 가장 비싼 가격을 매겨 판매하기 시작한 것이다. 월 54.91달러라는 가격은 당시 기준으로 '주택담보대출$_{Mortgage}$(47.12달러)' '변호사$_{Attorney}$(47.07달러)' '대출$_{loan}$(44.28달러)'보다 훨씬 높은 수준이었다.

여기에 더해 노동력의 중심 또한 이동하고 있었다. 가족의 재정 결정권이 여성에게 넘어가는 빈도가 높아졌고, 2007년을 기준으로 4500만 명에 도달한 라틴계 인구는 2025년까지 그 2배인 9000만 명을 넘어서리라고 예상됐다. 그런 상황인데도 우리 경쟁사들은 여성 인재와 라틴계 인재의 고용에 인색했다.

금융 서비스 회사들은 점점 사업 영역을 확장해 나가고 있었다. 한 회사가 종신 생명보험부터 뮤추얼 펀드, 대출까지 모든 상품을 원스톱으로 판매하는 트렌드가 생겼고, 상품의 범위는 점점 확장됐다. 그 결과 보험 중개인들은 수입을 얻기까지 더 많은 시험을 통과하고 더 오랜 훈련 기간을 거쳐야 했다. 이러한 일련의 변화는 내게 블루오션의 통찰을 선사했다. 나는 신입 보험 중개인들의 자격 조건을 확 낮춰서 통상적인 수준인 4~5개의 자격증 대신 딱 하나의 자격증만 요구했다. 그 덕분에 교육 프로세스를 간소화하고 증권거래위원회를 비롯한 다른 기관들의 복잡한 정밀 감사도 피할 수 있었다.

2008년 SNS를 선거 캠페인의 핵심 요소로 활용했던 흑인 남성 후보 버락 오바마가 대통령으로 선출되었다. 당내 경선에서 힐러리 클린턴 후보를, 대선에서 존 매케인 후보를 꺾은 놀라운 승리였다. 이런 변화 속에서도 보험 회사들은 기존의 틀에서 벗어나지 못했고, 그 덕분에 나는 블루오션을 찾아낼 수 있었다. 여성과 소수자에게 집중하는 인사 정책과 SNS를 활용한 마케팅이 승리로 이어지리라는 자신감을 얻은 것이다.

이러한 경험을 바탕으로 나는 당신이 가진 독특한 재능을 활용하여 당신에게 꼭 맞는 틈새시장을 찾아내길 바란다.

승리의 확률은 지식과 기술이 당신보다 더 약한 사람과 경쟁할 때 높아진다. 리스크가 없는 비즈니스는 존재하지 않지만, 당신에게 유리한 게임을 선택하면 위험을 현저히 줄일 수 있다. 업계의 모든 경쟁자를 꺾을 수 있다는 용기와 자신감은 훌륭한 자질이지만, 다른 사람이 주도하는 게임에서 승리를 차지할 수 있다는 믿음은 어리석은 자만심이다.

나 자신을 제대로 알기

1 당신은 어떤 사람이 되고 싶은가?

혼자서든, 멘토가 될 만한 사람과의 대화를 통해서든, 이번 장에서 살펴본 질문들을 던지며 당신이 되고 싶은 사람이 누구인지 명확히 파악하라. 그 과정에서 당신은 내면의 고통과 마주하게 될 것이다. 이미지를 활용하여 '미래의 현실'을 끊임없이 상기하라.

2 핵심 연구 주제는 '나 자신'이다

인생에서 가장 중요한 사람(자기 자신)에 대한 단서를 찾기 위해 위기가 닥칠 때까지 기다릴 필요는 없다. 지금 당장 시간을 내서 자신을 면밀하게 조사하라. 기꺼이 불편한 질문을 던지고 당신을 움직이는 동기의 원천이 무엇인지 확인하라. 개인 정체성 감사는 이러한 노력의 시작점으로 완벽한 선택이다.

3 모든 사람이 똑같은 방법으로 성공할 순 없다

당신의 독특한 재능을 가장 효과적으로 활용할 수 있는 길, 내면의 열정을 자극하고 당신을 가장 큰 성공의 확률로 이끄는 길을 찾아라. 당신의 목표가 기업가든 사내기업가든 혹은 제3의 길이든, 부를 쌓는 과정은 전략적으로 설계해야 한다. 비교 우위를 파악함으로써 차별성을 확보하고 블루오션을 찾아내라.

팩터 2

논리적으로
추론하기

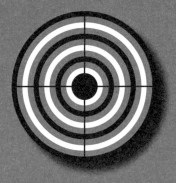

상황 분석의 놀라운 힘

제 4 장

"당신이 통제할 수 있는 것은 외부의 상황이 아니라

자신의 마음이다. 이 사실을 깨닫는 순간 힘이 찾아올 것이다."

―마르쿠스 아우렐리우스, 《명상록》

우리는 매일 아침부터 밤까지 온갖 상황과 마주한다. 중요한 거래처에서는 단가를 낮추지 않으면 거래를 끊겠다고 위협하고, 실적이 뛰어난 직원이 찾아와 더 큰 보상이 없으면 회사를 떠나겠다고 선언한다. 코로나19 팬데믹으로 시장 규모가 한 달 만에 40퍼센트나 축소됐다. 대기업 경쟁사는 우리 조직을 시장에서 몰아내려 한다. 그 와중에 아이는 학교에서 친구들과 한바탕 싸우고 들어온다. 이러한 문제들은 결코 사라져 주는 법이 없다.

우리는 일상생활에서도 성공의 열쇠에 관한 이야기를 수없이 듣는다. 누구나 쉽게 말할 수 있는 주제인 만큼 아마추어 팟캐스트 진행자들이 가장 좋아하는 화두이기도 하다. 당신 또한 이런 얘기를 들어 보았을 것이다. "성공의 열쇠를 잡으려면 올바른 파트너를 만나세요." "건강에 집중해야 합니다." "본인 일에 최선을 다하세요." "신념을 잃지 마세요."

살다 보면 세상이 끝날 것 같은 순간과 마주할 때가 있다. 그 순간 아마추어는 공황 상태에 빠지지만 프로는 평정심을 유지한다.

어떤 일이든 시작하기 전에 상황을 '분석'하는 과정이 필요하다. 이 과정은 가능한 한 침착한 상태에서 이뤄져야 한다. 이것이 바로 스토아 철학의 극기주의가 그토록 어려우면서도 중요한 이유이며, 세네카와 마르쿠스 아우렐리우스의 가르침이 천 년의 세월을 뛰어넘어 살아남은 비결이다. 감정은 우리를 최고의 순간으로 이끌기도 하지만 때로는 판단력을 흐리게 만들기도 한다. 이 교훈을 나는 안타까울 정도로 많은 시행착오 겪은 후에야 얻었다. 그리고 성공의 열쇠란 비즈니스의 모든 단계에서 '상황을 분석하는 방법을 아는 것'이라는 결론에 도달했다. 인생은 끊임없는 문제로 이루어져 있으며, 그 문제를 처리하는 방식은 상황을 어떻게 분석하는지에 따라서 결정된다.

사업가들이 실패하는 원인의 상당수는 그들이 잘못된 사업 모델이나 투자자를 선택했기 때문이 아니라 일과 삶에 대한 편견을 버리지 못했기 때문이다. 이런 사람들은 눈앞에 닥쳐오는 온갖 문제들을 제대로 해결하려(혹은 그 문제로부터 뭔가 배우려) 하지 않는다.

어떤 이들은 판단력이 가르칠 수 없는, 타고난 자질이라고 믿는다. 그러나 판단력이란 실제로 충분히 가르칠 수 있고 배울 수도 '있는 능력'이다. 일단 전략적으로 생각하는 방법을 확실히 익히고 나면 중요한 판단을 적절히 내리는 능력이 마치 제2의 본능처럼 몸에 새겨지기 때문이다.

불과 얼마 전까지만 해도 나는 성질이 고약한 CEO였다. 2013년에는 공황 발작을 일으켜 병원을 전전했고, 이후 18년 동안 반복적으로 같은 증상을 겪었다. 이러한 발작의 원인은 바로 우유부단함이었다! 나는 스스로 통제할 수 없는 일들 때문에 스트레스를 받고 밤잠을 설쳤다. 가장 큰 문제는 내가 그 생각을 멈추지 못한다는 점이었다. 나는 앞으로 겪게 될 모든 대화와 모든 결정을 마음속으로 끊임없이 되뇌었다. 이러한 집착은 내 삶을 송두리째 흔들며 일과 생활에 악영향을 미쳤다.

내가 이토록 괴로워했던 까닭은 잘못된 결정을 내릴지도 모른다는 불안감 때문이었다.

지금의 나는 하루에 18시간을 일하고, 그러면서도 상황을 제대로 통제한다고 느낀다. 하지만 경력의 초기 단계에서는 사람들 대부분과 마찬가지로 불확실성을 극도로 두려워하며 상황을 흑백논리로만 판단했다. 모든 상황에 들어맞는 단 하나의 정답이 있으며, 그 답을 찾아내기만 하면 문제가 말끔히 해결되리라고 믿었던 것이다. 매우 피곤할 뿐 아니라 지극히 비생산적인 사고방식이었다.

이런 내가 상황을 제대로 분석할 수 있게 되었으니 당신 또한 얼마든지 해낼 수 있다. 지금부터 어떤 문제가 발생하든 침착하게 효과적으로 해결하는 방법을 보여 주려 한다. 비즈니스를 운영하다 보면 수많은 괴물과 맞서게 된다. 문제를 피할 수 있는 사람은 없다. 우리가 할 수 있는 일은 그 문제들을 해결해 나가는 것이다. 이러한 목표를 달성하고 싶다면 매 순간 상황을 분석해야 한다.

1. 분석이란 자신에게 가장 유리한 결과를 가져다줄 정보를 확인하고 이를 바탕으로 효과적인 판단을 내리는 능력이다.
2. 분석이란 눈앞에 닥친 힘든 결정과 문제, 기회에 대해 빠짐없이 엄격하게 검토를 진행하는 일이다.
3. 분석이란 전략을 수립하고 숨겨진 예상 결과를 확인하며 문제를 영구적으로 해결하기 위해 일련의 조치를 취하는 과정이다.

분석의 핵심 자질은 지능이 아니라 책임감이다

분석의 달인들은 어떤 문제를 처리할 때도 '나'를 중심으로 상황을 바라보며 자신이 할 수 있는 일을 확인한다. 그들은 다음과 같은 질문을 던진다. "나는 이 상황에 어떤 책임이 있지?" "나는 상황이 이렇게 되는 데 어떤 원인을 제공했지?" "나는 앞으로 같은 문제가 생겼을 때 더 효과적으로 대응하기 위해 어떤 발전을 이루어야 하지?"

분석에 서툰 이들은 자신의 책임을 직시하기보다 희생자를 연기하며 다른 사람이나 외부 상황을 비난하기에 급급하다. 문제를 해결하는 과정에서 '나'라는 주어가 나오지 않는다면, 제대로 된 상황 분석이 선행되지 않았다고 봐야 한다. 어떤 이들은 이런 식으로 말한다. "밀레니얼 세대는 모두 게을러. 하나같이 직업 윤리가 부족해. 사업이 잘 풀리지 않는 건 그들 때문이야."

반면 상황 분석의 프로는 남들이 원인에 '그들'(혹은 '그' '그것' 등)을 넣을 때, 그 자리에 대신 '나'를 넣는다.

똑같은 문제를 다루더라도 프로는 이런 태도로 접근한다. "나는 밀레니얼 세대 직원들을 잘 관리하지 못했어. 내가 놓치고 있는 부분이 뭔지 정확히 확인하자. 그들에게 제대로 동기를 부여하려면 내가 그들을 더 정확히 이해해야 해. 이 방법이 통하지 않으면 내 손으로 세대교체를 주도해야겠지. 어찌 됐든 이 문제를 해결하는 것은 내 책임이야."

평범한 사람과 특별한 인재의 가장 큰 차이는 분석의 깊이에서 나온다. 대부분은 표면을 확인하는 수준에 그치지만, 최고의 인재들은 훨씬 더 깊은 곳까지 파고들어 간다. 장기적 사고와 단기적 사고의 차이가 체스 그랜드마스터와 아마추어의 차이를 만든다. 아마추어는 상황을 표면적으로만 분석하며 빠른 해결책을 찾는다. 그들은 당장 눈앞에 닥친 수밖에 보지 못하며, 일단 문제를 가라앉히는 데 온 신경을 쏟는다. 그러나 그랜드마스터는 표면 아래 깊숙이 감춰진 상황의 본질을 꿰뚫어 보며, 앞으로 이어질 몇 수를 내다보고 문제를 근본적으로 뿌리 뽑기 위해 해결 과정을 단계적으로 계획한다.

우리는 상황 분석에 대한 보통 사람들의 관점을 이해한다. 대부분은 누군가를 비난하거나 사태를 회피하는 데 급급하며, 어쩌면 당신 또한 아직 이 수준에 머물고 있는지도 모른다. 충분히 이해할 수 있다. 우리는 불완전한 인간이니까. 일단 다음 목록 중에서 현재 자신의 반응 패턴이 어디에 속하는지 확인하자.

◉ **문제 상황을 대하는 3가지 접근법**

1. 누군가를 '비난'한다. 문제를 처리하는 것보다 외부로 화살을 돌리는 쪽이 훨씬 편하기 때문이다. 죄를 덮어씌울 희생양을 찾지 못했을 때는 이메일로 사방에 욕을 퍼부으며 가운뎃손가락을 세운 이모티콘을 뿌리기도 한다.

2. 사태를 '회피'한다. 인스타그램이나 스포츠 채널, 가십 기사를 읽으며 정신을 분산시킨다. 읽어야 할 이메일을 지워 버린 채 다른 중요한 일을 하는 척한다. 차라리 오늘은 일단 집에 가서 푹 자는 게 낫겠다고 자기 합리화를 한다.

3. '책임감'을 갖고 상황을 분석한다. 심호흡을 하고 바로 지금이 승자와 패자를 가르는 결정적 순간임을 스스로 인지한다.

특별한 인재는 상황의 주인이 된다

"내 잘못이야."

특별한 인재들은 이 두 마디짜리 단순한 문장을 자주 활용한다. 승자들이 즐겨 쓰는 또 다른 표현에는 "이번 일은 내 실수야" "비난할 대상은 우리밖에 없어" 등이 있다.

같은 상황에서 희생자를 가장한 패자들은 어떤 반응을 보일까? 그들은 시스템을 탓하고 시장을 탓하고 팀원들을 탓한다. 고객을 비난하고 매니저를 질책한다. 한마디로 자기 자신 이외의 모든 이에게 손가락질을 한다. 그 결과 그들은 같은 실수를 반복하며 매번 패배를 거듭한다.

당신 또한 이런 이들을 알고 있을 것이다. 매사에 남 탓하기 바쁜 사람들 말이다. 그들은 끊임없이 피해를 호소하고 밑도 끝도 없이 불평해댄다. 타인에 대한 비난을 통해 모든 상호 작용에 수반되는 기본적인 원칙을 회피하려 하는 것이다. 작가이자 인간관계 코치인 마크 맨슨Mark Manson은 말한다. "저는 남성들에게 늘 이렇게 말합니다. 만약 당신이 데이트하는 여자마다 정서적으로 불안정하거나 제정신이 아니라면, 그건 당신 자신에게 문제가 있다는 뜻이에요. 본인의 자신감 부족이 상대에게 투영되어 보이는 것뿐이죠. 상대의 문제는 결국 본인의 결핍에서 비롯됩니다."

승자에게는 패자에게 없는 눈에 띄는 특징이 있다. 요점을 말하자면 그들은 언제나 주인 의식을 갖고 상황에 대처한다.

어린아이들은 종종 이렇게 말한다. "이게 망가졌어요." 하지만 성숙하고 책임감 있는 어른은 이렇게 말한다. "제가 이걸 망가뜨렸어요."

조 로건Joe Rogan은 스스로 책임지는 리더의 완벽한 예시를 보여 주었다. 그는 스탠드업 코미디부터 연기, 무술, UFC 해설, 팟캐스트에 이르기까지 다방면으로 성공을 거둔 엔터테이너다. 내가 파악한 그의 가장 큰 성공 비결은 상황을 분석하고 책임을 받아들이는 태도다. 그는 결코 자신의 생각과 의견을 숨기지 않는다. 마음속에 떠오른 이야기를 솔직하게 공유하는 그의 모습을 보면 올바른 상황 분석에 대한 힌트를 얻을 수 있다.

팟캐스트의 한 에피소드에서 그는 커피 사업을 위해 영입했던 동업자가 용납할 수 없는 방식으로 회사 자원을 이용했던 일화를 들려주었다. 이야기하는 그 순간에도 그의 목소리는 좌절감에 떨리고 있었다. 하지만 그는 상대를 탓하는 대신 자신에게 책임을 돌렸다. 희생자를 자처하기보다 이미 일어난 일을 해결하기 위해 '주인 의식'을 갖고 자기 역할을 다한 것이다. 그는 정확히 이렇게 말했다. "내가 동업이라는 그 빌어먹을 결정을 내렸어요. 문제가 생길 여지를 내 손으로 만든 거죠."

그는 화낼 자격이 충분했다. 다른 사람이었다면 열에 아홉은 상대방의 잘못에 초점을 맞췄을 것이다. 그러나 로건은 자신이 속았다고(상대에게 이용당한 희생자가 되었다고) 주장하는 대신 스스로 결정했다고(동업에 참여함으로써 문제를 야기했다고) 인정함으로써 상황의 주인이 되었다. 책임을 받아들이고 상황을 분석하기 시작하면 상대에 대한 비난은 자연스럽게 잦아든다. 이야기를 막 시작하던 무렵에 그는 명백히 분노한 상태였다. 그러나 상황 분석이 진행되자 그의 태도가 누그러졌다. "제가 속상했던 건 동업자를 인간적으로 좋아했기 때문이었어요. 그가 의도적으로 그랬다고는 생각하지 않아요." 요약하자면, 로건은 좌절의 원인이 다름 아닌 자신의 선택 때문이었다는 결론을 짧은 시간 안에 스스로 이끌어 냈다.

수십 년의 경험으로 상황 분석에 도가 튼 프로들은 어떤 문제도 본인의 실수 없이 일어날 수 없다는 사실을 이해한다. 승자들은 실패에 무너지는 대신 역경을 성장의 지렛대로 활용한다. 로건은 같은 실수를 반복하지 않기 위해 좌절의 원인을 정확히 찾아냈다. 많은 이가 SNS에서 상대를 비난하거나 소송하겠다고 협박하는 동안에도 그는 배움을 얻었다. 그는 말했다. "지난 3주 동안 커피에 대한 책을 엄청나게 봤어요. 제가 살면서 읽고 싶었던 것보다, 아니 읽어야 한다고 생각했던 것보다 더 많이 읽었죠."

⊙ 타인이 초래한 상황을 분석하는 효율적인 태도

1. 이미 일어난 일에서 본인이 한 일을 책임져라.
2. 문제가 일어나는 데 본인에 어떻게 일조했는지 구체적으로 파악하라.
3. 현재의 좌절감을 지렛대 삼아 미래의 문제를 예방하라.

이러한 단계별 분석은 당신을 승리로 이끄는 길이자, 문제를 해결하는 방법인 동시에 문제를 배움과 성장의 밑거름으로 삼는 사람들이 선택하는 효율적인 접근법이다. 이러한 기술은 타고나는 것도 아니고 하룻밤 사이에 깨칠 수 있는 것도 아니다. 그러나 노력하면 반드시 내 것으로 만들 수 있다.

배울 수 있다는 것은 곧 가르치는 것도 가능하다는 뜻이다. 만약 당신이 인재를 관리하는 자리에 있다면 자기 자신의 문제 외에 많은 것을 처리해야 할 것이다. 조직 구성원들에게 상황 분석의 기술을 전수하라. 가장 좋은 방법은 스스로 모범을 보이는 것이다. 모든 상황을 깊이 파악하고 자연스럽게 조직 구성원들이 본받을 만한 문제 해결 사례들을 남겨라. 비즈니스를 확장하고 싶다면 필수적으로 거쳐야 할 과정이다.

상황 분석은 일평생 하루에도 몇 번씩 해야 할 일이고, 따라서 어떤 기술보다 중요도가 높다는 사실을 강조하고 싶다. 이 훈련을 막 시작하는 단계라면 상대를 비난하는 대신 스스로 책임지려는 태도를 길러라. 이러한 변화만으로도 모든 것이 달라진다. 당신은 현실의 희생자에서 자기만의 현실을 만들어 나가는 주인으로 거듭날 것이다.

대처 방식이 위기의 지속 기간을 결정한다

일어난 일을 책임지고 스스로 할 일을 찾는 태도가 무엇보다 중요하다. 희생자를 자처하는 습관은 그랜드마스터가 되는 길의 정반대에 있다. 이와 동시에 비즈니스의 길에는 우리가 통제할 수 없는 일이 무조건 일어난다는 사실을 염두에 두어야 한다. 2020년 초부터 세상을 휩쓴 코로나19 팬데믹을 통해 배웠듯이, 우리는 자신의 선택과 관계없이 일어난 외부의 위기에 대응할 줄 알아야 한다.

대부분의 상황에서 당신은 아무런 잘못도 하지 않았다. 그러나 부정적인 사건들은 종종 통제를 벗어난 상태에서 일어나곤 한다.

◉10가지 위기 유형

1. 건강 위기

2. 기술 위기 / 사이버 위기

3. 조직 차원의 위기

4. 폭력 위기

5. 조직을 떠난 구성원의 악의적 보복 위기

6. 명예 훼손 위기

7. (개인 혹은 시장 조정 때문에 발생한) 재무 위기

8. 극단적으로 예외적인 블랙스완(도저히 일어날 것 같지 않은 일이 일어나는 것을 일컫는 말-옮긴이) 위기

9. 개인적 위기

10. 자연 발생적 위기

위기의 지속 기간은 종류에 따라 다르다. 어떤 위기는 한 시간 만에 해결되지만 어떤 위기는 수개월에서 1년 이상의 시간을 잡아먹는다. 주식 시장과 마찬가지로 비즈니스 시장 또한 불확실성에 취약하다. 예측할 수 없는 미래는 두려움으로 이어진다. 위기 상황이 되면 리더의 책임은 10배로 늘어난다. 상당한 리더들이 불확실한 상황에서 무작정 침묵하는 실수를 저지른다. 그런 이들은 계획이 없는 상황에서 실수가 될지도 모를 말을 내뱉느니 차라리 입을 다무는 편이 낫다고 생각한다.

위기 상황에서 침묵하는 건 효과적인 선택 대신 쉬운 선택을 하는 대표적인 사례다. 사실 위기 상황일수록 생산성 있는 커뮤니케이션을 더욱 자주 진행할 필요가 있다. 격렬한 폭풍 속에서 모두가 겁에 질려 있을 때 침착하게 대응하는 것이야말로 리더인 당신의 역할이다. 침착하고 유연하며 결단력 있는 상황 분석은 위기 상황에서 그 어느 때보다 빛을 발한다.

당신의 상황 대처 방식에 따라 위기의 지속 기간은 늘어날 수도 있고 줄어들 수도 있다. 위기가 닥치면 일단 심각도를 1단계에서 10단계로 구분해 보라.

⊙ 위기의 지속 기간을 늘리거나 줄이는 요소들

1. 전략

2. 침착도

3. 위기의 심각도를 과장하는 태도(3단계 위기를 9단계로 과장하기)

4. 위기의 심각도를 축소하는 태도(9단계 위기를 2단계로 축소하기)

5. 다섯 수 앞을 내다보는 능력

팬데믹 같이 예측할 수 없는 사고 앞에서 자신을 탓할 필요는 없다. 당신 잘못이 아니니까. 하지만 당신의 대응 방식은 조직의 생존을 좌우할 만큼 결정적인 요소다.

투자금 및 시간 대비 보상을 정확하게 측정하라

—————— 내가 책임감 있는 태도의 중요성을 지나치게 강조한다고 비난한다면 기꺼이 유죄를 인정하겠다. 그러나 상황 분석의 성패는 관점에 달려 있다. 우리는 외부 환경을 탓하는 대신 자기 자신을 문제의 창조자이자 해결사로 여겨야 한다. 이것은 단순한 '소프트 스킬'(기업 조직 내에서 의사소통 능력, 타인과의 협상 능력, 팀워크, 리더십 등을 활성화할 수 있는 능력을 뜻함-옮긴이)이 아니며, 실제로 아무리 강조해도 지나치지 않을 만큼 중요하다. 여기에 더해 나는 숙련된 분석가들이 주관적 감정과 객관적 판단을 동시에 활용할 줄 안다는 사실을 힘주어 강조하고 싶다. 지금부터 당신의 분석 능력을 단련시켜 보자.

대부분의 문제 상황은 시간과 자본 문제를 포함한다. 분석 과정에서 둘 중 하나만 놓쳐도 잘못된 결론에 도달한다. 아마추어는 먼저 행동하고 나중에 생각한다. 감정적으로 결정을 내린 후에 논리를 동원해서 그 결정을 합리화하는 것이다. "상황이 불투명하니 투자를 멈추고 직원 채용도 취소하자" 혹은 "새로 나온 프로그램이 마음에 쏙 드는걸! 내일 당장 구입해야겠어"라는 식이다.

위와 같은 결정은 하나같이 감정적으로 내려진 것들이다. 하지만 자기 통제에 익숙한 프로라면 좀 더 치밀한 방식으로 문제에 접근할 것이다. 새 프로그램이 아무리 유용해 보이더라도 우선은 비용을 갚는 데 필요한 시간을 정확히 따져 봐야 한다. 채용 계획을 취소하기 전에 새 구성원을 고용하는 데 들어갈 실질적인 비용(급여 및 복리후생을 포함한 명시적, 암묵적 비용)과 그 구성원이 창출해 낼 예상 수익을 계산하고 비교해 봐야 한다.

제대로 된 상황 판단과 몇 수 앞을 내다보는 계산 없이는 제대로 된 결정을 내릴 수 없다. 나는 우리 직원들에게 '투자금 및 시간 대비 보상 Investment Time Return, ITR'을 따져 보라는 말을 백만 번쯤 하곤 한다. 이 말이 지겹다고 느끼는 사람도 있겠지만, 최소한 우리 조직의 모든 구성원은 이 과정의 가치를 제대로 알고 있다. 다음의 ITR 공식을 살펴보자.

최종 결정을 내리기 전에 서로 다른 가격표가 붙은 3가지 경우의 수를 가정한 뒤 세심히 비교해 보라. 나는 이 과정을 '3의 규칙Rule of Three'이라고 부른다. 나의 일 처리 방식을 잘 모르는 이들은 달랑 하나의 아이

I 투자금 Investment
얼마나 큰 비용이 지출되거나 절약되는가?

T 시간 Time
얼마나 긴 시간이 단축되는가?

R 보상 Return
선택의 결과로 돌아올 금전적, 시간적 보상을 계산하라.

디어를 가져와서 이렇게 제안한다. "예상되는 비용은 이 정도입니다."

나는 이런 이들에게 2가지 다른 제안을 함께 제시해 달라고 요청한다. 3가지 서로 다른 제안과 비용 추정치를 확보하면 투자금의 정확한 규모를 예측하는 데 큰 도움이 된다. 다양한 상황을 가정한 만큼 어떤 결정을 내리더라도 가치를 극대화하는 옵션을 택할 수 있다. 선택지가 하나라는 고정관념을 버려야 한다. 그러지 않으면 예상 투자금을 부풀리는 실수를 저지르기 쉽다.

다음으로는 비용 규모에 따라 필요한 시간을 확인한다. 예를 들어 어떤 프로젝트에 10만 달러를 투자했을 때 6개월이 걸리지만 20만 달러를 쓴다면 3개월이 걸린다는 계산이 나왔다고 치자. 이 결과를 토대로 질문을 던져라. "프로젝트 시간을 반으로 줄이기 위해 비용을 2배로 투자할 가치가 있는가?"

우리는 이러한 의사 결정 방식을 통해 현금 흐름과 사안의 긴급함이라는 두 마리 토끼를 잡을 수 있다. 당장 심장마비를 해결해야 하는 상황이라면 투자금 규모를 늘려야 할 것이다. 물론 비용 조달을 위해 대출을 받아야 하는 상황이라면 이자 비용까지 계산에 넣어야 한다.

예상 비용과 시간을 확인했다면 이제 예상 수익을 계산할 차례다. 예를 들어 20만 달러의 비용과 1년이란 시간이 소요되는 프로젝트를 실행할 경우, 계약 철회 가능성이 8퍼센트 낮아진다고 예상되는 상황이라고 가정해 보자. 조직의 연간 계약 건수는 현재 기준으로 약 3만 건이다.

3만 건에 8퍼센트를 곱하면 총 2400건이라는 수치가 나온다. 계약당 평균 단가가 200달러라면 총 예상 수익은 48만 달러가 된다.

보험 계약	계약 철회 감소 폭	계약금		이익
3만 건	8퍼센트	200달러	=	48만 달러

이 투자의 가치를 확인하기 위해 수학 천재가 될 필요는 없다. 하지만 우리는 눈에 보이는 숫자들을 좀 더 깊이 있게 분석해야 한다. 놓치기 쉬운 사각지대나 결정에 문제가 될 만한 요소들을 목록으로 작성하라. 선택의 장점을 확인하는 것도 좋지만, 단점 확인 또한 중요하다.

데일 카네기가 《자기관리론》을 통해 전한 가르침을 기억하며 최악의 시나리오를 예상해 보라. 지금 이 제안에서 우리가 예상할 수 있는 최악의 경우는 20만 달러를 모조리 잃는 것이다. 이런 상황이 닥쳐도 사업을 지속할 수 있는가? 그 손실이 바로 폐업으로 이어지지는 않는가? 의사 결정은 성공 가능성이나 긍정적인 잠재력뿐 아니라 최악의 사태가 일어날 가능성을 고려한 상태에서 진행되어야 한다.

사람들은 무엇을 가정할 때 가장 좋은 경우의 수를 대입함으로써 자신의 결정을 정당화하는 경향이 있다. 하지만 가정은 최대한 현실적인 바탕에서 이뤄져야 한다. 이 투자로 인해 돌아올 계약 철회 감소 폭이 4퍼센트에 그친다고 해도(4퍼센트×3만 건×200달러) 우리는 여전히 24만 달러의 추가 이익을 기대할 수 있다. 자금 조달을 위해 12퍼센트 금리로 대출을 받아야 한대도 예상되는 이익 규모는 상당하다(이 경우 비용 지출은 22만 4000달러로 늘어날 것이다). 계획을 실행하기 전에 손익분기점을 정확히 계산해 두는 것이 현명한 판단이다.

보험 계약	계약 철회 감소 폭	계약금		이익
3만 건	4퍼센트	200달러	=	24만 달러

어려운 수학 공식을 몰라도 충분히 계산 가능한 값이다. ITR 공식에 숫자를 넣어 예상 이익을 정확히 예측하면 끝이다. 박사 학위도 미적분 지식도 필요하지 않다. 당신에게 필요한 것은 숫자를 소홀히 하지 않고 모든 결정에 앞서서 서로 다른 몇 가지 경우의 수를 고려하는 태도뿐이다. ITR 산출 공식은 비즈니스 운영에 결정적인 기술이며 몇 번이고 다시 활용할 수 있는 유용한 도구다.

구덩이에 빠지면 삽질을 멈춰라

몇 년 전 의류 회사에 투자할 기회가 있었다. 나는 패션에 관심이 많은 사람이었고, 투자를 제안받은 제품과 해당 기업의 소유주인 레이의 성격에서도 좋은 인상을 받았다. 나는 회사 지분의 60퍼센트를 단돈 10만 달러에 매각하겠다는 그의 제안에서 기회를 보았다.

당시 내 사업은 승승장구하고 있었다. 나는 다른 업계에서 그 정도의 지분을 매입할 수 있을 정도로 유동 자산을 구축했다는 자부심에 취해 객관적인 판단의 중요성을 잠시 잊어버렸다. 레이처럼 성실하고 능력 있는 소유주가 운영하는 회사를 굳이 꼬치꼬치 분석할 이유가 있을까?

매입 계약을 체결하자마자 내 인기는 하늘로 치솟았다. 더 정확히 얘기하자면 내 전화기가 쉴 틈 없이 울려댔다. 레이의 채권자들이 건실한 투자자의 존재를 확인하자마자 자금을 회수하기 위해 줄을 섰던 것이다. 나는 그들과 맞서 싸웠고, 끝까지 고집을 굽히지 않았다. 그 결과 이 분쟁에 에너지를 쏟느라 진짜 중요한 내 사업에 투자할 시간의 상당 부분을 잃어버렸다. 나는 채권자들을 비난했다. 레이를 원망했다. 나 자신을 제외한 모두에게 책임을 돌렸다. 그리고 점점 더 깊은 수렁으로 빨려들어갔다.

이 상황에 꼭 맞는 월 로저스Will Rogers의 명언이 있다. "구덩이에 빠지면 삽질을 멈춰라." 하지만 막상 구덩이에 빠졌을 때, 우리는 종종 너무 화가 나고 감정이 앞선 나머지 싸우는 것 외에 아무런 대안을 떠올리지 못한다. 이런 위기야말로 우리를 수렁에서 건져 올려 줄 현명한 친구들의 존재가 빛을 발하는 순간이다. 감사하게도 나는 가까운 지인들에게 내면의 고통을 솔직히 털어놓으며 차츰 정신을 차렸고, 마침내 더 이상 내 손으로 할 수 있는 일이 없음을 인정한 뒤 손실을 받아들이고 기존 사업에 집중하기로 결정했다.

잃어버린 돈보다 더 아쉬운 것은 나의 바보 같은 '의사 결정 과정'이었다. 나는 스스로 정한 '타협할 수 없는 기준'을 무시함으로써, 다시 말해 잘 모르는 사업에 함부로 투자하고 소유주에 대한 파악을 소홀히 하며 심도 있는 기업 분석을 건너뜀으로써, 결과적으로 큰 손해를 입었다. 내 본능은 처음부터 이 사업에 손을 대지 말라고 외쳤지만, 나는 끝내 한 수 이상을 내다보지 못했다. 수박 겉핥기식 상황 분석의 대가를 톡톡히 치렀다.

모든 책임을 스스로 지게 되었을 때, 비로소 내 실수가 눈에 들어왔다. 나는 모든 잘못을 하나씩 되짚어보았다. 일단 제대로 된 기업 분석 과 실사 과정을 건너뛰었고, 능력 밖의 산업에 무모하게 투자했다. 오만 과 탐욕이 눈을 가린 나머지 '지나치게 좋아 보이는 거래는 일단 의심부 터 해라'라는 지극히 단순한 진리조차 떠올리지 못했다.

책임을 인정한 순간 금전적 손해만 10만 달러에 이르는 실패의 원인 이 낱낱이 눈에 들어왔다. 성공을 놓친다고 해서 그 경험이 주는 교훈 까지 놓치지는 마라. 다시 말하지만, 우리는 쓰디쓴 실패의 교훈을 달콤 한 성공의 밑거름으로 삼아야 한다. 그 첫 단계는 실수를 돌아보는 시 간을 갖는 것이다. 망누스 칼센은 경기에서 패배한 후 정확히 어디에서 어떤 실수가 있었는지 파악하기 위해 모든 수를 그대로 복기하며 분석한다고 한다. '체스와 비즈니스의 그랜드마스터들은 하나같이 승리보다 패배로 이어진 수에서 더 큰 배움을 얻는다.'

상황 분석 마스터의 8가지 특징

━━━━━━━ 내가 아는 상황 분석의 전문가들은 서로 다른 성격과 비즈니스 전략을 지녔음에도 공통적으로 아래와 같은 8가지 특성을 갖추고 있다.

1. 질문을 많이 한다. 더 많은 데이터는 더 정확한 추론으로 이어진다. 이 문제의 원인은 무엇인가? 어떻게 해결할 수 있을까? 같은 문제가 다시 발생하지 않게 하려면 어떤 조치를 취해야 할까?
2. 편견에 사로 잡히지 않는다. 이들의 관심사는 오직 객관적 사실뿐이다. 분석의 프로들은 매 순간 현재 상황을 처리하고 앞으로 나아가고자 한다. 다른 사람이 더 좋은 아이디어를 내면 기꺼이 수용한다. 고집은 올바른 의사 결정의 장애물일 뿐이다.
3. 변명하지 않는다. 책임 소재를 따지느라 시간을 낭비하는 건 이들의 일 처리 방식과 맞지 않는다.
4. 토론을 즐긴다. 이들의 우선순위는 상황을 신속하고 효과적으로 처리하는 것이며, 따라서 누군가 해결책을 제시하면 본인과 의견이 다를지라도 기꺼이 경청한다. 더 나은 대안을 찾거나 원래 입장에 더 확신을 얻을 수 있도록 다양한 관점을 제시하는 사람을 반긴다.

5. 호기심이 많다. 지식이 없으면 문제를 해결할 수 없다. 상황 분석을 하다 보면 업계의 상황이나 운영 방식을 더욱더 깊이 이해하게 된다. 뛰어난 분석가들은 큰 아이디어만큼이나 세부적인 디테일 또한 중요시한다.

6. 애초에 문제가 생기지 않도록 예방에 힘쓴다. 상황 분석에 익숙한 인재들은 문제 해결만큼이나 장차 문제로 번질 수 있는 잠재적인 리스크를 파악하는 데도 능하다.

7. 탁월한 협상 능력을 지녔다. 넓은 시야를 통해 상황에 연관된 모든 당사자가 이익을 얻을 수 있도록 계획을 조정한다.

8. 문제를 표면적으로 처리하는 데 그치지 않고 근본적인 해결책을 모색한다.

회피하지 말고 게임처럼 즐겨라

위와 같은 8가지 특성을 가진 상황 분석 마스터들이 리더 자리에 오르는 것은 우연한 일이 아니다. 그들은 다양한 문제들을 논리적이고 효율적으로 처리하며 사람들의 기대에 부응하고 함께 일하는 모든 이의 신뢰를 얻는다.

분석의 프로들은 문제를 두려워하는 대신 기꺼이 환영하고 게임처럼 즐긴다. 실적이 가장 뛰어난 영업 사원이 회사를 떠나겠다고 압박한다면 일단 책임을 인정하는 데서부터 시작하라. 이 과정을 통해 현재의 보상 체계가 형편없다거나 인재 유지 전략에 빈틈이 많다는 사실을 확인하게 될 것이다. 어쩌면 영업 교육 체계에 문제가 있어서 개선해야 한다는 결론에 도달할 수도 있다. 어떤 문제가 발견되더라도 당황하지 말고 상황을 받아들여라. 그리고 다음과 같이 당신이 도달해야 할 목표를 분명히 상기하라. "우리는 이 직원을 붙잡는 것에 그치지 않고 영업 인력의 충성도를 최고 수준으로 끌어올리는 전략을 구축할 것이다." 약점을 깨달았다면 그 자리에 주저앉을 것이 아니라 구체적으로 분석하고 다음 수를 계획해야 한다.

리더의 사고방식이 결과를 좌우한다. 위기를 기회로 보기 시작하는 순간, 승리는 당신의 편이 된다.

한자로 '위기'를 뜻하는 단어는
'기회'라는 단어와
같은 글자를 공유한다.

나는 경력을 쌓는 동안 훌륭한 청년 사업가들에게 조언해 줄 기회를 얻었고, 그들이 뛰어난 상황 분석 전문가로 거듭나는 과정을 지켜보는 특권을 누렸다. 그 과정에서 종종 한 사람의 발전이 주변 동료나 팀 전체의 능력까지 끌어올리는 장면을 목격했다. 이런 이유로 나는 잠재력이 있는 사업 유망주들에게 가르칠 첫 번째 자질이 바로 상황 분석 능력이라고 생각하며, 내 아이들을 교육할 때도 같은 우선순위를 적용하려 한다.

한 달에 한 번씩 임원진(혹은 열린 사고를 갖춘 믿음직한 동료 3~5명)과 한자리에 모여 중요한 문제들의 해결책을 논의하는 시간을 가져라. 이 모임에서 경영자가 맡을 역할은 문제를 수면 위로 끄집어내고, 토론이 더 협력적인 방향으로 진행되도록 이끄는 것이다. 토론이 치열해질수록 올바른 결정에 가까워진다. 내 주장을 고집하는 대신 상대의 의견을 경청하라. 호기심의 끈을 놓지 마라.

이것이 바로 기업가에게 성공을 가져다주는 열쇠다. 상황 분석을 조직 문화의 가장 중요한 요소로 정착시키면 구성원들 또한 차츰 그 중요성을 깨닫고 시간이 지남에 따라 발전할 것이다. 이러한 노력은 수익을 향상시킬 뿐 아니라 더 나은 리더, 그리고 더 나은 인간을 육성하는 길로 이어진다. 모든 문제에는 상황 분석이 필요하다. 비록 우리가 기아 같은 범지구적인 문제를 즉시 해결할 순 없겠지만, 당장 일하며 맞닥뜨리는 세상의 작은 문제들은 스스로 해결할 수 있다.

사람들은 대부분 자연스러운 문제 해결에 서툴다. 결혼 생활만 놓고 봐도 알 수 있다. 많은 부부가 심각한 문제에 대해 대놓고 얘기하길 꺼리며, 그 결과 관계가 완전히 무너질 때까지 부부관계나 양가 가족, 종교와 같은 민감한 주제들을 회피한다. 어쩌면 아이들을 생각하며 한동안 버틸 수 있을지도 모른다. 그러나 이런 관계는 결코 행복으로 이어지지 않는다. 같은 집에서 산다 해도 심리적으로는 멀리 떨어져 지내는 것과 마찬가지며, 따라서 나이가 들고 더 이상 참을 수 없다는 판단이 들

무렵이면 이혼으로 끝을 맺는다. 이런 부부들은 상황을 직시하지 않음으로써 해결하지 못한 분노를 방치하고, 이에 오랜 세월을 허비한다.

상황 분석을 거부하면 자신에게 거짓말을 할 수밖에 없으며 결국은 그 대가를 치르게 된다. 개인 생활에서든 직업 생활에서든 문제를 회피하는 데 시간을 낭비하지 마라.

현실을 직시하고 자신의 기준을 바탕으로 올바른 의사 결정을 내릴 수 있다면 성공을 손에 넣을 수 있다. 인터넷에 떠도는 성공담들은 어떤 이들이 리스크를 감지하는 '촉'을 타고나며 그 결과 필연적으로 성공을 거둔다고 주장한다. 그러나 진실은 훨씬 더 단순하다. 기업가든 사내 기업가든 혹은 다른 어떤 직급이든, 비즈니스에 성공하려면 적극적이고 지속적으로 문제 해결에 뛰어드는 마음가짐을 지녀야 한다. 상황 분석 능력을 향상시키려는 노력이야말로 최고의 전략이다.

성공으로 가는
X값을 찾아라

"나는 앞으로 40시간 안에 전투에 임할 것이며,

그 순간부터는 극도로 부족한 정보와 시간 속에서

중대한 의사 결정을 내려야 할 것이다.

그러나 나는 책임감이 한 사람의 영혼을 끌어올린다고 믿으며,

신의 도움을 받아 옳은 결정을 내릴 수 있다고 확신한다.

내 인생의 모든 경험이 지금을 위해 존재했던 것 같다.

이 임무를 무사히 마친다면 운명의 사다리가 이끄는

다음 단계로 나아가게 되리라. 맡은 바 최선을 다했다면

나머지는 섭리에 맡겨야 한다."

-조지 S. 패튼_{George S. Patton} 장군

상황 분석이 매우 중요한 주제인 만큼, 이 장에서는 앞서 살펴본 내용을 확장하고 분석 및 의사 결정에 도움이 되는 구체적인 방법론을 전달할 예정이다.

내 관점에서 가장 큰 성공 비결 중 하나는 체계적인 시스템을 갖추는 것이다. 더 나은 의사 결정을 내릴 수 있는 시스템을 갖춘 자들이 승리를 거머쥔다. 어떤 결정은 빠르게 이뤄지고, 어떤 결정은 시간을 두고 천천히 진행된다. 체스 그랜드마스터가 경기를 시작함과 동시에 최적의 공격 혹은 수비 전략을 알고 있듯이, 우리도 문제 해결에 필요한 구체적인 방법론을 갖추고 있어야 한다.

나 또한 약점을 파악하고, 모든 선택지를 확인할 수 있도록 믿을 만한 시스템을 개발해야 했다. 내게 필요했던 것은 단기적, 장기적 성공 가능성을 최대화하는 방향으로 나를 이끌어 줄 체계적인 의사 결정 프로세스였다. 그렇게 만들어 낸 시스템으로 모든 상황에서 언제나 완벽한 선택을 했다고는 할 수 없지만, 최소한 문제를 철저히 파악하고 분석함으로써 상황이 잘 마무리됐다는 확신을 얻을 수 있었다. 체계적인 방법론은 내 마음에 평화를 가져다주고 공황 발작을 가라앉혔다. 덕분에 나는 태어나서 처음으로 실질적으로 상황을 처리하면서 두려움과 후회 없이 다음 단계로 넘어갈 수 있었다.

문제 해결 능력이란 눈앞의 상황을 인지하고 작은 단위의 공식으로 분해함으로써 문제의 핵심을 파악하는 능력이다. 비즈니스의 원리 또한 수학과 다르지 않으며, 이것이 바로 내가 "X값을 찾아라"라는 말을 그토록 자주 하는 이유다.

X가 확인되지 않은 변수라고 생각해 보자. 수학에서는 X에 들어갈 숫자를 알아내면 문제가 풀린다. 비즈니스와 인생에서도 X의 존재를 확인하면 모든 상황이 해결된다. X는 아직 확인되지 않은 값이지만, 결국은 확인할 수 있는 값이다. 이 문제를 풀기 위해 우선 해야 할 일은 문제 해결의 목적을 정확히 확인하는 것이다.

인생은 풀어야 할 수학 문제가 가득 담긴 거대한 문제집과 같다. 우리가 살면서 내리는 수많은 결정은 경험을 통해 머릿속에 모아 둔 공식을 근거로 이뤄진다. 스파게티를 만드는 법은 하나의 공식이다. 최단 거리로 출근하는 방법도 수입을 늘리는 방법도 공식이다.

만약 지금 당신이 삶의 서로 다른 영역에서 만족스러운 결과를 도출하지 못하고 있다면, 그것은 지금까지 활용해 온 공식의 일부를 조정할 필요가 있다는 뜻이다. 당신의 사고방식이 지금 이 자리로 당신을 이끌었다. 다시 말해서 상황을 바꾸려면 사고방식을 바꿔야 한다. 어쩌면 당신이 지금까지 했던 모든 일 중에서도 가장 힘든 도전일지도 모른다. 스스로 내린 많은 결정이 잘못된 공식에서 비롯되었다는 사실을 인정하는 것은 그렇게 쉬운 일이 아니다.

지금부터 비즈니스를 운영하는 과정에서 맞닥뜨릴 모든 미지의 사태에서 X값을 찾아내기 위한 준비를 시작하라.

문제의 뿌리를 확인하는 방법

하루는 같은 업계에서 일하는 찰리가 나를 찾아와 말했다.

"패트릭, 나는 이제 일을 좋아하지 않는 것 같아."

"일이 뭔데?" 내가 물었다.

그는 그게 무슨 소리냐는 표정으로 나를 바라보았다.

"이제 일을 좋아하지 않는다며. 네가 말하는 일이 뭐냐는 거지."

찰리는 금융 서비스 영업을 얘기하고 싶었다고 대답했다.

"글쎄, 우리가 같은 분야에 몸담고 있긴 하지만, 내가 생각하는 일의 정의는 너와 완전히 달라. 생각해 봐. 부동산 업계에서 일한다고 콘크리트를 좋아하겠어? 제약 업계에서 일한다고 알약을 사랑하겠느냔 말이야. 내가 볼 때 지금 너는 일에 대한 정의를 다시 한번 내려 봐야 할 것 같아. 예를 들어, 나한테 일이란 사람과의 관계야. 나는 사람을 좋아하고, 그들을 보면서 호기심을 느끼지. 내가 매일 출근해서 하는 일은 사람들을 연구하고 그들의 성향을 알아내고 그들로부터 최고의 결과를 끌어내기 위해 계획을 세우는 거야."

"아, 난 지금까지 한 번도 그런 식으로 생각해 본 적이 없어."

우리의 대화는 찰리에게 관점의 변화를 안겨 주었다. 그날부터 그는 일의 정의(그가 찾아내야 할 X의 정의)를 고민하며 현재 느끼고 있는 불안의 근본적인 원인을 찾으려고 노력했다.

올바른 X값을 찾으려면 문제를 객관화할 필요가 있다. "상사가 문제야"라는 단순한 불평으로는 부족하다. 문제의 진짜 원인이 자율성 부족인지, 불합리한 성과급 체계인지, 지나친 업무량인지 세부적으로 파고들어야 한다. 우리가 해결해야 할 문제는 '상사'가 아니라 더욱더 구체적이고 객관적인 상황들이다.

찰리는 불만의 근본적인 원인을 분명히 확인해야 했다. 만약 직장 생활이 무기력하다면 재충전을 위한 휴식이 해결책일 수도 있었다. 자신을 돌아본 찰리는 최근 느낀 무기력의 원인 중 하나가 급격한 체중 증가라는 판단을 내렸다. 그는 아침에 일찍 일어나 규칙적으로 운동하던 예전의 일상을 되찾아야 한다는 사실을 깨달았다. 이것이 바로 그가 밟아야 할 첫 번째 단계였다.

여기까지 파악한 그는 상황을 더 깊숙이 들어가 분석했다. 그는 얼마 전부터 슬럼프를 겪으며 저조한 이익률에 자신감을 잃었고, 연이은 제안 거절로 상처가 쌓여 가는 상태였다. 걸으면 걸을수록 밑바닥으로 내려가는 나선형 계단을 빙빙 도는 기분이었다. 객관적인 분석 끝에 그는 자신이 금융 서비스 영업 자체를 싫어하지 않는다는 사실을 깨달았다. 그를 지치게 한 것은 육체적인 피로와 성에 차지 않는 이익이었다. 성취감과 자신감을 갖춘다면 모든 게 달라질 수 있었다.

깊이 있는 분석이란 표면 아래에 있는 근본적인 원인을 확인하려는 노력이다. 일하다 보면 때로는 의지가 흔들릴 수도 있고, 때로는 번아웃이 찾아올 수도 있다. 이때 당신이 해야 할 일은 상황을 객관화시키고 깊이 있게 분석함으로써 고통의 근본적 원인인 진짜 X를 찾아내는 것이다.

찰리는 여기서 한 걸음 더 나아갔다. 자신이 비즈니스를 운영하기로 한 '이유'가 무엇이었는지 다시 한번 상기하기로 결심한 것이다. 그는 회사에 다니던 시절, 대표가 5년간 성실히 일한 직원 대신 자격도 없는 그의 아들을 임원 자리에 올렸을 때 느꼈던 기분을 되새겼다. 불합리한 조직 생활이 얼마나 싫었는지 기억해 냈고, 자신을 이 힘든 기업가의 세계로 뛰어들게 만든 모든 요소를 낱낱이 떠올렸다.

X를 정확히 확인함으로써 찰리는 사업적 전망과 이익률을 동시에 향상시키는 최선의 의사 결정을 내릴 수 있었다.

비즈니스의 X값을 찾아내는 공식

제대로 된 방법론을 가지고 있지 않을 때, 우리는 같은 자리를 빙빙 돌거나 두려움에 마비되기 십상이다. 하지만 일단 문제 해결의 공식을 알게 되면 체계적인 상황 분석이 가능해진다. 방법론을 손에 넣으면 모든 상황에 정리된 방식으로 접근할 수 있다. 다음 페이지에서 내가 만든 상황 분석 표를 확인해 보라.

태도가 위기를 이긴다

내가 살면서 겪은 가장 심각한 문제는 꿈이 이뤄졌다고 생각한 순간에 찾아왔다. 그때 나는 겨우 만 서른 살이었고, 이제 막 내 이름을 내건 회사를 설립한 상황이었다. 새 사업을 시작한 지 5주쯤 되었을 때 4000억 달러 규모를 자랑하는 업계의 공룡 아에혼Aegon이 우리를 상대로 소송을 걸어왔다. 소송의 목표는 간단하고 명료했다. 그들은 우리 회사가 걸음마를 시작하기도 전에 보험 서비스 시장에서 몰아낼 작정이었다.

패트릿 벳-데이비드의 의사 결정 과정

문제 상황:

분석	해결책	실행
긴급도 (1~10점)	필요한 인력	필요한 협조
최종적 영향-잠재적 이익 및 잠재적 손실	해결책 목록	책임자 배치
상황의 근본적 원인	발생 가능한 부정적 결과	새로운 예방 규칙
왜? 왜? 왜?		

내가 사업 자금을 모으기 위해 기울였던 피나는 노력 따위는 아에혼의 경영진과 변호인단에게 관심 밖의 사안이었다. 내가 바로 얼마 전에 가정을 꾸렸다는 사실도, 내 비현실적인 꿈을 믿고 탄탄한 경력을 포기한 채 신생 회사에 운명을 걸어 준 인재들이 66명이나 된다는 사실도 그들에게는 전혀 중요하지 않은 문제였다. 그들에게 이러한 소송은 단순히 비즈니스의 일환에 불과했다(물론 그로부터 몇 년 후 우리를 고소했던 아에혼의 CEO가 나를 자문 위원으로 위촉한 것도 순수한 비즈니스의 일환이었다). 평생 일궈 낸 모든 것이 무너지기 직전이었지만 나는 결코 경쟁사의 결정을 개인적인 원한으로 받아들이지 않았다. 일이 잘못될 때면 비난과 불평과 분노를 퍼붓고 모두를 불신하며 길길이 날뛰는 다른 기업가들과 달리, 나는 스스로 통제할 수 없는 일들을 붙잡고 씨름하지 않기로 결심했다.

과거의 나였다면 회사를 잃고 가정 경제를 파탄 내며 자존심과 두려움, 사적인 감정에 휩쓸린 채 소송에 매달렸을 것이다. 그렇게 했다면 초반 3분 정도는 승리감을 느꼈을 것이다. 하지만 이러한 어리석은 선택 대신, 나는 나만의 방법론을 차근차근 적용시키며 문제를 해결해 나갔다.

가장 먼저 했던 일은 내 손으로 통제할 수 있는 요소와 통제할 수 없는 요소를 명확히 구분하는 작업이었다. 나는 다음과 같이 두 개의 목록을 작성했다.

⊙ 통제할 수 있는 요소

- 다음 수에 대한 계획
- 매일 기울이는 노력
- 변호사 선임을 비롯한 자원 선택
- 우리 경영진과 영업 인력이 미래의 괴물을 처치하는 데 집중하도록 격려하는 작업

⊙ 통제할 수 없는 요소

- 아에혼의 소송 결정
- 소송이 우리 회사의 폐업으로 이어질지 여부
- 다른 거래처가 우리와 한 계약을 파기하기로 결정할지 여부

나는 당황하거나 감정적으로 반응하는 대신 폭풍을 이겨 내고 장기적인 목표를 달성하는 방향으로 전략을 세웠다. 나는 아에혼과 합의를 하기로 결정하고 거액의 수표를 끊은 뒤 작업을 추진했다. 막대한 합의금은 이제 막 출발한 신생 기업의 재정을 거의 벼랑 끝으로 몰고 갔다. 하지만 당시 나는 다섯 수 앞을 내다본 덕분에 회사를 지켜낼 수 있었다. 내게 가장 중요한 가치는 소송에서 이기거나 아에혼에 복수하는 게 아니었다. 내가 내린 의사 결정의 핵심 목표는 자격을 갖춘 인재를 늘리고 추진력을 유지하는 데 집중하는 것이었다.

어마어마한 금액의 수표를 끊은 순간 재미있는 일이 일어났다. 한동안 싹 달아났던 잠이 다시 찾아온 것이다. 이토록 큰 손해를 보고 마음

패트릿 벳-데이비드의 의사 결정 과정

문제 상황: 아에혼이 제기한 소송

분석	해결책	실행
긴급도 (1~10점)	필요한 인력	필요한 협조
10	-변호사 -은행가 -위기관리 팀	-영업 담당 임원들 -인내심을 갖고 우리를 믿어 줄 보험사 거래처 1곳 이상
최종적 영향-잠재적 이익 및 잠재적 손실	해결책 목록	책임자 배치
전 재산	1. 합의 2. 맞소송 3. 승소	합의 진행을 맡아 줄 변호사 (**당장 필요**)
상황의 근본적 원인	발생 가능한 부정적 결과	새로운 예방 규칙
왜? 아에혼의 경쟁사 제거 정책 왜? 왜?	-보험사 거래처들의 계약 파기 -회사의 업계 퇴출	- 잠재적 분쟁을 예방하기 위한 사내 법무 팀 운영 - 자문 로펌 2곳 선정 ① 보험 전문 로펌 ② 영업 조직 관련 법 전문 로펌

의 안정을 얻는 경우가 흔치는 않겠지만, 상황을 철저히 분석하고 다음 수를 내다보자 눈앞에 닥친 시련을 잊을 수 있었다. 나는 문제를 제대로 파악하고 올바른 의사 결정을 내렸다는 사실에 자부심을 느꼈다.

진짜 중요한 문제와 근본적인 이유 구분하기

최고의 기업가들은 표면적인 증상을 바탕으로 문제의 본질을 파악한다. 지금부터 우리는 문제 해결 방법론의 핵심, 다시 말해서 진짜 문제와 그 근본적인 원인을 확인함으로써 더욱더 효율적으로 X값을 도출해 내는 방법을 살펴볼 것이다.

때로는 X가 명확히 확인되지 않을 때도 있다. 진짜 문제가 수많은 감정과 편향된 의견 뒤에 숨어 있는 경우도 있다. 우리는 머릿속의 잡동사니를 정리하고 핵심에 다가가야 한다. 무엇이 진짜이고 무엇이 가짜인가? 타인의 의견이나 나 자신의 착각 때문에 방향을 잘못 잡고 있지는 않나? 자존심에 상처를 입을까 봐 중요한 사실을 회피하고 있지는 않은가? 개인적인 감정과 별개로 논리적인 판단을 하고 있는가?

불필요한 요소들을 걸러 냈다면 이제 큰 목표를 기준으로 상황을 분류해 보자. 당면한 상황 중에서 '불타는 플랫폼Burning Platforms'과 '황금빛 게이트Golden Gates'에 해당하는 이슈가 있는지 살펴보라.

불타는 플랫폼: 당장 해결해야 할 시급한 문제들

황금빛 게이트: 신속히 손에 쥐어야 할 빛나는 기회들

이 과정을 통해 찾아낸 진짜 문제 앞에서 '왜?'라는 질문을 던지기 시작하라. 더 이상 그 이유를 찾을 수 없거나 이미 찾아낸 대답이 반복될 때까지 계속 질문해야 한다. 바로 그 시점에 나오는 '대답'이야말로 우리가 찾아야 할 근본적인 이유이자 당신이 처한 문제의 핵심 원인이다. 예를 들어 당신은 이런 질문을 던질 수 있다.

◉ **가장 중요한 고객을 잃었다. 왜?**
- 경쟁사 제품이 더 저렴하기 때문이다. 왜?
- 경쟁사 제품의 기능이 더 적기 때문이다. 왜?
- 대부분의 고객이 이 제품에 탑재된 모든 기능을 필요로 하는 건 아니기 때문이다.
- 유레카!

이제 당신은 문제가 발생한 핵심 이유 중 하나를 분명히 알게 되었다. 사업에 문제가 생긴 이유는 제품이 고객의 니즈를 충족시키지 못했기 때문이다. 문제를 정확히 이해하면 상대적으로 해결책을 찾기가 쉬워진다. 당신에게 필요한 선택은 적은 기능을 탑재한 단순하고 저렴한 버전을 출시하는 것이다.

문제가 되는 모든 상황에서 이렇게 반복해서 질문을 던져라. 가령 회사에서 가장 실력 있는 영업 사원이 사직서를 냈다고 치자. 질문을 통해 그 이유를 캐내다 보니 조직의 보상 체계가 뛰어난 인재보다 평범한 구성원들에게 유리한 방향으로 설계되어 있으며, 영업 팀과 재무 팀 사이에 소통이 매끄럽지 못하다는 원인이 밝혀졌다. 그렇다면 당신이 취해야 할 첫 번째 조치는 향후 10일 이내에 인센티브 제도를 다시 검토하는 것이다. 그다음으로는 영업 팀장과 최고재무책임자가 서로의 니즈를 명확히 이해할 수 있도록 분기별로 소통하는 자리를 마련해야 한다.

신제품 출시가 지연되는 등의 위기가 발생했을 때, 대부분의 사람은 책임을 돌릴 대상을 찾아 헤맨다. 하지만 상황 분석의 프로는 문제의 진짜 원인을 확인한다. 원인이야말로 해결책을 찾는 열쇠이기 때문이다. 상황에 관한 질문을 던지다 보면 제품 개발에 중요한 역할을 하던 엔지니어가 갑자기 퇴사했다는 사실을 알게 되고, 그 이유가 일주일에 하루씩 재택 근무를 허용해 달라는 그의 요청을 윗선에서 특별한 이유 없이 거절했기 때문이라는 결론에 도달하게 된다. 이 상황에 적용될 최선의 해결책은 인재 유출을 막을 수 있도록 유연한 근무 환경을 만드는 것이다.

◉ 상황의 본질을 파악하는 5가지 질문

1. 나는 문제의 핵심을 알고 있는가? 혹시 부수적인 증상만 보고 있지는 않나?

2. 우리 조직에 이 문제의 핵심과 관련된 데이터가 갖춰져 있는가?

3. 이 문제는 실제로 심각한 상황인가, 아니면 누군가의 단순한 의견인가?

4. 눈에 보이는 피해가 있는가, 아니면 단순히 자존심에 상처를 입은 것인가?

5. 나는 논리적으로 판단하고 있는가, 아니면 감정적으로 생각하고 있는가?

공격과 수비의 프로가 되는 방법

기업가는 서로 다른 백만 가지의 의사 결정을 내려야 하는 직업일 수 있다. 그렇지 않은가? 하지만 크게 보면 이 모든 결정은 단 2가지 범주로 분류할 수 있다.

1. 공격: 돈을 벌거나 사업 혹은 경력을 발전시킬 기회. 이 범주의 선택은 종종 성장과 확장, 마케팅, 판매를 중심으로 이루어진다.
2. 수비: 문제를 해결할 기회. 다시 말해서 지속적인 손실을 막거나 어떤 식으로든 조직이 퇴보하는 것을 막을 기회다. 이 범주의 선택에는 준법 감시를 비롯한 법률적 이슈나 경쟁사와의 갈등, 시장 상황의 변화 등이 포함된다.

일단 눈앞에 닥친 기회 혹은 문제를 공격과 수비의 범주로 구분할 수 있다면 상황의 심각성이 한결 누그러진다. 이를 통해 당신은 최소한 상황의 상태를 파악할 수 있고, 과거를 돌아보면서 공격과 수비 두 종류의 문제를 모두 처리해 본 경험을 찾을 수 있다. 이러한 사실을 깨달으면 낯설고 두려운 의사 결정이 감당할 수 있는 과제로 느껴진다.

공격형 의사 결정의 목표는 재정적 이익을 늘리거나 조직을 성장 및 확장시키거나 마케팅 및 판매 실적을 끌어올리는 것이다. 수비형 의사 결정은 문제를 해결하고 손실을 방지하고 조직의 퇴보를 막기 위해 이뤄지며, 준법 감시와 법적 분쟁 해결, 재정적 리스크 관리 등이 뒤따른다.

의사 결정의 기술은 과학이 아니라 예술이다

우리 회사는 새 최고운영책임자로 앨리스 테를레키Alice Terlecky를 스카우트했다. 그는 보험 업계의 거물인 퍼시픽라이프Pacific Life에서 성공적인 경력을 쌓은 인재였다. 하지만 어쩐 일인지 그가 지휘를 맡은 운영부서는 보험 증권 검토를 신속히 해내지 못했다.

당황한 나는 상황을 파악하기 위해 앨리스와 마주 앉았다. 그리고 정확히 어떤 과정을 거쳐서 증권 검토를 하느냐고 물었다. 수많은 후속 질문이 이어졌다. 각 단계는 정확히 어떤 일인가? 어떤 판단이 필요한가? 그 판단에는 어느 정도의 시간이 소요되는가? 나는 생산 속도를 향상시키기 위해 조립 라인을 분석하는 제조업 컨설턴트와 똑같은 관점을 취했다.

여기에 더해 한 가지 후속 질문을 던졌다. "지금까지 얘기한 과정 중에서 당신이 직접 처리해야 할 부분과 자동화 소프트웨어를 활용해서 처리할 수 있는 부분에는 어떤 것들이 있을까요?"

우리는 인간만이 내릴 수 있는 결정과 컴퓨터가 대신할 수 있는 계산에 관해 대화를 나눴고, 그 결과 증권 검토에 필요한 일부 과정을 소프트웨어로 대체하면(당시에는 대체 가능한 부분이 지금보다 상대적으로 적었지만) 시간이 유의미하게 절약되리라는 결론에 도달했다. 앨리스와의 소통은 내게 문제의 핵심을 알려 주었다. 그는 보험 증권의 질을 향상시키기 위해 새로운 시스템을 도입했고, 잠재적 리스크를 현저히 줄이는 성과를 이뤄 냈다. 하지만 새로 영입한 인재의 성과에 기쁘면서도 나는 여전히 검토에 소요되는 시간을 더 단축시키고 싶었다.

나는 앨리스에게 운영부서 직원들과 개별 면담을 갖고 소프트웨어 활용에 대한 의견을 확인하라고 지시했다. 그리고 다음번 이사회가 열렸을 때 이 자료를 기반으로 검토 시간 단축을 위한 소프트웨어 추가 도입에 얼마나 큰 비용이 드는지 확인해 달라고 요청했다. 계산 결과 우리는 연봉 15만 달러짜리 IT 전문 인력 4명을 약 18개월간 투입해야 한다는 결론을 얻었다. 최선의 시나리오로 진행된다 해도 거의 100만 달러가 들어가는 프로젝트였다.

100만 달러는 절대로 적은 돈이 아니다. 제대로 된 상황 분석 없이 그냥 집행할 수 있는 예산이 아닌 것이다. 그런 이유로 우리는 시간을 들여 다음과 같은 분석을 진행했다.

- 소프트웨어를 도입하면 증권 검토 1건당 약 5분이 줄어든다.
- 연간 검토 건수를 3만 건으로 잡았을 때 최종적으로 아낄 수 있는 시간은 약 15만 분(약 2500시간)이다.
- 약 2500시간에 평균 인건비 20달러를 곱하면 약 5만 달러가 절약된다.

투자금 및 시간 대비 보상, 즉 ITR은 활용할수록 가치가 높아지는 비즈니스 도구다. 당신의 분석 능력에 근육이 붙도록 이 시점에서 다시 한 번 ITR을 꺼내 보자. 비즈니스 과정에서 직면하게 되는 모든 상황에는 풀어야 할 문제들이 숨어 있다. 단순한 수학 공식만으로는 절대 그 문제를 풀어낼 수 없다. 제대로 된 해결책을 찾으려면 상황을 꿰뚫어 보고 공식에 정확히 어떤 숫자를 넣어야 할지 파악해야 한다. 이 숫자를 제대로 찾아냈을 때, ITR은 비로소 유의미한 해결책으로 이어진다.

지금 이 상황에서 우리는 100만 달러의 투자금을 회수하는 데 약 20년이 걸린다는 결론을 도출할 수 있다. 모든 아마추어가 그렇듯 여기서 생각을 멈춘다면 이 프로젝트에 투자할 가치가 없다는 단순한 답이 나올 것이다.

투자금: 100만 달러

시간: 완료까지 18개월

보상: 1년에 5만 달러(현재 매출 기준)

우리가 이 계산을 진행한 시기는 2017년이었다. 당시 나는 향후 10년간 회사가 급격하게 성장하리라고 예측했다.

뛰어난 의사 결정은 과학보다 예술에 가까운 능력이다. 물론 객관적인 방법론은 큰 도움이 된다. 체계적인 사고와 숫자에 대한 이해 역시 필요하다. 하지만 진짜 중요한 것은 그 숫자를 '분석'하는 기술이다. 정책 검토 시간을 단축함으로써 회사가 기대할 수 있는 이익은 단순히 인건비 절감에서 끝나지 않는다. 효율적인 시스템은 사업 자체의 성장으로 이어질 수 있고, 신속한 일 처리는 고객과 직원들의 만족도를 동시에 상승시킬 것이다. 게다가 우리가 ITR 공식에 포함해야 할 핵심 요인은 따로 있었다. 다시 말해서 이 문제의 제대로 된 ITR 계산에는 회사의 미래 성장률이 반드시 반영되어야 했다.

예상 성장률을 고려하여 새로 도출한 숫자는 다음과 같았다.

- 1년 차: 검토 3만 건 → 5만 달러 절약
- 2년 차: 검토 6만 건 → 10만 달러 절약
- 3년 차: 검토 12만 건 → 20만 달러 절약
- 4년 차: 검토 18만 건 → 30만 달러 절약
- 5년 차: 검토 24만 건 → 40만 달러 절약

예상되는 성장 규모와 속도를 고려하여 다시 계산기를 두드렸을 때, 우리는 투자금 100만 달러를 회수하는 데 20년이 아니라 5년도 채 안 걸린다는 사실을 깨달았다. 정지 신호가 순식간에 출발 신호로 바뀌는 순간이었다.

이 경험은 내게 또 다른 중요한 가르침을 주었다. IT 프로젝트는 거의 언제나 애초에 한 예상보다 많은 돈과 시간을 잡아먹는다. 따라서 IT 관련 계획을 추진할 때는 반드시 최대한 보수적인 관점에서 비용을 산정해야 한다. 우리 프로젝트에도 초기 예상보다 2배 이상의 사업비가 들어갔다. 하지만 그 바탕에는 의외의 긍정적인 원인이 깔려 있었다. 우리는 증권 검토 시간을 단축하는 과정에서 다른 업무들에 대한 효율화

방안도 끊임없이 연구했다. 새로운 아이디어가 떠오를 때마다 추가 예산은 늘어났지만, 결국 우리 조직의 전체적인 업무 속도는 3배 이상 빨라졌고 장기적인 비용 절감 규모는 투자금을 훌쩍 뛰어넘었다.

결과론적인 관점에서 보면 업무 효율화를 택한 우리의 결정이 너무나 당연하게 해야 하는 선택처럼 느껴질 수 있다. 하지만 그때로 돌아가서 그 과정에 도사리고 있던 잠재적 사각지대를 확인하면 생각이 달라질 것이다. 우리는 앨리스의 능력과 경험을 신뢰했고, 따라서 검토 시간을 더 줄이는 것이 애초에 불가능하다고 판단했을 수 있다. 오히려 시간을 더 투자하는 만큼 꼼꼼한 검토가 이뤄지고 있다고 합리화했을 수도 있다. 검토 시간을 단축하는 데 들어가는 막대한 비용을 회수하기 어렵다고 예상했을 가능성도 얼마든지 있다.

의사 결정의 그랜드마스터가 되려면 예술과 과학 모두를 포용해야 한다. 우리는 과학적 방법론을 통해 결정의 뼈대를 잡고 ITR 공식으로 이를 구체화했다. 동시에 미래를 내다보는 선구안으로 공식에 들어갈 숫자를 선택하며, 끝없는 질문을 통해 그 숫자들을 수정하고 발전시켜 나갔다. 우리는 이러한 능력들을 한데 모아서 올바른 결정을 이끌어 냈다. 인생의 가장 큰 시험을 통과하는 내 여정에는 이 모든 능력이, 아니 이보다 더 많은 능력이 동시에 필요했다.

'결정하다Decision'라는 단어는 라틴어 'decidere'에서 유래한 것으로 '잘라내다'라는 의미를 지닌다. 어떤 결정을 선택한다는 것은 다른 경우의 수를 잘라낸다는 뜻이다. 얼핏 들으면 행동의 폭이 좁아진다는 얘기

같지만 실제로는 그 반대다. 우리는 결정을 통해 자유로워진다. 단호한 결정의 반대는 우유부단함과 그에 따른 침체다.

인간의 시야에는 본능적인 사각지대가 있다. 우리는 게으름과 두려움, 탐욕에 눈이 멀어 더 깊은 탐구를 포기하고 주어진 상황에 안주하려 하며, 그 결과로 중요한 퍼즐 조각을 놓치고 잘못된 결정을 내린다(혹은 옳은 결정을 내리는 데 실패한다).

ITR을 포함한 과학적 방법론에 익숙해지려면 시간과 노력을 투자해야 한다. 의사 결정의 천재가 되어 단번에 X값을 찾아낼 수 있으리라고 기대해서는 안 된다. 언제나 옳기를 바라거나 틀리는 것을 두려워한다면 문제 해결에 어려움을 겪을 수밖에 없다. 흑백논리는 올바른 의사 결정의 장애물이다. 실수해도 괜찮다. 자신의 실수를 기꺼이 인정하고 분석하는 태도는 오히려 같은 문제의 재발을 막아 준다.

인내심을 가져라. 더 나은 결정 능력을 갖추기 위한 노력은 분명 그만한 가치가 있다. 그 여정의 끝에서 당신은 일과 생활의 큰 변화를 마주하게 될 것이다.

논리적으로 추론하기

1 상황 분석의 놀라운 힘

멀리 내다보고 문제 상황에 대한 책임을 100퍼센트 스스로 져라. 문제를 만드는 데 일조한 자신의 역할을 인정하고 상황의 주인이 되어 해결할 권리를 가져라. ITR(투자금 및 시간 대비 보상) 공식을 적용하여 자원을 확장하고 더 나은 의사 결정을 내려라. 잠재적 실수 혹은 약점을 예상하고 그에 따라 다음 수를 계획하라.

2 성공으로 가는 X값을 찾아라

X값을 찾는 문제 해결의 방법론을 경영진과 공유하며 현재 직면한 3가지 문제를 처리하라. 의사 결정 과정에 도움이 되는 '비즈니스의 X값을 찾아내는 공식' 표는 부록에서 확인할 수 있다. 직접 쓰면서 문제의 본질과 진짜 원인을 반드시 파악하라.

팩터 3

이상적인 조직 구성하기

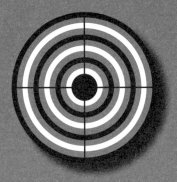

1인 기업가라는
환상

"당신이 아무리 뛰어난 전략과 정신력을 지녔다고 해도

게임에 혼자 뛰어든다면 언제나 지게 될 것이다."

―리드 호프먼Reid Hoffman, 링크드인 창업자

사업에서 성공을 유지하려면 분야와 관계없이 고객과 거래처, 직원, 투자자, 동업자 혹은 외부 협력 업체와 좋은 관계를 맺어야 한다.

비즈니스의 다섯 수 앞을 내다보면 모든 일을 혼자 해낼 수 있다는 오만을 통제할 수 있다. 과거에 혼자서 괜찮은 성과를 거뒀다고 해서 미래에 그 이상의 성공을 이루리라고 착각해서는 안 된다. 만 27세의 나는 실적만 놓고 보면 톱 플레이어였지만 관리 능력은 썩 좋지 못한 영업 관리자였다. 당시의 내 과제는 팀을 지휘하는 능력을 배우는 것이었다. 마침내 나는 성장을 이뤄 냈고, 만 30세에는 인정받는 영업 관리자로서 자리를 잡았지만, 그 무렵 나는 또다시 '미숙한 창업자'라는 딱지를 달게 되었다. 5년이 지나도록 경영 능력은 평균 수준을 벗어나지 못했고, 그제야 혼자서는 아무리 큰 생각을 해도 한계가 있다는 사실이 눈에 들어왔다. 비즈니스를 확장하려면 비전을 현실로 만들어 줄 적절한 팀이 필요했다.

이 장의 목표는 좋은 팀을 꾸리는 기술을 안내함으로써 당신이 내가 겪었던 고통스러운 시행착오의 상당 부분을 피해 갈 수 있도록 만드는 것이다. 다른 이들과 효과적으로 협업하는 방법을 알게 된다면 쏟아지는 업무에 짓눌려 절박하게 책상 밑으로 숨어드는 대신, 일의 진행 과정 자체를 즐기게 될 것이다. 6장에는 아래와 같은 방법론이 담겨 있다.

1. 비즈니스 파트너와 자문 담당자를 선택하는 방법
2. 뛰어난 인력을 유지하는 방법('황금 수갑'을 만들어 내는 방법)
3. 직원들이 잠재력을 최대치로 발휘할 수 있도록 돕는 방법
4. 적을 만들지 않으면서 직원을 고용하고 해고하는 방법

1인 기업가나 사이드 허슬러Side Hustler(본업이 있고, 부업으로도 돈을 버는 사람-옮긴이)를 뛰어넘어 다음 단계로 나아가려면 위의 질문에 좋은 답변을 내놓을 수 있어야 한다.

이미 최고경영자 자리에 있는 사람 또한 마찬가지다.

왜 사람들이 당신과 함께 일해야 하는가?

당신은 그들에게 어떤 혜택을 줄 수 있는가?

아직 규모를 갖추지 못한 기업의 경영자는 회사 차원이 아니라 개인 차원에서 직원을 고용한다. 초창기 직원들은 경영자 개인을 보고 입사를 결정하며, 이 시기의 경영자에게는 넉넉한 퇴직 연금을 보장할 만큼의 자원이 없을 가능성이 높다. 하지만 이런 상황이라도 가능한 한 매력적인 혜택을 보장해야 한다. 시간이 지나고 비즈니스가 성장하면 슬슬 회사 차원에서 직원을 채용하게 될 것이다. 이 과정에서도 끊임없이 그들이 받을 혜택을 향상시켜라. 그러지 않으면 조직에서 가장 뛰어난 인재들이 더 나은 환경을 찾아 떠나 버릴 것이다.

스스로에게 이런 질문을 던져 보자. 당신과 가까워진 사람들은 그 관계로 인해 이익을 얻는가? 그들의 삶이 당신 덕분에 더 나아졌는가? 당신과 어울린 결과 더 풍요로운 인생을 살게 된 이들의 성공 스토리 목록을 자신 있게 떠올릴 수 있는가? 다시 말해서 당신은 잠재적으로 당신 회사의 구성원이 될 인재들에게 어떤 혜택을 줄 수 있을지 고민해야 한다. 좋은 인재를 데려오고 싶다면, 먼저 당신이 그들에게 무언가를 줄 수 있다고 확신할 수 있어야 한다.

다른 사람으로부터 무엇을 얻을 수 있을지 이기적으로 계산하는 대신, 나는 그들에게 무엇을 줄 수 있을지 고민하는 방법을 배웠다. 그리고 그 과정에서 나 자신의 가치를 높였다. 패러다임의 변화라고 할 수 있는 이 결정 하나가 내 인생을 더 나은 방향으로 바꾸어 놓았다. 나는 다른 사람들이 내 인생에 어떤 혜택을 줄 수 있을지 묻는 대신 나 자신에게 이런 질문을 던지기 시작했다. "어떻게 하면 내가 제공하는 혜택만으로도 모두의 삶이 더 나아질 수 있을까?"

다른 이들이 오직 당신과의 관계 때문에 이익을 얻게 된다면 당신의 삶 또한 성공을 향해서 한 걸음 더 나아갈 것이다. 당신과의 관계가 가져다줄 이익에는 유용한 조언과 지식, 친근한 연락, 훌륭한 본보기, 그리고 굳건한 애정 등이 있다. 아래 3가지 질문에 대한 답을 떠올려 보라.

1. 현재 당신은 사람들에게 어떤 혜택을 제공하고 있는가?
2. 당신과의 관계는 사람들을 어떤 식으로 향상시키는가?
3. 지난 한 해 사이에 당신으로 인해 더 긍정적으로 변화한 사람은 몇 명인가?

당신이 풍요롭게 만들어 준 사람들의 목록이 생기면 당신의 팀에 사람들을 끌어들일 수 있게 된다. 단순한 단기적인 이익을 떠나서 당신의 장기적이고 본질적인 목표 수행에 도움이 될 만한 이들을 떠올려 보라. 그들에게 혜택을 베풀면 그들 또한 자연스럽게 당신을 지지할 것이다.

이는 기업의 최고경영자뿐 아니라 영향력 있는 임원들도 반드시 마음에 새겨야 할 조언이다.

어떤 경영자들은 일단 직원을 뽑고 나면 이제 채용 과정이 끝났다고 생각하는 실수를 저지른다. 그러나 실제로는 최고의 인재가 입사한 후에도 그를 붙잡기 위해 끊임없이 노력해야 한다.

회사의 구성원들이 다른 회사로부터 이직 제안을 받지 않으리라는 순진한 착각을 멈춰라. 세상에 헤드헌터가 그토록 많이 존재하는 데는 다 이유가 있다. 당신이 보유한 최고의 인재들을 쏙 빼내서 그 능력을 정확히 필요로 하는 다른 회사에 넘겨주는 것이 그들의 일이다. 헤드헌터는 당신의 가장 뛰어난 인적자원을 훔쳐 내는 대가로 상당한 보수를 받으며, 장담컨대 지금 이 순간에도 당신의 조직에 소속된 인재들에게 눈독을 들이고 있다. 그런 의미에서라도 인재를 유지하는 방법을 확실히 알아 두길 바란다. 업계의 규모에 따라 달라질 수 있지만 최고재무책임자 영입을 성사시킨 헤드헌터는 건당 3만 달러에서 6만 달러를 챙긴다. 최고경영자 영입 수수료는 8만 달러부터 시작하며 최대 50만 달러까지 올라갈 수 있다.

당신이 채용한 이들은 당신을 주의 깊게 지켜보고 있다. 그들은 당신에게서 받는 혜택을 지속적으로 재평가하며, 그 정도가 기대에 미치지 않는다고 판단한 순간 다른 회사를 찾기 시작한다. 특히 최고위급 임원들은 당신이 스스로 성장을 이루며 회사를 한 단계 발전시킬 방법을 고민하는 사람인지 매 순간 주시할 것이다. 그들은 당신이 회사의 가치 성장을 위해 최고의 인재들을 채용하고 있는지 그 사실을 확인하고자 한다. 이러한 노력을 증명하는 가장 좋은 방법 중 하나가 기존 인재들을 잘 유지하는 것이다. 이 과정은 결코 멈추는 법이 없다.

⊙ 당신과 함께 일하기로 한 인재가 던질(그리고 반드시 제대로 답변해야 할)
  질문들

1. 이 회사가 지닌 경쟁사와의 차별화 요소는 무엇입니까?

2. 당신의 리더십은 다른 경영자들의 리더십과 어떻게 구분됩니까?

3. 타협할 수 없는 자신만의 규칙이 있습니까? 그 규칙을 지켜 나갑니까?

4. 당신 곁에 있음으로써 얻을 수 있는 혜택에는 어떤 것들이 있습니까?

5. 당신은 끊임없이 성장하는 모습을 보입니까? 사람들이 당신의 지속
   적인 발전을 인정합니까?

누구나 콘실리에리가 필요하다

━━━━━━━ 아무리 천재적인 사업가라도 성과를 혼자 이루어 낼 수는 없
다. 그들 또한 다양한 이유로 타인의 도움을 필요로 한다. 그들의 시간
은 무한하지 않으며, 지식 또한 특정한 분야에 한정되어 있다. 때로는
새로운 관점을 얻기 위해 다른 이들의 의견을 들어야 할 때도 있다.

일명 '패밀리'라고 불리는 마피아 조직들에는 콘실리에리Consigliere라는
특별한 직책이 있다. 그들의 역할은 조직에 현명한 조언을 제공하는 것
이다. 비즈니스 세상에도 거의 동일한 개념이 있다. 툭하면 신문 머리기
사를 장식하는 워런 버핏의 뒤에는 그의 성공에 결정적인 역할을 한 조
언자 찰리 멍거Charlie Munger가 있다. 스티브 잡스에게는 스티브 워즈니악

Steve Wozniak, 빌 게이츠에게는 폴 앨런Paul Allen이 있었다. 마크 저커버그는 숀 파커Sean Parker를 통해 비전을 확장한 뒤 셰릴 샌드버그의 도움으로 이를 실현했다.

《파워풀》의 저자 패티 맥코드는 넷플릭스에서 14년간 경력을 쌓았다. 최고인재책임자Chief Talent Officer를 지낸 그에게 인적자원 관리는 말 그대로 전문 분야다. 내가 봤을 때 그가 넷플릭스에서 이룬 가장 큰 성취는 최고경영자 리드 헤이스팅스Reed Hastings에게 과감히 도전한 일이었다. 패티 맥코드는 나와의 인터뷰에서 헤이스팅스가 중요한 연설을 앞두고 있던 날 벌어진 일화를 들려주었다. 당시 맥코드는 컴퓨터 키보드를 열심히 두드리는 경영자의 표정에서 연설을 내키지 않아 한다는 기색을 읽어 냈다.

순간 그의 머릿속에 헤이스팅스가 리더의 책임보다 개인의 성공을 더 우선순위에 두고 있을지 모른다는 의심이 떠올랐다. 맥코드는 그의 얼굴을 똑바로 쳐다보며 말했다. "지금 버그를 고치고 계신 건가요? 그건 대표님 역할이 아니에요. 엔지니어 말고 리더처럼 행동하세요." 이 말을 들은 인물에게 맥코드를 해고할 권한이 있었다는 사실을 상기해라. 하지만 헤이스팅스는 그를 14년간 곁에 두었을 뿐 아니라 종종 카풀로 함께 출근할 만큼 친근하게 생각했다. 그 이유가 뭘까? 맥코드가 자신에게 도전하고 자신의 맹점을 망설임 없이 지적하는 인재였기 때문이다.

자신감 없는 리더들은 일명 '예스맨'으로 주변을 둘러싼다. 하지만 유능한 리더는 자신에게 도전하는 사람들을 선호한다. 그들은 또한 본인보다 훨씬 똑똑한 사람들, 특히 자기가 자신감이 부족한 분야에 강점을 지닌 인재들을 찾아서 고용한다.

우리가 운영하는 유튜브 채널의 영상을 보면 내가 마리오라는 인물에 관해 얘기하는 장면이 자주 나온다. 그는 내가 가장 믿고 의지하는 사람 중 한 명이다. 처음 영상을 찍기 시작했을 때, 나는 촬영이 익숙지 않아서 꽤 애를 먹었다. 마리오는 그런 내게서 무의식적으로 더 좋은 이야기를 이끌어 내는 놀라운 능력을 발휘했다. 공식적으로 그는 내 밑에서 일하는 직원이지만, 우리가 콘텐츠와 브랜드를 만들면서 설정한 높은 기준을 나에게도 망설임 없이 적용한다.

당신과 함께할 미래의 콘실리에리는 이미 곁에 있는 사람일 확률이 높다. 이상적인 콘실리에리는 당신과 같은 가치를 추구하되 다른 성격을 지닌 사람이다. 만약 당신이 조급하고 다혈질인 성격이라면 조언자는 차분하고 신중한 편이 좋다. 당신이 내향적이라면 외향적인 인물을 찾고, 당신에게 잘못을 용서하지 못하는 대쪽 같은 성향이 있다면 포용력과 공감 능력이 뛰어난 인물을 찾아라. 물론 개인적인 성격이 어떻든 콘실리에리는 언제나 침착하고 감정 조절에 능해야 한다.

개인적으로든 사업적으로든 나는 누군가를 '내 사람'으로 받아들이는 데 굉장히 까다로운 편이다. 내가 아내 제니퍼와 결혼하기로 결심한 이유 중 하나는 그가 내 예민한 신경을 진정시킬 수 있는 유일한 사람이기 때문이다. 삶의 다른 영역에서도 나는 다양한 주제에 대해서 조언을 구할 수 있는 소규모 그룹들을 길러 왔다.

내 일에는 너무도 많은 이해관계가 얽혀 있으며, 따라서 중요한 의사 결정을 내릴 때는 보통 서로 다른 성향을 지닌 두 사람을 회의실로 불러 의견을 묻는다. 둘의 생각이 극단적으로 다를수록 효과적인 결과물이 나온다. 내가 해야 할 일이라곤 그들에게 상황 설명을 해 준 후 대화가 오가는 모습을 지켜보는 것뿐이다. 때로는 토론에 열기를 더하기 위해 질문을 던지기도 한다. 내 목적은 양쪽 편에서 제시할 수 있는 가장 설득력 있는 주장을 듣는 것이다. 두 의견이 충돌하는 가운데 나는 점점 진실에 가까워진다.

글을 쓰는 창작자 친구가 있다. 성격이 굉장히 급하고, 완벽함에 목숨 걸기보다는 한 편을 끝까지 완성하는 것이 훨씬 중요하다고 믿는 사람이다. 반면 그의 파트너는 실수에 관대하며 시간을 들여 완벽한 작품을 만들어야 한다고 생각한다. 두 사람의 '음양' 조합은 완벽한 조화를 이룬다. 마리오와 나의 관계도 비슷하다. 우리는 굳이 물과 불인 '척'을 할 필요가 없다. 나와 가치관은 같으면서 성격이 정반대인 그는 내가 고집이라는 최악의 적에 사로잡히지 않도록 항상 적절한 균형을 잡아 준다. 그 또한 내가 여러 번 그를 구해 줬다고 말한다. 우리는 함께 일하고 여행하며 이런 에피소드들을 웃으며 이야기한다. 나는 숫자를 사랑하지만, 온갖 추억을 공유할 수 있는 누군가와 함께 보내는 시간은 측정할 수 없는 가치를 지닌다.

◉ 믿을 수 있는 조언자의 자질

1. 상황 분석에 능숙하며 몇 수 앞을 내다볼 수 있다.

2. 조언을 받는 사람과 비슷한 가치관을 지녔지만 성격이 다르다(특히 상대방이 약한 부분에 강하다).

3. 압박을 받는 상황에서도 침착하다.

4. 상대방에게 도전하고 맹점을 지적하는 것을 두려워하지 않는다.

5. 충성심이 강하고 일에 개인적인 이해관계를 끌어들이지 않는다.

거짓 인재를 알아봐야 하는 이유

많은 기업가가 저지르는 최악의 실수 중 하나가 핵심 인재를 채용하기 전에 정확한 검증 절차를 거치지 않는 것이다. 당신이 선택한 인재는 좋은 평판을 받고 있을 것이다. 대단한 성과를 이뤄 냈고, 모두가 그를 좋아한다. 당신은 그를 믿고 조직에 큰 영향력을 미치는 자리까지 승진시킨다. 절대적인 신뢰를 바탕으로 중요한 정보까지 거리낌 없이 공유한다. 그가 당신의 신뢰를 저버리는 행동을 하리라고는 상상도 할 수 없다.

그 일이 실제로 일어나기 전까지는.

당신도 도니 브래스코Donnie Brasco에 대한 영화나 책을 본 적이 있을 것이다. 도니 브래스코는 FBI 요원 조 피스톤Joe Pistone이 마피아 조직에 잠입했을 때 사용했던 가명이다. 그는 보난노 패밀리Bonanno Family의 일원으로 6년을 보냈고, 일명 '소니 블랙Sonny Black'이라고 불리던 범죄 왕 도미닉 나폴리타노Dominick Napolitano을 비롯한 최고위급의 신임을 얻었다. 피스톤의 위장 임무 덕분에 FBI는 마피아 조직원 212명을 체포할 수 있었다.

6년 후 FBI는 피스톤을 철수시키려 했지만, 그는 조직 내에서 더 확고한 입지를 다지기 위해 임무 기간을 연장해야 한다고 주장했다. 결국

FBI 요원이 소니 블랙을 찾아가 피스톤의 진짜 신분을 밝혔지만, 소니는 이렇게 대답했다. "거짓말 마."

결국 소니 블랙은 살해당했다. 그의 시신은 양손이 잘린 채로 발견되었다. 그를 죽인 마피아 조직원들은 소니가 쥐새끼에게 속아 패밀리의 명예를 더럽혔다는 사실에 분노했다. 조직의 모든 구성원에게 쥐새끼와 악수를 나눴다는 사실은 씻을 수 없는 모욕이었다.

세상에 마피아보다 의심과 불신이 난무하는 집단은 없을 텐데도, 조직원들은 자신이 '도니 브래스코'라고 생각한 남자를 철석같이 믿었다. 이것이 바로 내가 당신에게 전하고 싶은 교훈이다. 아무리 믿음직한 사람이라도 반드시 꼼꼼한 검증 과정을 거쳐야 한다. 그에게 경쟁사에 유출되어서는 안 될 기밀 정보의 접근권을 부여하려는 상황이라면 더욱더 그렇다. 그와 함께 시간을 보내고 많은 질문을 던져라. 다른 이들의 평가를 귀담아들어라. 그의 행동을 주시하라. 물론 누군가의 본질을 100퍼센트 파악한다는 건 불가능한 일이지만, 적어도 그가 어떤 사람인지에 대한 감은 잡을 수 있다. 최소한 특정한 상황이나 비즈니스 영역에서 얼마나 신뢰할 수 있는 인재인가는 충분히 확인할 수 있다.

나는 FBI 비밀 요원 마이클 맥고완Michael McGowan에게 보난노 패밀리가 브래스코를 신뢰한 이유에 관해 물었다. 러시아 마피아를 비롯하여 시칠리아 기반의 마피아 패밀리 세 곳, 국제적 범죄 조직인 시날로아 카르텔Sinaloa Cartel까지 온갖 범죄 집단과 긴밀히 접촉했던 베테랑 요원의 대답은 지극히 단순했다. "탐욕 때문이죠." 도니 브래스코 이야기는 회사의 내부 정보에 접근 가능한 인물을 임명할 때 철저한 확인 절차를 거쳐야 한다는 경고를 완벽하게 전해 준다.

기업가들은 자신이 어떤 인물에 대해 배우자나 상담 전문가보다 더 잘 안다고 생각하길 좋아하지만, 이는 절대 사실이 아니다. 당신의 오른팔이 말하지 못할 도박 빚에 허덕이고 있을지 어떻게 알겠는가? 당신 회사의 최고재무책임자는 성장하면서 겪은 큰 트라우마 때문에 중요한 의사 결정을 두려워할 수도 있다. 사람들의 마음을 꿰뚫어 볼 수 있다고 착각하지 마라. 그 대신 데이터와 체계적인 접근 방식을 동원하여 새로운 인재를 조사하라.

⊙ **핵심 인재를 채용하기 전에 반드시 던져야 할 5가지 질문**

1. 얼마나 많은 사람에게, 얼마나 다양한 분야에서 그의 평판을 체크했는가? 그와 함께 일했던 동료들에게 그가 개인적으로 어떤 사람인지 확인했는가?

2. 그가 호감 가는 인물임은 확실하지만(그렇지 않다면 그를 채용하지 않았을 테니까) 그 자리에 필수적인 업무 능력을 모두 갖추고 있는지 확인했는가?

3. 그의 과거에 의심스러운 전력이 없는지 배경 조사를 확실히 했는가?

4. 이력서에 조금이라도 신경 쓰이는 부분에 대해 꼼꼼히 질문을 던졌는가? 예를 들어, 그가 2년간 휴직을 했다면 그 이유가 무엇인지 정확하게 확인했는가?

5. 계약서에 90~120일 사이의 수습 기간을 명시했는가? 정식 채용 전에 수습 기간을 두면 새로운 인재의 능력을 평가할 수 있는 충분한

시간을 확보할 수 있다. 인재 입장에서도 개선해야 할 부분을 배우고 실제로 노력하기 위한 여유를 얻을 수 있다.

채용 과정에 철저한 검증이 필요하다는 사실은 아무리 강조해도 지나치지 않다. 그를 고용한 순간부터 매일 비용이 지불된다는 사실을 잊지 마라. 패티 맥코드는 2014년 1월 《하버드 비즈니스 리뷰》에 실린 기사에서 그 이유를 다음과 같이 설명했다.

> 회사의 이익을 최우선으로 삼는 인재, 능률적인 조직에서 일하고자 하는 욕구를 이해하고 지지하는 인재를 채용하려고 노력했다면 직원의 97퍼센트는 제 몫을 해낼 것이다. 대부분의 기업은 나머지 3퍼센트의 나쁜 인재들이 야기한 문제를 해결하기 위해 끊임없는 시간과 비용을 들여 HR 정책을 만들고 시행한다. 하지만 우리는 그런 사람들을 채용하지 않는 쪽에 초점을 맞추고 매우 큰 노력을 기울였다. 실수로 잘못된 인재를 고용했을 때는 미련 없이 놓아 주었다.

파이는 반드시 나눠라

미국은 어떻게 이민자들의 메카가 되었을까? 200개 나라에서 온 이민자 4100만여 명은 어째서 미국을 정착지로 택한 걸까? 이곳에 사는 이민자 수가 2위 국가를 아득히 뛰어넘는 이유는 무엇일까? 미국은 영토가 가장 넓거나 인구가 가장 많은 나라는 아니지만 상대적으로 희소한 이점을 지니고 있다. 다시 말해서 미국은 누구에게나 평등하게 부를 쌓을 기회를 제공한다. 이민자들은 이곳으로 와서 사업을 시작하고 재산을 소유할 수 있다. 땅이나 건물을 매입할 수도 있다. 국가의 일부를 직접 소유할 수 있다는 사실이야말로 '아메리칸드림'의 진정한 의미다.

이것이 바로 미국이 최고의 능력과 성실함을 갖춘 인재들을 끌어들이는 비결이다. 당신의 회사로 최고의 능력과 성실함을 갖춘 인재를 끌어오고 싶은가? 그렇다면 그들에게도 파이를 제공하라.

커리어의 초창기에 나는 모 보험 회사에서 최고의 실적을 올리는 영업 사원으로 인정받았다. 하지만 3장에서 언급했듯이 그 조직의 운영 방식이 마음에 들지 않았고, 그와 관련해 경영진에게 16쪽 분량의 제안서를 보냈다. 당시 내가 했던 요청 중 하나는 핵심 인재들에게 지분 혹은 수익 분배를 받을 기회를 달라는 내용이었다.

지분 공유도 수익 분배도 없다면 나는 그 회사의 주인이 아니라 피고용인일 뿐이었다. 회사의 일부를 넘겨받지 않는 한, 제아무리 높은 실적을 올리는 직원일지라도 기업의 파트너보다는 경쟁자에 가까울 수밖에 없다. 나를 잃는다는 것은 연수익 몇백만 달러를 손해 본다는 뜻이었고, 이런 나를 붙잡기 위해서 필요한 조치는 내가 회사에 주인 의식을 가질 수 있도록 최소한의 인센티브를 제공하는 것뿐이었다.

하지만 경영진은 내 요청을 거절했다. 심지어 그들은 내가 절대 회사를 떠나지 못하리라고 확신하기까지 했다. 재계약으로 인상된 급여뿐 아니라 내가 담당하는 고객 수천 명분의 수수료를 포기하리라고 생각하지 않았기 때문이다. 그러나 내 목표는 눈앞의 돈이 아니라 이 회사를 업계 최대 규모로 성장시키고 언젠가 최고경영자 자리에 앉는 것이었다.

"연봉 인상 따위로 저를 잡을 수 있다고 생각했나요? 제가 그렇게 한 치 앞밖에 못 보는 사람이라고 판단한 거예요? 크게 착각하고들 계시네요."

나는 그 회사를 떠났다. 평등한 기회에 대한 갈증은 나만의 감정이 아닐 것이다. 야심만만하고, 큰 꿈을 꾸고, 출중한 능력을 가진 사람이라면 누구나 이런 목마름을 갖고 있다. 나는 기업가 밑에서 일하는 사람들에게 늘 같은 충고를 한다. "가장 높은 사람에게 가서 이 회사의 일부를 직접 소유하기 위해 당신이 할 수 있는 일이 있는지 물어보세요. 만약 그가 '그런 일은 없다'라고 답한다면 미련 없이 떠나세요. 하지만 '이러저러한 일을 하면 된다'라고 대답한다면 그곳에 남아 주인 의식을 갖고 함께 목표를 이루세요."

물론 성과도 없이 보상부터 바랄 수는 없다. "저는 깜짝 놀랄 만큼 똑똑하고 재능 있는 인재이니 회사의 일부를 주세요"라는 허풍이나 떨 거라면 그냥 입을 다물어라. 원하는 것이 있다면 그에 걸맞은 인재임을 증명하고 직접 쟁취해야 한다. 조직이 공평한 기준을 가진 한, 이러한 지분 공유는 기업가에게도, 뛰어난 인재에게도 고루 이익이 될 것이다.

만약 당신이 기업을 경영하는 입장이라면 지분 공유에 소극적인 태도를 취할 수 있다. 어떤 이들은 이렇게 말할 것이다. "패트릭은 막대한 수익을 내는 큰 기업을 갖고 있으니 그런 선택을 할 수 있는 거지. 우리는 규모가 작아서 지분 같은 걸 나누기가 어렵다고." 혹시라도 이런 생각이

머리를 스쳤다면, 당신은 아직 한 수밖에 내다보지 못하는 것이다. 장기적인 이익을 고려하며 먼 미래까지 내다보는 그랜드마스터의 관점과 지극히 대조되는 사고방식이다. 나는 지금 회사를 조각내서 공중에 뿌리라고 주장하는 게 아니다. 지분의 극히 일부, 주식 몇 주만으로도 능력 있는 직원들에게 진정한 소속감과 장기적인 파트너십을 심어 주기에 충분하다는 이야기를 하는 것이다.

넓은 시야가 결핍된 경영자들은 매사에 탐욕을 부리고, 지분의 일부를 넘기는 순간 위기가 닥쳐오리라는 불안을 떨치지 못한다.

하지만 미래의 현실을 100퍼센트 확신하는 경영자라면 얘기는 달라진다. 확신이 부족하면 숫자의 힘을 빌려 계산하라. 당신의 회사가 지난 5년 사이에 평균 매출 1000만 달러, 이익률 15퍼센트를 기록했다고 가정해 보자. 이 경우 순이익은 150만 달러가 된다. 당신은 이 시점에 사업 확장을 위해서 뛰어난 인재, 조니를 추가 채용하기로 결정했지만, 그가 스톡옵션 혹은 인센티브 조건을 강하게 주장하면서 다소 망설이게 되었다. 조니는 본인이 이 사업을 1000만 달러에서 1500만 달러로 확장하는 데 성공할 경우 추가 인센티브 25만 달러를 원한다고 말한다. 당신이 가장 먼저 떠올린 생각은 회사에 그런 거액을 지불할 여유가 없다는 것이다.

하지만 계산기를 두드려 보면 상황이 반전된다. 총매출이 늘어나고 이익률이 유지된다면 순이익은 150만 달러에서 225만 달러로 늘어날 것이다. 75만 달러의 추가 이익을 가져다준 인재에게 25만 달러의 인센티브를 아까워한다는 것은 말이 되지 않는다. 조니의 제안은 추가적인 수익을 2대 1로 나누자는 조건이며, 기본적으로 당신에게 훨씬 유리한 내용이다. 그가 능력을 발휘하면 회사 통장에는 50만 달러가 추가로 입금될 것이다(게다가 이 가정에는 회사의 과거 성장률이 반영되지도 않았다. 만약 회사가 지속적으로 성장하고 있는 상황이라면 미래의 잠재적 성장 속도를 고려하여 공식을 수정해야 할 것이다. 가령 회사가 지난 3년간 연평균 20퍼센트의 성장률을 보였고, 조니가 현재를 기준으로 50퍼센트의 사업 규모 확장을 달성할 수 있다면, 당신은 애초에 한 예상을 30퍼센트 웃도는 성공을 거두게 될 것이다).

이런 결과를 보고도 조니의 제안을 거부한다면 당신의 관점 혹은 기본적인 사고방식에 문제가 있는 것이다. 모든 사람에게 똑같은 보상을 줘야 한다는 잘못된 믿음으로 특별한 인재의 특별한 조건을 무시한다면 결국 자신의 단기적 시야에 갇혀 심각한 논리 오류에 사로잡히게 된다. 하지만 사실 더 생각할 것도 없는 문제다. 조직 구성원들이 본인과 회사의 이익을 위해 더 많은 수익을 창출하려 노력하는 것보다 더 나은 결론이 어디 있겠는가?

빌 게이츠가 막대한 이익을 벌어들인 마이크로소프트의 인재들을 시샘했을까? 그의 선택은 지분의 공평한 '분배'가 아니었다. 그는 몇 수 앞을 내다보며 스스로 능력을 증명한 인재들에게 지분의 공평한 '쟁취'를 허락했다. 한 자료에 따르면 마이크로소프트는 지금까지 세 명의 억만장자(여기에는 물론 앞서 말한 스티브 발머가 포함된다)와 1만 2000명의 백만장자를 양성했다고 한다.

자신의 부를 쌓으려면 다른 이들에게 함께 부유해질 기회를 주어야 한다는 사실이 슬슬 이해되기 시작했는가?

어떤 인재는 스톡옵션에서 가장 큰 추진력을 얻지만 어떤 인재는 수익 분배를 가장 선호한다. 개중에는 충분한 기본급이나 넉넉한 보너스, 장기적인 안정성을 최우선순위에 놓는 인재들도 있다. 하나같이 제각각인 조건들이다. 보상 체계의 핵심은 당신이 찾고 있는 바로 그 인재를 채용하고 유지할 수 있도록 가장 적절한 조건을 구성하는 것이다.

나는 경영자로서 보너스보다는 스톡옵션이나 수익 분배 제도를 선호하는 편이다. 우리 조직에 꼭 필요한 인재들과 장기적으로 함께할 확률이 더 높아지기 때문이다(그 이유는 이어지는 장에서 더 자세히 설명할 예정이다). 게다가 집주인이 세입자보다 집을 더 세심하게 관리하듯, 회사의 구성원들 또한 소유권의 일부를 공유하게 되는 순간 지금까지와 다른 사고방식을 갖게 된다. 본인의 수입과 회사의 가치를 동시에 높일 수 있다는 사실을 깨달으면, 시키지 않아도 스스로 일할 동기를 찾아낸다.

어떻게 보면 지극히 상식적인 얘기지만, 현실에서는 한 푼을 아끼려다가 큰 손해를 입는 경우가 다반사다. 한번은 유럽에서 이름을 날리는 배터리 제조 기업에서 내게 도움을 요청했다. 그들의 고민은 매년 2퍼센트대에 정체되어 있는 부진한 성장률이었다. 내가 그 기업의 CEO에게 던진 첫 질문은 다음과 같았다. "영업 사원들의 급여가 어떻게 되나요?"

"월 2500달러입니다." 그가 대답했다.

"그 이상 얼마까지 받을 수 있습니까?"

"무슨 말씀인지 잘 모르겠는데요."

"기본급이 2500달러라고 치고, 성과를 올렸을 때 인센티브가 얼마까지 보장되느냐는 의미였습니다."

"그런 제도는 없습니다."

"아예 없다고요?"

나는 그의 말을 믿을 수가 없었다. 실적과 관계없이 매달 2500달러의 급여밖에 기대할 수 없다면 어떤 직원이 최선을 다해 일하겠는가?

이 회사는 결국 수익 공유에 초점을 맞춰 보상 구조를 변경했고, 새로운 제도가 시행되자마자 성장률은 25퍼센트로 껑충 뛰었다. 성장의 열쇠는 때로 현재의 모습을 직시하는 데서 나온다. 구성원들이 회사라는 파이의 '한 조각'을 선물 받았다고 느끼도록 보상 구조를 바꾼다면 모두가 더 오래, 더 열심히, 더 창의적으로 일하는 문화가 자리 잡을 것이다.

핵심 인재들에게 황금 수갑을 채울 때

우리가 취해야 할 전략은 다음과 같다. 뛰어난 인재들에게 지분을 공유하되, 처음부터 무작정 베풀어서는 된다. 그들이 보상을 스스로 쟁취하게 하라.

지성과 통찰력을 갖춘 경영자일지라도 독심술을 발휘할 수는 없다. 잠재적인 핵심 인재들이 겉보기에 아무리 멋지더라도 투자를 결정하기 전에 정확한 검증 절차를 거쳐야 한다. 지분 공유를 확정하기 전에 유보 기간을 두면 그들에게는 능력과 충성심을 증명할 기회가 생긴다. 나 또한 매 순간 인재들에게 내 자질을 증명한다. 우리 회사의 목표와 비전에 필요한 인재들을 유지하는 것은 경영자로서 내 역할이다. 나는 인재들에게 그들이 쌓을 부와 빛나는 미래를 보여 주며, 한편으로 매력적인 기업 문화를 만들기 위해 힘쓴다. 나는 내가 만든 회사를 신뢰하며, 그들 또한 같은 신뢰를 지니고 있는지 확인할 필요가 있다.

사람들은 종종 고용이 확정된 순간 능력을 증명할 동기를 잃어버린다. 직업적인 안정성이 확보되었으니 주어진 일만 적당히 해내면 된다고 생각하는 것이다. 그 정도로는 부족하다. 나는 인재들이 우리 회사의 일부가 되길 원하고, 그 사실에 희열을 느끼고, 조직의 발전을 위해 자신만의 특별한 역량을 발휘할 수 있다는 확신을 얻길 원한다. 이를 위해 그들의 말과 행동에 주의를 기울이고, 그 모습이 우리 회사의 비전과 일치한다면 그들이 원하는 것을 기꺼이 내준다.

채용한 인재를 선불리 판단하기보다는 인내심을 갖고 지켜보는 전략을 택하라. 완벽한 조건과 다양한 재능을 지닌 사람이라도 당신의 기업 내 조직 문화에는 맞지 않을 수 있다. 채용 면접에서는 누구나 가장 좋은 모습을 보여 주기 위해 애쓴다. 그 말을 덥석 믿지 말고, 그들이 스스로 능력을 증명하게 하라.

적절한 보상 체계 구축도 과학보다 예술에 가까운 영역이다. 이 작업을 제대로 해내면 다음과 같은 3가지 목표를 달성할 수 있다.

1. 직원의 관점에 갇혀 있던 인재들의 사고방식을 주인 의식으로 전환한다.
2. 인재들에게 회사의 가치를 높이기 위해 더 열심히 능률적으로 일할

동기를 부여한다.

3. 보상 체계를 효율적으로 구조화함으로써 인재 이탈률을 줄인다.

나는 회사를 설립한 지 딱 2년 만에 지분 공유 제도를 마련했다. 담당 고객의 수에 따라 수수료를 가져가는 금융 서비스 업계의 특성상 높은 보상과 그에 따른 인재 유지 전략은 어렵지 않게 수립할 수 있었다. 하지만 나는 업계 최고 수준의 보상 체계를 구축하는 정도로 만족할 수 없었다. 내가 원한 것은 업계의 관행을 뒤흔드는 혁신이었다.

나는 작곡가나 안무가들과 유사한 방식으로 접근했다. 적절한 보상 체계를 만드는 과정은 조화로운 멜로디를 창조하는 과정과 비슷하다. 아카데미상을 수상한 작곡가 한스 짐머Hans Zimmer는 서로 다른 음조를 활용해서 영화 전체의 사운드를 완벽의 경지로 이끄는 특별한 강점을 지니고 있다. 효과적인 보상 체계를 구축하는 과정도 이와 같다. 모든 조각을 완벽한 자리에 배치함으로써 전체적인 제도가 최고의 경지에 이르도록 이끄는 것이다. 내 말이 호들갑스럽게 들릴지도 모르지만, 이 정도로 중요한 계획에는 그에 걸맞은 세심한 노력이 필요한 법이다. 가장 효과적인 보상 체계를 만들려면 다음 3가지 과정을 반드시 거쳐야 한다.

1. 당신이 인재들에게 이끌어 내고 싶은 최종적인 행동이나 결과물을 미리 결정하라.

2. 당신 조직의 현재 보상 체계를 분석하라. 불편하더라도 진실을 정확

히 마주해야 한다.

3. 성과에 따라 3단계의 보상 체계를 마련하라. 이러한 차등 구조는 단순한 '모 아니면 도' 방식의 보상 시스템보다 훨씬 효과적이다.

나는 계획을 세울 때부터 2년 안에 지분 공유 기반의 보상 제도를 마련하겠다고 결심했다. 각 단계의 구체적인 일정을 확정하는 절차는 상당히 복잡했다. 새로운 보상 체계를 구축하기로 결정하고 기본적인 준비를 마쳤다면 반드시 숙련된 최고재무책임자나 외부 컨설턴트의 도움을 받아서 세부 사항을 처리해야 한다.

이러한 체계의 핵심은 회사의 직원들이 회사의 지분을 가질 권리를 갖고, 시간이 지남에 따라 실제로 소유권의 일부를 부여받게 된다는 것이다. 결과적으로 그들은 회사의 주인이 되었다고 느끼고, 실제로 주인과 같은 보상을 받으며(이와 동시에 당신의 재산 또한 늘어난다), 자신의 수익을 극대화하기 위해 이 회사에 남아 열심히 일해야겠다는 동기를 얻는다. 1976년에 처음 소개된 용어 '황금 수갑Golden Handcuffs'은 인재들이 회사에 남아 있는 한 계속해서 금을 얻게 된다는 의미를 지니고 있다.

명심하라. 당신의 인재들에게 적절한 대우를 제공해야 한다. 그러지 않으면 다른 경영자가 그 일을 대신할 것이다.

◉ **인재를 유지하기 위해 반드시 알아야 할 원칙들**
- 모든 사람은 노력에 걸맞은 보상을 원한다.
- 뛰어난 성과를 내는 인재들은 회사의 성공에 기여하고자 한다.

- 인재들은 자신이 조직에 영향을 미칠 수 있는 구성원인지 알고자 한다.
- 인재들은 동료들 앞에서 역량을 인정받고자 한다.
- 인재들은 회사 내에서 성장할 기회가 있는지 확인하고자 한다.
- 인재들은 성과 기준이 계속 바뀌지 않는 회사에서 명확한 기대치를 바탕으로 평가받고자 한다.

기대치는 신속하고 명확하고 빈번하게

우리는 종종 사람들의 성격이 고정되어 있다는 착각을 한다. 가령 어떤 신입 사원이 좋지 못한 습관을 보이면 채용 자체가 실수였다고 믿어 버리는 식이다. 하지만 사실 그가 더 나은 인재가 되도록 훈련시킬 수도 있다. 그러려면 그의 성과를 모니터링하고 피드백을 제공하며 더 적극적으로 소통하려는 의지가 필요하다. 소통을 통해서 직원들에게 현재 자신의 위치를 정확히 인지시키면 3가지 중요한 혜택을 손에 넣을 수 있다.

1. 직원들이 직업을 유지하기 위해 달성해야 할 구체적인 목표를 알게 된다.
2. 이 구체적인 목표 달성에 실패했을 때 회사가 그들을 내보내는 것은 공정하고 객관적인 선택이 된다.
3. 업무를 제대로 수행할 수 있는 다른 인재를 물색할 수 있다. 최선의

시나리오는 기존 직원의 단점이 개선되면서 조직의 인재풀이 더욱 견고해지는 것이다. 하지만 상황이 나아지지 않고 기존 직원이 회사를 떠날 경우 신속하게 후임을 투입시킴으로써 업무를 매끄럽게 이어나갈 수 있다.

기대치는 최대한 구체적으로 전달해야 한다. "밥, 시간 약속에 철저하다고 장담하더니 지난 2주 사이에만 세 번이나 지각했더군요."

단점을 지적받은 직원은 이렇게 대답할 수 있다. "하지만 고작 8분 늦었는걸요."

"8분씩 계속 늦으니까 문제지요. 본인을 믿고 일을 맡겨 달라고 했죠? 우리는 시간을 지키는 인재를 원합니다. 지각이 반복되면 진지하게 문제 삼을 수 있다는 사실을 알아 두세요."

직급이 높은 임원들에게 느슨한 기준을 적용하면 조직 전체의 분위기가 해이해질 수 있다. 거기서부터 악순환이 시작되는 것이다.

단점에 대해서 직접적으로 언급할 경우, 해고당하기 전에 스스로 퇴사한다는 선택권을 줄 수 있다. 밥은 다른 많은 사람처럼 자신에게 맞지 않는 직장을 떠날 수 있다. 신입 사원 1000명의 사소한 단점을 일일이 눈감아 주는 도박을 할 수는 없다. 조직의 기준에 미치지 못하는 구성원들에게 당신의 기대치를 분명히 전하고 그들에게 개선해야 할 점을 구체적으로 지적하라. 때로는 예상보다 훨씬 발전한 그들의 모습을 보며 기분 좋은 충격을 받을 것이다.

밥이 지적받은 습관을 계속 고치지 못했다고 치자. 마침내 그를 내보내기로 결정한다고 해도, 이미 개선해야 할 부분을 분명히 지적받았던 그는 놀라지 않을 것이다. "밥, 회사의 결정에 놀라지 않으리라 믿습니다. 당신은 2주 사이에 세 번이나 지각을 했고, 나는 그 부분이 문제가 될 거라고 확실히 얘기했어요. 그럼에도 불구하고 당신은 계속 시간을 지키지 않았죠. 유감이지만 우리는 당신을 회사에서 내보내야 한다는 결정을 내렸습니다."

간결하게 요점만 전달하라.

물론 정시 출근이 성공적인 비즈니스 운영에 영향을 미치지 않는 회사라면 이야기는 완전히 달라진다. 만약 당신이 창의적인 분야에 종사하고 있으며, 업계에서 편집자나 개발자가 맡은 역할이 데드라인 안에 작업을 완료하는 것뿐이라면 출근 시간 따위는 문제가 되지 않는다. 이외에도 일의 특성상 얼마든지 예외를 적용할 수 있다. 그러나 시간을 정확히 지켜야 하는 업계라면 정시 출근은 타협할 수 없는 기준이며, 이를 방관한다면 해이한 분위기가 회사 전체로 확산될 것이다.

밥의 사례를 통해, 나는 기대치와 개선 방안을 분명히 전달하는 전략이 인재를 뽑고 유지하는 과정에서 누군가를 내보내야 할 빈도를 줄여 줄 뿐 아니라 부득이 해고를 택하게 되었을 때도 그에 수반되는 죄책감을 덜어 준다는 이야기를 전하고 싶었다. 지금부터 특히 '해고'와 관련된 전략을 더욱 구체적으로 살펴보려 한다.

해고는 부드러우면서 단호하게

기업가들에게 가장 힘든 역할 중 하나가 직원을 내보내는 것이다. 그러나 해고를 제대로 해내지 못하면 조직 문화 자체가 망가질 수 있다. 성과를 보이지 못하는 직원에게 적절한 조치를 취해야 한다는 기업가의 책임을 받아들이면 이 유쾌하지 못한 일에 더욱더 배려심 있게 접근할 수 있을 것이다. 직원에게 화풀이하지 말고, 대신 현명하게 내보내는 전략을 취하라.

이 책을 통해 확실히 배우겠지만, 해고의 기술은 그 중요도에 비해 상대적으로 주목받지 못하는 비즈니스 스킬이다. 직원을 해고할 때마다 다시는 안 볼 사람처럼 막되게 행동하는 경영자가 있다면, 아무리 좋게 평가해도 공감 능력이 떨어진다고 볼 수 있으며, 최악의 경우 폭군이나 변태 사디스트일 가능성도 있다. 말썽을 일으키는 직원에게 끊임없이 경고하면서도 끝까지 해고 통보를 하지 못하는 우유부단한 경영자에게도 문제가 있기는 마찬가지다. 나쁜 직원 한 명의 태도와 행동은 다른 멀쩡한 직원들에게까지 부정적인 영향을 미칠 수 있다.

직원의 해고와 연인과의 이별 사이에서 공통점을 찾아보자. 많은 사람이 이별 통보의 죄책감을 누그러뜨리기 위해서 고전적인 대사에 의존한다.

"네 탓이 아니야. 내가 부족한 탓이지."

"최근 우리 만남을 돌아보면 당신과 나 모두 이렇게 될 줄 알고 있었잖아."

"그래도 내 잘못이 가장 커."

그들은 분노와 슬픔, 수치심을 비롯하여 이런 상황에서 일어날 수 있는 강렬한 감정을 최소화하기 위해 최대한 우호적인 태도를 보인다. 조직에서 누군가를 해고해야 하는 순간, 당신 또한 비슷한 대사에 의지하고 싶을 것이다. "다른 회사에 가면 더 잘 해내리라고 확신해요. 당신과 우리 회사는 철학이 다를 뿐입니다." "당신은 능력 있는 인재예요. 조만간 다른 직장을 구할 수 있을 겁니다. 필요하다면 내가 기꺼이 추천서를 써 주지요."

하지만 이 경우에는 고전적인 이별 전략이 큰 효과를 발휘하지 못한다. 직원들은 바보가 아니다. 그들은 인간이고, 당신은 그 사실을 존중해야 한다. 이것은 단순한 예의의 문제가 아니다. 사람을 추천할 권리가 경영자에게만 있는 게 아니라는 말이다. 해고된 직원은 소셜미디어 등을 통해 당신의 태도에 관해 얘기할 수 있고, 당신은 애써 쌓은 평판이 이런 식으로 흠집 나기를 바라지 않을 것이다.

일단 전투가 시작되었다면 사격을 질질 끌지 말되, 감정에 휩쓸려 핵폭탄을 날리지도 마라. 무능력한 직원에게 시간을 준다고 해서 어느 날 갑자기 없던 능력이 솟아나지는 않는다. 마찬가지로 시간이 흐른다고 모든 상처가 치유되는 것도 아니다. 만약 문제가 되는 직원에게 분명한 메시지를 전했지만, 상황이 개선되지 않는다면 기회를 반복해서 주려고 해서는 안 된다. 한 번 경고를 무시한 사람은 계속 무시할 가능성이 높다. 이 시점에 대책 회의를 소집하고 깔끔하게 마무리할 준비를 하라.

여기에 더해 해고라는 전투에서는 절대 '초토화 전략'을 택하지 말아야 한다. 경영자가 이성을 잃어버리거나 조금이라도 마음에 안 드는 사람을 모두 내쫓기로 결심한다면 결국 모든 인재를 잃어버릴 것이다. 당신이 그들을 해고해야 하는 이유의 바탕에는 애초에 채용하지 말았어야 할 인재를 채용한 당신의 실수가 있었다는 사실을 기억하라.

우리 회사에는 후탄 사라프Houtan Sarraf라는 비서가 있었다. '후트Hoot'라는 별명으로 불리던 그는 내가 개인적으로 가장 아끼는 직원 중 한 명이었다. 솔직히 그는 일을 잘하는 사람이 아니었다. 냉정하게 평가하자면 역대 비서 중에서 최악의 인재라고도 할 수 있을 정도였다. 덤벙대는 성격 탓에 일을 제대로 마무리하지 못하는 일도 다반사였다. 하지만 후트는 인격적으로 훌륭한 사람이었고, 나는 그와 어울리는 시간을 좋아했다.

하지만 어느 시점이 되자 나도 그의 반복된 실수를 더 이상 참기 어려웠다. 나는 그를 사무실로 호출했다. "후트, 좋은 소식과 나쁜 소식이 있네. 어떤 소식을 먼저 듣고 싶나?" 그는 나쁜 소식을 먼저 말해 달라고 했다. "좋아. 자네는 비서로서 너무 무능력해. 그래서 더는 함께 일하기 어려울 것 같네."

"좋은 소식은 뭔가요?" 그가 물었다.

"나는 자네를 신뢰해. 자네는 친절하고 훌륭한 사람이지. 다만 비서라는 업무가 맞지 않을 뿐이야." 나는 그에게 인생에서 가장 하고 싶은 일이 무엇인지, 다시 말해서 진정으로 되고 싶은 사람이 누구인지에 대해 묻고 진지한 대화를 나눴다. 후트는 파도타기에 적합한 전 세계의 해변을 돌아다니며 서핑을 하고 싶다고 대답했다. 나는 그에게 꿈을 좇으라고 격려했고, 그는 내 조언을 따랐다. 그날부터 10년 동안 후트는 자주 찾던 해변에서 서핑을 가르치며 식당 일을 했고, 돈이 모이면 서핑하기 좋은 파도를 찾아 중국과 뉴질랜드, 호주의 해변을 누볐다. 그가 여행에서 돌아오면 우리는 그의 새로운 모험에 대해 끊임없이 이야기를 나눴다. 그는 내게 남동생 같은 존재이며, 나는 후트가 다시는 비서 자리에 지원하지 않으리라고 믿는다.

패티 맥코드는 이러한 내 철학을 한 문장으로 완벽하게 요약했다. "회사가 A급 인재들로만 구성되길 원한다면, 과거의 성과가 어떻든 간에 더 이상 조직에 기여하지 못하는 직원들을 내보내는 결단을 내려야 합니다."

◉ 효과적인 해고를 위한 6가지 기술

아래 목록에는 내가 겪은 다양한 경험이 압축적으로 담겨 있다. 누군가를 해고한다는 선택에는 법률적인 대응이 따라올 수 있다는 사실을 항상 염두에 두자. 만약 조직에 사내 변호사나 인사부서 등의 인력이 갖춰져 있다면 최종 결정을 내리기 전에 반드시 상의하길 바란다.

1. 배려를 갖춰 통보하라. 직원에게 해고 사실을 전해야 할 순간이 되면 극적인 표현으로 상황을 합리화하려는 충동이 들 수 있다. 하지만 굳이 그의 실책을 비난할 필요는 없다. 그가 당신을 비난할 때도 똑같이 맞받아치려 하지 마라. 직원을 욕하면서 해고한다면 누구도 당

신과 일하고 싶지 않을 것이다. 만약 상대가 당신에게 무례하게 행동한다면 재취업에 도움이 될 추천서를 제공하지 않는 등의 이성적인 대응을 떠올려라.

2. 요점으로 바로 들어가라. 해고 통보를 질질 끌어서는 안 된다. 혹시 상대방이 자신의 해고 사실에 충격받거나 흥분하여 항의한다 해도 그 시간이 길어지지 않게 하라. 회사의 선택을 정당화하거나 그가 잘릴 만한 사람임을 증명하기 위해 구구절절 설명하는 데 시간을 낭비할 필요도 없다. 이런 노력은 의미가 없을뿐더러 결국 서로의 시간과 감정, 에너지를 낭비할 뿐이다.

3. 부드러우면서도 단호한 태도를 보여라. 굳이 '부드러우면서도'라는 사족을 붙인 것은 단호한 태도에 집착하다가 자칫 돌덩이로 변해서 상대방을 때리기라도 하면 안 되기 때문이다. 단호하다는 것은 요점을 빨리 전달하고 흔들리지 않는 것이다. 지금 이 통보는 토론이 아니라 결정이라는 사실을 상기하라. 당신에게 주어진 기회는 끝났어요. 이제 당신도 우리도 자기 갈 길을 가야 해요. 이상입니다.

4. 상대방의 감정을 인정하라. 가령 이런 말로 상대방에게 공감을 전달할 수 있다. "○○ 씨, 지금이 실망스럽고 당혹스러운 순간일 수 있다는 거 알아요. 저도 과거에 해고당한 적이 있는데, 그 어느 때보다도 속상한 경험이었죠. 그런 만큼 지금 당신이 어떤 기분일지, 어떤

생각을 하고 있을지 알고 있다는 말을 전하고 싶어요." 먼저 상대의 말을 경청한 후 당신이 그의 감정을 '받아들인다'는 사실을 전달하는 방식으로 소통해야 한다. "화가 난다는 거 알아요…"에서 출발해야 한다는 얘기다.

5. 출구 전략을 잘 세워라. 반드시 피해야 할 선택 중 하나는 당신이 직접 고용한 직원을 남의 손으로 해고하는 것이다. 이러한 전략은 당신과 함께 일했던 사람을 적으로 돌리는 가장 확실한 방법이다. 만약 당신이 '존'을 채용하지 않았다면 그가 '수'의 밑에서 일할 이유가 있었겠는가? 이런 상황이라면, 존에게 해고 사실을 알리는 자리에는 반드시 당신과 수가 함께 있어야 한다. 그리고 즉결 통보 대신 면담 형태의 '출구'를 택하라. 그를 당장 회사 밖으로 쫓아내는 대신 충분한 정보와 공감을 전달하며 그를 이해시키기 위해 노력하라는 뜻이다. 당신과 얼굴을 맞대지 않고 근무하던 외부 인력이라면 전화로 해고를 통보할 수도 있다. 그러나 같은 사무실에서 일하던 직원이라면 내보내기 전에 직접 면담할 필요가 있다.

6. 그 사람의 강점을 언급하라. 5번에서 언급한 면담에서 활용할 수 있는 기술이다. 강점에 대한 단순한 칭찬을 넘어서 해고된 직원이 다음 직장에서 그 강점을 어떻게 활용할 수 있을지 건설적인 조언을 제공하라. "당신은 ○○ 업무에 능숙하니까, 그 재능을 살려서 △△ 직무에 지원해 보면 좋을 것 같아요." 전 동료가 잘할 수 있는 일을

바탕으로 더 나은 직업을 찾을 수 있도록 도와주는 현명하고 사려 깊은 코치로 변신하라. 이런 식으로 접근하면 회사를 떠난 직원들도 당신의 팬이 될 수 있다.

이 시점에 당신이 1인 기업 이상으로 확장하겠다는 꿈을 꾸고 있길 바란다. 한 사람으로 운영되는 회사가 미칠 수 있는 영향력은 지극히 제한적이다. 혼자서 10억 달러짜리 회사를 세우고, 운영하고, 일하는 사람은 세상에 없다.

신중하게 고용하고 신속하게 내보내라. 시간을 투자해서 적절한 인재를 선별하기 위해 노력하되, 그가 회사에 적합하지 않다는 확신이 들면 그의 무능력 때문에 조직의 사기와 생산성이 무너질 때까지 시간을 끌지 마라.

굳건한 원칙 위에
문화를 창조하라

제
7
장

"리더십이란 리더의 존재로 인해 다른 사람들이 더 나은 결과를 내고
그가 없는 동안에도 효과가 지속되도록 만드는 것이다."

–셰릴 샌드버그, 페이스북 COO 겸 린인재단 설립자

당신이 무신론자든 불가지론자든 기업을 경영한다면 그 과정에 종교
적인 요소들이 포함되어 있을 수밖에 없다. 덮어놓고 반박하기 전에 일
단 내 이야기를 잠깐 들어 보라. 나는 세계의 종교를 연구함으로써 많은
것을 배울 수 있다고 믿는다. 세상에 존재하는 모든 종교의 공통점이
무엇일까? 바로 독실한 신도와 의식을 기반으로 운영된다는 것이다.

사람들이 믿지 않는 사업이 어떻게 성공할 수 있겠는가? 그리고 조직

문화의 바탕이 되는 상징과 강령, 신념을 갖추지 못한 회사가 어떻게 지속될 수 있겠는가?

구글은 확실한 종교다. 애플도 그렇다. 사우스웨스트 항공도 월마트도 마찬가지다. 최고경영자들은 인정하지 않을지도 모르지만, 각 회사는 '계율'에 따라 움직이고, 소셜미디어 등을 통해 믿음을 전도하며, 사업 전략과 문화 규범을 열정적으로 신봉한다.

나 또한 그들과 똑같은 믿음을 바탕으로 회사를 운영하며, 이를 통해 조직에 활력을 불어넣는다. 믿음은 일이 잘되지 않을 때 우리를 지탱해주고 일이 잘 풀릴 때 자부심을 준다. 독실한 신도는 어마어마한 힘을 지니고 있다. 그러니 당신이 어떤 기업가적 모험을 꿈꾸고 있든, 그 과정에는 당신과 당신의 사람들을 공통된 믿음으로 단결시키는 과정이 필요하다.

좋은 사업 아이디어와 능력 있는 직원들을 갖추는 것만으로는 부족하다. 전략과 인재의 중요성을 잘 아는 경영자라면 이 말에 동의하고 싶지 않을지도 모른다. 그러나 단언컨대 조직 구성원들이 일치된 원칙과 가치를 바탕으로 움직이지 않는다면, 아무리 뛰어난 잠재력을 지녔더라도 제대로 발휘되지 않는다. 기존 상품보다 더 나은 신제품을 개발했다 해도, 업계에서 가장 똑똑하고 성실한 인재들을 끌어모았다 해도 마찬가지다. 공유된 가치 없이는 경영자가 만들어 낸 것들을 지속할 수 없다.

당신이 어떤 사람이 되고 싶은지 명확히 아는 것과 당신이 있든 없든 당신의 핵심적인 신념에 따라 조직 전체가 움직이게 만드는 것은 전혀 다른 문제다. 이 장에서는 이러한 목표를 달성할 수 있는 방법론에 대해 살펴보려 한다.

혼전 계약서를 써야 하는 이유

현재의 회사를 세운 지 얼마 되지 않았을 때 지금의 내 아내, 그러니까 당시엔 여자친구와 함께 하와이에 머물고 있었다. 우리는 숙소의 2층으로 올라갔다. 하와이라는 로맨틱한 배경 속에서 우리는 지극히 젊은 연인다운 행동을 했다. 굳이 더 설명이 필요할까? 나는 방문에 '방해 금지' 표지판을 걸면서, 나도 모르게 1980년대 발표된 더시스템The System의 히트곡 〈이 리듬을 방해하지 마Don't Disturb This Groove〉의 가사를 떠올렸다. "문에 표지판을 걸어. 우리의 리듬을 방해하지 말라고 말이야." 문을 잠그고 돌아온 여자친구와 비즈니스를 시작했다. 여기서 '비즈니스를 시작했다'라는 말은 펜과 노트를 집어 들고 이렇게 얘기했다는 뜻이다. "우리가 원하는 삶의 가치와 원칙을 정리해 보자. 몇 개나 나올지 모르겠지만 일단 생각나는 대로 쭉 적어 보는 거야."

우리는 순식간에 43가지 목록을 적어 내려갔고, 상의 끝에 핵심 원칙을 10개로 추려 냈다.

연인과 하와이에 가서 이런 일을 하는 게 이상해 보일 수도 있지만, 내 모든 지인이 잘 알고 있듯 나는 매사에 원칙을 바탕으로 움직인다. 아이를 가지기로 결정했을 때, 이제 아내가 된 제니퍼와 나는 다른 노트를 집어 들고 같은 과정을 거쳤다. 그 결과는 우리 가족이 공유할 수 있는 일치된 문화로 나타났다. 우리는 같은 신념을 추구한다. 확고한 원칙과 함께 매일의 일상에 스며든 명확한 가치들을 공유한다.

⊙ 우리 가족의 신념

- 앞장선다~Lead~: 살면서 마주할 모든 상황에 필요한 자세이기 때문이다.
- 존중한다~Respect~: 누구에게나 배울 점이 있기 때문이다.
- 발전한다~Improve~: 모든 성공의 바탕이 되기 때문이다.
- 사랑한다~Love~: 누구나 인생의 도전과 맞서고 있기 때문이다.

⊙ 타협할 수 없는 우리 가족의 원칙

- 괴롭히지 않고 괴롭힘당하지 않는다.

⊙ 우리 가족의 핵심 가치

- 용기~Courage~: 다른 사람에게 직언하는 것을 두려워하지 않는 것.
- 지혜~Wisdom~: 올바른 결정을 내리는 것.
- 관용~Tolerance~: 우리가 매 순간 변화하는 사람들 사이에서 살아가고 있다는 사실을 아는 것.
- 이해~Understanding~: 모든 사람이 서로 다른 생각과 가치를 지니고 있다는 사실을 받아들이고 존중하는 것.

우리는 이 목록을 되새기고 또 되새긴다. 아이들은 아빠의 반복된 설교에 아마 질려 버렸을 것이다. 우리 회사의 직원들도 항상 같은 원칙을 강조하는 내 모습을 짓궂게 놀리곤 한다. 아직 이런 놀림을 당하고 있지 않다면 당신은 구성원들과 공유해야 할 메시지를 충분히 반복하지 않은 것이다.

내가 가족과 회사 구성원들에게 이렇게까지 집요하게 원칙을 강조하는 이유는 무엇일까? 반복의 힘을 믿기 때문이다. 반복하고 또 반복해서 이 가치와 원칙들을 내 사람들의 혈관에 확실히 새기고 싶기 때문이다.

나는 비즈니스를 제대로 해내지 못하는 기업가들을 수없이 보아 왔다. 업무 시간에 포르노 사이트를 기웃거리거나, 이익을 얻기 위해 비윤리적인 선택을 하거나, 열심히 일하는 것 같지만 변변한 성과를 내지 못하는 사람들 말이다. 이들 중 일부는 자신이 추구하는 가치가 정확히 무엇인지 알지도 못했다. 어떤 이들은 스스로 믿는 가치와 원칙을 알면서도 충분히 반복하지 않은 탓에(혹은 충분히 증명하지 않은 탓에) 그 믿음을 실현하는 데 실패했다.

당신의 신념을 행동으로 증명하라

하루는 여섯 살 난 아들 딜런을 데리고 노드스트롬Nordstrom 백화점에 갔다. 아이는 내 등을 기어오르며 목말을 타려고 했는데, 지나던 여성이 그 모습을 보고 미소를 지으며 말을 걸어왔다. 본인 아이들은 이미 다 컸지만 딱 저만할 때가 기억난다는 그의 말을 듣고, 나는 나보다 연륜 있는 부모들을 만날 때마다 묻는 질문을 던졌다. "아이에게 좋은 영향을 미친다고 생각하는 부모의 행동을 3가지 꼽자면 어떤

게 있을까요?"

먼저 나온 두 대답은 대부분의 부모와 일치했다. 아이들을 늘 사랑하고, 평소에 많은 관심을 기울여야 한다는 것이었다. 그의 입에서 나온 마지막 대답은 '신용'이었다. "아이들에게 말을 듣지 않을 때 벌을 주겠다거나 무언가를 빼앗겠다고 경고했다면, 그 약속을 지켜야 해요. 그러지 않으면 부모의 말은 신용을 잃게 되죠."

사업을 시작한 지 겨우 1년이 지난 2010년, 나는 '불량한' 중개인 몇 명을 고용하는 실수를 저질렀다. 얼마 후 그들이 이익을 위해 아무렇지 않게 비윤리적인 행동을 저질렀다는 사실이 드러났다. 채용을 결정하던 시점의 나는 그들이 어떤 인간인지 알지 못했고, 처음 얼마간은 엄청난 실적을 보며 능력 있는 인재를 잘 뽑았다고 생각하기까지 했다. 중개인 1명이 첫 3개월 사이에 10만 달러 이상을 벌어들인 것이다.

하지만 이내 그들이 비열한 꼼수를 써서 돈을 번다는 이야기가 들려오기 시작했다. 당시는 사업 초창기였고, 자금 사정을 생각하면 상시 근무하는 준법감시인Compliance Officer을 채용할 상황이 아니었다. 그러나 나는 폭발적인 성장을 균형 있게 조정하기 위해서는 공격만큼이나 수비가 중요하다는 사실을 깨달았다. 내가 아무르 누바렌츠Amour Noubarentz를 데려오기로 결정한 이유는 그가 나와 같은 원칙을 공유하는 사람이라는 사실을 알고 있었기 때문이다. 그는 내가 영업 사원으로 일하던 2002년 당시 우리 지점의 관리자였다. 나는 그에게 신입 중개인들의 규정 위반 여부를 감사해 달라고 요청했다. 아무르는 자신에게 감사 역할을 맡기려면 관련된 권한을 완전히 일임하고, 불편한 결과가 나오더라도 받아들여야 한다고 못을 박았다. 그 거물급 직원들이 내가 애써 일치시킨 우리 회사의 문화와 원칙을 저버렸을 가능성이 있다는 뜻이었다. 나는 그에게 전권을 주기로 약속했다.

3개월 후, 그는 우리 회사 최고의 스타 플레이어들이 비윤리적인 수준을 넘어 불법적인 방식으로 수익을 창출했다는 증거를 제출했다. "그들과의 관계를 당장 끝내야 해요." 아무르는 말했다.

하지만 그와 나눴던 대화에도 불구하고 나는 결단을 내리기가 어려웠다. 많은 기업가가 그렇듯 나 또한 생산성 있는 인재들을 중요하게 생각하며, 어쨌든 그 불량 직원들은 미친 듯이 수익을 창출해 내고 있었다. 하지만 아무르는 FBI에 증거 자료를 즉시 제출해 버렸고(내가 인재 관리의 어려움을 이미 얘기했던가?) 내게는 더 이상 선택의 여지가 없었다. 해고는 언제나 어려운 일이다. 게다가 이 경우에는 문제 직원 중 한 명의 아내이자 비즈니스 파트너인 여성이 나를 찾아와 부양해야 할 아이들을 생각해 달라며 눈물로 호소하기까지 했다. 결과적으로 나는 그의 가족들에게 최선을 다해 도움을 주었지만, 일단 그 시점에는 그를 내보낼 수밖에 없었다. 원칙을 어기는 사람과 함께 일하기란 말 그대로 불가능하니까.

이 사건을 겪은 후, 나는 사내 독서 클럽을 운영하기 시작했다. 일단은 전 직원에게 존 헌츠먼Jon Huntsman의 《원칙으로 승부하라Winners Never Cheat》과 켄 블랜차드Ken Blanchard, 노먼 빈센트 필Norman Vincent Peale의 《윤리적 경영의 힘The Power of Ethical Management》을 읽으라고 지시했다. 우리 회사가 비윤리적 영업에 무관용 원칙을 적용한다는 사실을 분명히 전하고 싶었다.

얼마 되지 않아 모두가 책에서 말하는 원칙과 가치의 중요성을 이야기하기 시작했다. 규칙을 너무 엄격하게 적용하는 기업 문화가 맞지 않는다며 퇴사를 택한 사람도 있었다. 나는 경영자로서 원칙을 강조하는 말에 더해 행동으로 신념을 증명해야 했다. 그리고 수백만 달러의 잠재적 이익을 포기하며 최고의 직원들을 단호하게 내보낸 결정은 회사 전체에 나의 원칙과 가치를 보여 주는 확실한 증거였다.

아버지와 달리오의 가르침

━━━━━ 책 이야기가 나와서 말인데, 현존하는 수많은 도서 중에서도 삶에 대한 내 철학과 가장 일치했던 책은 레이 달리오의 《원칙》이었다(그렇다. 나도 이 책을 세 번째 언급하고 있다는 사실을 안다. 중요한 원칙을 반복해서 강조하는 내 성격이 주변 사람들을 어떤 식으로 미치게 만드는지 슬슬 감이 오는가?). 세계 최대의 헤지펀드인 브리지워터 어소시에이츠Bridgewater Associates의 설립자인 달리오는 본인의 개인적, 직업적 삶을 이끌어 주었던 원칙을 공유하기 위해 이 책을 썼다. 나는 우리 회사의 모든 직원에게 의무적으로 이 책을 읽게 했으며, 그 안에 담긴 저자의 철학에 너무 감명받은 나머지 그를 밸류테인먼트의 게스트로 섭외하기까지 했다. 우리는 코네티컷에 있는 브리지워터 어소시에이츠 본사에서 만나 문화와 사업을 바라보는 그의 관점에 대해 폭넓은 대화를 나눴다.

내가 예상했던 대로 어떤 사람들은 《원칙》에 담긴 일부 개념들, 특히 '극단적 투명성Radical Transparency'에 불편하다는 반응을 보였다. 극단적 투명성을 실현하려면 조직 구성원들이 실수하거나 선을 넘었을 때 이를 서로 지적해 준다는 의무를 지켜야 한다. 우리 회사도 기본적으로 이런 원칙을 바탕으로 설립됐지만, 솔직히 모두가 처음부터 편안해하지는 않았다. 그런 와중에 달리오의 책이 내가 정확히 원하던 상황을 이끌어 내 주었다. 《원칙》을 읽은 우리 직원들이 책에 담긴 아이디어와 우리 회사의 문화를 놓고 건설적인(때로는 매우 열띤) 토론을 진행했던 것이다.

최고운영책임자 앨리스는 내게 이렇게 말하기까지 했다. "이건 너무 극단적이에요. 회사 전체를 작은 영업 팀처럼 운영할 수는 없습니다."

나는 존중하는 사람의 말을 귀담아들으려 노력한다. 하지만 우리가 극단적 투명성을 고려하던 시점에 이 원칙의 부당함을 입증하는 증거나 데이터는 전혀 확인되지 않았다. 앨리스의 주장 또한 낯선 문화에 대한 거부감에서 비롯되었을 뿐, 이를 뛰어넘는 명확한 근거를 갖추고 있지 못했다. 물론 나는 그의 관점을 이해했다. 퍼시픽라이프에서 근무했던 22년 동안 그의 머릿속에는 보험 중개인이 취해야 할 행동에 대한 일종의 '기준'이 세워졌을 것이다. 《원칙》에 담긴 주장은 그 기준에서 너무 멀리 벗어난 개념이었다.

하지만 극단적 투명성은 내게 타협할 수 없는 가치였다. 나는 앨리스에게 우리는 남들과 다르길 원한다고 말했다. 나는 모든 부분에서 투명성이 유지되는 상태가 가장 편안했고, 이런 내가 현재의 관행을 참을 수 없는 건 당연했다. 앨리스와 최고재무책임자 이언 베네딕트Ian Benedict를 필두로 전략 회의가 소집되었다. 그들은 직원들의 염려를 확인하고 구체적인 계획을 수립한 뒤 내게 공유했다. 그 결과 우리는 극단적 투명성을 실현하는 동시에 존중과 정직의 균형을 찾아야 한다는 최종 결론을 내렸다.

내가 자라는 동안 아버지는 줄곧 "진실을 두려워하지 말아라"라고 가르치셨다. 나는 그 말을 마음속에 깊이 새겼고, 그 안에 담긴 가치를 우리 회사에 심었다. 다른 회사들을 수없이 연구한 끝에 나는 고통스러울 만큼 솔직하고 올곧은 태도가 얼마나 중요한지 확신할 수 있었다.

투자은행 모건스탠리의 롭 파슨Rob Parson에 대한 사례 연구는 하버드대학교 경영대학원 역사상 가장 유명한 보고서 중 하나일 것이다. 1993년에 취임한 존 맥John Mack 회장은 모건스탠리의 문화를 바꾸고자 했다. 팀워크를 장려하여 교차 판매율을 높이고 시장 범위를 넓히며 지나친 내부 경쟁을 완화하자는 것이 그의 목표였다. 그는 회사의 새로운 비전을 '단단한 하나의 회사One-Firm Firm'라는 슬로건으로 요약했다. 구성원들의 인사고과는 상급자와 동료, 부하 직원의 평가를 모두 반영하여 다면적으로 매겨질 예정이었다.

파슨은 성과를 향해 거칠게 내달리는 전형적인 야생마 스타일 인재였다. 그는 모건스탠리의 사업 부문 점유율을 단기간에 2퍼센트에서 12.5퍼센트까지 확장했고, 업계에서 회사의 입지를 10위에서 2위로 끌어올렸다. 그러나 심하게 예민하고 거만한 그의 성격은 팀워크를 해쳤다. 이는 새 비전 아래 변화를 준비 중인 조직 입장에서 심각하게 받아들여야 할 문제였다.

이 사례 연구를 읽은 사람들 대부분은 당연히 파슨을 곧바로 해고해야 한다고 생각했다. 모건스탠리가 조직 문화에 대한 진정성을 증명하려면 다른 무엇보다 팀워크를 우선시해야 했고, 파슨은 그 뛰어난 성과에도 불구하고 조직의 새로운 비전에 어긋나는 인재였기 때문이다.

하지만 나는 이 문제를 조금 다른 각도에서 보았다. 내 눈에 들어온 것은 직접적인 소통을 두려워하는 관리자의 모습이었다. 보고서에 따르면, 파슨의 상사는 거만한 부하 직원에게 변화의 필요성을 언급하며 그가 보여야 할 태도에 대한 힌트를 '암시'했다고 한다. 이 관리자는 파슨의 잘못이 무엇인지, 그가 자리를 유지하기 위해 무엇을 어떻게 바꿔야 하는지 직접적이고 구체적으로 전달해야 했다. 모건스탠리의 진짜 문제는 조직 문화가 아니라 직접적인 의사소통에 서툰 고위급 관리자들의 능력 부족이었다.

관리직에 앉은 사람들은 종종 상황을 솔직하게 설명하길 두려워한다. 물론 스타 플레이어의 감정을 상하게 할까 불안한 마음은 충분히 이해할 수 있다. 하지만 그 부작용은 심각하다. 파슨은 극단적 투명성에 따른 직접적 피드백을 받지 못한 채 계속해서 동료들에게 견디기 힘든 태도를 보였다.

내가 봤을 때 모건스탠리에서 취할 수 있었던 가장 현명한 선택은 파슨이 아니라 그를 관리했던 상사를 해고하는 것이었다.

⊙ **나의 비즈니스 원칙**
- 타협 불가능한 기준은 절대 타협하지 않는다.
- 신뢰를 쌓기 위해 상대의 사소한 부분까지 챙긴다.

- 지금까지와 똑같은 노력으로는 다음 단계로 나아갈 수 없다.
- 100퍼센트 고용 안정성을 갖춘 회사는 없다. 설립자와 최고경영자도 예외는 아니다.
- 솔직한 피드백을 장려함으로써 긍정적인 긴장을 유도한다.
- 과거에 세운 최고 기록을 뛰어넘기 위해 노력한다.
- 회삿돈을 내 돈처럼 신중하게 쓴다.
- 가능한 한 열린 마음으로 소통하되 쉽게 현혹되지 않는다.
- 기준이나 기대치를 낮추라는 유혹에 흔들리지 않는다.
- 직원들이 경제적으로도 업무적으로도 충분한 능력을 갖출 수 있도록 환경을 조성한다.

이렇게 지켜야 할 원칙들 외에도 나는 내가 불편하게 느끼는 사항들을 직원들에게 솔직히 공유한다. 거만하고, 부정적이고, 비관적이고, 불평불만을 일삼고, 입을 가볍게 놀리고, 건강을 소홀히 하고, 남의 험담을 하고, 잘못된 조언에 휩쓸리는 태도 등이 여기에 속할 것이다.

일관되지 않다면 그것은 규칙이 아니다

비즈니스를 성공적으로 운영하려면 회사 차원의 규칙을 제대로 설정해야 한다. 우리는 다른 기업들과 대규모 네트워크를 형성해야 한다는 말을 흔하게 듣지만, 그런 와중에 실제로 가장 중요한 네트워크가 조직 내부에 있다는 사실을 잊어버리곤 한다. 조직에는 규율이 필요하다. 다시 말해서 구성원들이 절대 넘어서는 안 될 선을 확실히 알고 있어야 한다. 어떤 회사는 동료의 업무 영역을 침해하지 않는다는 규칙을 마련할 수 있다. 또 다른 조직에는 업무 지시를 하는 상사에게 무례한 태도를 보여서는 안 된다는 규범이 존재할 수 있다. 우리 회사와 레이 달리오의 브리지워터 어소시에이츠에서는 누군가 조직의 핵심 원칙을 위반했다고 판단될 경우 무조건 호출해서 사실 확인을 할 수 있도록 되어 있다. 호출당한 구성원의 경력이나 직급이 호출한 직원보다 훨씬 높다고 해도 상관없다.

내가 만 25세에 처음으로 관리했던 영업 사무실에서는 모두가 밤늦게까지 치열하게 일했다. 그 영업 회사의 분위기는 누구나 으레 상상할 수 있듯 열정과 에너지가 넘쳐 났다. 일은 꽤 잘 돌아갔다. 딱 한 가지, 우리 조직에 일치된 규칙이 없었다는 사실만 빼면. 만약 당신이 친구의 가족이나 그의 직속 부하 직원, 혹은 밀접한 관계에 있는 누군가와 데이트를 하려면 먼저 그에게 언질을 주는 게 예의다. 물론 "이봐, 내가 오늘 밤 네 여동생과 잘 예정이야"라고 얘기해서는 안 되겠지만, 어쨌든 상대에게 의미 있는 사람과 데이트를 하려면 최소한 허락을 구하는 제스처를 취해야 한다. 이러한 사회적 규범을 지킴으로써, 우리는 인생의 적을 만들거나 직장 분위기를 해치는 긴장감을 조성하지 않고 데이트를 즐길 수 있다.

나는 열정이 넘치고 추진력이 폭발하는 사람이다. 솔직히 내가 천사라고 말하기는 어렵다. 열여덟 살부터 스물다섯 살까지는 파티에 빠져 살았지만, 그때조차 반드시 지킨 규칙이 있다. 사생활은 사적인 영역에 한정시키고, 절대 일에 부정적인 영향을 미치도록 하지 말자. 나는 완벽한 사람은 아니었지만, 최소한 그 규칙을 지키기 위해 최선을 다했다.

사업의 초기 단계에 우리 회사가 직면했던 가장 큰 도전은 주말마다 열리는 팀원들의 파티와 점점 통제를 벗어나는 인적자원 관리 문제였다. 그로부터 15년이 지난 지금, 나는 한 회사의 설립자 겸 최고경영자로서 조직의 규범을 더욱더 깊이 있고 기술적으로 설계하는 방법을 배웠다. 내 수입에 의존하는 자녀와 배우자가 있는 상황에서 투명성의 가치는 더욱 커진다.

조직에 문화를 정착시키고 싶다면 구성원들에게 당신이 무엇을 추구하는지 명확히 보여 줘야 한다. 기준이 되는 원칙과 이를 바탕으로 설계된 규칙을 분명히 제시하고, 이를 위반할 경우 어떤 결과가 초래될 것인지 모든 사람이 한 점 모호함 없이 이해할 수 있게 하라.

인력과 기술의 대체 플랜

조직 문화를 만드는 이유 중 하나는 구성원들에게 동기를 부여할 수 있기 때문이다. 좋은 문화는 회사의 빠른 성장에도 도움이 된다.

당신이 운영하는 비즈니스가 당신이라는 사람에게 의존을 덜 할수록 비즈니스 자체의 가치가 높아진다. 반대로 비즈니스가 당신에게 크게 의존할수록 그 가치는 낮아진다. 만일 비즈니스가 경영자의 개인적인 성격에 전적으로 의존한다면 탈출구 없는 함정에 빠진 것이다.

마이크로소프트는 좀처럼 신문 머리기사에 오르지 않는 회사다. 2019년

9월을 기준으로 시가총액이 1조 달러를 넘는 유일한 상장 기업이었는데도 그렇다(물론 그사이 애플과 아마존, 구글 또한 여러 차례 시총 1조 달러 선을 넘나들었다). 내가 무슨 말을 하려는지 감이 잡히는가? 만약 지금 이 시점에 '사내기업가 육성'이나 '지분 공유' 같은 키워드가 떠오르지 않는다면, 지금까지 이 책을 제대로 읽지 않은 것이다. 회사가 1조 달러 규모로 성장하기 13년 전인 2006년 6월 15일, 빌 게이츠가 자선 사업에 집중하기 위해 최고경영자 자리에서 물러나겠다고 선언했던 사건을 떠올려 보라.

그 시점에 마이크로소프트의 주식은 주당 23달러에 거래되었으며 시가총액은 약 1760억 달러였다. 다시 말해서 회사의 가치가 '1조 달러 이상'으로 불어난 것은 설립자가 회사를 떠난 이후였다! 이런데도 기업이 전설적인 리더를 뛰어넘는 조직 문화를 만들 수 없다고 생각하는가? 2019년 12월 31일 미국 주간지 《배런스_Barrons》에서 강조했듯이, 새로운 최고경영자 사티아 나델라_Satya Narayana Nadella가 취임한 2014년 2월 4일 이후 마이크로소프트의 평가액은 총 9억 3000만 달러 증가했다. 스티브 잡스의 뒤를 이어 팀 쿡이 애플의 최고경영자 자리에 오른 후 이 회사의 가치는 1조 달러 이상 불어났다.

현직 경영자가 물러났을 때에 대비한 계획이란 바로 이런 것을 말한다. 간단하지 않은가? 하지만 수많은 기업가가 계승 계획을 미리 세워 두지 않는다. 그들 중 적지 않은 수가 아무도 자신을 대체할 수 없다는 오만한 확신을 품는다. 너무나 자기중심적인 나머지 본인 이외에 누군가가 회사를 경영한다는 생각조차 못 하는 것이다. 하지만 이러한 사고방식은 비즈니스의 통제와 확장을 심각하게 방해할 수 있다(참고로, 이 장에 소개된 기업 가치 평가액을 볼 때는 날짜를 주의 깊게 확인해야 한다. 상장 기업의 가치 평가는 끊임없이 변한다).

경영자가 빠지기 쉬운 두 번째 함정은 조직의 핵심 경영진이 절대 떠나지 않으리라는 생각, 혹은 누군가 떠난다 해도 그 자리를 쉽게 채울 수 있으리라는 믿음이다. 둘 다 완전한 착각이다. 경영자가 내릴 수 있는 가장 이상적인 선택은 현재 직원들에게 잠재적인 인수인계 훈련을 미리 시켜 두는 것이다. 그러지 못하더라도 최소한 회사 내외부에 적절한 대체 인력 후보군을 직접 선정해 두어야 한다.

조직의 모든 핵심 인재에 관해서 대체 계획이 적절히 세워져 있다면, 예상치 못한 공백이 생기더라도 한 박자도 놓치지 않고 업무를 이어갈 수 있다. 아래 소개된 몇 수를 미리 계획한다면 밤에 두 다리를 뻗고 편히 잠들 수 있을 것이다.

◉ 효과적인 인력 대체와 기술 전달을 위한 6가지 전략

1. 기술과 업무를 목록으로 정리하라. 당신이 지닌 모든 기술과 처리해야 할 모든 업무를 목록으로 만들고 그중에서 가장 잘하는 일과 못하는 일을 따로 분류하라. 강점을 발휘할 수 있는 분야에 집중하되 그렇지 못한 일들은 다른 인재에게 넘길 준비를 하라.

2. 장기적 인재와 단기적 인재를 구별하라. 모든 사람이 영원히 당신 곁에 머무를 것이라고 장담할 수 없다. 누가 6개월 후에 헤어질 인재

인지, 누가 6년 이상 함께할 인재인지 확인해야 한다. 이러한 분류 작업을 미리 해 둔다면 인력을 교체해야 할 시점이 왔을 때 당황하지 않을 수 있다.

3. 영업 부문, 지원 부문, 기술 부문, 최고 경영진에서 사용하는 다양한 언어를 숙지하라. 영업 부문의 리더들은 직접적으로 수익을 창출하고 사업을 확장하는 역할을 한다. 그 밑에 있는 직원들은 윗선의 결정을 수행하고 보조하기 위해 고용된다. 경영자라면 이러한 차이를 분명히 알고 있어야 한다. 최고 경영진은 조직 구성원들이 자율적이고 존중받는 환경에서 일한다는 느낌을 받도록 동기를 부여하는 언어를 구사해야 한다.

4. 기업 문화를 유지할 수 있는 인재를 확인하라. 당신이 떠난 후에도 비즈니스가 계속 성장할 수 있으려면 당신이 확립한 문화에 잘 맞는 인재에게 자리를 물려주어야 한다.

5. 회사의 업무 절차와 관행을 숙지하라. 펜과 종이를 준비해서 각 부서의 업무 절차를 명료하게 정리하라. 이 과정을 통해 매뉴얼이 갖춰지면 대체 인력의 역할이나 직급과 관계없이 기술을 쉽고 빠르게 전달할 수 있다.

6. 기업 문화를 확산시킬 수 있는 리더들을 육성하라. 조직을 이끌 미

래의 리더들과 일대일 대화를 나누며 그들이 실제 경영진의 자리에 오르기 전에 회사의 문화와 걸맞은 사고방식을 주입시켜라. 경영자가 미래 리더십을 계발하는 모습을 보이면 그 자체로 회사의 가치가 올라간다.

기업가는 조직의 일부를 끊임없이 누군가로 대체해야 한다. 사업의 초창기에는 모든 서류 작업을 혼자 해내야 하지만, 회사가 어느 정도 궤도에 오르면 추가 인력을 고용해서 업무의 일부를 넘겨줄 수 있다. 혼자의 힘으로 처리하던 금융 업무를 이제는 최고재무책임자가 대신해 준다. 이 과정에서 경영자는 점차 비즈니스의 가장 핵심적인 업무에만 집중할 수 있게 된다.

17억 6000만 달러의 순자산을 보유한 만 38세의 미디어넷Media.net 창업자 디비양크 투라키아Divyank Turakhia는 이렇게 말했다. "당신의 일을 대체할 수 있는 인재에 대해 끊임없이 생각하세요. 당신의 시간이야말로 비즈니스 전체에서 가장 중요한 자산입니다. 당신이 열정을 가진 분야를 확인하고 그 하나의 일에 매달린다면 해당 분야에서 성공을 거둘 수 있을 뿐 아니라 시간이 갈수록 더 많은 배움을 얻게 될 겁니다."

사람들 간의 마찰을 이용하는 법

사람들은 흔히 모든 구성원이 손에 손을 맞잡고 화합을 이루며 아무도 다투거나 화내지 않는 환경이야말로 최고의 기업 문화라는 착각을 한다.

우리의 개인적인 관계를 돌아보자. 세상에 한 번도 다투지 않는 부부가 있다고 생각하는가? 모든 부부는 때때로 치열한 싸움을 벌이기 마련이다. 만약 어떤 부부 사이에 말다툼이 전혀 없다면 최소한 둘 중 한 사람은 가정 밖에서 옥신각신할 누군가를 찾아낸 것이다.

인생의 모든 부분에는 마찰이 필요하다. 마찰은 창의력을 키우고 성장 욕구와 학습 욕구를 자극하는 건강한 도구다.

이런 이유로 나는 조직에 마찰이 전혀 보이지 않을 때 오히려 충돌을 유도하며, 당신에게도 같은 전략을 추천한다. 아직 나만의 사업을 운영하기 전, 한 회사에서 영업 관리직으로 일하던 나는 부서 내에 '직접 호출' 제도를 시행했다. 팀원들을 불러 모은 뒤 이렇게 선언한 것이다. "여러분은 때때로 저를 찾아와서 누구 때문에 힘들다는 둥, 누구의 행동이 마음에 들지 않는다는 둥, 누가 말을 심하게 한다며 하소연을 하죠. 더 이상 그럴 필요가 없습니다. 우리 회사에는 명백한 원칙과 가치가 있어요. 이를 바탕으로 마련된 규칙도 있죠. 만약 누군가 이 원칙과 가치를 어긴다면 직접 불러서 문제를 제기하세요. 나를 찾지 말고 직접 호출하라는 의미입니다. 제가 관리자로서 여러분 모두에게 그럴 권한을 드리겠습니다. 상급자라도 상관없어요. 경력이나 직급은 원칙과 가치에 아무런 영향을 미치지 않으니까요."

그날 이후 어떤 일이 벌어졌는지 아는가? 팀원들 사이에 마찰이 증가했으며 이와 동시에 실적이 즉각적으로 개선되기 시작했다. 내 선언이 유발한 또 다른 효과는 팀 전반에 긍정적인 긴장이 형성되었다는 것이다. 우리는 스스로 최선을 다하며 서로에게 더 나은 역량을 발휘하라는 건강한 압박을 주었다. 모든 팀원이 서로에게 책임을 부여했다.

그들이 동료를 향해 앙심을 품거나 잔인하게 굴거나 험담을 했다는 의미가 아니다. 실제로 이런 일들은 전혀 일어나지 않았다. 우리가 추구한 마찰은 상대를 상처 입히는 공격이 아니라 사랑하는 가족들 사이에 벌어지는 애정 어린 논쟁에 가까웠다. 때로 자녀들이 부모의 잘못된 결정을 지적할 수 있는 것처럼, 회사에서도 부하 직원이 상사의 결점을 지적할 수 있어야 마땅했다.

'엄격한 사랑'이라는 표현의 핵심은 '사랑'이다. 건강한 마찰을 빚으려면 양쪽 모두가 그런 대화의 불편함을 극복할 수 있을 만큼 상대를 사랑하고 있어야 한다.

이러한 목표를 이루는 데 필요한 기술과 자신감을 전해 줄 수 있는 두 권의 책이 있다. 하나는 패트릭 렌시오니Patrick Lencioni의 저서 《탁월한 조직이 빠지기 쉬운 5가지 함정The Five Dysfunctions of a Team》이고, 나머지 하나는 더글러스 스톤Douglas Stone과 브루스 패튼Bruce Patton, 실라 힌Sheila Heen이 공동 집필한 《우주인들이 인간관계로 스트레스받을 때 우주정거장에서 가장 많이 읽은 대화책》이다. 전자는 사내 정치가 어떻게 팀을 실패로 이끄는지 보여 주고, 후자는 갈등을 처리하는 방법, 이에 더해서 팀원들 사이의 논쟁이나 어려운 주제에 관한 대화를 이끌어 가는 구체적인 전략을 제시한다.

엄격한 사랑의 생생한 사례를 확인하고 싶다면 〈조 로건, 브랜든 샤웁을 때려눕히다_{Joe Rogan Breaks Down Brendan Schaub}〉라는 제목의 유튜브 영상을 추천한다. 영상 속에서 UFC 최고의 파이터인 샤웁은 자신의 절친한 친구이자 UFC 해설 위원이기도 한 로건 앞에서 최근의 경기를 평했다. 두 격투기 전문가가 격투의 기본에 대해 주거니 받거니 얘기를 나누던 와중에 로건이 이렇게 말했다. "최근 경기에서는 개선해야 할 부분이 많이 보이던데요⋯. 자세가 너무 뻣뻣했어요. 유연하지 못했다고 할까? 준비를 제대로 하지 않았다는 느낌이 강하게 들었어요⋯. 그날 당신의 움직임은 숙련된 프로처럼 보이지 않았어요."

대화 자체에서 확인할 수 있듯, 이 시점까지는 로건의 코멘트에 개인적인 감정이 전혀 들어 있지 않았다. 그의 평가는 온전히 격투기 기술과 자세에 집중되어 있었다. 하지만 바로 다음에 이어진 말은 샤웁을 발끈하게 했다. "격투기에 진지하게 임하고 있는 건지 모르겠네요. 이런 식으로라면 미래가 걱정되는데요."

"진심이에요?" 샤웁이 끼어들어 상대의 말을 끊으려 했다.

그러나 로건은 계속해서 샤웁의 입지가 위태롭다는 평가를 이어 갔다.

"저는 그렇게 생각하지 않는데요." 샤웁이 대답했다.

"당신의 실력과 기술을 현실적으로 평가한 거예요. 지금 잘나가는 프로 선수들을 이길 수 있으리라는 확신이 들지 않거든요."

로건은 친구를 향해 물었다. "케인 벨라스케즈_{Cain Velasquez}와 시합을 한다면 얼마나 잘 싸울 수 있을 것 같나요?"

"사람들이 깜짝 놀랄 만한 격투를 선보이겠죠."

"사람들이 아니라 당신이 놀라게 될 것 같은데요. 진심으로 그렇게 생각해요. 제가 볼 때는 벨라스케즈가 당신을 박살 내 버릴 것 같거든요⋯. 일류의 영역에 들어가고 싶다면 장벽을 뛰어넘어야 해요. 그런데 지금의 당신이 그 목표를 이룰 수 있을지 모르겠군요. 이게 바로 삶의 냉정한 현실이죠."

평가가 거칠었던 만큼 로건의 마음속에 말과는 다른 진심이 숨어 있을지도 모른다는 생각이 들었다. 절친한 친구의 눈을 똑바로 쳐다보며 냉혹한 진실을 전한다는 건 절대 쉽지 않은 일이다. 계속 이어진 대화의 끝에 로건은 말했다. "나는 다른 어떤 선수들보다 당신을 걱정해요⋯. 이건 진심을 담아서 드리는 피드백입니다. 100퍼센트 애정 어린 진심이요. 당신의 기분을 상하게 하려고 한 얘기가 아니에요. 당신에게 상처를 준다는 건 세상 무엇보다 괴로운 일이에요. 만약 당신을 진심으로 아끼지 않았다면 절대로 이런 말을 하지 않았을 거예요. 아예 이런 생각조차 하지 않았겠죠."

이런 대화는 쉽지 않다. 극단적 투명성이 쉽게 이뤄진다고 말하는 사람은 아무도 없다. 직설적인 대화는 누구에게나 힘든 일이다. 하지만 진실을 숨겨서 얻을 수 있는 결과가 무엇이겠는가? 사랑하는 사람이 결점을 고치기 위해 아무런 노력도 하지 않고 무너져 가는 모습을 지켜보는 것이다. 로건의 경우 자신의 친구가 행여 끔찍한 부상이라도 당할까 전전긍긍하며 경기를 지켜봐야 했을 것이다. 상황이 심각해질수록 죄책감은 더욱 커진다.

브랜든 샤웁이 이 평가를 어떻게 받아들였는지는 알 수 없다. 하지만 그의 표정을 보건대, 공개적으로 그런 비판을 받느니 차라리 마취 없이 생니를 뽑는 길을 택했을 것이다. 그러나 앞서 강조했듯이, 인생에는 쉬운 선택과 효과적인 선택이 있다. 로건은 후자를 택했고, 샤웁이 그 조언을 어떻게 활용할지는 그의 통제 밖에 있는 일이다.

사업에서든 인생에서든 솔직한 마음을 털어놓는 데는 용기와 기술이 모두 필요하다. 당신은 이러한 삶을 살 의향이 있는가? 로건과 샤웁 같은 친구 관계가 아니라도 직장 내에서 이런 결단을 발휘할 수 있겠는가? 혹시 회사의 스타 플레이어가 동료들에게 형편없는 평가를 받고 있다는 걸 알면서도(롭 파슨의 경우를 떠올려 보라) 그가 당신의 텔레파시를 받아 주길 바라면서 입을 꾹 다물고 있지는 않은가?

갈등 없는 사랑을 원한다면 반려견을 키우길 바란다. 나 또한 이렇게 조건 없는 애정을 쏟기 위해 사랑스러운 시츄 두 마리, 짐보와 쿠치를 입양해서 기르고 있다. 하지만 당신의 목표가 효과적인 원칙 기반의 조직 문화를 만드는 것이라면 마찰을 포용하는 태도를 넘어서 충돌을 일으키는 방법까지도 배워야 한다.

뒷담화로 인재를 키워라

당신은 아마도 부모님께 이런 이야기를 들으며 자랐을 것이다. "뒤에서 친구를 험담하면 안 된다." 훌륭한 가르침이다. 험담은 좋은 습관이 아니다. 하지만 성과를 내고 싶다면 때때로 '뒷담화' 전술을 이용해 원하는 결과를 거둘 수 있다.

데일 카네기는 《인간관계론》에서 상대방에게 긍정적인 평판을 심어 주는 방법을 전수한다. 어떤 이들은 이러한 과정을 '정체성 구축'이라고 부른다. 만약 당신이 누군가의 능력이나 성격을 계속 칭찬한다면 상대는 좋은 평가를 받은 부분을 더욱 자주 드러낼 것이다. 반복된 칭찬은 반복된 행동으로 이어지고 결국 그의 성격으로 자리 잡게 된다.

개럿이라는 직원이 있다고 해 보자. 나는 다른 직원인 로이스에게 개럿이 업무 지시를 잘 따르고, 일을 꼼꼼히 처리하며, 맡은 일을 항상 책임감 있게 해낸다고 말한다. 로이스는 분명 내게 들은 평가를 누군가에게 전할 것이고, 칭찬은 돌고 돌아 결국 개럿 본인의 귀에까지 들어간다.

개럿은 내가 로이스에게 한 말을 듣고 기쁨에 들뜰 것이다. 나는 이러한 과정도 일종의 긍정적 마찰이라고 생각한다. 뛰어난 인재를 직접 칭찬해 줘도 좋지만, 긍정적인 피드백이 타인의 입을 통해 전달되면 훨씬 큰 무게가 실린다. 이제 개럿은 내가 자신의 능력을 인정한다는 사실을 알게 되었고, 나와 회사에 더 강한 연대감을 느낄 것이다. 그 결과 더 큰 자신감과 의욕을 갖고 지금보다 더 나은 인재로 성장해 나갈 것이다.

이 사례를 당신의 회사에 대입하여 생각하라. 혹시 재능은 있지만 자신감이 부족하거나 지나치게 저돌적인 인재가 떠오르는가? 지금껏 그를 노련한 협상가로 탈바꿈시키기 위해 나름대로 애썼지만 실패한 경험이 있는가? 만약 다른 직원에게 이 사람을 칭찬한다면 어떻게 할 것인가? 다시 말해서, 어떤 강점을 강조하며 어떤 식으로 얘기할 것인가? 이러한 칭찬을 간접적으로 전달한 뒤 며칠 동안 추이를 지켜보라. 당신은 지금껏 그에게 효과적이고 지속적으로 동기를 부여하는 방법과 그것을 전달할 적절한 시기를 알아내기 위해 노력해 왔으며, 이제는 그 정답을 알고 있다.

직원들을 등 뒤에서 칭찬하는 습관을 들여라. 어쩌다 한 번으로는 충분하지 않다. 조직에 긍정적인 긴장과 창의적인 문제 해결 능력을 불어넣는 건강한 마찰을 일으키고 싶다면 경영자가 발 벗고 나서야 한다. 마찰이 저절로 생기길 바라서는 안 된다. 직원들에 대해 좋은 말을 퍼뜨리는 문화를 적극적으로 만들어 나가야 한다.

우리는 기업 문화를 종교에 비교하며 이 장의 문을 열었다. 훌륭한 아이디어와 재능 있는 인재만으로는 충분하지 않다. 가정을 꾸릴 때와 마찬가지로 조직 운영도 사랑만으로는 해결되지 않는다. 우리에게 필요한 것은 원칙이다. 당신의 원칙을 기록하고, 자주 반복하고, 실천을 통해 본보기를 보여라.

나는 당신이 마이크로소프트의 사례를 통해 확고한 기업 문화가 필요한 '1조 달러어치' 이유를 알게 되었길 바란다. 문화야말로 성장의 열쇠이자 경영자 개인에 대한 비즈니스 의존도를 낮추는 핵심 요소다. 만약 당신의 목표가 모두에게 사랑받는 것이라면 방향을 한참 잘못 잡은 것이다. 당신에게 필요한 건 불편한 대화를 기꺼이 나눌 용기다. 자신의 원칙을 분명히 믿는다면 극단적 투명성을 실현하는 데 필요한 자신감을 얻을 수 있다. 그 결과는 믿을 수 없을 만큼 성공적일 것이다.

속도를 만들어 내는 신뢰의 힘

제 8 장

"팀 선수들이 서로를 잘 알수록, 서로의 생각을 잘 이해할수록,
필드에서 서로에 대한 신뢰와 자신감을 쌓는 속도가 빨라진다."

－톰 브래디Tom Brady, 탬파베이 버커니어스 쿼터백

　내 비즈니스는 미래를 예측하는 일이다. 나는 생명보험 업계에 종사하고 있으며, 내가 이 일을 택한 이유는 인간이 죽는 존재여서가 아니라 누군가가 세상을 떠났을 때 그런 비극을 예상하지 못한 가족들이 받을 고통을 덜어 주기 위해서다. 생명보험 계약은 기본적으로 예측을 바탕으로 이뤄진다. 수많은 손해와 실패를 맛본 끝에 나는 알 수 없는 미래로부터 우리를 보호하기 위해 확률을 계산하고, 계약을 문서화하며

다양한 안전장치를 마련해야 한다는 사실을 배웠다.

나는 인간의 본성을 비관적으로 바라보지 않는다. 하지만 계약의 세부 사항을 결정할 때는 굉장히 현실적인 태도를 취한다. 소프트웨어 업계의 괴짜로 알려진 존 맥아피John McAfee는 자신에게 비밀 정보를 맡기면 망설임 없이 폭로할 것이라고 선언했다. 고문 앞에서는 어머니도 포기할 수 있다면서 말이다. 모든 사람이 이렇게까지 입이 가볍지는 않겠지만, 기업가라면 특히 비즈니스에 타격을 주거나 심지어 회사를 무너뜨릴 수 있는 정보를 공유할 때 그 상대가 누구든 극도로 신중한 태도를 보일 필요가 있다.

신뢰는 1차원이 아니라 다차원으로 이루어져 있다. 영업은 믿고 맡길 수 있지만 인재 관리 면에서는 의심스러운 사람이 있다. 기존에 수립된 계획은 기꺼이 공유할 수 있지만 미래의 전략까지는 알리기 조심스러운 사람도 있다. 신뢰는 굉장히 미묘한 속성을 지녔다. 어떤 의미에서 나는 업계의 적들을 신뢰한다. 그들이 나를 사업에서 몰아내기 위해 악의적인 이야기를 퍼뜨리라는 사실만큼은 믿어 의심치 않는다.

신뢰는 비즈니스의 속도에 커다란 영향을 미치는 요소다. 왜 속도가 그렇게 중요한 걸까? 이 질문에 대한 답은 다소 뻔하다. 속도야말로 비즈니스의 전부이기 때문이다. 상품이든 서비스든, 판매의 대상이 될 무언가를 만들고 배송하고 매출액을 입금 받는 모든 과정에는 속도가 필요하다. 시간은 돈이다. 작업을 얼마나 빨리 진행할 수 있는지가 비즈니스 전체에 영향을 미친다.

보잉747 여객기가 이륙하기 위해서는 최소 160노트(시속 약 300킬로미티)의 속도가 필요하다. 비행기가 날아오르기 위해 일정한 속도에 도달해야 하는 것처럼, 기업가 또한 사업을 궤도에 올리기 위해 속도를 올려야 한다. 만약 비행기가 추진력을 얻지 못하고 느린 속도에 머문다면 결국 추락하고 말 것이다. 비행에 필요한 것은 속도와 연료, 그리고 조직을 목적지까지 무사히 안내할 조종사다. 비즈니스에 같은 원리를 적용하면 다음과 같은 공식을 얻을 수 있다.

> 속도 = 추진력
> 연료 = 자금/자본
> 조종사 = 설립자, 기업가, 경영자

속도의 중요성을 이해한다면 신뢰가 속도에 미치는 결정적인 영향 또한 알게 될 것이다. 식당에서 주문할 때마다 길고 긴 신원 보증 양식을 작성해야 한다고 생각해 보라. 편의점에서 슬리퍼를 사기 전에 얼굴 사진을 찍고 지문까지 채취해야 한다고 생각해 보라. 솔직히 기름을 넣을 때 주유소에서 창문을 내리고 점원과 소통하는 과정조차 너무도 귀찮지 않은가. 이것이 바로 우리가 신뢰 관계를 발전시켜야 하는 이유다. 신뢰가 쌓이면 비즈니스에 수반되는 모든 과정이 더욱 빨라진다.

사랑해도 계약서는 필요하다

나는 많은 커플의 결혼을 지켜봤다. 처음에는 모든 것이 아름답다. 연인은 서로를 영원히 사랑하겠다고 모두의 앞에서 당당히 맹세한다. 이 시점에는 언젠가 그들이 상대에게 진저리를 치며 이혼을 결심하게 되리라고 상상하기 어렵다.

하지만 부부가 이혼 전문 변호사와 접촉하는 순간부터는 원래 나빴던 상황이 걷잡을 수 없이 악화된다. 최소한 분노와 스트레스, 낭비된 돈의 측면에서 그렇다. 변호사들은 종종 수임료를 올리기 위해 상황을 과장하며 상대방을 비방한다. 법정 싸움이 진흙탕으로 치달을수록 그들의 주머니는 더욱 두둑해진다. 결국 부부 모두 감정적으로나 경제적으로나 파탄에 이르고 만다.

하지만 꼭 이런 길을 걸을 필요는 없다. 결혼하기 전에 예비 배우자에게 이렇게 말하는 것이다. "당신을 사랑해. 하지만 지금으로부터 5년, 10년, 15년 후에는 우리가 어떻게 변해 있을지 몰라. 최악의 상황에서도 최선의 결과를 얻을 수 있도록 미리 계획을 세워 두자. 우리에게 최악의 결론인 이혼이 닥쳤을 때 재산과 아이들을 비롯한 모든 문제를 어떻게 처리할지 지금 정해 두는 거야." 요약하자면, 다섯 수 앞을 내다보자는 뜻이다.

지금은 내 아내가 된 여성과 몇 번 데이트를 한 후, 우리는 산타모니카 3번가 산책로에 있는 서점으로 가서 《이 사람과 결혼해도 될까?101 Questions to Ask Before You Get Engaged》라는 책을 샀다. 이 책에는 다음과 같은 질문이 담겨 있었다. '아이를 몇 명이나 낳고 싶은가?' 나는 다섯이라고 답했고, 아내는 셋이라고 했다. 결국 우리는 아이 셋을 낳게 되었고, 지금 내게는 '3'이라는 숫자가 완벽하게 느껴진다. 우리는 자녀 문제를 비롯해 우리가 결혼했을 때 마주할 다양한 상황에 대해 합의를 보았다. 내가 양보한 부분도 있었고, 아내가 타협한 부분도 있었다.

우리는 결혼의 모든 핵심 쟁점에 대해 소통과 합의를 결혼 전에 마쳤다. 혼전 계약은 이혼 협의뿐 아니라 결혼 생활에도 좋은 영향을 미친다. 중요한 문제를 미리 함께 논의함으로써, 우리는 장기적인 관계에서 발생할 어려운 상황들을 앞서 탐색할 수 있었다.

어떤 기업가들은 자랑스럽게 말한다. "계약서는 필요 없어요. 악수한 번이면 충분합니다. 제 말이 곧 보증이지요." 좋은 얘기다. 그와 상대방이 똑같이 정직하고 솔직한 사람들이라면 아무런 문제도 없을 것이다. 하지만 안타깝게도 세상은 그렇게 이상적으로만 돌아가지 않는다.

낭만주의자들은 계약서가 관계를 실패로 이끈다고 주장하곤 한다. 그러나 현실주의자들은 정확한 계약이야말로 모든 현명한 기업가가 추구하는 리스크 관리 전략이라고 믿는다. 비즈니스에는 직원과 동업자, 투자자, 외부 협력 업체, 컨설턴트 등과의 관계가 포함된다. 당신이 그들모두에게 애정을 품고 있다고 해도 공식적인 합의가 이루어지지 않는다면, 최악의 진흙탕 싸움에 뒤따르는 엄청난 스트레스와 금전적 손실을 불러들이고 있는 것이나 마찬가지다.

직원을 채용할 때는 사내 규칙, 급여, 수습 기간, 정규직 전환, 지분 공유를 비롯하여 모든 것을 기록하라. 이런 내용이 문서화되지 않는다면 갈등이 발생했을 때 대책을 마련할 수 없다. 중요한 비즈니스 거래를 체결할 때는 동의 전에 반드시 다음 사항에 합의를 보아야 한다.

1. 책임 범위: 우리가 입을 수 있는 최대 손실은 어느 정도인가?

2. 면책 조항: 당신은 우리를 고소할 수 없다.

3. 종료 기간: 끝난 일은 완전히 끝난 것이다.

다시 결혼과 이혼의 비유로 돌아가 보자. 사람들은 감정적으로 결혼하고 이성적으로 이혼한다. 좀 더 구체적으로 얘기하자면, 사랑에 빠진 연인들은 사랑이 현실 속에서 끓어오르는 모든 문제를 해결해 주리라고 착각한다. 그들은 누군가와 결혼했을 때 생길 장단점을 이성적으로 따져 보지 않는다. 하지만 이혼은 (물론 감정이 동반되지만) 훨씬 이성적인 과정이다. 부부는 상대에게 줄 수 있는 것과 받고 싶은 것을 명확히 구분한다. 변호사는 감정적인 문제를 이성적으로 처리하라고 조언한다. 이혼은 하나부터 열까지 숫자 싸움이다. 아이들과 몇 번의 주말을 함께 보낼 수 있는가? 위자료를 얼마나 지급할 것인가? 분할 가능한 재산 규모는 어느 정도인가?

비즈니스도 마찬가지다. 취업 지원자나 투자자, 협력 업체, 고객과 사랑에 빠졌을 때는 그들과의 관계가 영원하리라고 믿게 된다. 그러나 몇 달 혹은 몇 년이 지나면 그 선택이 완전한 실수였음이 분명해진다. 그때 관계의 조건들이 정확히 문서화되어 있지 않다면, 대부분의 경우에 지저분하고 스트레스받는 다툼이 시작된다.

한번은 어떤 투자자가 이렇게 요구해 왔다. "패트릭, 우리는 방금 당신에게 1000만 달러를 투자했어요. 그런데 당신이 계약 기간 중에 사망하기라도 하면 어떡하죠? 우리 회사를 수령인으로 하여 1000만 달러짜리 생명보험에 가입해 주길 요청합니다."

나는 화를 내지 않았다. 내 건강이 멀쩡하며 가까운 시일 내에 죽을 일도 없다고 항변하지 않았다. 실제로 내가 느낀 감정은 기쁨이었다. 그는 내게 이렇게 말하고 있었던 것이다. "당신을 사랑하지만, 혼전 계약서에는 서명해 주세요."

직원들의 진짜 모습을 탐색하라

사람들은 내게 요구가 너무 많다고 말한다. 그들은 나를 묘사할 때 종종 '엄격한 사랑'이라는 표현을 사용한다. 누군가를 돌보려면 먼저 그 사람에 대해 알아야 한다. 내게 리더로서 차별화되는 점이 있다면 사람들을 진정으로 이해하고자 하는 욕망을 지녔다는 것이다. 이 욕망을 이루기 위해 나는 늘 적절한 질문을 던지고 상대방이 내놓은 대답에 대한 책임을 요구한다.

얼마 전 옛 동료 대니에게서 전화가 왔다. "얼마나 망설이다가 통화 버튼을 눌렀는지 몰라요. 우리가 마지막으로 연락한 지 10년도 넘었잖아요." 나는 그의 의도가 너무 궁금했다. 예전 회사에서 영업 관리자로 있을 때, 나는 대니에게 특히 엄격한 태도를 보였다. 그는 명석한 두뇌와 카리스마, 실무 감각까지 다양한 재능을 타고난 데다 실수를 해도 밉지 않을 만큼 서글서글한 성격을 지니고 있었다. 하지만 이러한 강점은 그에게 독으로 작용했고, 그는 저조한 실적의 그저 그런 영업 사원을 벗어나지 못했다.

나는 다른 모든 사람에게 물었던 것처럼 대니에게 질문했다. "자네는 어떤 사람이 되고 싶나?" 대니는 큰 포부를 갖고 있었다. 그는 충분한 경제적 부를 쌓아서 부모님을 '은퇴'시켜 드리고 싶다는 말을 반복했다. 늘 나사 빠진 모습만 보이던 그도 현실적인 대화로 들어가자 큰 사람이 되고 싶다는 꿈을 털어놓았다.

대니는 큰 사람이 되길 원했을 뿐 아니라 그 꿈을 이루는 데 필요한 조건을 알고 있었다. 나는 그가 지닌 최고의 잠재력을 끌어내기로 마음 먹었다. 내 엄격한 사랑이 그에게 성질만 부리는 못된 상사의 모습으로 비쳤다면 그 또한 어쩔 수 없는 일이었다.

우리는 전화기 너머로 서로의 지난 삶을 공유했다. 그는 깊은 감상에 젖어 있었다. 대니가 말했다. "늘 제게 말씀하셨죠. '때로는 내가 미울 수도 있겠지만, 결국 자네는 나를 영원히 사랑하게 될 거야. 나처럼 자네를 밀어붙여 주는 사람은 없을 테니까'라고요."

"그랬지." 내가 대답했다. "한두 번 한 얘기가 아니잖아. 아마 천 번쯤 말하지 않았을까?"

우리는 당시에 내가 시켰던 혹독한 훈련을 회상했고, 대니는 그런 나를 얼마나 싫어했는지 고백했다. 내 사진을 인쇄해서 다트에 붙이기까지 했다고 말했다.

나는 나를 위해 일했던 사람들의 모든 것을 기억한다. 그들을 진심으로 걱정하고, 따라서 그들이 들려준 이야기를 잊지 않는다.

대니가 말을 이어 갔다. "오늘 전화를 드린 건 꼭 드리고 싶은 말씀이 있어서예요." 그는 잠시 침묵을 지켰다. 나는 전화기 너머로 그가 울고 있다는 사실을 알았다. "이번에 제가 은행장으로 승진했습니다. 결혼도 했고요. 지금의 저는 뭐라고 표현할 수 없을 만큼 행복해요. 제가 이 자리에 앉아서 수십만 달러의 연봉을 받게 된 건 모두 당신과 함께 일하며 배운 것들 덕분입니다."

그의 이야기를 듣는 내 눈에서도 눈물이 흘러넘쳤다. 당시에는 그 감정을 스스로도 이해하기 어려웠지만, 세 아이의 아빠가 된 지금은 그게 어떤 마음이었는지 조금쯤 알 것 같다.

감사는 천천히 찾아오기도 한다. 대니를 밀어붙인 내 선택이, 그의 내면에 숨은 최고의 잠재력을 인정했던 내 안목이 옳았다는 사실을 확인하는 데 10년의 세월이 걸렸다. 대니와의 통화는 내가 때때로 미움받기를 두려워하지 않는 이유가 무엇인지 새삼 상기시켜 주었다. 감정을 푸는 데 10년이 걸리더라도 말이다.

후한 복지 혜택과 넉넉한 인센티브가 미칠 수 있는 영향에는 한계가 있다. 하지만 직원들의 마음을 어루만진다면 그들은 당신을 위해 태산이라도 움직일 것이다. 상대의 마음에 가닿으려면 그들을 이해하고 그들의 가장 깊은 믿음과 욕망을 알기 위해 시간을 투자해야 한다.

표면적인 모습 아래 숨겨진 진실을 탐구하라. 당신 회사의 직원인 조는 낚시를 좋아하고, 클라이언트 베키는 드라마 〈왕좌의 게임〉 마니아일 수 있다. 당신은 그들을 움직이는 동기가 무엇인지 알아야 한다. 나는 우리 직원들을 알아가기 위해 최선을 다하며, 대개는 그들의 본질을 끌어내기 위해 일련의 질문을 던진다. 이 과정을 통해 나는 상대를 오해하는 실수를 피하고, 그들을 이끄는 목표와 추진력을 파악하며, 그들이 선호하는 업무 방식을 이해한다.

꼬리에 꼬리를 무는 질문을 던지다 보면 상대의 민감한 부분을 건드리게 될 때도 있다. 괜찮다. 이런 주제의 대화야말로 그들을 진심으로 이해할 수 있는 길이다. 감정이 개입되면 평소에 드러나지 않던 진짜 모습이 수면 위로 떠오른다.

누구인지도 모르는 사람들을 이끌고 회사를 운영할 수 없다. 나는 우리 직원들이 자라며 영향을 받았던 일들에 대해 알아야 하고, 그들 또한 내가 어떤 사람인지 알아야 한다. 나는 그들이 내 진짜 이야기를 알아야 한다고 믿는다. 전쟁의 지옥을 피해 이란에서 탈출한 이민자이자, 여전히 마음속에 깊이 박힌 악역들을 떠올리며 추진력을 얻는 나라는 사람의 이야기를 말이다.

이 모든 생각은 한데 모여 질문을 던지려는 의지로 드러난다. 단순히 "예전 직장은 어땠나요?" 같은 상투적인 질문에서 그치지 않고, 상대방의 더 깊은 자아를 탐구하고 이해하고 격려할 수 있는 물음을 던져야 한다. 그의 진짜 모습을 확인시켜 주는 깊은 질문을 떠올려라. 이렇게 얻은 대답은 황금의 가치를 지닌다. 이를 통해 우리는 나의 게임에서 상대를 어떻게 활용할 수 있을지 몇 수 앞서 생각할 수 있으며, 더욱더 생산적이고 오래 지속되는 관계를 형성할 수 있다. 그 결과는 굳건한 신뢰로 돌아오고, 신뢰가 쌓이면 속도는 자연스럽게 따라온다.

신뢰의 진자운동

━━━━━━ 일반적으로 기업가들은 누군가를 신뢰했다 불신하기를 반복하며 예측 가능한 패턴을 보인다. 자신의 패턴을 아는 것은 매우 가치 있는 일이다. 상대에게 얼마나 큰 재량을 줄 수 있는지 결정하는 기준이 되기 때문이다.

이제 막 채용한 사람을 대할 때는 일을 믿고 맡기기보다 세세하게 관리하려는 욕구가 크기 마련이다. 그가 일정 기간 이상 잘 해내는 모습을 보이면 그를 향한 신뢰가 높아지고 사소한 부분에 대해 신경을 덜 쓰게 된다.

어느 정도까지는 이 진자운동 패턴에 자연스럽게 의지해도 되지만, 최소한 현재 어느 방향을 향해 있는지 정도는 알고 있어야 한다. 그렇지 않는다면 지나친 관리에 숨이 막힌 직원으로부터 이런 원망을 들을 수 있다. "제 업무 방식을 그렇게까지 믿지 못하시겠다면 차라리 다른 사람을 쓰시는 게 어때요?" 반대로 마감일을 자주 놓치고 실적을 달성하지 못하는 베테랑 직원에게 지나치게 큰 재량을 줄 수도 있다. 이런 일을 겪으면 그에게 실망하고, 무엇보다 자기 자신에게 화가 난다. 왜일까? 내가 적절한 인재를 채용하지 못했거나 그에게 적절한 책임을 부여하지 못했다는 의미이기 때문이다.

책임감은 신뢰의 열쇠다. 일한 시간이 어느 정도 쌓이면 그동안의 기록이 남는다. 그 기록을 통해 상대가 약속했던 목표를 일관적으로 달성했다는 사실이 증명되면 그에게 더 넓은 여유 공간을 허락할 수 있다.

그와 당신 사이에 신뢰가 형성된 것이다.

4가지 관계로 신뢰를 구분하라

기업가들은 신뢰를 배반당했을 때 주로 자신을 피해자의 입장에 놓는다. 그들은 누군가를 믿고 일을 추진하지만 얼마 후 예상치 못한 상황이 닥친다. 고객이 약속했던 큰 계약을 모른 척하거나 사업 파트너가 약속을 어기는 식이다. 이럴 때 많은 기업가가 상대방을 거짓말쟁이 혹은 사기꾼이라고 비난하며 잘못된 결과를 그들의 책임으로 돌린다. "우리 회사의 성장률이 저조한 건 모두 그 일 때문이야." "조 그 자식이 약속을 어기는 바람에 다 망해 버렸잖아."

틀렸다. 희생자 행세는 이쯤에서 넣어 두자. 비즈니스의 세계는 냉정하다. 사람들이 항상 정직하게 행동하는 것은 아니며, 그들 중 일부는 악의적인 사기꾼이다. 어떤 이들은 상대가 듣고 싶어 하는 말을 들려주면서 정반대로 행동하는 데 익숙하다.

진짜 책임은 그들에게 속아 넘어간 본인에게 있다. 우리는 그들보다 더 똑똑해야 한다. 기업가라면 고객과 직원, 동업자, 협력 업체를 비롯하여 상대를 어느 정도 신뢰해도 될지 정확히 파악할 수 있어야 한다.

지금부터 그 방법을 살펴보자. 우리가 살면서 만나는 사람은 크게 다음과 같은 4가지 범주로 구분할 수 있다.

• 낯선 사람Stranger

- 보증된 사람_{Endorsed}

- 믿을 수 있는 사람_{Trusted}

- 러닝메이트_{Running Mate}

'낯선 사람'은 당신과 함께한 경험이 전혀 없는 부류다. 그중에는 얼핏 신뢰해도 '괜찮을 것 같은' 매력적이고 친절하며 똑똑한 이들도 섞여 있다. 우리는 이런 사람들을 본능적으로 좋아하며 믿음을 허락한다. 하지만 소시오패스 살인마도 상대에게 믿음을 얻을 수 있다는 사실을 기억해야 한다. 경험은 최고의 스승이다. 만약 당신이 새로 알게 된 누군가에 대해 개인적인 지식이 없고 그와 함께 일했던 사람도 알지 못한다면 그를 낯선 사람의 범주에 넣고 추가 정보를 확인할 때까지는 신뢰를 보류하라.

'보증된 사람'은 지금까지의 노력이 담긴 기록을 가지고 찾아오는 부류다. 믿을 수 있는 사람의 추천을 받았거나 자신의 능력을 증명할 수 있는 이력서를 가진 이들이 여기에 속한다. 그러나 이력서는 허위로 꾸며질 수 있고, 지인의 추천 또한 추천자의 편견이나 개인적인 성향 때문에 왜곡될 수 있는 만큼 경계를 완전히 늦춰서는 안 된다. 그럼에도 불구하고 이 범주에 속하는 사람들은 당신의 신뢰를 받을 가능성이 상대적으로 높다고 할 수 있다.

'믿을 수 있는 사람'은 당신과 실제 함께한 경험이 있는 부류다. 그들은 어떤 식으로든 자신의 충성심과 정직함, 신용을 보여 주었다. 당신은 단순한 간접 추천이 아니라 직접 경험을 통해 그들의 긍정적인 특성을 확인했고, 따라서 그들에게 '보증된 사람'보다 훨씬 큰 믿음을 줄 수 있다.

'러닝메이트'는 네 부류 중에서 가장 높은 수준의 신뢰를 받는 사람이다. 이 범주에 속하는 사람이 두 명 이상일 가능성은 높지 않다. 비즈니스 관계에서 러닝메이트란 사적인 관계에서 가장 친한 친구와 같다. 당신이 문제나 기회를 발견했을 때 즉시 전화할 수 있는 사람이며, 어느 때든 "내가 어떻게 해야 할까?"라고 물어볼 수 있는 사람이다. 당신이 수렁에 빠져 도움이 필요한 상황이라면 그는 당장 밧줄을 들고 달려올 것이다.

러닝메이트가 없다고 좌절하거나 당장 찾아 나서기 전에, 먼저 이런 사람을 곁에 두는 데 상당한 시간과 노력이 필요하다는 사실을 알고 있어야 한다. 나 또한 러닝메이트를 찾기 위해 수많은 전투를 치러야 했고, 그 과정에서 적당히 믿을 수 있는 사람과 절대적인 신뢰를 보낼 수 있는 사람을 구별하는 방법을 배웠다. 나만의 평가 기준을 확보하기 전까지 무수한 배신도 경험했다.

여기에 더해서 성공하면 성공할수록 믿을 수 있는 사람이 줄어든다는 진리도 반드시 기억해야 한다. 수많은 자기계발서나 동기 부여 연설이 '믿을 수 있는 사람들로 대규모 네트워크를 형성하라'라는 메시지를 던진다. 글쎄, 당신이 개인 컨설턴트라면 잠재적인 고객을 많이 알아 두면 둘수록 좋겠지만 비즈니스를 운영하는 기업가라면 나처럼 뼈아픈 경험을 통해 모든 사람을 신뢰할 수는 없으며, 신뢰하는 사람들 사이에도 차등을 둬야 한다는 교훈을 얻게 될 것이다. 연륜 있는 기업가와 대화를 나누면 믿었던 부하 직원에게 배신당한 이야기, 가족처럼 대했지만 좀 더 나은 조건을 제안받자마자 그를 버렸던 동료에 관한 이야기를 반드시 들을 수 있다. 도니 브래스코의 사례가 기억나는가?

신뢰로 맺어진 대규모 네트워크를 기대하지 마라. 일평생 믿고 의지할 수 있는 사람들에게 둘러싸여 일할 수 있다는 환상도 버려라. 그 대신 당신 주변의 사람들을 네 부류 중 하나로 구분하라. 이 작업을 제대로 해낸다면 상처받을 가능성은 훨씬 줄어들고 상대를 믿을 수 있는지, 얼마나 믿어도 되는지 가늠하는 데 큰 도움이 될 것이다.

상대가 쓰는 사랑의 언어를 이해할 때

한 남편이 있다. 그는 아내에게 자신이 느끼는 사랑과 감사를 증명하고 싶어 안달이 났다. 결혼 10주년 기념일에 다이아몬드 귀걸이를 선물하려고 용돈을 몽땅 저축했던 그는 마침내 그날이 오자, 우아하게 포장된 상자를 아내 앞에 내밀었다. 아내가 상자를 열었을 때 쏟아낼 감동과 감사의 말들을 기대하며 남편의 마음은 부풀어 올랐다. 하지만 선물을 본 아내는 특별한 반응을 보이지 않았다.

기대와 달라도 너무나 달랐다. 아내의 시큰둥한 반응은 자신에 대한 경멸과 무관심을 의미했다. 어떻게 그렇게 잔인할 수 있지? 마침내 그의 입에서 뭐가 문제냐는 말이 나왔을 때, 아내는 이렇게 대답했다. "내가 '물건'에 관심 없다는 얘기를 도대체 몇 번이나 했는지 모르겠어. 차라리 함께 여행을 가는 게 어때?"

이러한 차이를 더 정확히 이해하려면 게리 채프먼Gary Chapman의 주옥같은 명작 《5가지 사랑의 언어The 5 Love Languages》를 읽어 보길 추천한다. 사랑의 언어란 우리가 사랑을 주고받는 방식이며, 이 책에는 '의미 있는 시간Quality Time, 인정하는 말Words of Affirmation, 선물Gifts, 봉사Acts of Service, 육체적 접촉Physical Touch'이라는 5가지 언어가 소개되어 있다. 위에 소개된 이야기 속 남편은 의미 있는 시간을 원하는 아내에게 선물이라는 언어로 사랑을 표현한 것이다.

내가 대접받고 싶은 대로 남을 대접하라는 황금률 격언은 잊어라. 중요한 것은 '상대방'이 대접받고 싶은 대로 대접해 주는 것이다. 비즈니스에도 가족이나 친구 관계에도 똑같이 적용되는 법칙이다. 내가 이 책의 공저자로 그레그 딘킨을 택한 이유 중 하나는 그와 인터뷰하며 들었던 경험담 때문이었다. 그는 한 은행의 임원들을 대상으로 워크숍을 진행하며 '사랑의 언어 퀴즈'를 풀게 했던 이야기를 들려줬다. 나는 인터넷을 통해 무료로 풀어 볼 수 있는 이 퀴즈를 당신에게도 강력히 추천하며, 가능하면 가까운 이들에게도 전파해 주길 권장한다.

우리는 '사람들'을 움직이는 동기가 아니라 '한 사람'을 움직이는 동기를 알아내야 한다. 사랑의 언어를 통해서든 격렬한 토론을 통해서든, 어떤 개인에게 의미 있는 대상이 무엇인지 이해하려는 노력은 반드시 의미가 있다. 우리는 모두 서로 다른 원천을 통해 추진력을 얻는다.

누군가와 관계를 맺을 때는 그가 무엇을 동력으로 삼아 움직이는지 확인하라. 충분히 주의를 기울이면 눈에 들어온다. 내가 아는 한 경영자는 1년에 82만 5000달러(한화 약 9억 7000만 원)를 벌어들이는 최고의 영업 사원을 데리고 있었다. 사상 최고의 매출을 경신한 지 며칠이 지난 어느 날, 그 사원이 경영자에게 말했다. "대표님은 저한테 잘했다는 전화 한 통도 안 하시더군요." 이 말에는 인정받고 싶은 그의 욕구가 고스란히 담겨 있다. 여기에 더해 우리는 그가 원하는 인정의 '방식'이 무엇인지도 유추해 볼 수 있다. 그가 지닌 사랑의 언어는 '인정하는 말'이었다. 만약 그가 "대표님은 점심 한 번을 청하지 않으시더군요"라고 말했다면 '의미 있는 시간'이, 롤렉스 시계를 요구했다면 '선물'이 그의 언어라고 추론할 수 있었을 것이다.

뛰어난 리더가 되고 싶은가? 그렇다면 사람들이 원하는 것을 이해하는 데 필요한 시간과 노력을 기울이는 모습을 보여라. 우리 중 대부분은 자신이 받고 싶은 방식으로 사랑과 감사를 전하는 실수를 저지른다. 칭찬받기를 좋아하는 사람은 대개 칭찬하는 데도 능숙하다. 돈벌이가 최대 관심사인 사람은 그럴듯한 투자 정보를 잔뜩 전해 줄 수 있을 것이다. 그러나 당신이 받아들여야 할 진실은 살면서 마주치는 모든 사람이 저마다 다른 동기에 의해 움직인다는 사실이다.

우리는 흔히 사람들을 넓은 기준으로 뭉뚱그려 표현한다. "인간은 누구나 감사받고 싶어 한다." "인정 욕구는 사람의 중요한 본성이다." 이런 말들은 분명 일리가 있다. 하지만 우리는 여기서 한 걸음 더 나아가 이러한 인정과 감사를 '어떻게' 보여 줄지 구체적으로 결정해야 한다. 한 회사의 최고경영자로서 나는 어떤 직원이 공개적인 칭찬을 좋아하고 어떤 직원이 개인적인 대화를 선호하는지 잘 파악하고 있다. 아버지로서는 아이 중 누가 애정과 칭찬을 원하는지, 의미 있는 시간을 가장 원하는지 분명히 알고 있다.

물론 안다고 해서 매 순간 기억하고 실천할 수 있는 것은 아니다. 특히 작지 않은 규모의 회사를 운영하고 돌봐야 할 가족까지 있는 경우, 모든 사람의 언어와 기준을 충족시키기란 불가능하다. 때로는 이러한 과제가 견디기 힘든 압박으로 느껴지기도 한다. 우리는 모두 불완전한 인간이지 않은가.

《월요일이 좋다Thank God It's Monday》라는 책이 있다. 작가인 피에르 모넬 Pierre Mornell은 결혼 생활 전문 상담사로, 20년의 경력을 토대로 본인과 내담자들에게 두루 적용되는 훌륭한 솔루션을 찾아냈다. 그는 가장 가까운 사람들 각각에게 매일 5~15분의 시간을 온전히 투자하라고 조언한다. 비즈니스 관계에서 만나는 모든 사람에게 이런 투자를 할 수는 없겠지만, 최소한 회사의 주요 경영진과 떠오르는 인재들과는 당신이 생각하는 것보다 더 많은 일대일 대화 시간을 가져야 한다. 전화 통화나 화상 회의는 리더십을 계발하는 쉬운 길일 수 있다. 그러나 경영자의 온전한 관심보다 더 효과적인 길은 존재하지 않는다.

◉ **한 사람의 언어를 파악하는 5가지 질문**

1. 그를 움직이는 동기는 무엇인가?

2. 그가 원하는 사랑의 방식은 무엇인가?

3. 이 사람이 감사를 느끼는 순간은 언제인가?

4. 그에 대한 내 관심을 가장 효과적으로 전달하는 방법은 무엇인가?

5. 그에게 호감을 얻으려면 어떤 행동을 해야 할까?

성공한 CEO가 직원들과 대화를 나누는 방법

신뢰는 곧 속도로 연결된다는 사실을 기억하라. 신뢰가 쌓이면 속도도 그만큼 빨라진다. 누군가에게 적절한 관심을 쏟으면 그는 당신에게 최선의 모습을 보일 것이다. 그 결과 당신과 그는 서로를 더욱 신뢰하게 되고 비즈니스의 모든 요소에 가속도가 붙을 것이다.

연인 관계에 5가지 사랑의 언어가 있듯이, 성공한 기업가들은 직원과 대화를 나눌 때 9가지 사랑의 언어를 활용한다.

1. 필요성 전달 I Need You

당신이 어떤 사람을 필요로 한다는 사실을 보여 주는 한 가지 방법은 그에게 책임을 부여하는 것이다. 많은 이가 자신이 누군가에게 필요한 사람이라는 느낌을 받길 원한다. 스포츠 팀 코치들은 종종 벤치에 앉은 후보 선수들에게 말한다. "너 없이는 팀이 우승할 수 없어. 빨리 기량을 회복하고 돌아오라고. 우리는 네가 필요해."

물론 타인의 필요에 신경을 쓰지 않는 사람들도 있다. 개중에는 본인이 꼭 필요한 사람임을 느끼면 느낄수록 관계를 악용하려 드는 이들도 있다. 그들의 머릿속에는 이런 사고가 박혀 있다. "오, 넌 내가 필요하구나. 내가 없으면 아무것도 못 해."

스티브 커 Steve Kerr가 NBA의 골든스테이트 워리어스 Golden State Warriors의 코치로 부임했을 때, 안드레 이궈달라 Andre Tyler Iguodala는 758경기 연속 주전 기록을 세우며 승승장구하던 선수였다. 하지만 새 코치는 이 슈퍼스타 플레이어를 벤치에 앉히고자 했다. 대부분의 선수는 이 조치가 강등이라고 생각했다. 커는 이궈달라에게 그가 팀에 얼마나 필요한지 설명하며 그의 마음을 움직였다. 우리는 벤치에 불꽃을 일으킬 필요가 있고, 시즌 후반부를 리드할 필요가 있으며, 충분히 휴식을 취한 너를 투입해 상대 팀 최고의 선수를 압도할 필요가 있다. 골든스테이트 워리어스는 커와 함께한 첫 시즌에 NBA 우승컵을 거머쥐었고, 이궈달라는 모든 경기에 출장하지 않았는데도 NBA 결승전 MVP로 선정된 첫 선수가 되었다. 이 사례는 지금껏 살펴본 내용을 생생히 증명한다. 리더에게 적절한 기대치를 부여받은 인재는 종종 그 기대를 현실로 만든다.

2. 인정Recognition

정체된 기업에서는 직원의 성과를 인정해 주지 않는 문화가 흔히 나타난다. 구성원들을 압박하고 다그치기만 하는 것이다. 듀크대학교에서 심리학과 행동경제학을 가르치는 댄 애리얼리Dan Ariely 교수는 기업이 돈의 동기 부여 효과를 과대평가한다는 연구 결과를 지속적으로 내놓고 있다. 동기 부여 목적으로 현금 보너스만 받은 직원들은 마치 일을 위해 뇌물을 받은 것과 같은 심리 상태가 된다고 한다. "이런 경우에 돈은 경영진이 '우리는 당신을 격려하기 위해 뭔가 해야 한다는 사실은 알지만, 진심으로 노력할 마음은 없어'라는 마인드를 가졌다는 메시지를 전달할 수 있어요." 돈 봉투는 직원에 대한 구체적인 관심을 통해 그의 진짜 추진력을 알아내려는 노력과 정반대에 있는 선택이다.

기업가는 직원들과 많은 일을 해낼 수 있다. 특히 능력 있는 사내기업가를 만난다면 더욱더 유의미한 성취를 이룰 수 있다. 이런 인재가 눈에 띈다면 반드시 개인적인 호의를 베풀어라. 예를 들어, 나는 1984년 LA올림픽 성화를 구해서 우리 회사의 수석 부사장에게 선사했다. 회사 차원에서 F1 챔피언 아일톤 세나의 사고방식을 연구하고 있을 때는 그가 직접 쓰던 헬멧을 구해서 담당 임원에게 선물했다. 마이클 조던의 사인이 들어간 운동화도 좋고, 맞춤 제작된 루이비통 가방도 좋다. 만약 상대가 인정의 말을 가장 선호하는 사람이라면 그의 이름이 당당히 새겨진 표창장을 수여하는 것도 방법이다.

어떤 이들은 "인정 따위 필요 없어"라고 말한다. 하지만 이렇게 말하는 사람일수록 실제로는 남들보다 더 강한 인정 욕구를 갖고 있다. 그들은 인정의 필요성을 부정하면서 진심을 숨긴다. 기대하는 것만큼 인정받지 못할지도 모른다는 불안감 때문에 노력 자체를 두려워하는 것이다. 상대방이 아무리 큰 자신감을 뽐내더라도 사람은 누구나 인정받아야 한다는 내 신념에는 변함이 없다.

3. 칭찬Praise – 3가지 칭찬의 기술

누군가를 칭찬하는 데는 각기 다른 3가지 방식이 있다. 이 중에서 가장 효과적인 선택을 하려면 먼저 상대방을 잘 알아야 한다. 사람마다 동기의 원천이 다르다는 사실은 앞으로도 계속 반복해서 강조할 예정이다.

- 개인적인 칭찬: 첫 번째 유형은 개인적으로 건네는 칭찬이다. 함께 한 식사가 끝났을 때, 혹은 일상적인 대화 중에 가볍게 나올 수 있

는 형태라 할 수 있다. 이메일이나 문자 메시지, 메신저를 통해서 건넬 수도 있다. "그동안 많이 성장했군. 그 점을 높이 평가하네. 지금 맡은 업무에 최선을 다한다는 것도, 꾸준히 역량을 키워 온 것도 잘 알고 있어. 자네의 노력은 반드시 보상으로 돌아올 거야. 진심으로 고마워."

- 공개적인 칭찬: 두 번째 유형은 사람들이 보는 앞에서 건네는 칭찬이다. 인정과 존경을 원하는 직원들에게 가장 효과적인 칭찬의 방식이다. 회의에서 그들의 성과를 공식적으로 언급함으로써 이목을 집중시키는 것도 방법이다.

- 뒤에서 하는 칭찬: 마지막 유형은 남에게 전달하는 칭찬이다. 칭찬의 대상이 없는 자리에서 다른 사람들에게 그의 강점을 언급하는 것이다. 앞에서 살펴본 '뒷담화'의 힘을 기억하라. 이 전략을 가장 효과적으로 사용할 수 있는 구성원이 누구인지 살펴보라.

4. 명확한 지시Clear Direction

조직 구성원들에게 명확한 방향을 제시해야 한다. "할 수 있어! 당신의 능력을 보여 줘!" 따위의 애매한 독려는 전혀 효과적이지 않다. 업무 지시는 이렇게 내려야 한다. "A와 B, C를 처리하게. 이날까지는 완료되어야 해. 할 수 있겠나?" 물론 한 번에 3가지 업무를 동시에 받으면 어안이 벙벙할 수도 있겠지만, 내 말의 요점은 할 일을 정확히 전달받기를 좋아하는 사람들이 많다는 것이다.

작업을 맡길 때는 결과물의 형태와 마감 일정을 명시해야 한다. 필요한 사항 하나하나를 말로 명확히 표현하라. "존, 동부 표준시 기준으로 오후 4시 45분까지 협력사 후보 세 곳을 선정해서 이름과 연락처를 보내 줄 수 있겠나?" 이러한 지시는 다음과 같은 모호한 명령보다 훨씬 효과적이다. "리서치 좀 해서 보내 줘."

5. 비전Vision

대부분의 사람에게는 선구안이 없다. 발등의 불을 처리하느라 다급한 상황에서 미래를 내다보기란 쉽지 않다. 하지만 그들도 미래의 비전에 대한 리더의 관점을 들을 필요가 있다. 뛰어난 리더들은 언제나 미래의 방향성과 그 끝에 다가올 결과를 예측하고, 앞으로 일어날 일을 미리 보여 준다. 조직 구성원들에게 이런 말을 들려주는 것이 리더인 경영자의 역할이다. "창사 이래 최고의 성공이 코앞에 있습니다." 직원들은 자신들의 지도자가 최선의 길을 찾아내는 그랜드마스터라는 사실을 알아야 한다.

직원들에게 제시할 미래의 그림을 그려라. 특히 조직 전체가 힘든 시기를 겪고 있을 때는 그들이 무엇을 위해 일하는지 확신할 수 있도록 선명한 비전을 보여 주자.

6. 꿈Dreams

사람들은 자신의 꿈을 어떻게 현실화할지 알고 싶어 한다. 오늘 하는 일이 어떤 식으로 자신을 꿈에 데려다줄지 확인하고자 한다. 당신의 목표가 직원들에게 영감을 주는 것이라면, 이런 부류에게는 끊임없이 꿈의 언어를 들려주어야 한다.

지금부터 이어질 마지막 세 항목은 더욱더 직접적인 언어인 동시에 개인을 타깃으로 한 사랑의 언어와 약간 거리가 있다. 그럼에도 불구하고 이 내용을 목록에 포함한 이유는 이 언어들 또한 직원들을 이해하고 그들의 잠재력을 이끌어 내며 궁극적으로 신뢰를 쌓는 도구가 될 수 있기 때문이다.

7. 참여Involvement

끊임없이 질문을 던지고 피드백을 요청하라. 직원들에게 업무가 어떤 식으로 진행되어야 한다고 생각하는지 계속해서 물어보라. 그들에게는 자신이 하는 일에 참여하고 목소리를 내고 싶어 하는 욕구가 있다. 하지만 아이디어를 묻기만 하고 하나도 실행하지 않는다면 이런 원망이 돌아올 것이다(물론 대놓고 말하는 사람은 많지 않겠지만). "이럴 거면 왜 물어본 거야? 어차피 듣지도 않을 거면서. 피차 시간만 낭비한 꼴이잖아." 당신이 진심으로 귀 기울이지 않을 의견을 묻는 것은 굉장히 위험한 태도다.

8. 도전Challange

뛰어난 리더들은 항상 사람들의 생각에 도전한다. 사적으로도, 공적으로도, 심지어 등 뒤에서도. 잠시 주춤했다가 다시 성장하기 시작한 직원을 본다면 나는 이렇게 말할 것이다. "내가 쭉 지켜보고 있었다는 사실을 알려 주고 싶었어. 많은 발전을 이루어 냈더군. 자네가 정말 자랑스러워. 하지만 또다시 미끄러져서는 안 돼. 지금의 집중력을 쭉 유지하길 바라네."

현실에 안주하는 모습을 보면 공개적으로 질책하기도 한다. "자네는 더 큰 꿈을 꾸는 줄 알았다네. 이보다 훨씬 큰 것을 원하는 줄 알았어. 한 달에 2만 달러를 벌어들일 수 있다면 4만 달러가 왜 불가능하지? 벌써 편해졌나? 배가 부른 거야? 언제부터 그렇게 풍족해졌지? 우리가 언제부터 돈 걱정을 안 했느냐는 말이야. 다들 이런 식으로 행동하는 이유가 뭔가? 이렇게 구는 이유가 뭐야? 대체 이 일을 왜 하는 거냐고?"

9. 경청Listening

마지막 언어는 사실 '언어'가 아니다. 입에 자물쇠를 채우고 상대의 말을 들어 주는 것이다. 사람들은 대부분 자신의 삶이나 경험에 관해 이야기하길 좋아한다. 경청은 쉬운 일이 아니고, 성질 급한 경영자에게는 더욱 그렇지만, 그럼에도 불구하고 상대에게 귀를 기울이는 태도는 매우 중요하다. 때로는 상대방의 이야기를 끝까지 들어 주는 것만으로도 큰 가치가 있다. 내게 조언을 받는 몇몇 경영자들은 가끔 전화를 걸어서 40분 동안 끊임없이 본인 생각을 들려준다. 나는 일절 끼어들지 않고 조용히 들으며 중요한 부분을 메모한다. 이야기가 끝나면 내 생각을 차분히 들려준다. '음성 차단' 버튼을 누른 뒤 딴짓을 하는 일은 없다.

나는 그들의 말을 정확히 들으며 종종 이런 질문을 던진다. "15분 전에 했던 이야기 있잖아요. 그 부분에 대해 이런 점은 어떻게 생각하시나요?"

상대의 말에 귀를 기울이고 순수한 관심을 보여라. 기업가는 지금까지 살펴본 모든 사랑의 언어와 함께 진정성을 지니고 있어야 한다. 사람들은 가식적인 말과 겉만 번지르르한 아첨을 금세 알아차린다. 반면 누군가 자신이 듣고 싶은 언어로 사랑을 표현해 준다면 진심으로 감사를 느낀다.

'속도는 가르칠 수 없다.' 스포츠계에서 흔히 하는 말이다. 속도를 내는 방법은 가르칠 수 있지만, 실제로 빠르게 달리는 것은 선수의 타고난 신체 능력에 달렸다는 뜻이다. 속도를 어느 정도 개선할 수는 있어도 근본적으로 빠르게 만들 방법은 없다. 하지만 비즈니스의 세계에서는 속도를 절대적으로 향상시키는 것이 가능하다. 당신은 기업가로서 속도 개선에 온 힘을 쏟아야 한다. 트렌드 파악부터 고객 확보, 제품 유통에 이르기까지 비즈니스의 모든 영역은 속도에 크게 좌우된다.

앞에서 언급한 4단계 기준에 따라 신뢰도를 분류하면 특정한 사람 혹은 상황의 미묘한 차이를 이해하는 데 도움이 된다. 이를 통해 비즈니스의 모든 과정에서 속도를 끌어올리는 것이 당신의 목표다.

당신 곁의 사람을 믿을 수 있는지, 믿는다면 얼마나 믿어야 할지 시간을 들여 고민하라. 존은 낯선 사람인가? 러닝메이트인가? 그는 중요한 사업적 책임을 믿고 맡길 만한 인재인가? 중요한 일일수록 세세하게 관리해야 할 사람인가? 이 질문을 비롯하여 다양한 질문에 대한 답을 찾다 보면 상당히 높은 확률로 신뢰할 수 있는 사람(과 할 수 없는 사람)을 구별해 낼 수 있게 된다.

신뢰는 속도를 향상시킨다. 그러나 지나치게 분석적인 사람들은 종종 이 점을 놓친다. 그들은 또한 신뢰의 핵심이 인간성에 대한 존중에서 나온다는 사실도 잊어버린다. 직원과 소통하는 당신의 모습에서 직원을 단순한 피고용인 대신 한 명의 인간으로 바라보는 태도를 느낄 수 있다면, 그 순간부터 신뢰는 커지고 속도는 빨라진다. 그들이 선호하는 사랑의 언어를 이해하고 무엇이 그들을 움직이는지 확인하라. 이것이 바로 당신의 관심을 보여 주는 열쇠다.

이상적인 조직 구성하기

1 1인 기업가라는 환상

함께 일하고 싶은 사람의 유형을 파악하라. 적절한 가치 제안(당신이 줄 수 있는 혜택)을 통해 조직에 필요한 인재를 채용하고 유지하라. '내 사람'의 범주에 포함시킬 사람들에 대해서는 더욱더 까다로운 기준을 적용하라.

2 굳건한 원칙 위에 문화를 창조하라

비즈니스와 개인 모두에게 해당되는 원칙과 가치를 수립하고 전달하라. 타협 불가능한 기준을 세웠다면 절대 양보하지 마라. 한 번 타협하는 순간 모든 원칙은 휴지 조각이 된다.

3 속도를 만들어 내는 신뢰의 힘

모든 부서에 요구되는 기술과 업무 절차를 미리 정리함으로써 인력 교체와 리더십 계발이 매끄럽게 진행될 수 있는 환경을 만들어라. 각 부서의 직원 및 관리자들과 소통할 때 당신이 사용하는 언어 또한 점검해 봐야 한다. 당신의 말은 신뢰를 낳는가? 혹시 불신으로 이어지지는 않는가? 직원들이 개인적으로 관심을 갖는 대상이 무엇인지 확인하고, 질문을 통해 그들이 지닌 동기의 원천을 파악하라. 특히 가장 뛰어난 인재 5명의 목록을 만든 뒤 그들을 움직이는 동기를 파악해야 한다.

팩터 4

기하급수적인 확장
실현하기

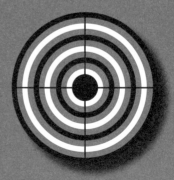

기하급수적 확장을 향한 도약

제 9 장

> "양이 이끄는 사자 무리는 두렵지 않다.
>
> 내가 두려워하는 것은 사자가 이끄는 양 떼다."
>
> –알렉산더 대왕

미국에서는 200달러 미만의 비용으로 어떤 사업이든 등록할 수 있다. 사업자 등록을 하면 누구나 즉시 경영자가 된다. 크고 굵은 글씨로 '최고경영자'라고 찍힌 명함도 주문할 수 있다. 직함을 붙이는 건 본인 마음이다. 하지만 한 사람이 진짜 최고경영자로 인정받는 것은 수백 명의 사람이 그 직함을 불러 줄 때다.

나는 2009년 10월 총 66명의 보험 중개인을 데리고 사업을 시작했다.

첫 12개월의 수익은 200만 달러를 넘기지 못했다. 그 이유는 내가 경영자로서 지닌 작은 결함 때문이었다. 당시 나는 비즈니스를 확장하는 방법을 알지 못했다.

그때까지 나는 영업 사원 혹은 관리자로서 경력을 쌓아 왔고, 기업을 직접 운영한 경험은 전무했다. 비전이나 전략은 전혀 몰랐고, 거래를 계약으로 이끄는 데 필요한 실행 절차나 서류 작업에도 완전히 까막눈이었다. 처음에는 뭐든지 아는 척 허세를 부리며 실제로 필요한 것들을 알아내기 위해 고군분투했다. 나는 성공한 경영자가 되기 위해 두어야 할 수가 무엇인지 고민하며 공부하기 시작했다. 첫 번째 수는 비스티지_{Vistage} 가입이었다. 비스티지는 경영에 필요한 자문을 제공하며 일종의 개인적인 이사회 역할을 해 주는 세계적인 규모의 기업가 연합이다. 이 외에도 나는 하버드대학교에서 주관하는 기업 오너·경영자 프로그램에 참여하여 경영 전략을 배우고 인맥을 쌓았다.

나는 구할 수 있는 모든 사례 연구를 포함하여 도움이 될 만한 자료를 닥치는 대로 찾아 읽었다. 경영자의 일상적인 업무에 도움이 될 만한 책들도 잔뜩 주문했는데, 기본적으로 패트릭 렌시오니의 모든 저서를 모조리 구입했으며 그 외에도 다음의 책들을 읽었다.

당시의 나는 확고한 의지가 있었다. 포천 선정 500대 기업을 충분히 운영할 만큼 능력 있는 경영자가 되지 못한다면 우리 회사의 경영에서도 손을 떼야 한다는 것이 내 신념이었다.

경영자로 성장하기 위한 도전은 나를 거의 무너뜨릴 뻔했다. 그것은

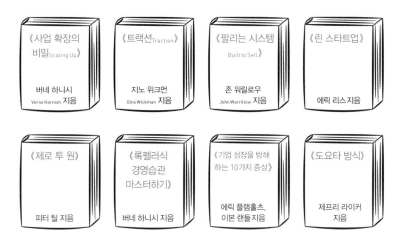

《사업 확장의 비밀Scaling Up》 버네 하니시 Verne Harnish 지음

《트랙션Traction》 지노 위크먼 Gino Wickman 지음

《팔리는 시스템 Built to Sell》 존 워릴로우 John Warrillow 지음

《린 스타트업》 에릭 리스 지음

《제로 투 원》 피터 틸 지음

《록펠러식 경영습관 마스터하기》 버네 하니시 지음

《기업 성장을 방해 하는 10가지 증상》 에릭 플램홀츠, 이본 랜들 지음

《도요타 방식》 제프리 라이커 지음

방대한 지식과 본질적인 강인함을 동시에 필요로 하는 생존 투쟁이었다. 그 끝에 나는 CEO의 일상 업무에 필요한 지식을 얻게 되었고, 무엇보다 내가 구상하고 있는 조직을 만들기 위해 반드시 두어야 할 수가 무엇인지 알게 되었다.

이 9장이야말로 우리 이야기의 핵심이라고 할 수 있다. 앞서 살펴본 기술들은 모두 여기까지 오기 위한 배경지식이었다. 나 자신에 관한 탐색과 논리적인 추론, 효율적인 조직 구성은 모두 회사를 운영하기 위해 필요한 준비 과정이다. 이제 드디어 체스판의 그랜드마스터처럼 회사를 이끄는 최고경영자로 도약해야 할 순간이 왔다. 지금부터는 모든 경영자가 집중해야 할 4가지 전략적 영역을 살펴볼 것이다. 이 과정을 거치면 비즈니스의 기하급수적인 확장을 달성하는 데 필요한 명확한 그림을 그릴 수 있다. 우리가 궁극적으로 답을 찾아내야 할 질문은 다음과 같다. 지속적인 성장을 유지하기 위해 CEO가 해야 할 일은 무엇인가?

◉ 모든 신생 기업이 거치는 4가지 성장 단계

1. 형성기_{Formulation}
2. 생존기_{Survival}
3. 가속기_{Momentum}
4. 안정기_{Plateau}

이 글을 읽는 당신은 지금 자신의 회사가 어느 단계에 있는지 자문해 볼 필요가 있다. 형성기? 생존기? 가속기에 도달하지 못했다면 조직의 기하급수적 확장을 이끌어 내는 요소를 아직 파악하지 못했다는 뜻이다. 하지만 당신은 곧 사업에 가속도를 붙여 줄 2가지 전략을 알게 될 것이다.

자금을 조달하는 방법

사업이 어느 단계에 있든, 당신은 비즈니스에 필요한 자금을 조달해야 한다. 어떻게 시작해야 할까? 가족에게 빌려야 할까? 벤처 전문 투자자를 찾아가서 지분을 대가로 투자를 요청해야 할까? 사업 진행 과정에 문제가 생겼을 때는 어떻게 해야 할까? 당장 발을 빼는 게 현명할까? 아니면 자본을 더 많이 투자해서 성공을 향한 추진력을 얻어야 할까?

이 주제는 그 자체로 한 권의 책이 될 만큼 광범위하며, 산업에 따라 상황도 크게 다르다. 만약 당신의 비즈니스 아이템이 당장 측정 가능한 상업화 수단은 없지만 수백, 수천만의 시선을 끌 수 있는 기술 사업이라면 지금 당장 끌어올 수 있는 모든 자금을 최대한 끌어와야 할 것이다(트위터나 인스타그램을 떠올려 보라). 그러나 다른 산업에서는 더욱더 유기적으로 성장을 유도해야 한다.

1999년 4월 마윈Ma Yun은 본인이 살던 아파트에서 알리바바Alibaba를 창업했다. 그가 첫 투자를 받은 것은 2000년 1월이 되어서였다. 소프트뱅크를 필두로 한 투자자 그룹이 알리바바에 2000만 달러를 투자하기로 결정했던 것이다. 《월스트리트》는 마윈과 소프트뱅크 최고경영자 손정의의 만남이 투자 결정의 정석이었다고 평가했다. 마윈은 그날의 투자회의를 이렇게 묘사했다. "우리는 수익 얘기를 하지 않았습니다. 비즈니스 모델 얘기도 없었어요. 다만 공통의 비전에 관해 대화를 나눴을 뿐입니다. 결정은 신속하게 이뤄졌어요."

CBS의 《60분60Minutes: Segment Extras News》에 출연한 제프 베이조스는 진행자 찰리 로즈Charlie Rose와의 인터뷰에서 아마존 창업을 위해 자금을 조달하던 1995년을 회상했다. "꽤 많은 투자자가 현명한 결정을 내렸죠. (웃음) 리스크가 있는 투자인 만큼 그들도 신중할 필요가 있었을 거예요. 저는 100만 달러를 모으기 위해 60곳의 투자처를 찾아다녔어요. 그중에서 22곳이 최종 승인을 해 줬고, 평균 투자 금액은 5만 달러가 안 되었습니다. 솔직히 목표액을 달성할 수 있으리라는 자신도 없었어요. 시작해 보기도 전에 모든 것이 끝나 버릴 수도 있는 상황이었던 거예요. 그때가 1995년이었는데, 제가 만났던 투자자들의 첫 질문은 모두 똑같았어요. 제게 '인터넷이 뭔가?'라고 묻더군요."

베이조스는 2018년 조지 W. 부시 대통령센터 리더십 포럼에서 진행한 인터뷰에서도 아마존 창업을 위한 자금 조달 이야기를 했다. "제가 그 도전을 했던 때는 1995년이었어요. 하지만 그로부터 딱 2년이 지난 시점부터는 사업 경험이 전무한 스탠퍼드 MBA 출신의 풋내기라도 인터넷 사업 계획만 들이대면 전화 한 통으로 2500만 달러쯤은 쉽게 투자받을 수 있게 됐죠."

자금 조달이 잘되는 회사를 만드는 방법에는 여러 가지가 있다. 본격적으로 투자자를 찾아다니기 전에 내가 던진 10가지 질문에 먼저 답해보라. 진지하게 투자를 받을 의향이 있다면 질문들을 눈으로만 읽지 말고 반드시 답을 고민해 보길 바란다.

투자를 제안하기 전에 던져야 할 10가지 질문

1. 투자를 받아야 하는가?

당신의 회사는 투자를 받아서 비즈니스를 확장해야 하는 단계에 와 있는가? 만약 추진 중인 계획이 소규모라면 현재 가진 자본으로 지금 당장 시작하는 편이 나을 수 있다.

2. 만약 투자를 받지 못한다면 비즈니스를 어떻게 운영할 수 있을까?

이 질문에 대답할 수 있다면 벤처 투자자나 신생 기업 투자자의 관심을 더욱 집중시킬 수 있을 것이다. 비즈니스의 기본적인 운영이 아니라 성장의 추진력을 얻기 위해 투자를 받는다는 사실을 증명할 수 있다면 당신의 회사는 더욱 매력적인 투자처로 거듭날 것이다.

3. 투자 받은 자금을 어떻게 활용할 계획인가?

투자를 제안할 때는 투자자의 입장에서 생각해야 한다. 그들은 당신이 그 돈을 어떻게 쓸지 알고 싶어 한다. 그에 따라서 당신은 현금을 성장으로 전환하는 방법을 제시할 필요가 있다. 핵심 인재 채용이든, 생산량 확대든, 지적 재산권 확보든, 당신이 투자금을 활용해 어떤 계획을 세우고 있는지 분명히 보여 줘라.

4. 당신의 비즈니스에 가장 잘 맞는 투자자는 어떤 유형인가?

이 투자의 결과로 당신의 사업에 관여하게 될 인물은 누구인가? 당신은 누가 잠재적인 투자자가 될 것인지뿐 아니라 그와 어떤 관계를 맺고 싶은지 고민해야 한다. 유통 채널을 확보하는 데 필요한 인맥을 소개해 줄 사람을 원하는가? 아니면 당신에게 부족한 비즈니스 경험을 갖추고 유용한 조언을 제공해 줄 사람이 필요한가?

5. 비즈니스를 완벽하게 통제하고 싶은가?

투자를 받으면 그에 상응하는 기대가 따라오기 마련이다. 요구 조건 하나 없이 수표를 써 주는 투자자는 없다. 둘 중 하나를 택하라. 충분한 투자를 받는 동시에 비즈니스에 대한 통제권을 100퍼센트 유지할 수는 없다. 더욱더 많은 자본을 투입하여 현금 흐름을 원활하게 하려면 통제권의 일부를 양보해야 한다.

6. 협력할 준비가 되어 있는가?

기업가의 대부분은 자신의 사업에 관해서 지시받는 걸 좋아하지 않는다. 그러나 사업 지시야말로 투자자들이 가장 좋아하는 일이다. 그들은 비즈니스에 대한 자신의 의견을 받아들일 수 있는 유연한 기업가와 협력하길 원한다. 당신의 눈에는 투자자의 조언이 안내로 보이는가, 간섭으로 보이는가? 만약 후자라면 차라리 은행 대출처럼 말수가 적은 자본을 택하는 편이 낫다.

7. 업계에 대한 분석을 마쳤는가?

기본적인 준비도 없이 찾아가서 투자자들의 시간을 낭비하지 마라. 진출하고자 하는 산업 분야에 대한 분석은 그들을 만나기 전에 끝내야 한다. 당신이 이 제안에 진심이며, 상대방의 돈을 현명하게 사용할 준비가 되어 있다는 사실을 보여 주어야 한다.

8. 당신의 비즈니스는 어떤 면에서 차별화되는가?

잠재적인 투자자들은 당신의 아이디어가 어떤 차별화 포인트를 가졌는지 알고자 한다. 시장에서 뚜렷한 경쟁 우위를 확보할 수 있도록 포지셔닝하라.

9. 계산기를 두드려 보았는가? 당신 회사의 가치는 무엇인가?

당신이 설득력 없는 숫자를 제시하는 순간 투자자들은 등을 돌릴 것이다. 그들은 당신이 구체적인 예상 수익을 제시하고, 그 값을 수치상으로 정확히 뒷받침해 주길 원한다. 업계의 지형도를 파악하고 규모가 비슷한 타 비즈니스를 비교군으로 상정하여 매출 및 순이익, 혹은 해당 업계에서 활용되는 지표를 제시하라.

10. 매각 계획이 있는가?

투자자들은 확실한 이익을 위해 향후 5~7년 이내에 비즈니스를 매각할 수 있는지 알고 싶어 한다. 사업에 대한 출구 계획이 세워져 있는 상태인가? 일부 벤처 투자자들은 매각을 위해 설계된 비즈니스에는 투자하지 않는다. 반면에 빠른 이익 실현을 위해 매각을 선호하는 투자자들도 있다. 투자 제안을 하기 전에 이런 부분까지 미리 결정해 두어야 한다.

투자금을 확보하면 당신은 물론 조직 구성원들의 자신감을 크게 높일 수 있다. 돈으로 비즈니스의 수명을 샀다고 생각하면 된다. 마치 비디오 게임을 할 때 부활 아이템을 얻으면 캐릭터가 몇 번 죽더라도 게임을 계속할 수 있는 것과 같다. 똑똑하고 열정적인 투자자가 당신의 회사에 투자하면 책임감이 생길 뿐 아니라 중요한 인맥을 얻거나 현명한 조언까지 기대할 수 있다. 어떤 사람들은 분명 이런 기회를 현실로 만든다. 하지만 비즈니스와 인생의 모든 면이 그렇듯, 이러한 혜택에는 그에 상응하는 대가가 따른다. 반면 투자 없이 현재에 가진 자본만으로 비즈니스를 운영한다면 만성적인 자금 부족 리스크에 시달릴 수 있다. 그러나 회사와 지분에 대한 통제권을 온전히 가진다는 장점을 누릴 수 있으며, 궁극적으로 더 많은 선택권을 얻을 수도 있다.

돈을 가진 사람과 접촉한다는 측면에서, 투자자를 찾는 가장 효율적인 방법은 멘토를 통해 소개받는 것이다. 지인의 소개를 통한다면 투자가치를 인정받을 가능성이 훨씬 높아진다.

멘토가 될 만한 인물들에게 신용을 얻는 가장 좋은 방법은 뭘까? 위에서 살펴본 10가지 질문에 정확하고 구체적으로 대답하는 것이다. 당신이 진지하고 준비된 경영자임을 증명하라.

투자를 받는 데 이상적인 방법이나 타이밍은 없다. 당신이 해야 할 일은 비즈니스에 대한 선택권을 잃지 않으면서 확장에 필요한 자본을 확보하는 일이다. 구걸하지 말고 설득하라. 지금까지 자금 조달에 대해 알아봤다면, 이제는 비즈니스를 성장시키는 방법으로 넘어갈 차례다.

경영 전략의 사분면

피트니스 센터에 갈 때마다 매번 운동을 하고 있는데도, 시간이 아무리 지나도 발전하는 기색이 보이지 않는 사람들이 있다. 운동을 그렇게 꾸준히 하는데 어떻게 늘 제자리걸음인 걸까? 사실 이런 일은 얼마든지 가능하다. 아니, 그 사람들은 오히려 보통이라고 할 수 있다. 피트니스 센터든 사무실이든, 대부분의 사람은 출근해서 뭔가를 하는 시늉만 한다. 그곳에 '소속'되어 있을 뿐 적극적으로 '참여'하려고 하지 않는 것이다. 만약 당신이 이런 습관을 갖고 있다면 아무리 잘해도 피상적인 결과밖에 얻지 못할 것이다. 최악의 경우 당신의 제한된 시야 때문에 회사가 무너질 수도 있다.

성장은 중요하다. 많은 기업가가 잘못 알고 있는 것과 달리, 비즈니스에서 성장의 종류는 하나가 아니라 둘로 나뉜다. 첫째는 선형적 성장, 둘째는 기하급수적 성장이다. 전자는 일정하지만 큰 폭의 이득을 가져다주지 못한다. 마감일을 준수하고 매출 목표를 달성하며 고객을 유지하고 네트워크를 확장해 나가는 식의 성장이 여기에 속한다. 반면 후자는 비약적인 발전을 의미한다. 일상적인 비즈니스 운영을 뛰어넘어 특별한 결단을 내린 경영자만이 이 곡선에 올라탈 수 있다. 그들은 비전을 갖고 이를 실현하기 위해 어렵지만 현명한 결단을 내릴 줄 안다. 그들의 목표는 점진적인 성장이 아니라 세계 정복이다.

기업의 오너 또는 최고경영자의 책임은 아래와 같이 사분면 형태로 요약할 수 있다.

선형적 성장은 적절한 조직 운영과 비즈니스 개발, 매출 관리에서 나온다.

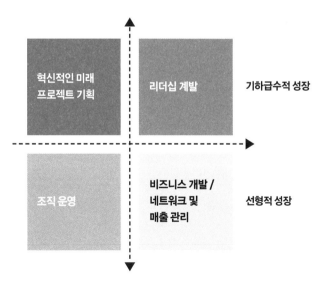

1. 조직 운영

적절한 조직 운영이란 시스템과 기술, 업무 절차를 더욱더 효율적이고 효과적으로 개선하는 것이다. 대부분의 기업가는 이를 비즈니스 전체에서 가장 따분한 영역으로 여긴다. 하지만 조직 운영 체계를 개선하면 폭발적인 성장까지는 아니더라도 상당히 유의미한 발전을 기대할 수 있다. 가령 우리 회사는 앞서 살펴본 것처럼 투자금 및 시간 대비 보상 공식 ITR을 활용하여 업무 절차를 효율화하는 신기술을 도입했고, 그 결과 비용 수백만 달러를 절감할 수 있었다.

기업의 실패는 비즈니스가 너무 빨리 성장하거나 전혀 성장하지 못할 때 찾아온다. '지나치게 빠른 성장'은 얼핏 좋은 말처럼 들리지만, 속도를 받쳐 줄 운영 체계가 갖춰져 있지 못하면 오히려 치명적인 실패 요인으로 작용할 수 있다.

2. 비즈니스 개발 및 매출 관리

다음은 비즈니스를 개발하고 매출을 관리하는 영역이다. 경영자는 새로운 협력 업체와 지속적으로 파트너십을 구축하고 판매 절차를 효율적으로 개선해야 한다. 업계의 주요 행사에 참여하며 네트워킹에 힘쓰는 것도 이런 노력의 일환이다. 결국 가장 중요한 것은 관계라는 사실을 기억하라.

비즈니스 개발은 선형적인 성장이다. 끊임없이 계약을 체결하고 사업 영역을 꾸준히 넓혀 나가라.

아래 두 영역은 기하급수적 성장을 이끄는 요소들이다.

3. 혁신적인 미래 프로젝트 기획

한 기업의 최고경영자로서, 당신은 판을 바꿀 가능성이 있는 프로젝트나 프로모션을 시작할 수 있다. 내가 젊은 시절 일했던 밸리 토털 피트니스는 상당한 보증금을 요구하던 당시 피트니스 센터 업계의 관행을 깨고 '보증금 제로' 회원권을 도입하면서 이런 일을 해냈다. 1995년 콘티넨털 항공Continental Airlines은 자사 여객기의 정시 출발률이 상위 5위 안에 드는 달마다 현장 직원 3만 5000명에게 인센티브를 65달러씩 지급하기로 결정했다. 혁신적인 리더였던 고든 베튠Gordon M. Bethune과 그레그 브레네만Greg Brenneman이 주도한 이 놀라운 캠페인은 마법 같은 효과를 불러일으켰다. 베튠은 저서 《꼴찌에서 일등으로From Worst to First》를 통해 당시 상황을 자세히 묘사하기도 했다.

휘발유 가격이 갤런당 3달러 언저리였던 2005년, 일본의 자동차 그룹 미쓰비시는 승용차 구매 고객들의 기름값을 1년간 지원해 주는 프로모션을 실시했다. 실제 지원 금액은 승용차 가격을 할인해 주는 것과 크게 다르지 않았지만, 그 결과는 할인 프로모션과 비교할 수 없이 성공적이었다. 대한민국 자동차 제조업체인 현대자동차는 미국 내 시장 점유율을 높이기 위해 고군분투하던 시기에 업계 역사상 유례없는 '10년 혹은 10만 마일 보증 정책'을 내놓았다. 이 선택은 소소한 성장을 목표로 한 운영상의 결정이 아니라 기하급수적 성장을 이끄는 과감한 결단이었다.

2005년 2월, 아마존은 '아마존프라임'을 출시했다. 1년에 79달러의 회원비를 지급하면 전 상품을 이틀 내에 무료 배송으로 받아볼 수 있는 서비스였다. 이후에도 아마존은 음원과 무료 영화, 신선 식품 무료 배송을 비롯하여 프라임 서비스 영역을 지속적으로 확장시켜 나갔다. 2019년 9월을 기준으로 아마존프라임 회원 수는 1억 명을 넘어섰다. 현재 회원비가 119달러임을 고려하면, 이 상품으로만 연간 119억 달러의 매출을 올리고 있다는 뜻이다. 이는 누가 봐도 혁신적인 프로모션 사례다.

적절한 타이밍에 적절한 수를 두면 비즈니스는 기하급수적으로 성장한다. 경영자는 고객의 니즈와 요구, 경쟁사의 약점, 그리고 자사의 강점에 대한 모든 정보를 종합하여 급격한 매출 성장을 견인하는 프로젝트와 프로모션을 기획해야 한다.

4. 리더십 계발

한 기업이 기하급수적인 성장을 이룩할 수 있는지 여부는 인재를 효과적인 리더로 육성하는 경영자의 능력에 달려 있다.

더욱 큰 책임을 맡길 잠재적 리더 후보를 물색하고, 3명이든 5명이든 조직 내 핵심 인재를 리스트로 정리하라. 그런 다음 평가를 시작하자. 그들의 강점과 약점을 확인하고 서로 다른 상황에서 보이는 각각의 반응을 관찰하라. 다른 인재들과의 차별성은 무엇인지, 창의적인 아이디어를 얼마나 제시할 수 있는지, 어려운 상황에 얼마나 침착하게 대처하는지 면밀하게 파악해야 한다. 그들에게 회사의 비전을 믿고 리더 역할을 수행할 의사가 있는지 직접 물어보는 과정도 필요하다.

기초적인 검증을 마쳤다면 그들이 앞으로 6개월 12개월 24개월 이내에 할 일을 파악하라. 그들에게는 성장을 위한 도전이 필요하다. 식물에 비유하자면 나무가 자랄 수 있도록 물을 들이붓는 것이다.

당신이 육성하는 잠재적 리더들의 모습이 최고경영자로서 당신의 능력을 평가하는 잣대가 된다. 기하급수적인 성장을 이끌기 위해서는 단순히 명령을 수행하는 것을 뛰어넘어 자신만의 비즈니스를 구축할 수 있는 새로운 리더를 육성해야 한다. 이를 위해서는 인재 발굴과 리더십 계발을 최우선 과제로 삼아야 한다.

매 순간 위치를 점검하라

━━━━━━━ 수많은 경영자가 선형적 성장 이상의 발전을 이루어 내지 못한다. 누군가 기업가가 되겠다고 결정했다고 해서 자동으로 선구적인 리더가 될 수 있는 것은 아니다. 일하는 시간의 대부분을 선형적 성장에 쏟아붓는다면 드라마틱한 성과를 기대하기 어렵다. 반면 기하급수적 성장에만 집착하다 보면 자칫 조직을 지탱하지 못할 리스크가 생긴다.

기업가는 경영 전략의 사분면을 지속적으로 살피며 조직의 현재 위치를 파악하고 지금의 전략이 최선인지 자문해 볼 필요가 있다. 성장의 중점을 어디에 놓아야 하는가? 혁신적인 프로젝트를 추진할 여지가 있을까? 어쩌면 지금 당신의 회사는 향후 3개월을 내다보며 새로운 프로모션을 준비해야 하는 단계일지도 모른다.

체계적인 비즈니스 전략이 얼마나 만족스러운 성과로 이어지는지 깨달으면 깜짝 놀랄 것이다. 사업이 성장하고 돈이 들어오기 시작하면 더없는 충족감이 느껴진다. 일단 이 사이클이 시작되면 경영은 매우 재미있는 일이 된다.

긍정적 압박의 도미노 효과

―――――― 어떻게 하면 당신 조직의 인재들이 업무에 잠재력을 최대치로 발휘하도록 만들 수 있을까? 그들이 해마다 눈에 띄는 발전을 이루도록 자극하려면 어떤 방법을 동원해야 할까?

기업가들이 고민해야 할 어려운 질문이다. 어떤 기업가는 직원들에게 친구 같은 이미지로 다가가려고 노력할 것이다. 누군가는 강하고 솔직한 피드백을 제공할 것이고, 누군가는 격려와 칭찬을 최우선 순위에 놓을 것이다. 이 주제에 대해서는 다양한 이론이 떠돌고 있지만, 나는 최소한 스스로 효과를 보았던 전략을 알고 있다. 장담하건대, 조직 구성원들을 당신의 목표에 공감하게 만들 수 있다면, 그 목표는 반드시 현실이 될 것이다.

내 친구 크리스 헤이스Chris Hayes는 NFL에서 7년 동안 수비수로 활약한 미식축구 선수다. 그는 지금껏 허먼 에드워즈Herman Lee Edwards와 빌 파셀스Bill Parcells를 비롯한 유명 코치 밑에서 실력을 쌓았다. 어느 날 그에게 물었다. "지금껏 만났던 코치 중에서 가장 힘들게 했던 사람이 누구였어?"

헤이스는 주저 없이 대답했다. "빌 벨리칙Bill Belichick 부감독님이지."

벨리칙은 빌 파셀스가 감독으로 있던 뉴욕 제츠New York Jets에서 부감독으로 일하며 헤이스의 트레이닝을 맡았었다.

"벨리칙 부감독님은 파셀스 감독님과 비교도 안 돼. 일단 기대치가 너무 높거든. 솔직히 처음에는 정말 짜증 났어. 훈련 강도와 연습량은 말도 안 되는 수준이고, 선수들에게 모든 면에서 완벽을 요구했거든. 사소한 실수로도 사람을 들들 볶아대. 하지만 같이 지내다 보면 그분이 어떤 선수와 코치진보다도 강렬하게 승리를 원한다는 사실을 알 수 있고, 그 진심을 느끼면 혹독한 훈련도 기꺼이 따라갈 수 있지."

크리스 헤이스와 빌 벨리칙의 관계는 기업가들에게 큰 교훈을 준다. 내게도 벨리칙과 비슷한 면이 있다는 걸 인정해야겠다. 나는 인재들에게 면역이 생길 때까지 압박을 가하곤 한다. 내 압박을 견뎌 낼 수 있다면 고객이 주는 괴로움 또한 인내할 수 있으리라 믿기 때문이다. 나와의 관계를 다룰 수 있는 사람은 누구와도 좋은 관계를 맺을 수 있다. 그들은 나라는 압력솥 안에서 어떤 상황에서도 동요하지 않고 모든 갈등을 부드럽게 처리하는 더 나은 리더로 성장한다.

나는 질문을 던지고 답변을 요구하면서 직원들을 압박한다. 지금 이 책에서 당신을 압박하는 것과 완전히 똑같은 원리로. 나는 우리 회사의 인재들에게 어떤 사람이 되고 싶은지 묻고, 그 꿈을 이루기 위한 구체적인 수행 전략을 요구한다. 그들이 내놓은 대답은 곧 책임감의 기준과 연결된다. 나는 절대로 큰소리를 내거나 누군가에게 윽박지르지 않는다. 직원들에게 내 기준을 강요하지도 않는다. 다만 그들이 본인의 입으로 말했던 꿈을 반복해서 되새겨 줄 뿐이다. 만약 어떤 직원이 스스로 정한 기준에 미달하는 모습을 보인다면, 그에게 찾아가 이유를 묻고 그 이상의 잔소리는 하지 않는다. 무엇을 하라고 강요하는 것보다 스스로 반성할 수 있는 환경을 조성하는 편이 훨씬 효과적이라는 사실을 깨달았기 때문이다. 내가 궁극적으로 심어 주고자 하는 것은 본인이 설정한 높은 기대치에 책임을 지려는 태도다.

물론 이러한 책임을 두 팔 벌려 원하는 이는 흔치 않다. 최고의 기준을 설정하고 목표를 위해 최선을 다한다는 건 그릇이 작은 사람들이 걸을 수 있는 길이 아니다. 그런 의미에서 나는 함께 일하기 수월한 경영자는 아니다. 우리 조직의 구성원들이 내가 주는 압박에 익숙해지기까지는 대개 1~2년의 시간이 필요하다. 그러나 일단 면역이 생기면 그들 앞에 커리어의 황금기가 펼쳐진다. 마치 벨리칙 감독이 이끄는 선수들처럼, 우리 직원들은 높고 까다로운 기대치 앞에서 처음에는 분노를 느끼지만 결국에는 그 기준을 받아들인다. 시간이 지남에 따라 압박이 좋은 성적으로 연결된다는 사실을 깨닫게 되고, 이러한 깨달음은 팀의 승리와 연결된다. 얼마 후에는 압박감이 더 이상 그들을 괴롭히지 못한다.

이 과정은 '도미노 효과'라는 더 큰 보너스로 이어질 수 있다. 내가 한 직원에게 긍정적인 압박을 가하면, 그는 곧 같은 압박을 다른 직원에게 전달한다. 조직에 새 구성원이 들어오면 새로운 기대치를 전달하고, 그들 또한 그 기대치를 전파해 나간다. 결국 성장을 이끄는 압박은 관리 체계를 떠나서 기업의 문화로 스며든다. 단, 이러한 압박의 목적은 단순한 다그침이 아니라 오직 직원들에게 적절한 수준의 긍정적인 자극을 전달하기 위함이라는 사실을 잊지 말아야 한다.

빌 벨리칙은 훗날 뉴잉글랜드 패트리어츠_{New England Patriots}의 감독으로 부임하여 총 6회의 슈퍼볼 우승컵을 거머쥐었다. 쿼터백 톰 브래디가 벨리칙의 훈련을 장난이라고 생각했을 것 같은가? 물론 그럴 리 없다. 실제로 벨리칙은 브래디에게 혹독한 기준을 요구했고, 그 결과는 복합적인 효과로 돌아왔다.

스타 플레이어가 한계를 끌어올리면 다른 팀원들도 최선을 다해 기량을 올릴 수밖에 없다. 압박이 가해지고 기대치가 높아지면 곧 그 새로운 기준이 표준으로 자리 잡는다. 비록 몇 년 후 브래디는 탬파베이 버커니어스_{Tempa Bay Buccaneers}에 합류하기 위해 벨리칙의 패트리어츠를 떠났지만, 두 사람은 무려 20시즌을 함께하며 미식축구 역사상 가장 뛰어난 감독-쿼터백 조합으로 이름을 새겼다. 그 바탕에는 선수를 압박하는 벨리칙의 전략과 도전을 받아들인 브래디의 역량이 있었다.

압박에는 다양한 종류가 있다. 건설적인 비판을 제공할 수도 있고, 성과 목표를 상향 조정할 수도 있고, 까다로운 과제를 제시할 수도 있다. 책임감을 유발하는 질문을 던지면서 압력솥의 압력을 일정하게 유지한다면 직원들이 성장을 위해 최선을 다하는 모습을 자연스럽게 발견할 수 있을 것이다.

이 이야기가 다소 강하게 들릴 수도 있고, 누군가에게는 당혹스럽기까지 할 내용이라는 사실을 알고 있다. 물론 이 전략이 모든 상황에 들어맞는다고는 할 수 없다. 압박 전략이 효과를 거두려면 일단 경영자의 성격과 철학에 부합해야 하고, 조직 문화나 분위기와도 맞아떨어져야 한다. 다시 한번 강조하지만, 나는 내가 효과를 거두었던 방법을 공유하는 것이다. 이 단계까지 다다른 당신이라면 내 경험과 조언을 잘 응용해서 본인에게 가장 잘 맞는 전략을 취할 수 있으리라 믿는다.

선구적인 리더들이 지닌 현실 왜곡장의 힘

월터 아이작슨Walter Isaacson이 쓴 스티브 잡스의 전기는 '현실 왜곡장Reality Distortion Field'(영화《스타트렉Star Trek》에 등장한 용어로, 경영학에서는 불가능한 일을 가능케 하는 독특한 리더십을 일컫는 말로 쓰인다 – 옮긴이)이라는 큰 주제를 중심으로 진행된다. 잡스는 남들이 '충분히 좋다'고 말하는 생각이나 현실을 그대로 받아들이는 대신 독창적인 아이디어를 제시하고 이를 현실로 만들기 위해 사람들을 밀어붙였다. 그의 직원들은 경영자의 의지를 받아들이고 그에 맞춰서 자신의 의지를 수정했다. 잡스는 사람들이 정한 한계를 믿지 않았고, 그 결과 직원들은 인지하지도 못했던 자신의 잠재력에 깜짝 놀라곤 했다.

매 순간 눈높이를 올리는 천재 경영자의 밑에서 일한다는 건 쉬운 일이 아니다. 직원들은 아무리 열심히 일해도 늘 부족하다는 느낌에 시달릴 수 있다. 어떤 이는 이렇게 불평할 것이다. "내가 목표를 이룰 때마다 대표님은 기준을 상향 조정하죠. 그분이 언제쯤이면 완전히 만족하실까요?" 하지만 스스로 정한 한계를 믿지 않는 태도야말로 뛰어난 경영자를 더욱 특출하게 만드는 비결이다. 스티브 잡스가 늘 험난한 목표를 제시하며 직원들의 원성을 샀을지언정 지금은 누구보다 존경받고 있는 이유가 바로 여기에 있다.

갑자기 화제를 전환해서 미안하지만, 해고에 대한 세상의 고정관념은 우습기 짝이 없다. 사람들은 일반 직원이 해고되는 경우가 가장 많다고 생각한다. 그러나 실제로 해고를 가장 많이 당하는 사람은 회사의 설립자 혹은 최고경영자다. 직원 한 명이 회사를 그만두면 경영자는 그에게 해고된 것이나 다름없다. 고객이 경쟁사에 넘어가거나 뛰어난 영업 담당자가 조직을 떠난다는 건 그들이 경영자를 해고했다는 뜻이다. 회사에 이따금 날아드는 고소장 또한 경영자를 향한 해고 통보의 한 형태다. 다시 말해서 한 조직에서 경영자만큼 자주 해고당하는 구성원은 없다.

직원은 직장을 잃었을 때 새 직장을 구할 수 있지만, 설립자나 최고경영자는 종종 실직과 동시에 돌이킬 수 없는 파산의 늪에 빠진다. 중요한 것은 모두가 나와 같은 압박을 받고 있다는 단결된 믿음을 갖는 것이다. 내가 이 이야기를 한 목적은 직원들이 받는 압박감을 축소하기 위해서가 아니라 그 감정을 조직 전체가 똑같이 공유해야 한다는 사실을 알려 주기 위함이다.

지금부터 구체적인 예시를 통해 내가 직원들에게 도전을 제시하는 방법을 보여 주려 한다. 한번은 회의 중에 직원들을 향해 이런 질문을 던졌다. "여러분 중에서 급여 인상을 원하는 사람이 있나요?"

모두가 인상을 원한다고 대답했다.

"좋아요. 지금부터 내가 시키는 대로 한번 해 보겠어요? 지난 1년 사이에 여러분이 올린 가장 큰 매출 실적을 종이에 적어 주세요. 나한테 보여 주지 말고, 본인만 볼 수 있게 적으면 됩니다."

잠시 기다린 후, 나는 이렇게 말했다. "그 아래에 여러분이 올리고 싶은 연 매출 목표액을 적어 주세요."

역시 얼마간의 시간이 흐른 후, 나는 그들에게 질문을 던졌다. "목표액을 떠올렸나요? 그렇다면, 왜 아직 그 목표에 도달하지 못했죠? 그게 회사의 책임이라고 생각하나요? 듣기 좋은 말을 해 줄까요, 아니면 진실을 말해 줄까요?"

직원들은 진실을 원한다고 답했다.

"인재의 가치를 결정하는 건 바로 시장입니다. 어떤 사람은 본인의 가치가 더 높다고 생각할 수 있지만, 만일 시장이 그만큼의 비용을 지급하지 않는다면 아마도 그가 자신의 가치를 과대평가하고 있을 가능성이 커요. 여러분이 쓴 그 숫자는 여러분 스스로 발로 뛰며 쟁취해야 합니다. 이건 결코 운에 달린 일이 아니에요. 영업 관리자로 승진하고 싶나요? 여러분의 팀을 직접 지휘하고 싶나요? 그렇다면 시장에서 여러분의 가치를 높이기 위해 어떤 노력을 해야 하는지 자기 자신에게 질문하세요. 우리 회사에 오래 머무는 인재들은 하나같이 끊임없는 발전을 추구하고 있습니다. 우리는 성장하는 직원을 높이 평가해요. 만약 여러분이 계속 제자리에 머문다면 다른 동료가 여러분을 뛰어넘어 관리자 자리에 오를 겁니다."

이러한 과정을 반복하면 직원들 사이의 압박감과 기대치가 올라가고, 무엇보다 성과가 향상되는 모습을 볼 수 있다.

그 후에는 직원들이 스스로 반성하고 구체적인 미래 계획을 세울 수 있는 환경을 조성해야 한다. 나는 우리 직원들에게 앞으로 둘 예정인 다섯 수를 목록으로 작성한 뒤 책임을 질 각오가 되면 이메일로 보내 달라고 요청한다. 이 요청에 응함으로써 그들은 스스로 목표를 설정하고, 내게 책임을 요구할 권리를 허락한다.

사자에게 제국을 건설할 자유를!

철학자 루트비히 비트겐슈타인은 말했다. "만약 사자가 인간의 말을 할 수 있대도 우리는 그 말을 이해하지 못할 것이다." 기업을 경영하려면 사자(특출한 인재)를 다루는 법을 배워야 한다. 사자는 제국을 건설하고 사람들을 이끄는 능력을 지녔다. 기업에 가장 큰 이익을 안겨 주는 동시에 수많은 골칫거리를 유발하는 것이 바로 사자들이다. 그들은 대개 성과에 대한 기준이 높고 친화력이 약하다. 때로는 아예 감정이 없는 사람처럼 보이기도 하며, 그런 만큼 대부분 조직화되지 못하고 점 조직으로 흩어져 있다.

롭 파슨은 사자였다. 거대한 잠재력을 지닌 그는 모건스탠리라는 조직을 택했지만, 불행히도 경영진이 사자를 다루는 법을 몰랐던 탓에 하마터면 그를 잃을 뻔했다. 양은 얼마든지 잃어버려도 괜찮다. 10센트에 10마리씩 살 수 있으니까. 그러나 사자의 상실은 말 그대로 비극이다.

비즈니스 역사에서 위대한 기업들은 늘 자신만의 제국을 이끄는 수많은 사자로 가득했다. 나의 비즈니스를 시작하기 전에 나는 업계에서 가장 큰 회사에 소속된 사자였다. 그때의 나는 공격적이고 자신만만했다. 내가 경영진에게 16쪽 분량의 제안서를 보내며 조직 차원의 변화를 요구했던 일화를 기억하는가? 만약 그들이 사자 다루는 법을 제대로 알았다면 내가 지닌 공격성을 활용해서 금고를 가득 채울 수 있었을 것이다. 나는 그 조직에서 사내기업가로 성장했을 테고, 내 실력보다는 약소한 조건에 만족하면서 회사에 큰돈을 벌어다 주었을 것이다. 그러나 그들은 나와 소통하는 방법을 몰랐고, 결국 나는 회사를 떠났다.

사자 다루기의 핵심은 그들에게 도전 과제를 안겨주는 것이다. 스포츠 팀의 스타 플레이어들도 혹독한 훈련의 정점에서는 감독에게 분노를 느낀다. 자신의 한계를 초월하는 도전이 마냥 쉽고 재미있을 리 없다. 그러나 진정한 스타들은 결국 자신을 이끌어 준 지도자에게 감사를 보낸다. 어째서일까? 그들은 사자이고, 사자는 고통의 역치를 뛰어넘는 과정을 통해 성장하기 때문이다.

당신이 원하는 것이 모두의 호감이라면, 상대를 편안하게 해 주는 것이 당신의 가장 큰 즐거움이라면, 당신은 사자를 상대할 능력이 없고 따라서 경영자가 될 자격도 없다. 지금 당장은 미움을 받을 수도 있다. 그러나 인재들을 성장시키고 당신의 비즈니스를 생존시키는 유일한 방법은 그들에게 책임이라는 도전을 제시하는 것뿐이다.

⊙ 인재에게 책임을 부여하는 7가지 방법

1. 책임을 주고 약속이 이행되지 않았을 때 호출하기를 두려워하지 마라. 그들에게 개인적인 감정이 없다는 사실을 분명히 해야 한다. 당신이 지적하고자 하는 것은 그들의 성과지 성격이 아니다. 이와 더불어

소통하는 내내 매너를 유지하라.

2. 이유를 물은 뒤 대답이 나올 때까지 충분한 시간을 주고 묵묵히 기다려라. 약속이나 목표가 지켜지지 않은 이유에 대해 충분한 설명을 듣지 못했다면, 일단 그에게 직접 물어보고 구체적인 대답을 확인하라. 상황을 깊이 파고들어 문제의 진짜 본질을 파악해야 한다. 이러한 접근이야말로 대화를 생산적으로 이끌 수 있는 유일한 방법이다.

3. 추상적인 격려 대신 수치로 환산할 수 있는 구체적인 목표를 제시하라. 단순히 열심히 일하라거나 더 잘할 수 있다는 식의 격려로는 도움이 되지 않는다. 정확한 목표치와 마감일을 정한 뒤 구체적인 도전 과제를 전달하라.

4. 시작 단계에서 기준과 보상을 명확히 한다. 부여받은 책임을 다했을 때(혹은 다하지 못했을 때) 어떤 결과가 이어질지 미리 전달하는 것이다. 숫자는 거짓말을 하지 않는다. 시작 단계에서 명확한 기준을 제시하면 미래에 일어날지도 모르는 잠재적 갈등을 피할 수 있다.

5. 작업의 흐름을 구체적으로 지도하라. '무엇'을 하라고 지시하는 것만으로는 충분하지 않다. 그 목표를 '어떻게' 이룰지 가르치는 것까지가 경영자의 역할이다. 해당 인재가 작업을 완수할 수 있는 자원과 전문 지식을 갖출 수 있도록 주의 깊게 챙겨야 한다.

6. 해당 인재의 팀 내 역할을 파악하라. 그에게 주어진 도전이 다른 팀 구성원들에게 어떤 영향을 미칠까? 그를 성장으로 이끌기 위해 추가적으로 책임을 부여해야 할 다른 구성원이 있을까?

7. 감정과 공감으로 마무리하라. 우리는 모두 감정을 가진 인간이라는 사실을 기억하라. 누구에게나 남들이 알지 못하는 아픈 과거가 있다. 단호함과 공감을 동시에 드러내며 소통해야 한다.

이 목록에는 빠진 내용이 한 가지 있다. '당신'은 누구를 통해 책임을 부여받는가? 당신과 동등하거나 더 낮은 직위의 구성원들은 당신에게 단호한 입장을 취하지 못할 수 있다. 직원들에게 도전 과제를 달라고 요구하지 마라. 이때 찾아야 할 사람은 당신이 존경하는 동시에 기꺼이 당신에게 매주 책임을 전해 줄 수 있는 사람이다. 당신을 관리하는 직책이 있다면 그를 찾아갈 수 있겠지만, 만약 당신이 최고경영자라면 투자자나 이사회에 똑같은 요청을 할 수 있다. 앞서 언급한 비스티지나 젊은경영인협회Young Presidents' Organization, YPO 같은 조직도 견고한 이사회와 컨설턴트 역할을 제공해 줄 것이다. 큰 목표를 공유하고 흔들림을 잡아 줄 사람을 찾아내는 것, 그럼으로써 성장을 이룰 수 있을지는 오로지 당신의 의지에 달려 있다.

당신에게 책임을 부여하는 사람들의 목록을 만들어라. 그들의 신뢰도는 몇 단계에 와 있는가? 만약 그들의 신뢰도가 높지 않다면, 그럼에도 불구하고 그들을 택한 이유는 무엇인가?

스스로 기업의 경영자가 되기로 마음먹었다면 비즈니스를 운영하기 위해 필요한 자본을 조달해야 한다. 앞에서 살펴본 것처럼, 최선의 결정을 내리기 위해서는 당신이 포기할 수 있는 통제권(및 지분)과 받아들일 수 있는 책임의 양을 따져 보며 균형을 잡아야 한다.

일단 충분한 자금을 확보한 후에는 기업 운영의 초점을 성장에 맞추게 된다. 추진력을 얻고 지속적으로 유지하려면 기하급수적인 성장과 선형적인 성장을 동시에 추구할 필요가 있다. 혁신적인 미래 프로젝트는 비즈니스 확장의 촉매제가 될 것이다. 성장하는 기업의 리더들은 기하급수적인 성장을 추구하되 감당할 수 있는 속도를 유지하려고 노력한다.

경영자의 가장 큰 자산 중 하나가 직원들임을 잊지 마라. 세상이 자신을 중심으로 돌아간다고 착각하는 경영자는 곤경에 빠질 수밖에 없다. 직원이 없으면 비즈니스도 없고 경영자의 존재도 필요 없다.

최선을 다해 인재를 관리하라. 그들은 당신이 거짓말을 하면 눈치챌 것이다. 직원들은 경영자의 성실함과 진정성에 반응하며, 이러한 자질을 증명하는 가장 좋은 방법은 세심한 질문을 던지는 것이다. 당신은 직원들의 꿈과 목표, 신념에 관심이 있는가? 만약 그렇다면 훌륭한 경영자에게 필요한 자질을 갖췄다고 할 수 있다.

인적자원보다 더 중요한 자원은 없다. 당신은 A직원이 조직에 어떤 기여를 하는지, 어째서 B직원은 업무에 최선을 다하지 않는지, C직원이 종종 일정을 지키지 못하는 이유가 무엇인지 정확히 파악하고 있어야 한다. 문제가 있는 직원과 점심을 함께 들며 개인적인 대화를 나누는 것도 좋은 방법이다. "요즘 어떻게 지내요? 부인은 잘 지내나요? 아이들은 잘 크죠?" 좋은 비즈니스는 좋은 관계 위에 세워진다.

여기까지 읽고 '할 일이 너무 많은걸!'이라고 생각했는가? 이 모든 작업에는 몇 년의 시간이 필요하다는 사실을 명심하라. 하룻밤 사이에 모든 목표를 이루리라고 기대해서는 안 된다. 이것은 성장을 향한 끝없는 욕망이 반영된 끝없는 과정이다. 언젠가 당신은 그저 명함에 찍힌 직함 때문에 경영자라고 불리는 그런 이들과 다른 부류가 될 것이다. 사람들이 당신을 경영자로 바라보기 시작할 때, 그때가 되면 스스로 진짜 경영자가 되었다는 사실을 체감할 수 있을 것이다.

추진력을 유지하며 혼돈에 대비하라

제 10 장

"모든 것이 무너질 것 같은 불안.

이러한 공황이야말로 정확한 성공의 감각이다.

당신은 가능한 한 빨리 그 두려운 감정에서

벗어나고 싶을 것이다. 당신의 뇌는 끊임없이 위험 신호를 보내며

그 위험을 없애고 긴장 상태를 끝내는 것이

가장 중요한 목표라고 외쳐댈 것이다.

도망치고 싶을 것이다. 바로 이 순간이야말로

대부분의 사람이 패배하는 지점이다. 자신의 두려움을 인지하고

그 순간에 더 깊이 몰입하는 태도가 핵심이다."

—세스 고딘Seth Godin, 기업가 겸 베스트셀러 작가

부와 명예, 권력을 얻으려면 10연승을 거두는 농구 팀 같은 존재가 되어야 한다. 끊임없이 상승하면서 탄력을 받아야 한다는 뜻이다. 과학에서는 물체의 질량과 속도를 통해 추진력을 설명한다. 기업가의 관점에서 추진력이란 비즈니스의 현재 위치와 성장 속도의 산물이다.

추진력을 얻은 비즈니스는 그 자체로 하나의 힘이 된다. 당신의 사업이 멈출 줄 모르고 끝없이 확장될 때, 제정신이 박힌 사람이라면 아무도 그 앞을 막아서려 하지 않을 것이다. 그 과정에서 당신은 점점 더 많은 재산과 능력, 자신감을 얻은 채 앞으로 나아갈 것이다.

추진력을 얻는 방법에 대해 진지하게 고민해 보라. 이 소중한 힘을 평생의 반려자가 될 연인처럼 대하라. 만날 때마다 더 좋아지고 볼 때마다 더욱 사랑스러운 그런 연인 말이다. 이러한 관계는 단순한 육체적 사랑을 뛰어넘어 감정적인 친밀함과 서로에 대한 존중을 바탕으로 한다.

얻었던 추진력을 잃는 가장 빠른 방법은 바로 소홀함이다. 당신의 사랑스러운 연인은 계속해서 당신이 최고라고 말해 준다. 당신은 그 말을 믿고 점점 오만하고 게으른 태도를 보이기 시작한다. 그(그녀)가 항상 그 자리에 있어 주리라고 생각한다. 그러다 어느 날 갑자기 상대가 폭발해 버리고, 그렇게 당신은 연인을 잃는다. 추진력을 잃는 과정도 정확히 일치한다. 당신은 굴욕감을 느끼며 한 번 굴러떨어진 계단을 다시 오르려 하지만, 이미 신뢰를 잃어버린 만큼 두 번째 도전은 첫 번째보다 훨씬 고통스럽다.

나는 비즈니스 세계에서 이와 비슷한 시나리오를 너무도 자주 목격했다. 그런 만큼 이 장에서는 추진력의 힘과 리스크에 대해 이야기하고자 한다. 효과적인 혁신 프로젝트를 실시하고 리더십을 계발하면 비즈니스에 탄력이 붙는다. 하지만 진짜 문제는 그 힘을 유지하는 일이다. 반짝 성공을 거둔 기업가는 많지만, 그 지위를 계속해서 유지하는 사람은 많지 않다. 둘 사이의 차이는 규율의 유무다. 추진력은 당신에게 힘을 실어 주지만 동시에 약점을 보는 눈을 가려 버린다. 이번 장에서는 우선 비즈니스에서 추진력을 얻는 방법을 살펴보고, 그 후에 이를 유지하는 방법에 대해 알아볼 것이다.

아직 추진력 유지를 위해 노력해야 할 이유를 잘 모르겠다면 다음과 같은 사실을 상기하라. 기업가는 대부분 추진력이 일정 기간 지속되면 마치 신이 된 듯한 기분을 느낀다. 이 결정적인 변화의 힘을 흔들림 없이 이어가려면 체계적인 규칙을 마련하고 눈앞의 성공이 지나친 자만으로 이어지지 않도록 주의를 기울여야 한다.

뭔가에 중독돼야 한다면 속도에 중독돼라

함께 일하는 사람들에게 내가 가장 크게 기대하는 것은 속도와 실행력, 효율성이라는 세 가치에 대해 타협하지 않는 태도다. 이익의 규모는 그리 중요하지 않다. 나는 속도, 실행력, 효율성을 원한다. 이 세 분야에서만큼은 지독히 탐욕스러운 경영자가 바로 나다. 나는 세 가치를 모두 손에 넣고 싶다.

경영자가 반드시 답해야 할 중요한 질문이 있다. 어떻게 하면 일 처리에 들어가는 시간을 줄일 수 있을까? 수많은 기업가가 속도를 높이는 방법을 이해하지 못한다. 아마도 그들은 이렇게 변명할 것이다. "우리는 이미 가능한 한 최대의 속도로 달리고 있어요. 이보다 더 빨리 갈 방법은 없습니다." "시간을 줄이려면 줄일 수는 있겠지만, 그러려면 더 많은 직원을 고용하거나 더 나은 시스템을 구비하느라 비용이 너무 많이 들어갈 거예요."

말도 안 되는 소리다.

속도를 위해 품질을 떨어뜨려서는 안 되겠지만, 품질을 유지하면서 속도를 높이는 방법도 분명히 존재한다. 우선 페라리 얘기부터 시작해 볼까. 그들은 1977년, 1997년, 2017년에 각각 세 버전의 자동차를 출시했다. 아래 그림은 각 차량의 제로백(자동차가 정지 상태에서 시속 100킬로미터에 이르는 시간–옮긴이)을 나타낸다.

발전의 흐름을 고려할 때, 2037년형 페라리는 어떤 기술을 선보일까? 제로백 0.9초는 어떤가?

1977 308
: 8.1초

1997 F355
: 4.9초

2017 488GTB
: 2.9초

2037 GTX
다음 제로백은?

정지 상태에서 눈 깜짝할 사이에 시속 100킬로미터에 도달한다는 것은 불가능한 얘기처럼 들린다. 하지만 1977년에 사람들이 "페라리가 제로백 4.9초를 달성할 가능성은 없어"라고 말했던 것도 의심할 여지 없는 사실이다.

영업과 채용, 고객 서비스를 비롯한 비즈니스의 다양한 영역을 고려할 때 시간을 단축하기 위해서 할 수 있는 일에는 어떤 것들이 있을까? 당장은 어렵거나 불가능한 목표로 보일 수 있지만, 나는 당신이 어떤 업무를 수행하든 그 시간도 줄일 방법이 있다고 확신한다.

이미 최선을 다하고 있다고 항변하기 전에, 또 다른 자동차 회사 이야기를 한번 들어보라. 제프리 라이커가 《도요타 방식》에서 설명했듯이, 도요타가 거둔 성공의 촉매는 생산 라인에서 발생하는 모든 문제를 59초 안에 해결하기로 한 결정이었다. 그들은 부품을 조립하는 직원 모두에게 벨을 지급하고 문제가 생길 때마다 울리도록 했다. 벨 소리가 울리면 담당 관리자가 즉시 달려와 문제를 해결하는 시스템이었다.

이것이 바로 도요타가 업계를 평정하게 된 비결이었다. 마케팅이나 가격 문제가 아니었다. 그들은 시간의 프레임을 압축하는 방법을 찾아냈다. 다시 말해서 그들은 경쟁사보다 더 빠른 실행력을 갖추게 되었다.

패스트푸드 산업으로 넘어가 보자. 맥도날드는 어떻게 그 오랜 시간 동안 시장을 지배해 왔을까? 음식이나 서비스가 더 좋기 때문은 아니다. 그들이 음식을 더 빨리 내주는 시스템을 갖추고 있었기 때문이다. 당신 또한 도요타와 맥도날드의 선례를 따라야 한다. 기술을 지닌 인재들을 모아 위원회를 만들고, 그들에게 비즈니스를 더 빨리 진행할 수 있는 방법을 찾아내는 임무와 책임을 맡기는 것이다. 우선 업무의 각 단계를 종이 한 장에 일목요연하게 나열한 뒤 그중에 제거할 만한 요소가 있는지 확인하라. 제거하지 않는 단계들도 단축할 방법이 있는지 연구해야 한다. 결과가 나오면 단축된 과정을 적용하여 베타 테스트를 진행하고, 테스트 결과를 반영하여 수정안을 만들어라. 가능한 한 모든 도구를 활용하여 시간의 프레임을 압축해야 한다.

추진력을 얻는 4가지 방법

━━━━━━ 아래 4가지 요소의 속도를 높이면 비즈니스가 더 민첩하게 진행될 수 있다.

1. 업무 속도

업무 속도는 경영자가 직원들에게 제공하는 지원 시스템에 좌우된다. 우선은 각 직원의 성향과 역량을 파악하라. 그들이 업무 속도를 높일 수 있도록 훈련이나 기타 지원을 제공할 여지가 있는가? 혹시 일을 더 빨리 처리할 수 있는 인재를 영입할 필요는 없는가? 업무 속도야말로 비즈니스의 핵심이다.

2. 처리 속도

조직이 앞으로 나아가기 위해 처리해야 할 다양한 절차가 있다. 제품 생산의 시작부터 끝까지 얼마나 긴 시간이 걸리는가? 앞서 살펴본 것과 같이 작업의 각 단계를 목록화한 뒤 '속도'라는 키워드를 중심으로 면밀하게 분석해 보라. 가령 당신이 온라인 쇼핑몰을 운영한다면, 처리 속도에 영향을 미치는 제품 구매 단계를 다음과 같이 정리해 볼 수 있을 것이다. 상품 검색 → 사이트 방문 → 상품 클릭 → 가격 및 옵션 확인 → 장바구니 담기 → 결제 정보 입력 → 배송 방법 선택 → 구매 확정. 확률적으로 따져 봐도 고객이 거쳐야 할 많은 단계 중에서 적어도 하나 정도는 시간을 단축할 여지가 있을 것이다. 그렇지 않은가? 당신도 아마존의 '원클릭' 서비스에 대해 들어 보았을 것이다. 그들이 전자 상거래 시장을 지배할 수 있었던 비결은 바로 처리 속도 단축에 있었다.

3. 확장 속도

확장 속도는 얼마나 빨리 새로운 시장에 진출하고, 인수 합병을 진행하고, 시장에 새로운 제품을 내놓을 수 있는지 여부에 달렸다. 유통 업계의 기업이 새로운 시장에 진입하는 데 걸리는 평균 시간은 얼마인가? 다시 한번 강조하지만, 우리는 현재의 시간 프레임을 확인하고 각 단계를 분석해야 한다. 해외 시장 진출 프로젝트에서 속도를 잡아먹는 특정한 단계가 있는가? 당신의 역할은 병목 현상을 일으키는 원인을 파악하고 해결 방법을 찾는 것이다. 만약 해당 국가의 관료주의 때문에 협상이 계속 지연되고 있다면 이 문제 때문에 소모되는 시간과 비용, 노력이 어느 정도인지 확인하라. 어쩌면 가장 간단한 해결책은 글로벌 사건의 대리 경험과 적절한 네트워크를 가진 변호사를 선임하는 것일 수 있다.

4. 타이밍

"언제?"라는 질문은 마법 같은 효과를 가져온다. 정확한 타이밍에 움직이면 더 많은 자원을 지닌 경쟁자도 꺾을 수 있다. 가령, 당신은 특정 질병에 대한 특정 비타민의 치료 효과를 입증한 연구 결과가 정부 기관을 통해 언제 발표될 것인지 알고 있다. 그들이 정확히 어떤 제품을 추천할지는 알 수 없지만, 적어도 당신 회사에서 개발한 비타민제에 해당 성분이 다량 함유되어 있다는 사실은 분명하다. 그렇다면 신제품 출시일을 정부가 연구 결과를 발표하는 날에 맞추는 편이 효율적일 것이다.

타이밍은 다양한 결정에 영향을 미친다. 당신은 신사업 계획을 발표할 때도, 경쟁사에 대한 공격을 시작할 때도, 직원을 채용하거나 해고할 때도, 보너스나 스톡옵션을 지급할 때도 각각 최상의 타이밍을 찾아야 한다. 적절한 타이밍을 고르면 결정의 영향력이 2배로 커진다. 사람들은 종종 '속도가 전부다'라는 얘기를 한다. 맞는 말이다. 속도야말로 경쟁의 전부다.

⊙ 시간 프레임을 압축하는 7단계 시스템

1. 단축할 절차를 선택한다. 주택 구매든, 앱을 통한 택시 호출이든, 온라인 플랫폼을 통한 사진 공유든, 모든 일을 할 때는 따라야 할 절차가 있다. 실제로 잠재력 있는 비즈니스를 파악하는 가장 좋은 방법은 개선할 여지가 있는 절차를 찾아내는 것이다.

2. 절차의 각 과정을 나열한다.

3. 불필요한 과정을 들어낸다. 본격적으로 마법을 부리는 단계다. 특정한 절차에 줄일 만한 과정이 있는지 확인하고, 만약 그 과정을 생략한다면 전체 프로세스가 어떻게 작동할지 예상해 보라. 이 지점에서 고개를 갸우뚱하는 독자가 있을 수 있다. 이해가 잘되지 않는다면 5장으로 돌아가서 우리 회사가 처리 속도를 높이기 위해 200만 달러 이상을 지출한 이유를 다시 확인해 보라.

4. 과정을 최소화하라. 들어내고 남은 과정들 또한 최대한 압축한다. 남은 과정에 소요되는 시간을 줄이면 특정 과정을 제거해서 이미 간소화된 절차가 더욱 단순해지는 효과를 기대할 수 있다.

5. 베타 테스트 기간을 거쳐라. 고객 표본을 설정하여 새로운 절차가 어떻게 작동하는지 확인하라. 시장의 반응과 더불어 추가로 개선해야 할 부분을 확인하는 것이다.

6. 조정하라. 베타 테스트 결과를 반영하여 세부 조정을 거치는 단계다. 시장의 구체적인 니즈에 맞춰 세부 사항을 조정하라.

7. 지속적으로 개선하라. 이제 테스트와 수정을 거쳐 완성된 절차를 적용할 준비가 완료됐다. 새 절차를 개시하여 제품을 시장 구석구석까지 더 빨리 전파하라. 이와 더불어 기하급수적인 성장을 이끌어 내기 위해서는 이러한 압축 과정을 반복하고 또 반복하며 개선해 나가

야 한다는 사실을 잊지 마라.

현재와 미래를 동시에 계획하라

━━━━━ 스티브 잡스는 말했다. "제가 좋아하는 아이스하키 선수 웨인 그레츠키Wayne Gretzky의 오래된 명언이 있습니다. '나는 퍽이 있었던 곳이 아니라 있을 곳으로 달려간다.' 이것이 바로 애플이 늘 해내고자 하는 일입니다." 너무 많이 인용되어 이제는 진부해 보이기까지 하는 명언이지만, 그럼에도 그 안에는 커다란 지혜가 담겨 있다. 그레츠키는 하키 역사상 최고의 거장이다. 그가 여전히 '위대한 선수'로 추앙받는 이유는 상대 선수보다 더 많은 수를 내다보는 능력 덕분이었다.

당신의 몸은 현재를 살아가며 수많은 결정을 내릴지언정 마음과 영혼은 미래의 현실 속에 살고 있어야 한다. 당신이 일하는 사무실 공간을 예로 들어 보자. 비즈니스가 번창하면 사무실은 지금보다 더 넓어질 것이다. 성장 궤도가 가팔라질수록 공간의 확장 속도는 더 빨라져야 한다. 성공한 사업에는 더 많은 인력과 장비, 공간이 필요하기 때문이다. 2019년 9월 기술 기업 커뮤니티 빌트인시카고Built in Chicago는 헬스케어 스타트업 빌리지MDVillageMD가 시리즈B 펀딩(제품 및 시장 개발 단계를 지나 비즈니스 확장을 목적으로 하는 투자금 펀딩-옮긴이)에서 1억 달러를 확보했다는 취지로 다음의 보도자료를 발표했다. "이 회사는 지금까지 총 2억 1600만 달러의 투자를 받았으며 (…) 2013년 설립 이래 본사를 4차례 확장 이전했다."

급속한 성장은 혼돈을 초래할 수 있지만, 간단한 규칙을 지킨다면 예측되는 카오스를 어느 정도 통제할 수 있다. 만약 자본금이 확보되어 있다면, 지금부터 18개월 후에 필요할 공간을 기준으로 사무실을 임대하라. '만약'이라는 단어는 기업들에 중요한 의미를 지닌다. 6년 사이에 네 번의 이사를 거치는 동안 빌리지MD는 현재 급격한 성장 속에서도 적절한 균형을 찾은 것으로 보인다.

사무실 규모가 비즈니스의 성장 속도를 따라잡지 못하면 직원들이 일할 공간이 부족해진다. 사무 공간이 좁아지면서 사람끼리 불편하게 부딪칠 일이 생길 것이다. 언쟁 소리는 더 크게, 더 자주 들려 올 것이며 회의실 이용 시간을 두고 다툼이 벌어질 것이다. 동료가 전화 통화를 엿들을까 봐 전전긍긍하는 직원들도 생겨날 것이다. 공간 부족이 사업의 추진력에 악영향을 미친다는 사실에는 의심의 여지가 없다.

로미오는 캘리포니아주 롱비치에 금융 마케팅 회사를 설립하기 위해서 75만 달러의 투자금을 확보했다. 다른 많은 기업가와 마찬가지로 로미오 역시 뛰어난 영업직 출신 인재였다. 야구에 비유하자면 그는 카리스마 넘치는 마무리 투수로, 사람의 마음을 끌어당기는 데 탁월한 재능을 지니고 있었다. 영화 《글렌게리 글렌 로스_Glengarry Glen Ross》의 알렉 볼드윈_Alec Baldwin 캐릭터가 그랬듯, '서명란에 서명을 받아내는' 것이 그의 주특기였다. 그러나 직원으로서는 최고의 인재였던 사람도 기업가로서는 형편없는 모습을 보일 수 있다.

나는 로미오의 사업을 확인하기 위해 롱비치 세계무역센터에 위치한 사무실로 찾아갔다. 그는 거의 2800제곱미터에 달하는 건물의 19층 전체를 임대한 상황이었다. 그 건물의 1제곱미터당 연간 임대료가 약 320달러라는 점을 고려하면 사무실 월세만 7만 5000달러에 육박했다. 인건비는 고사하고 전기, 통신, 인터넷 요금을 비롯한 사무실 운영 비용을 전혀 고려하지 않은 순수 임대료가 그 정도였다. 로미오가 한두 수 앞도 내다보지 못한 채 행동하고 있다는 사실은 명백했다.

로미오의 투자자는 내게 투자 전망을 평가해 달라고 요청했다.

"투자금이 언제쯤 회수되리라고 보십니까?" 내가 물었다.

"너무 조급하게 생각하지는 않고 있습니다. 한 6개월 정도면 돌아오지 않을까 해요." 그가 말했다. "에라, 모르겠다. 넉넉하게 잡고 12개월 후까지도 기다려 줄 수 있습니다."

하지만 내가 파악한 상황에 따르면, 그가 한 투자는 벼랑 끝으로 치닫고 있었다. 계산기를 한 번만 두드려 봐도 분명히 알 수 있는 일이었다. 로미오는 단순한 유지 비용을 충당하기 위해 한 달에 10만 달러를 벌어야 했고, 투자금을 상환하려면 추가로 6만 2500달러의 수익을 내야 했다. 그의 고급스러운 취향을 반영한 음식과 옷, 자동차 등의 개인 경비는 말할 것도 없었다.

나는 롱비치를 떠나기 전날 밤 로미오와 저녁을 먹었다. 그는 솔직한 피드백을 요청했고, 나는 기회가 있을 때 즉시 비용을 최소화하라고 조언했다. 정규직 근로자 5명에 계약직 30명인 회사에 그렇게 큰 사무실은 말이 되지 않는다. 그 드넓은 공간에 덩그러니 방치된 40개의 칸막이형 책상은 마치 시체 안치소처럼 보인다고 의견을 전했다. 충분히 예상했지만, 그는 내 충고를 별로 달가워하지 않았다.

로미오는 분명 비즈니스를 성공시킬 수 있는 재능과 기술을 가지고 있었다. 하지만 그는 사업을 제대로 운영하기 위해 건전한 재정 정책이 필요하다는 사실을 받아들이지 않았다. 그가 결국 심각한 빚더미에 올라 사업을 접었다는 소식은 놀랄 일이 아니었다. 당신은 로미오가 그랜드마스터처럼 움직였다고 생각하는가? 그가 두세 수만 앞서 생각했더라도 이런 비극은 찾아오지 않았을 것이다.

현재와 미래를 동시에 관리하려면 미묘한 균형을 잘 잡아야 한다. 어떤 회사가 5명의 정규직 직원을 고용한 상황이라면 그에 적당한 사무실 규모는 최대 15~20명을 수용할 수 있는 정도가 될 것이다. 센스 있는 경영자라면 '필요할 때' 확장할 수 있도록 인접한 공간에 대한 정보까지 미리 알아 둘 것이다.

그렇다. 당신에게 필요한 것은 성장 계획이다. 자원을 가장 중요한 항목에 적절히 배치할 수 있도록 현명한 계획을 세워라. 합리화는 누구나 할 수 있다. 멋진 사무실에 집착하기 전에 다음의 간단한 퀴즈를 한번 풀어 보라. 현존하는 거대 기업들과 그 출발점이 된 사무실을 짝짓는 문제다.

당신도 애플의 창업 스토리는 들어보았을 것이다. 나머지 회사들의 출발점 또한 찾아서 연결해 보자.

후회 최소화 전략

아마존 창업자 제프 베이조스는 '후회 최소화Regret Minimization'

회사	첫 사무실
애플 ·····························►	캘리포니아주 쿠퍼티노의 차고
마텔	집
구글	친구네 기계 공장 뒤에 있던 비좁은 창고
디즈니	본인의 차고
이베이	삼촌네 차고
할리데이비슨	기숙사 방
델	임대 차고

출처-기업 사이트
/ 애플-위키피디아 / 마텔-본인 창고 / 구글-컴퍼니닷컴 / 디즈니-위키피디아 / 이베이-집 / 할리데이비슨-집 / 델-본인 창고 위키피디아 / 창고 중심지

에 대한 이야기를 자주 한다. 그는 미래를 내다보면서 시도하지 않으면 후회하게 될 일들을 미리 따져 본다. 리스크를 확실히 계산하고 도전한 다면 비록 실패하더라도 아예 시도하지 않았던 것보다는 더 낫기 때문 이다.

NHL(북미아이스하키리그) 역사상 최고 득점 기록을 가진 웨인 그레츠 키는 귀중한 명언을 하나 더 남겼다. "날리지 않은 슛은 100퍼센트 실패 한다."

당신이 이 개념을 더욱 명확하게 이해할 수 있도록 질문을 하나 던져 보려 한다. 만 89세인 워런 버핏의 자산은 900억 달러에 달한다. 그가

만 47세였을 때는 자산이 얼마였을까? 50억 달러? 20억 달러? 보통 사람들은 평균적으로 이 정도를 예측한다. 아무리 42년이란 시간이 있었다 해도 900억 달러를 만들려면 최소 그 정도의 자본금은 있어야 할 것 같다고 생각하기 때문이다.

그러나 만 47세 때 버핏의 자산은 6700만 달러에 불과했다.

어떻게 이런 일이 가능했던 걸까? 6700만 달러를 900억 달러로 불리려면 분명 어마어마한 작업이 필요했을 것이다. 그는 대체 무슨 일을 했던 걸까?

그가 이런 성공을 거둘 수 있었던 것은 나쁜 습관이 없었고 매사에 후회를 최소화했던 덕분이었다. 나는 버핏 씨와 개인적인 친분이 없고, 따라서 그가 했을 남모를 후회까지는 알지 못한다. 하지만 그에 대한 모든 기록은 그가 비즈니스와 사생활 면에서 두루 점잖고 공정한 사람이라는 평가를 내리고 있다.

그는 마약 중독자가 아니다. 외도나 도박도 하지 않고, 법적인 공방에 휘말리지도 않는다. 최소한 공개된 기록상에는 이런 흔적이 전혀 없다. 그는 늘 후회를 최소화하며 추진력을 유지했고, 그 결과 42년 사이에 6700달러를 900억 달러로 불리는 데 성공했다.

이런 그의 행보를 토크쇼 진행자 모턴 다우니 주니어Morton Downey Jr.와 비교해 보자.

1980년대 후반만 해도 다우니의 토크쇼는 필 도나휴Phil Donahue의 프로그램보다 훨씬 큰 인기를 끌었다. 그는 리얼리티 쇼가 대세로 자리 잡기 한참 전부터 리얼리티 쇼 스타일의 방송을 했고, 말 그대로 세계 최고의 인기를 누렸다. 최소한 스스로 파멸을 초래할 때까지는 그랬다.

1989년 4월 24일 다우니는 공항 화장실에서 3명의 백인 우월주의자에게 공격을 받았다고 주장했다. 그들이 자신의 머리를 구타하고, 머리카락을 자르고, 마커를 사용해 얼굴에 낙서를 했다는 것이다. 경찰에서 실시한 거짓말 탐지기 조사도 그의 말이 진실임을 뒷받침했다.

그러나 결국 다우니는 그 모든 이야기가 꾸며 낸 것임을 자백했다. 1989년 7월 19일 그가 진행하던 쇼는 폐지되었고 그는 1990년 2월 파산 신청을 했다.

그의 행실에 대한 일화는 여기서 끝이 아니다. 토크쇼를 진행하던 당시, 그는 한 채식주의자 게스트에게 건강한 식습관에 관한 이야기를 듣고 이렇게 대답했다. "아가씨, 잘 생각해 봐요. 나는 올해 만 55세인데 매일 담배를 네 갑씩 피우고 술도 네 잔씩 마셔요. 고기도 많이 먹죠. 하지만 당신만큼 건강하잖아요?"

그는 대중의 시야에서 사라진 지 한참이 지난 만 68세에 폐암으로 사망했다. 만약 그가 지난날을 돌아볼 수 있었다면 과거에 했던 일들을 후회했을까?

그는 모든 것을 가지고 있으면서도 성공의 추진력을 유지하지 못했다. 그의 이야기를 교훈으로 삼아 당신이 후회하고 싶지 않은 일들에 대해 생각해 보자.

당신의 악덕은 무엇인가?

━━━━━━ 성인군자 같은 기업가는 거의 없는 반면 부도덕한 기업가는 흔하다. 그러나 언행을 관리하는 법을 배운다면 인간적인 결함이 있더라도 직업적인 탈선은 막을 수 있다. 나는 더들리 러더퍼드Dudley Rutherford 목사로부터 직업적 삶과 개인적 삶을 모두 무너뜨릴 수 있는, 같은 철자로 시작하는 4대 요소를 배웠다.

> ⊙ 'G'로 시작하는 4대 위험 요소
>
> 1. 탐욕Greed
> 2. 탐식Gluttony
> 3. 색욕Girls/Guys
> 4. 도박Gambling

유혹은 사람을 흔든다. 얼마나 많은 이가 도박 때문에 정상적인 삶과 직업을 잃어버렸을까? 사람이 취할 수 있는 악덕에 도박이나 음주, 마약만 있는 것은 아니다. 어떤 사람들은 돈에 악취미를 갖고 있다. 구두쇠처럼 맹목적으로 아끼거나 술에 취한 선원처럼 펑펑 써댄다. 결과적으로 그들은 필요한 자원(기술, 인력 등)에 적절히 투자하지 못하거나 어리석은 소비로 자본금을 낭비하여 사업을 파산으로 몰고 간다.

어떤 사람들의 악덕은 모든 것이 본인 위주로 돌아간다고 믿는 오만함이다. 이런 이들은 도움을 준 사람에게 감사해할 줄 모르고 비즈니스에서 나오는 돈과 명예를 독차지하려 한다. 그러나 얼마 후면 주변 이들이 그의 이기심을 알아채기 시작하고, 최고의 인재들은 그의 곁을 떠난다.

부정행위 또한 심각한 악덕이며, 기업가들이 특히 취약한 부분이기도 하다. 경력 초반 단계에 나는 래리라는 경쟁자와 고객 확보를 놓고 기싸움을 벌였다. 하지만 그는 나를 가볍게 제압하고 순식간에 비즈니스를 나보다 3배 큰 규모로 키워 냈다. 그 경험이 진짜 굴욕적인 이유는 이것만이 아니었다. 당시에 나와 같은 업계에서 일하고 있었던, 나 이상으로 경쟁심이 강한 내 여자친구 또한 그에게 비즈니스적으로 패배한 것이다. 여자친구는 이성을 잃을 정도로 분개했다.

나는 그녀를 진정시키며 말했다. "잘 들어. 이건 장기전이야. 전략을 수행하는 데는 시간이 걸리는 법이야. 우리는 현재 방식을 지키면서 긴 레이스를 묵묵히 뛰어야 해."

6개월 뒤, 증권거래위원회는 래리가 고객들에게 주택대출금을 변액연금에 투자하도록 회유했다는 혐의를 포착하고 조사에 들어갔다. 그는 증권 거래 자격을 잃어버렸고, 그의 전술을 모방하고 있던 9명의 다른 중개인도 같은 운명을 맞이했다.

래리는 분명 재능 있는 인재였지만 그가 거둔 성공의 기반은 악덕이었다. 그 결과 그가 상품을 미친 듯이 판매하며 겨우 손에 넣은 추진력은 한순간에 영원히 사라져 버렸다.

기업가를 망치는 5대 악덕

악덕의 목록은 끝이 없지만, 그중에서도 기업가들은 특정 유혹에 취약하다. 지금부터 살펴볼 악덕은 비즈니스를 통해 쌓아 온 모든 추진력을 무너뜨릴 수 있을 만큼 치명적이고, 따라서 온 힘을 다해 피해야 할 것들이다. 기업가가 조심해야 할 악덕의 태도는 크게 5가지로 나눌 수 있다.

1. 지나친 절약 혹은 사치를 하는 태도
2. 잘못된 사람이 영향을 미치도록 내버려 두는 태도
3. '충성'에 집착하는 태도
4. 변화에 적응하길 거부하는 태도
5. 다른 사람과 강박적으로 비교하는 태도

1. 지나친 절약 혹은 사치를 하는 태도

스포츠 팬이라면 팀이 이기고 있을 때 보수적으로 플레이하는 감독을 본 일이 한 번쯤 있을 것이다. 그러나 선두 자리를 굳히기 위해 공격적인 플레이를 펼치지 않는다면 상대 팀은 언제든 재기를 노린다. 감독은 자신이 여전히 우위를 점하고 있으며 충분히 현명하다고 생각하겠지만, 그의 극단적인 보수주의는 오히려 사소한 실수도 두려워하는 팀 분위기를 만들고 결국 상대 팀에게 역습의 기회를 제공한다. 그가 선택한 '예방적 방어 전략'는 결국 팀을 패배로 이끈다.

인색한 기업가들은 자신이 검소하다고 착각한다. 이미 유의미한 성과를 거뒀으니(가령 큰 거래를 성사시켰다든지), 그 성과에 안주하면 된다고 생각하는 것이다. 그러나 '돈을 써야 돈이 벌린다'는 옛말을 기억하라. 소프트웨어를 업데이트하거나 신제품을 개발하는 데 필요한 비용을 지출하지 않으면 결국 더 큰 대가를 치러야 한다.

반면 어떤 기업가들은 마치 현금이 무제한으로 솟아나는 마법의 금고라도 가진 것처럼 돈을 써 댐으로써 추진력에 찬물을 끼얹는다. 이런 이들은 다른 사업들과 달리 자신의 비즈니스에는 결코 정체기가 오지 않으리라 믿고, 종종 너무 성급하거나 잘못된 지출을 한다. 그 때문에 정작 중요한 투자금이 필요할 때는 예산이 부족하다. 아… 추진력의 불꽃이 꺼져 가는 소리가 들리는구나.

2. 잘못된 사람이 영향을 미치도록 내버려 두는 태도

컨설턴트는 사업 규모를 2배로 늘려야 한다고 자문해 준다. 배우자는 인원을 50퍼센트를 감축해야 할 것 같다고 주장한다. 친구는 본인 회사와의 흡수 합병을 제안한다. 이 조언 중 무엇이 잘못된 것인지 알려면, 결정을 내리기 전에 그 출처를 따져 봐야 한다. 잘못된 사람과 옳은 사람을 구분하라. 잘못된 사람은 기본적으로 자신의 이해관계를 우선순위에 둔다. 그들의 목적은 객관적인 조언이 아니라 듣기 좋은 말로 환심을 사는 것이다. 당신의 성공을 질투하며 은근히 실패를 바라는 이들도 피해야 하지만, 당신만큼 사업적 지식이나 정보가 부족한 가까운 사람들의 조언도 조심해야 한다.

상황 분석 프로세스를 가동하라. 의견을 내놓은 사람이 어떤 인물인지, 그의 성격과 동기를 정확히 파악하기 전에는 그가 당신에게 영향을 미치도록 내버려 두지 마라. 또한 상대가 동료나 친구, 배우자로서 오랜 시간 함께했다고 해서 그들의 조언 또한 반드시 옳은 것은 아니라는 사실을 명심하라.

3. '충성'에 집착하는 태도

어떤 기업가들은 자신이 특출하고 전지전능하며 절대 실수하지 않는다고 믿는다. 마치 왕이나 여왕처럼, 이들은 부하 직원들이 자신의 의견에 건설적인 반론을 제시하기보다 절대적으로 복종하길 원한다. 지금 당장은 충분한 성공을 거뒀으며 자신만의 제국을 통치하고 있다는 기분이 들 것이다. 이런 이들은 잠시 멈춰 서서 다음의 기준으로 상황을 판단해 볼 필요가 있다.

- 아무도 나의 결정에 의문을 제기하지 않는다.
- 아무도 나의 결정에 이견을 제시하지 않는다.
- 아무도 위험을 무릅쓰려 하지 않는다(목이 날아갈까 봐 두렵기 때문이다).

왕처럼 행동하는 리더들은 결국 왕좌를 잃게 된다. 백성들이 반란을 일으키지 않는다고 해도 결국은 그와 다른 사고방식을 지닌 새로운 리더가 나타나 제국을 차지할 것이다.

4. 변화에 적응하길 거부하는 태도

민첩성이 현대 기업에 가장 필요한 자질로 꼽히는 데는 몇 가지 이유가 있다. 이어질 12장에서는 포천500 및 S&P500에 선정된 기업들의 교체 주기가 얼마나 빠른지 살펴볼 것이다. 적응하지 못하면 즉각적인 실패를 맛보게 된다. 중요한 것은 상황이 변화함에 따라 신속히 '중심축'을 옮기는 능력이다.

기존 방식을 고수하며 이미 효력을 잃어버린 전략에 더 많은 자원을 투자해야 한다고 믿는 기업가들이 너무 많다. 작년에 A 전략으로 성공을 거뒀다고 해서 올해도 같은 방식으로 같은 성과를 거두리라고 기대해서는 안 된다.

5. 다른 사람과 강박적으로 비교하는 태도

경쟁자를 질투하다 보면 큰 그림을 놓치기 쉽다. 나는 경쟁심이 매우 강한 사람이다. 우리 업계의 누군가가 나보다 더 뛰어난 성과를 올리면 반사적으로 그를 이길 방법을 찾는다. 여기까지는 괜찮다. 그러나 성공한 누군가(경쟁자, 멘토, 처남 등)에게 집착하느라 본인의 목적과 전략에 집중하지 못하는 순간 문제는 발생한다. 당신의 목표가 오직 질투의 대상을 이기는 것뿐이라면 집중력의 초점이 어긋나면서 사업의 방향이 흔들릴 것이다. 그랜드마스터들은 어떤 순간에도 놀라운 집중력을 유지한다. 잠시라도 산만함을 허용하면 순식간에 우위를 잃게 된다는 사실을 알기 때문이다.

속도의 맹점: 빠른 성공의 유혹

당신은 회사를 키우는 데 온 힘을 다하고 있는가? 기업가라면 누구나 그럴 것이다. 그들은 야심 차게 새로운 제품과 서비스를 출시하고, 매출을 키우고, 시장을 확대하고, 그 외에도 온갖 방법을 동원하여 성장에 필요한 전략을 구상한다.

그러다 보면 지름길로 가고 싶은 유혹이 생긴다. 날 믿어도 좋다. 사업을 키우다 보면 빠르게 돈을 벌거나 성장을 이루어 낼 수 있다는 지름길을 제안받게 될 것이다. 비윤리적이지만 돈 버는 능력만큼은 확실하다는 평판의 인물과 협력하고 싶은 마음이 들 수도 있다. 때로는 규칙 위반을 슬쩍 묵인하거나 당신의 제안서가 선택받을 수 있도록 정부 관료를 비롯해 힘을 가진 사람에게 '선물'을 건네고 싶은 욕구가 치밀 것이다. 돈벌이가 된다는 이유로 당신의 윤리관과 어긋나는 시장에 발을 담글 수도 있다.

당신에게 위법 행위를 저지르라고 얘기하는 게 아니다. 하지만 많은 사람이 성장을 위해 자신의 가치와 원칙을 저버린다. 하지만 이런 선택에는 후폭풍이 따르기 마련이다.

우리 회사가 이제 막 성장 궤도에 올랐을 때, 보험 업계의 거물에게서 뒷거래를 제안하는 연락이 왔다. 내가 그 제안을 얼마나 승낙하고 싶었는지 당신은 모를 것이다. 돈에는 욕심이 없었지만, 사업에 '추진력'을 받고자 하는 마음이 굴뚝같았다. 누군가 '뒷거래'의 대가로 20만 달러를 제안할 경우, 우리는 더 많은 인재를 채용하거나 미래의 혁신 프로젝트에 투자할 예산을 확보할 수 있다는 식으로 자기 합리화를 하기 쉽다.

비즈니스를 하다 보면 이런 유혹들이 찾아오겠지만, 당신은 다섯 수 앞을 내다보며 그 거래의 결과가 사업 자체의 파멸이라는 사실을 깨달아야 한다. 만약 내가 그 뒷거래를 수락했다면, 그리고 내 충직한 부관들이 그 사실을 알았다면, 경영자로서 내 경력은 그 자리에서 끝장났을 것이다.

당신에게 충성심을 바친 인재들의 신뢰를 저버리지 마라. 당신이 의심스러운 거래를 했다는 사실을 들키는 순간 2가지 부작용이 생길 것이다. 첫째, 그들 중 일부는 이런 요구를 해 올 것이다. "내게도 뒷거래 루트를 터 주세요." 하지만 모두에게 뒷거래 기회를 연결해 준다는 건 물리적으로 불가능하다. 둘째, 이런 이유로 사이가 틀어진 사람이 한 명이라도 나온다면, 그는 즉시 당신의 치부를 모두에게 떠들고 다닐 것이다. 어쩌면 상대가 협박 카드를 내밀 수도 있다. "나한테 계약 전체를 넘기면 입을 다물어 드리죠." 하지만 언제가 되었든 수가 틀리면 약속도 깨질 것이고, 결국 당신의 악덕이 세상에 드러나는 건 시간문제다.

애초에 잘못된 일을 하지 않는 것이야말로 항상 승리하는 전략이다. 원칙을 희생시킨다면 작은 이익을 좇다가 큰 성장을 놓치는 실수를 범할 수 있다. 장기적이고 지속 가능한 성장을 보지 못한 채 눈앞의 유혹에 무릎을 꿇는다면 편집증에 마비되어 평생 그저 그런 사업에서 벗어나지 못할 것이다. 당신은 이보다 더 나은 사람이 아닌가.

크기와 속도, 모두 중요하다

당신의 비즈니스에 내리막길을 굴러떨어지는 바위의 가속도가 붙어서는 안 된다. 중요한 것은 속도의 조절이다. 적절한 추진력을 얻는다면 당신의 경쟁자는 곤경에 처할 것이다. 그러나 지나치게 앞서 나가면 오히려 위험에 처하는 쪽은 당신의 투자자가 될 것이다.

기업가에게 혼돈이란 서퍼에게 파도와 같다. 매 순간 닥쳐오는 일이지만, 제대로 다루는 법을 모른다면 큰 문제가 생기는 것이다. 당신은 뒤죽박죽 돌아가는 상황 속에서도 정보를 효과적으로 처리할 수 있으며, 이 경험에서 에너지를 얻어서 비즈니스 관리를 위한 노력을 배가시킬 수도 있다. 내가 다음 장에 시스템에 관한 내용을 담은 것은 면밀한 계산에 따른 선택이었다. 속도에 대한 불안감을 없애는 가장 좋은 치료제는 바로 그것을 추적하고 관리하는 시스템이니까.

'머니볼' 전략

– 비즈니스를 추적하는 시스템

"데이터를 갖추기 전에 이론을 세우는 것은 큰 실수다."

– 셜록 홈스

비즈니스를 하고 있다면 자신에게 끝없이 이 질문을 던져야 한다. "내가 어디까지 추적할 수 있는가?"

기업가들은 '눈에 띄는 변화'라는 말을 무척 좋아한다. 하지만 그보다 먼저 따져 봐야 할 것은 정확히 '무엇'이 변했는가다.

아침에 눈을 뜨자마자 확인할 수 있는 측정 가능한 수치가 없다면, 당신의 경영 방식이 충분히 효율화되지 못했다고 봐야 한다. 데이터의 힘을 깨닫지 못한 리더들은 여전히 비즈니스의 모든 요소를 일일이 관리하고 있다. 그러나 제대로 된 시스템과 프로토콜을 갖추면 직접 관리의 필요성이 현저히 줄어든다. 비즈니스의 주요 지표들을 추적하는 방법을 파악한다면 경영자의 에너지와 전문 지식을 어디에 사용해야 할지 정확히 알게 될 것이다.

과거의 경영자들은 사무실 구석구석을 돌아다니며 조직을 관리하고 각종 시스템을 직접 구축했다. 하지만 요즘은 모든 것이 데이터에 달려 있다. 현대의 경영자들 중 상당수가 독특한 성향과 강한 개성을 지녔다. 어떤 이들은 대담하고 과감하게 공격적인 거래를 밀어붙이고, 어떤 이들은 민첩함과 창의력을 내세워 혁신적인 아이디어로 비즈니스를 성장시킨다. 다시 말해서 오늘날의 기업은 시스템보다 경영자의 개성에 더 많이 좌우되는 경향을 보인다.

만약 당신에게 큰 야망이 없다면 시스템을 아예 배제하고 개성에만 의지해도 문제없을 것이다. 그러나 당신의 꿈이 크고 지속 가능한 조직을 구축하는 것이라면 시스템의 힘을 완전히 무시해서는 안 된다.

개인적으로 시스템 신봉자인 나는 데이터 시스템, 절차 시스템, 업무 처리 시스템 등에 열광한다. 시스템을 잘 활용하면 업무 과정부터 후속 처리까지 두루 효율화시킬 수 있으며 사소한 부분까지 꼼꼼히 설계된 기업 문화를 만드는 데도 큰 도움이 된다. 비즈니스를 한 단계 성장시키고 싶은데 최선의 옵션을 몰라서 고민하는 상황이라면 서로 다른 시장의 데이터를 비교 분석함으로써 올바른 의사 결정에 다가갈 수 있다. 블랙컨슈머를 처리하는 방법을 모색 중이라면 데이터를 활용하여 다른 고객들이 가장 큰 만족을 얻는 시스템을 설계할 수 있다.

데이터 학습을 통해 비즈니스를 추적할 수 있게 되면 어떤 경영자라도 시장의 판이 바뀌는 혁신적 변화를 경험할 수 있다. 뛰어난 세일즈맨 혹은 전략가의 자질은 그 자체만으로 나쁘지 않은 성과를 가져다주겠지만, 어느 시점이 오면 훌륭한 성격 이상의 강점을 발휘하여 비즈니스의 급격한 성장을 이끌어 내야 한다.

스코어 데이터를 분석하라

10대 시절, 나는 《로스앤젤레스 데일리 뉴스Los Angeles Daily News》를 사서 스포츠 섹션을 집어삼킬 듯이 정독했다. 그때만 해도 영어 실력이 부족해서 신문 읽기가 쉽지 않았지만, 지면에 쓰인 숫자들은 아무리 봐도 질리지 않았다. 나는 몇 시간이고 광기 어린 과학자처럼 야구 스코어를 분석했다. 야구는 내가 아는 모든 스포츠 중에서 적어도 수치상으로는 가장 난해한 퍼즐을 제시하는 종목이었다.

2011년 마이클 루이스Michael Lewis의 《머니볼》을 읽었을 때, 나는 야구 스코어를 공부하면서 배운 지식이 비즈니스에 적용될 수 있겠다는 깨달음을 얻었다. 그때까지 내가 뛰어난 영업 사원에서 탄탄한 영업 관리자로 성장하는 길을 걸었다면, 특기 목록에 분석 스킬을 추가한 그날 이후의 나는 비즈니스를 큰 그림으로 바라볼 줄 아는 괜찮은 경영자로 다시 태어났다.

《머니볼》은 오클랜드 애슬레틱스Oakland Athletics의 단장 빌리 빈(동명의 영화에서 브래드 피트가 맡은 배역)이 야구에 예측 분석 기술을 적용하는 내용을 담고 있다. 빈은 분석을 통해 그때까지 모든 감독과 매니저, 스포츠 기자들이 신봉하던 지표인 타율보다 출루율이 승리에 더욱 결정적인 영향을 미친다는 사실을 발견했다. 현재의 관점에서 보면 너무나 당연한 얘기지만, 실제로 출루율의 가치는 수십 년 동안 저평가되고 있었다. 유소년 리그의 코치들은 항상 '볼넷은 안타와 같다'라고 말한다. 그러나 막상 실전 경기에서는 가장 뛰어나다고 평가받는 야구 전문가들조차 지금까지 늘 그렇게 해 왔다는 이유만으로 잘못된 데이터를 분석하고 있었다.

내가 둘 다음 수가 업계를 어떻게 변화시킬지 고려하면서 기존의 사고방식에 도전하는 것은 기업가로서 우리가 지닌 의무다. 내가 빌리 빈에게 영감을 받았던 것처럼(2019년에 나는 직접 그와 인터뷰를 진행하기도 했다) 여러분 또한 자신의 비즈니스에 분석 기술을 적용해 보길 바란다. 비즈니스의 출루율이 얼마나 되는가? 혹시 매출에 너무 큰 비중을 둔 나머지 저조한 수익률을 놓치고 있지는 않은가? 지금의 보상 구조가 기존 고객의 이탈률을 무시한 채 신규 계약 건수에만 치중되어 있지는 않은가?

지금부터 자세히 살펴보겠지만, 이러한 스코어를 정확히 파악한 순간부터 나는 비즈니스 추적에 필요한 결정적인 토대를 마련할 수 있었다.

미래는 데이터와 논리로 예측한다

최고의 기업가들은 최소한 다섯 수 이상을 항상 내다보고 있다. 그들은 지금 이 순간에 집중하는 동시에 미래에 일어날지도 모르는 일들을 예측해 내야 한다. 그렇게 해야 어떤 변화가 닥쳐와도 그 속도에 맞춰 중심을 이동할 수 있기 때문이다.

새로운 경쟁자가 등장하리라고 판단되는가? 그렇다면 어떤 조치를 취해야 그들의 공격에 대항할 수 있을까? 비즈니스가 다양한 틈새시장으로 세분화되면서 시장의 변화가 코앞에 다가왔다고 내다보는가? 그렇다면 현재 실행 중인 전략 중에서 내년 이후까지 틈새시장을 장악하는 데 꾸준히 도움이 될 만한 것은 무엇일까?

미래에 대한 준비를 철저히 해 둔다면 경쟁자들이 변화의 물결에 사정없이 흔들리는 동안에도 확고한 시장 점유율을 유지할 수 있다. 다른 기업의 리더들이 당황하는 사이, 당신은 시장 동향을 비롯한 각종 변화를 침착하게 받아들이고 처리할 수 있을 것이다.

미래를 정확히 알 수 있는 사람은 없지만, 데이터와 예측 시나리오를 활용하면 앞으로 펼쳐질 상황을 논리적으로 추론할 수 있다. 마이클 루이스는 또 다른 저서 《빅쇼트》를 통해 이러한 미래 전망 스킬을 섬세하게 보여 준다. 이 책은 2005년 서브프라임 모기지 시장에 낀 거품이 금융 시장 전체를 붕괴시키는 촉매제가 되리라고 예측했던 헤지펀드 매니저 마이클 버리(영화 버전에서는 크리스천 베일이 연기한 인물)의 실화를 담고 있다. 버리는 의지만 있으면 누구나 확인할 수 있을 정도로 명백한 위기의 증거들이 곳곳에서 나타나고 있다고 판단했다. 그러나 그의 동료들은 눈앞의 돈벌이에 정신이 팔려 미래의 수를 내다보려 하지 않았다. 당장 좋은 성과를 내는 아마추어들이 단기적으로는 가장 똑똑한 인재처럼 보이는 법이다. 하지만 진짜 그랜드마스터인 버리는 큰 그림을 보고 시장이 궁극적으로 향하는 지점을 예측하면서 앞으로의 행보를 결정했다.

버리는 베어스턴스Bear Stearns와 도이치은행Deutsche Bank, 메릴린치Merrill Lynch를 비롯한 주요 은행에 찾아가 금융 시장의 현재 흐름에 역행하는 상품을 내놓자고 설득했다. 당시 금융계 종사자 중에서 주택 버블 붕괴를 예견한 사람은 없었고, 따라서 투자자들은 물론 버리의 직원들까지도 그가 미쳤다고 생각했다. 버리가 과감한 아이디어를 현실화할 권한을 부여받은 것은 오로지 수차례나 미래 예측 능력을 증명했던 과거의 성과 덕분이었다.

그는 당장 '신용부도스와프Credit default swaps'를 수억 달러어치 매수했다. 성과가 부족했던 초반 단계에는 투자자들이 거품을 물고 항의하기도 했다. 그러나 버리는 흔들림 없이 밀어붙였고, 이러한 판단은 결국 서브프라임 모기지 시장이 붕괴되었을 때 500퍼센트를 초과하는 수익률로 돌아왔다.

사실 투자자들은 마이클 버리와 똑같은 데이터를 갖고 있었다. 다만 현재의 이익에 집착하느라 향후 몇 년 사이에 벌어질 일을 생각할 여유가 없었을 뿐이다. 반면 버리는 몇 수 앞을 내다보는 선구안과 더불어 데이터 분석에 대한 열정을 갖춘 그랜드마스터였고, 결과적으로 다가올 이익을 정확히 예측해 냈다. 혁신적인 프로젝트를 추진하는 과정에는 종종 이 정도의 인내심과 치밀함이 요구된다.

물론 모든 사람이 마이클 버리 수준의 경력이나 계산 능력을 갖춘 것은 아니다. 이 지점에서 내 고민은 자연스럽게 다음 단계로 발전했다. 나는 지난 몇 년 동안 다음과 같은 질문을 수없이 받아 왔다. "제 비즈니스를 확장하기 위해 해야 할 최선의 투자는 무엇일까요?" 이 물음에 대한 답은 내가 성장하는 사이 계속 바뀌어 왔으나, 지금의 나는 누구에게나 일관된 답변을 들려준다. "10만 달러 이상을 투자하여 예측 분석 전문가를 고용하십시오."

《머니볼》을 읽은 사람이라면 폴 디포디스타(영화에서는 조나 힐Jonah Hill이 연기한 인물로, 현재는 NFL 클리블랜드 브라운스Cleveland Browns의 수석 전략사무관이 되었다)가 어떻게 빌리 빈의 비장의 무기로 활약했는지 기억할 것이다. 그는 통계 자료를 꼼꼼히 분석하는 동시에 기존과 다른 관점에서 바라보았다. 디포디스타는 하버드대학교에서 경제학을 전공한 경영 지원 팀의 괴짜였다. 빈은 디포디스타와 같은 분석 능력을 갖추려고 노력하지 않았다. 애초에 그럴 필요도 없었다. 제대로 된 인재를 고용했으니까.

당신의 디포디스타를 찾아라. 성공한 기업가의 필수 조건은 자신의 약점을 보완할 수 있는 똑똑한 인재들을 찾아내서 고용하는 것이다. 오늘날 기업 환경에서 성공을 거머쥐고 싶다면 예측 분석 분야에서 경쟁자들을 앞질러야 한다.

지식을 매뉴얼화할 때 벌어지는 일

레오나르도 다빈치, 미켈란젤로, 파블로 피카소 같은 거장들에게 그림 그리는 법을 배운다고 생각해 보라. 그들은 당신에게 자신의 기술을 전수하기 위해 최선을 다할 것이다. 하지만 그들이 아무리 애를 써도 당신을 거장으로 만들 수 있다는 보장은 없다. 예술을 비롯한 각 분야의 천재들이 지닌 능력은 결코 남에게 전수 가능한 것이 아니기 때문이다. 하지만 기업가나 지도자, 감독들의 기술은 어떤가?

우리는 빌 벨리칙 감독의 능력이 슈퍼볼에서 여섯 차례의 우승으로 팀을 이끈 과정을 살펴보았다. 이후 NFL의 구단들은 벨리칙의 천재성을 전수받기 위해 그의 밑에서 일하던 코치진을 앞다퉈 영입했다. 이 결정에는 매우 단순한 논리가 깔려 있었다. 벨리칙의 천재성을 가까이서 지켜본 사람들보다 더 나은 인재가 어디 있겠는가? 아이디어 자체는 나쁘지 않았다. 그러나 로메오 크레넬Romeo Crennel과 에릭 만지니Eric Mangini, 조시 맥대니얼스Josh McDaniels의 연이은 실패가 증명했듯이, 현실에서 이 전략은 통하지 않았다.

NFL 구단주들은 여전히 벨리칙의 승리 비결을 간절히 원하며 맷 퍼트리샤Matt Patricia처럼 한때 그의 밑에서 일했던 감독들을 계속해서 기용하고 있다. 하지만 디트로이트 라이온스Detroit Lions의 감독으로 활동한 첫 두 시즌에서, 퍼트리샤의 선수들은 32전 9승이라는 신통치 못한 결과를 보였다. 어쩌면 이 사례는 슈퍼볼 우승 감독의 자질이 타인에게 전수될 수 없는 성질임을 증명하는 근거일지도 모른다(물론 마이크 브라벨Mike Vrabel이나 빌 오브라이언Bill O'Brien, 브라이언 플로레스Brian Flores처럼 잠재력을 발휘하고 있는 벨리칙의 또 다른 제자들이 흐름을 역전시킬 가능성은 남아 있다).

이쯤에서 또 다른 NFL 감독 빌 월시Bill Walsh의 사례로 넘어가 보자.

월시는 1979년까지만 해도 2승 14패를 기록하고 있던 샌프란시스코 포티나이너스San Francisco 49ers를 3년 만에 슈퍼볼 우승 팀으로 성장시켰다(그가 감독으로서 달성한 세 번의 슈퍼볼 우승 중 최초의 승리였다). 그와 첫 시즌을 함께한 코치진 중 7명이 훗날 감독 자리에 올랐으며, 그중에는 조지 사이페르트George Seifert와 마이크 홈그렌Mike Holmgren을 비롯한 슈퍼볼 우승 감독들도 포함되어 있었다. 홈그렌은 그의 배턴을 이어받아 총 5명의 감독을 배출했다. 월시가 포티나이너스 감독에서 은퇴한 지 19년이 지난 2007년을 기준으로 현역 NFL 감독 32명 중 14명은 월시의 직계 혹은 2, 3세대 제자라고 부를 수 있는 인물들이었다.

벨리칙과 월시의 주된 차이는 무엇일까? 비밀주의자로 유명했던 벨리칙과 달리 월시는 매뉴얼 신봉자로 알려져 있다. 그렇다. '매뉴얼' 말이다. 월시의 천재성이 후배들에게 전수될 수 있었던 이유는 그가 자신의 지식을 체계적으로 기록하고 공유했던 덕분이다.

어떤 이들은 후배들에게 자신을 뛰어넘을 만한 기술을 가르쳐주지 않았던 벨리칙이 더 뛰어난 천재였다고 생각할 수도 있다. 따지고 보면 본인을 쉽게 쓰러뜨릴 수 있는 기술을 잠재적인 경쟁자들에게 가르쳐줄 이유가 어디 있단 말인가? 미식축구 감독 입장에서는 충분히 일리 있는 결정일지도 모른다. 그러나 기업가는 성공에 다가가기 위해서라도 지식을 적극적으로 공유해야 한다. 경영자 없이 원활히 돌아갈 수 있는 시스템을 구축하지 않는다면 결코 비즈니스를 확장할 수 없기 때문이다.

당신이 가진 지식을 목록화한 뒤 매뉴얼로 정리하라(상황에 따라 종이에 인쇄된 문서보다 영상으로 만들어 저장해 두는 게 더 효과적일 수도 있다). 당신이 아는 모든 것을 반드시 기록해야 한다. 지식이 경영자의 머릿속에만 들어 있다면 언제까지나 직접 나서서 일할 수밖에 없다. 지속 가능한 비즈니스를 원한다면 당신의 지식을 매뉴얼화하여 조직의 모든 구성원에게 전수하라.

명확한 수치로 흐름과 맹점을 파악하라

━━━━━━ 우리 사무실 구석구석에는 데이터가 표시된 모니터가 설치돼 있다. 데이터를 공유함으로써 우리는 책임감을 갖도록 유도하고 철저하게 투명성을 강조한다.

이는 전체 구성원에게 모든 상황을 공유함으로써 특별한 조치 없이도 당근과 채찍을 동시에 적용하는 놀라운 기술이다. 누구나 볼 수 있는 곳에 수치가 당당히 전시되어 있으므로 성과를 낸 직원들은 자랑스러움을 느끼고 그러지 못한 직원들은 불편함을 느낀다. 부진한 구성원의 죄책감이 크면 클수록 시스템이 잘 돌아가고 있다는 뜻이다. 그들이 더 이상의 곤란을 피하기 위해서라도 성과를 끌어올리거나 스스로 회사를 떠날 테니 말이다. 투명성은 최고의 동기 부여 도구다. 능력 없는 사람들을 제 발로 걸어 나가게 한다. 이것이야말로 우리가 가장 원하는 결과가 아닌가.

누군가는 이런 시스템이 가혹하다고 말할지도 모른다. 그러나 나는 이를 효과적이라고 부른다.

다시 분석 이야기로 돌아가 보자. 나는 모든 데이터를 파악할 때 '흐름'과 '맹점'이라는 2가지 요소에 초점을 맞춘다. 맹점은 전략의 비효율성을 드러낸다. 예를 들어 보험 신청 건수가 큰 폭으로 증가하는 바람에 본사에서 영업점으로 이어지는 업무 처리 속도가 느려지기 시작했다면, 그 절차에 맹점이 있으리라는 합리적인 의심을 해 볼 수 있다.

수치를 보면 신경 써야 할 부분이 어디인지 파악할 수 있다. 인력이 부족한 걸까? 직원들의 능력에 문제가 있는 걸까? 혹시 절차 자체를 개선할 필요는 없을까? 만일 시간이 지날수록 처리 속도가 점점 더 느려진다면 정말로 무엇인가가 잘못된 것이다. 우리는 적절한 인재를 채용했으며 기술에 대한 투자도 효과를 발휘하고 있다. 그런데도 속도가 처지는 이유는 무엇일까? 데이터가 정답을 알려 주지는 않지만, 최소한 해결해야 할 문제가 있다는 사실은 분명히 보여 준다.

내가 맹점과 더불어 주의 깊게 살펴보는 부분이 바로 흐름이다. 주식 애널리스트와 마찬가지로, 나는 그래프를 보며 비즈니스의 방향과 움직임을 파악한다. 1분기에 실적이 부진했던 이유가 뭘까? 그러다가 5월에 매출이 갑자기 뛰어오른 이유는 또 뭘까? 우리가 제대로 하고 있는 일과 그렇지 못한 일에는 어떤 것들이 있을까? 수치를 자세히 분석하면 비즈니스에 대한 접근 방식을 더욱더 효과적으로 수정할 수 있다.

모든 비즈니스는 어느 정도 계절성을 띤다. 영화 제작사는 휴일 매출에 의존하고, 유통 업계는 승부수를 띄운다. 유통 회사들이 '개학 세일' 같은 이벤트를 기획하고 온라인 쇼핑몰이 '사이버 먼데이' 등의 간헐적인 프로모션을 진행하는 것도 같은 이유에서다. 하지만 이러한 경향을

'갱신'한다면 문제가 생길 수 있다. 생명보험 업계에서는 12월에서 2월, 6월에서 8월 사이에 매출이 떨어진다는 오랜 불문율이 있다. 실제로 과거 우리 회사의 데이터를 확인해 보면 1년 중 6개월(3~5월, 9~11월) 매출이 전체의 75퍼센트를 차지하고 있었다. 하지만 더 깊이 있는 분석을 실시하자 이러한 경향에 어떤 특별한 외부적인 원인이 작용하지 않은 것으로 확인됐다. 생명보험 회사 매출은 날씨나 도로 사정에 좌우되는 스키장 매출과는 달리 외부 환경의 영향을 적게 받아야 마땅했다.

분석 결과 확인된 진짜 원인은 다름 아닌 직원들의 심리 상태였다. 그들은 단순한 선입견에 휘둘리고 있었다. 특정 시기가 되면 업계의 전반적인 분위기가 느슨해지면서 사람들이 긴장을 푸는데, 이를 보고 우리 직원들도 자연스레 속도를 늦췄던 것이다. 모든 경쟁사가 1년 중 절반에만 집중하는 트렌드를 자연스럽게 받아들이는 상황이었다. 나는 바로 이 지점에서 기회를 포착했다.

내가 이 데이터 분석 결과를 어떻게 활용했을까?

나는 매출이 저조한 기간에 성과를 올리기 위해서 구체적인 타깃을 겨냥한 혁신적인 프로모션을 기획했다. 여름 시즌 매출의 중요성을 강조하기 위해 모든 직원이 가장 큰 관심을 보이는 인센티브 협의 일정도 변경했다.

그다음으로는 레이 달리오의 책에서 얻은 교훈을 떠올리며 우리 회사의 보험 중개인들이 한 해 동안 올린 실적을 바탕으로 야구 승률표 같은 통계 자료를 만들었다. 중개인들에게 이 승률표를 매년 1월 15일에 공개할 것이라고 통보하자 그해 12월 매출은 급등했다. 데이터를 확인하고 분석한 지 2년이 지난 시점에는 성수기와 비수기의 매출 격차가 75 대 25에서 55 대 45까지 줄어들었다. 우리는 비즈니스에서 계절성을 제거하는 데 성공했다. 데이터 하나로 문제가 해결된 것은 아니지만, 우리가 문제를 파악하고 솔루션에 이르는 진행 상황을 추적할 수 있었던 것은 분명 데이터 분석의 힘이었다.

이 성공에 자신감을 얻은 나는 매출 실적을 월 단위로 쪼개서 분석하기 시작했고, 그 결과 시스템의 약점을 파악한 뒤 월말이면 어김없이 하락하는 실적 그래프를 끌어올리기 위해 추가적인 인센티브 제도를 도입할 수 있었다. 비즈니스의 흐름을 추적하기 시작하자 매달 매출은 점차 균형을 잡아 갔다.

모든 경영자는 수치를 통해 비즈니스를 파악하고, 흐름과 맹점을 확인하고, 이러한 정보를 바탕으로 실행 계획을 세운 뒤 추진해야 한다.

사람 대신 숫자를 신뢰하라

━━━━━ 기업을 경영하는 사람들은 상대방이 항상 진실을 말한다고 믿기가 어렵다. 솔직히 자기 자신도 신뢰하기 어렵지 않은가. 그런 마당에 다른 사람들은 각각 자신만의 이해관계를 가지고서 특정한 프로젝트에 참여하길 원하고, 본인의 성공을 지나치게 낙관적으로 전망한다. 때로는 자신이 어떻게 진실을 왜곡하고 있는지 의식조차 못 하는 경우도 있다.

기업가들 또한 종종 같은 실수를 한다. 새로운 제품을 만들어 낼 수 있다고 자신을 설득하지만, 그 바탕에는 논리가 아닌 자만이 깔려 있다. 객관적인 성과 대신 주관적인 호감을 바탕으로 특정 인재의 승진을 결정하기도 한다.

하지만 숫자 앞에서는 누구도 거짓말을 할 수 없다.

조직에서 수익을 창출하는 인재들 대부분은 심리학적으로 'A유형 성격'을 지니고 있다. A유형은 공격적이고 자신감이 넘치며 스스로 결정하길 좋아하는 타입인데, 이러한 성격 덕분에 그들이 비즈니스의 여러 측면에서 유리한 고지를 점령하는 것이다. 하지만 이들은 업무만큼이나 자신을 포장하는 데도 능하다는 사실을 기억하라. 경영자의 역할은 이들의 태도가 능숙한 허세인지 아니면 진짜 성과를 바탕으로 한 자신감인지 정확히 구분해 내는 것이다.

지금부터 그 구체적인 방법을 살펴보려 한다. 직원들이 자신의 노력을 어필하며 본인 덕분에 얻게 된 성과를 강조할 때, 나는 이런 질문을 던진다. "계약 성사율이 어느 정도 되는가?"

가령 내가 폴이라는 직원과 대화를 하고 있으며, 그가 내 질문에 이렇게 답했다 치자. "50퍼센트입니다."

"인상적이군. 한 가지 더 물어보지. 고객당 평균 계약 금액이 얼마나 되나?"

"2000달러입니다."

"그러니까, 자네가 10건의 계약을 제안하고 그중 절반을 성사시키면 총 1만 달러의 매출을 올리는 셈이군."

"정확합니다."

"그런데 이상하지 않나. 지난 분기 최고 실적을 올린 달에도 자네의 매출은 6000달러에 불과했어. 그 이유가 뭐지?"

당신은 이미 그 답을 알고 있을 것이다. 하지만 이 시점에 경영자가 보여야 할 반응이 침묵이라는 사실까지도 알고 있는가? 지금은 《글렌게리 글렌 로스》의 알렉 볼드윈처럼 상대에게 윽박지를 타이밍이 아니다. "지금 커피가 넘어가나? 실적을 올린 사람만 커피를 마실 자격이 있는 거야! 고객 기반이 약해서 그렇다고? 약한 건 당신 정신머리야!"

폴의 직업윤리를 의심하거나 갖가지 추측을 늘어놓기보다는 가만히 침묵을 지켜라. 그가 스스로 대답을 찾아낼 때까지 기다리는 것이다.

때가 되면 그가 입을 열 것이다. 아니나 다를까 폴은 기분이 상한 듯 자신은 게으르지 않다고 항변하기 시작한다.

"왜 흥분하는 거지? 나는 자네가 기록한 숫자를 그대로 제시한 것뿐이야."

이 시점이면 폴은 이미 자신의 과거를 되돌아보고 있다. 입으로는 자신을 변호하지만, 마음속으로는 자신의 말과 데이터에 쓰인 숫자가 불일치한다는 사실을 이해하는 것이다. 당신은 그를 몰아세울 필요가 없다. 객관적인 데이터를 지속적으로 제시하는 것으로 충분하다.

무능력한 관리자는 주관적인 데이터를 선호한다. 그들은 숫자 대신 '말'을 기반으로 상황을 분석한다. 어떤 직원이 게으르고, 부정직하며, 의지가 부족하다고 평가하는 식이다. 하지만 이런 단어들은 문제를 해결하는 데 아무런 도움이 되지 않는다. 하지만 숫자로 된 데이터는 객관적인 솔루션으로 이어진다.

데이터에 의지하면 상황에 따른 감정을 누그러뜨릴 수 있다. 숫자에 집중함으로써 상대방이 현실을 정확히 인지하도록 도울 수도 있다. 데이터 기반의 접근법은 문제 해결을 위한 추진력을 더하는 동시에 사람 사이의 관계까지 지켜 준다.

폴이 처한 문제의 X값은 어렵지 않게 찾을 수 있다. 현재 그의 실적을 좌우하는 변수는 제안 건수와 성사율, 고객당 평균 판매 금액까지 총 3가지다. 마지막 변수가 2000달러로 고정되어 있다고 가정할 때, 매출을 끌어올릴 방법은 2가지다. 더 많은 제안을 하거나 성사 비율을 더 높이거나. 데이터 수치를 살펴보면 그의 성사율이 실제로 50퍼센트라는 사실을 확인할 수 있다. 문제는 그가 한 달에 고작 6건의 계약만을 제안했다는 것이다.

우리는 여기서 한 걸음 더 나아가 깊이 있는 분석을 해야 한다. 투자금 및 시간 대비 보상을 계산할 때와 마찬가지다. 데이터는 폴이 제안을 충분히 하지 않았다고 말한다. 제안의 양을 결정하는 요소는 그가 제안을 던질 만한 유력한 타깃층의 수에 따라 결정된다. 다시 말해서 그의 진짜 문제는 고객 기반이 탄탄하지 못하다는 것이다. 이것이 바로 그가 찾아야 할 X값이었다.

그가 소셜미디어 마케팅을 소홀히 했는가? 인맥을 쌓는 네트워킹 모임에 참여하지 않았는가? 기존 고객을 지속적으로 관리하거나 새로운 고객층을 뚫기 위한 노력을 게을리했는가? 그의 제안 건수와 성사율을 고려할 때, 이러한 고민은 올바른 방향이라고 볼 수 있다. 문제를 계속해서 깊이 파고들다 보면 다음 단계가 폴의 고객 확보 전략을 확인하고 그 효율성을 측정하는 것이란 사실이 눈에 들어올 것이다. 이쯤에서 데이터를 활용하여 영업 인력을 관리하는 한 대기업의 비결을 살펴보도록 하자.

데이터를 분석할 때 진짜 원인이 보인다

애틀랜타에 본사를 둔 사무용품 회사 러니어 월드와이드 Lanier worldwide는 뛰어난 영업 트레이닝 프로그램을 실시하는 것으로 잘 알려져 있다. 그들이 도출한 복사기 영업 팀의 판매 공식은(이 책의 공동 저자인 그레그 딘킨이 그곳에 다니던 1994년을 기준으로) 매우 단순했다.

- 하루 20회 영업 전화
- 하루 2회 제품 시연
- 시연 후 평균 계약 성사율 10퍼센트
- 복사기 1대 판매 시 영업 사원에게 수수료 1200달러 지급
- 위 공식을 적용했을 때 영업 사원의 평균 주급은 수수료 1200달러

얼핏 봐도 대학을 갓 졸업한 구직자들에게 상당히 매력적인 조건이다. 일주일에 복사기 1대만 팔면 연봉 6만 달러를 벌어들일 수 있는 데다 계약 성사율 10퍼센트는 상당히 너그러운 조건으로 보이니까. 이는 러니어가 수년간의 데이터를 분석한 끝에 도출해 낸 공식이었다. 물론

어려운 조건도 없지는 않았다. 그들은 한 건의 계약을 위해 일주일에 평균 100통의 영업 전화를 돌려야 했다.

만약 이 회사에 크리스라는 예외적으로 뛰어난 영업 사원이 입사했다고 가정해 보자. 그의 평균 계약 성사율은 무려 50퍼센트에 달한다. 어느 날 그의 주간 실적을 들여다본 경영자는 그가 일주일에 2400달러의 수수료를 가져가고 있다는 사실을 확인한다. 남들보다 2배나 뛰어난 성과를 올리고 있는 것이다! 그는 말할 필요도 없이 회사 최고의 스타 영업맨이다. 얼마나 특출한 인재인가.

이 경영자의 실수가 눈에 보이는가?

그가 데이터를 보고 내린 단어 기반의 분석을 눈여겨보자. '특출한'이라는 형용사는 그 어떤 객관적 정보도 알려 주지 못한다.

성사율 50퍼센트라는 크리스의 실적을 자세히 들여다보고 뭔가 찜찜한 기분을 느꼈어야 한다. 자, 지금부터는 수학을 통해 X값을 찾아낼 시간이다. 그의 주간 판매 공식은 다음과 같다.

- 하루 X회 영업 전화
- 하루 X회 제품 시연
- 시연 후 평균 계약 성사율 50퍼센트
- 복사기 1대 판매 시 영업 사원에게 수수료 1200달러 지급
- 크리스가 받아 간 주급은 수수료 2400달러

시연을 얼마나 했는지 그 숫자를 파악하기는 어렵지 않다. 그의 성사

율이 50퍼센트라는 사실을 고려했을 때 4회의 시연을 진행했다고 유추할 수 있다. 그렇다면 영업 전화 횟수는 얼마일까? 그 숫자는 이 공식 어디에서도 찾을 수 없다.

여기서 잠깐, 혹시 이 이야기가 앞에서 살펴본 우리 직원 폴의 사례와 닮았다고 생각하지 않는가? 내가 회사 안팎의 사례를 들어 응용 문제를 내는 이유는 이 숫자들을 통해 흐름을 발견하는 훈련을 하기 위함이다. 가장 뛰어난 인재들이 재능만으로 괜찮은 성과를 올리는 것은 흔한 일이다. 인간은 일이 잘 풀리면 본능적으로 현실에 안주하려고 한다. 이때 리더의 역할은 가장 재능 있는 인재들이 가진 최고의 잠재력을 끌어내기 위해 그들에게 도전 과제를 부여하는 것이다. 경영자가 숫자를 이해하지 못한다면 폴과 크리스 같은 인재들은 적당히 편안한 삶을 영위할 것이다. 자신이 거둘 수 있었던 진짜 성공에 한참 못 미치는 그런 삶 말이다! 그래서는 안 된다. 그들이 잡스나 벨리칙 밑에 있었다면 상황은 달라졌을 것이므로, 당신 또한 그들과 같은 선택을 할 수 있길 바란다.

크리스가 처한 상황의 진짜 본질을 확인하기 위해 계산기를 두드려 보자. 그가 다른 동료들처럼 일주일에 10회씩 시연을 했다면 복사기 2대가 아니라 5대를 판매했을 것이다. 다시 말해서 그는 주급 2400달러가 아니라 6000달러를 받을 인재인 것이다. 크리스는 조직에서 최고의 잠재력을 가진 선수였지만 관리자가 《머니볼》 식의 사고를 하지 못한 탓에 아무도 그의 성과를 추적하지 않았다. 그 결과 크리스는 고객 기반 확보에 소홀해졌다. 그의 기록을 더 깊이 파고든 경영자는 그가 영업 전화를 전혀 돌리지 않았다는 사실을 확인했다. 지금까지 진행한 시연들은 모두 인맥이나 기존 고객을 통해 얻은 기회였던 것이다.

이 문제의 간단한 정답이 뭘까? 크리스에게 영업 전화를 돌리라고 하는 것이다.

하지만 당신은 이 질문 자체가 함정이었다는 사실을 눈치채야 했다. 비즈니스에는 간단한 정답이 존재하지 않는다. 데이터를 통해 얻을 수 있는 크리스의 문제점은 고객 기반 확보에 소홀하다는 점이다. 하지만 데이터만으로 빌리 빈과 폴 디포디스타가 될 수는 없다. 데이터는 적절한 분석과 결합되었을 때 진짜 가치를 지닌다. 나라면 크리스가 뛰어난 마무리 투수라는 점을 고려해서 그가 더 많은 잠재 고객과 접촉하도록 만들 것이다. 구체적으로는 회사 내에서 영업에는 적극적이지만 성사율이 낮은 직원들과 그를 팀으로 엮어서 서로의 역량을 배울 수 있게 할 것이다.

하지만 이 모든 조치를 취하기 전에 나는 크리스에게 질문을 던질 것이다. "자네는 어떤 사람이 되고자 하는가?"

성공한 리더들은 데이터와 인간의 본성이 교차하는 지점을 찾아낸다. 혈액을 통해 병을 진단하는 똑똑한 의사들처럼 데이터를 기반으로 문제점을 진단하는 것이다. 그 후에는 전문 지식을 활용하여 정확한 해결책을 찾아낸다.

일부 기업가들은 데이터 분석을 지루한 과정으로 여기며 숫자에 큰 관심을 두지 않는다. 그러나 지금까지 들려준 내 이야기를 보면 데이터에 대한 내 집착(특히 그 데이터를 통해서 경쟁사와의 차별성을 확보할 수 있을 때)을 이해할 수 있을 것이다.

여러 번 강조했듯이 문제 해결의 원리를 이해하는 것만으로는 한계가 있다. 당신의 진짜 도전은 이 공식을 실제 비즈니스에 적용하는 것이다. 이 책에서는 영업 성과를 추적하기 위한 공식을 소개했지만, 만일 당신이 트럭 운송업에 종사한다면 큰 폭의 응용이 필요할 것이다. 다음 장으로 넘어가기 전에 당신의 비즈니스 흐름을 추적할 수 있는 공식 3가지를 떠올려 보라. 가장 이상적인 접근은 본격적인 사업을 시작하기 전에 수치를 먼저 파악하는 것이다.

시스템 없는 기하급수적 성장은 없다

이쯤이면 주관적인 단어를 통해서 비즈니스의 흐름을 파악하는 태도에 어떤 한계가 있는지 이해했으리라 믿는다. 데이터나 시스템을 갖추지 못한 경영자들은 항상 다음과 같은 표현을 사용한다.

"대강…."

"내 생각에 현재 상황은…."

"거의…."

"아마도 그랬던 것 같은데…."

확장하고 성장하는 기업은 어느 시점에든 반드시 효과적인 시스템을 구축한다. 경영자의 개성만으로 사업을 성장시키려 한다면 비즈니스의 흐름을 예측하기 어렵다. 성공을 원한다면 경영자가 모든 업무에 일일이 관여하지 않아도 원활하게 돌아가는 시스템과 절차를 실행해야 한다.

◉ 시스템 구축이 필요한 5가지 이유

1. 수치화할 수 있는 요소들은 확장과 개선이 가능하다.
2. 경영자의 지식과 에너지를 어느 방향에 투자해야 할지 알 수 있다.
3. 사소한 업무 개입을 최소화하고 직원들에게 권한을 부여할 수 있다.
4. 직원들, 특히 뛰어난 인재들이 허풍으로 성과를 과장할 수 없게 된다.
5. 더 큰 자유와 효율성을 동시에 누릴 수 있다.

시스템을 구상하는 것과 실제로 구축하는 것은 별개의 문제다. 매출 증대에 집중하는 동시에 수익 창출 이외의 요소들을 고려하기란 쉽지 않은 일이다. 그런 상황에서 매뉴얼과 시스템을 갖추는 것은 나에게도 쉽지 않은 도전이었고, 당신에게도 비슷한 고난이 되리라고 생각한다. 그 과정에 수반되는 지출 또한 만만치 않을 것이다. 인적자원과 기술자원은 하나같이 값비싸다. 하지만 성장하지 않는 구멍가게로 남고 싶지 않다면 시스템에 대한 투자는 선택이 아닌 필수다.

비즈니스의 가치를 높이는 절대적인 방법

비즈니스 운영의 한복판에 있는 경영자라면 성장 속도를 늦추면서까지 시스템 구축에 뛰어들겠다는 결단을 내리기가 어려울 수 있다.

특히 영업직에서 경력을 쌓았던 경영자들은 '일단 거래에 집중하고 다른 일은 나중에 생각하자'라는 사고방식을 지닌 경우가 많다. 영원히 1인 기업에 머물고 싶다면 이런 선택도 나쁘지 않다. 하지만 단순한 이익을 넘어선 가치 창출을 원한다면 시스템을 확실히 구축할 수 있을 만큼 충분한 여유 시간을 두고 속도를 조절해야 한다.

단순한 노하우가 아니라 체계적인 시스템으로 운영될 때 비즈니스의 가치가 올라간다. 경영자의 역할은 시스템의 흐름을 정리하는 것이다. 신규 인력을 채용했을 때 그들을 조직에 융화시키려면 어떤 절차를 밟아야 하는가? 해당 절차에 포함되는 모든 단계를 매뉴얼화하라. 제품 판매에 필요한 과정이나 판매에 따른 후속 조치를 비롯하여 비즈니스의 모든 영역을 구체적으로 정리해야 한다. 시스템과 절차를 기반으로 움직이는 비즈니스는 특정한 인물에 의존하지 않고도 스스로 돌아간다는 점에서 새로운 국면을 맞는다. 물론 방향을 조정하는 선장의 존재는 여전히 필요하지만, 시스템이 구축된 비즈니스의 가치는 그 전과 비교할 수 없는 수준으로 성장할 것이다.

이익 │ 단기적 목표	가치 │ 장기적 목표
현재 수익이 나는 비즈니스에 **집중**한다	향후 수익이 날 비즈니스를 **준비**한다
당장의 만족	다가올 만족
영업직의 사고방식	경영자의 사고방식
독립 계약자의 사고방식	사업주의 사고방식

데이터를 측정하는 것만으로는 부족하다. 측정 후에 반드시 분석하라. 월스트리트 증권가에는 이런 말이 있다. "대세에 맞서지 마라." 본인의 직관에 어긋나는 지표를 볼 때, 사람들은 저도 모르게 자아를 개입시킨다. 숫자들을 본인의 입맛에 맞는 방향으로 합리화하여 해석하는 것이다. 하지만 이런 상황을 예상할 수 있다면 피할 수도 있을 것이다. 데이터는 절대 거짓말을 하지 않는다는 사실을 기억하라.

흐름을 추적할 수 있을 만큼 충분한 데이터를 쌓으려면 커다란 노력이 필요할 것이다. 내 경험상 이 과정은 매우 지루하고 고통스럽다. 자신의 선구안에 자부심을 가졌거나 인내심보다 즉각적인 이익 창출을 우선시하는 영업직 스타일의 경영자라면 더욱더 그럴 것이다. 나 또한 이런 성향 때문에 오랜 시간 괴로움을 겪었다. 《머니볼》덕분이든 수차례의 공황 발작 덕분이든, 결국 나는 성장하는 비즈니스를 효과적으로 운영하는 유일한 방법이 시스템 구축을 통한 데이터 추적이라는 사실을 깨달았다.

편집증의 힘
– 그랜드마스터는
한순간도 방심하지 않는다

"성공을 유지하는 인텔의 비결은 기술 면에서도 시장 경쟁 면에서도

끝없이 위험에 대비하는 태도에서 나온다.

이러한 태도를 잘 표현한 단어가 바로 '편집증Paranoid'이다.

우리는 편집증을 갖고 성공을 위협하는 위험 요소들을

끊임없이 주시한다."

–앤드루 그로브Andrew Grove, 전 인텔 회장 및 최고경영자

비즈니스는 전쟁이다. 비즈니스의 세계에 평화란 존재하지 않는다. 당신은 시장의 선구자가 될 수도 있고, 기록적인 수익을 올릴 수도 있다. 어느 시점부터는 슬슬 긴장을 풀고 지금까지 쌓은 추진력에 안주해도

되겠다고 생각할 수도 있다. 하지만… 그 순간에도 누군가는 당신을 공격하기 위해 칼을 갈고 있다. 일이 잘 풀릴 때는 평화의 환상을 품을 수도 있지만, 환상은 어디까지나 허구에 불과하다. 한순간이라도 방심하면 그 즉시 비즈니스는 공격에 취약한 상태가 된다.

역사는 최고의 스승이다. '포천500'이라는 용어는 너무 자주 사용된 나머지 많은 사람이 그 유래를 잊어버린 듯하다. 1995년 《포천》의 편집자 에드거 P. 스미스Edgar P. Smith는 연간 총매출을 기준으로 미국에서 가장 큰 기업 500개의 순위를 발표했다. 현재는 이 목록에 상장 기업과 비상장 기업(연 매출이 공개적으로 확인 가능한 경우)이 모두 포함된다. 최초에 포천500으로 선정된 기업 중에서 지금까지 남아 있는 회사가 얼마나 될까? 절반? 40퍼센트? 만일 20퍼센트의 기업만이 생존했다고 해도 그 숫자는 여전히 세 자릿수일 것이다.

하지만 살아남은 회사는 52개뿐이다.

추진력을 유지하는 게 그렇게 쉽다고 생각하는가? 보잉Boeing, 캠벨수프컴퍼니Campbell Soup Company, 콜게이트 팜올리브Colgate-Palmolive, 디어앤드컴퍼니Deere & Company, 제너럴모터스, IBM, 켈로그, 프록터앤드갬블Procter & Gamble, 월풀Whirlpool Corporation이 1955년과 2019년 모두 포천500 명단에 이름을 올린 소수 기업의 대표주자다. 다른 기업들이 이 경쟁자들을 무너뜨리기 위해 호시탐탐 기회를 노리고 있으리라는 생각이 들지 않는가? 특히 업계에서 가장 큰 경쟁자라면 누구보다 많은 위협을 받지 않을까? 최초로 선정된 포천500 기업 중 89퍼센트가 명단에서 제외되거나 심지어 파산이라는 결말을 맞았다. 비즈니스의 세계는 말 그대로 피바다다.

안전하다고 생각하는 순간이 가장 취약한 순간이다.

당신의 비즈니스가 현재 어떤 위치에 있느냐에 따라서 미국경제교육재단Foundation for Economic Education 홈페이지에서 발췌한 다음 자료를 보고 당신은 흥분하거나 경악하게 될 것이다.

> 컨설팅그룹 이노사이트Innosight가 2016년에 발표한 보고서 〈기업 수명 분석-대기업이 맞닥뜨릴 변동성 위기Corporate Longevity:Turbulence Ahead for Large Organization〉에 따르면 1965년 S&P500에 선정된 기업들은 평균 33년 동안 명단에 머물렀다. 1990년에는 S&P500 타이틀의 평균 유지 기간이 20년으로 줄었으며 2026년에는 14년까지 줄어들 것으로 전망한다. 이노사이트 보고서는 "업계를 막론하고 선두 회사들이 큰 변동성을 경험하는 시기로 접어들었으며, 향후 10년은 현대 역사상 가장 큰 변화를 맞이할 가능성이 있는 시기로 전망된다"라고 내다보며, 이러한 추세를 고려할 때 현재 S&P500 기업 중 절반은 10년 이내에 대체될 것이라고 예측했다.

기술과 소셜미디어가 큰 조직과 작은 조직 사이의 간격을 좁혀 주는 바람에 결과적으로 한 기업이 비즈니스의 추진력을 계속 유지하기는 더욱 어려워졌다. 물론 작은 기업 입장에서는 시장의 공룡을 때려눕히기가 더 쉬워졌다는 뜻이 된다. 처음과 같은 방식으로 계속 탄력을 유지하는 것은 불가능하다. 단 1분이라도 현실에 안주한다면 납작해지도록 얻어맞고 말 것이다.

매 순간 위급 상황의 긴장감을 유지하라

━━━━━━ 밀도 높은 긴장감은 성공한 기업가들이 공통으로 지닌 속성이다. 그들은 매일같이 전투를 치르고 비즈니스를 삶과 죽음의 문제처럼 대한다. 이러한 고도의 긴장은 그들이 업계에서 우위를 점할 수 있는 에너지가 된다. 그들이 더 똑똑하거나 숙련되지 않았더라도 결국은 경쟁자를 뛰어넘을 것이다. 그들은 승리에 중독되어 있다.

로버트 그린은 자신의 책 《전쟁의 기술》에서 이렇게 말했다.

> 당신의 가장 무서운 적은 당신 자신이다. 당신은 현재에 집중하는 대신 허황된 미래를 꿈꾸며 시간을 낭비한다. 긴박함을 느끼지 않는 만큼 일에도 절반밖에 집중하지 않는다. (…) 과거와의 끈을 끊어라. 스스로의 힘과 지혜를 이용해 자신을 꿰뚫어 볼 수 있는 미지의 영역으로 들어가라. 자신이 도망칠 곳 없는 '죽음의 땅'에 떨어졌으며 살아남기 위해 지옥의 전투를 벌여야 한다고 생각하라.

정신 나간 편집증이 아니라 신중한 편집증을 지니라는 의미다. 후자는 미래에 닥칠 수 있는 위험을 조심하면서도 지나친 강박감을 갖지 않는다. 그들은 잠재적인 함정과 리스크를 의식하고, 상황이 악화하는 징조를 찾기 위해 매 순간 촉각을 곤두세운다.

전쟁 영화에서 흔히 볼 수 있는 장면이 있다. 어떤 부대가 전투를 벌인 끝에 승리를 차지하고, 적군을 물리치고, 하룻밤 묵어가기 위해 숙영을 시작한다. 그들은 술을 진탕 마시고 동네 처녀들과 어울리며 승리를 자축한다. 그들이 술기운에 곯아떨어지고 나면 어떤 일이 벌어질까? 당연히 매복해 있던 적군에 공격을 당한다. 그들은 방심했고, 적은 그 허점을 이용한다.

군 생활을 하던 시절, 우리는 매일 똑같은 구호를 복창했다. "긴장한다! 정신 차린다!"

비즈니스에서도 마찬가지다. 경영자는 뭔가가 잘못될 가능성을 항상 염두에 두고 긴장해야 한다. 당신의 조직이 언제나 충성스럽고 성실하며 관리 감독 없이도 모든 일을 제대로 해낼 것이라는 순진한 착각에 빠져서는 안 된다. 당신이 모든 경쟁자를 무찔렀으며 그 누구도 당신의 위치에 도전하지 못하리라고 생각하지 마라. 당신을 지금의 성공으로 이끈 방법이 미래의 성공까지 자동으로 가져다줄 것이라 믿는 것도 금물이다.

뛰어난 지휘관들은 하나같이 편집증을 갖고 있으며, 그 기질을 활용하여 일련의 훌륭한 전략을 만들어 낸다. 만일 당신이 경쟁자보다 더 전략적일 수 있다면 수많은 리스크에서 비즈니스를 보호할 수 있다. 날개를 접지 마라. 기존의 전략이 녹슬 때까지 기다리지도 마라. 변화하는 환경에 맞춰 지형을 계속 살피고, 흐름을 예측하고, 이를 바탕으로 전략을 수립하라.

나폴레옹 보나파르트부터 조지 S. 패튼(제2차 세계대전 중 노르망디 상륙 작전에서 큰 공을 세운 미국 장군-옮긴이)에 이르기까지 역사에 이름을 남긴 모든 지휘관은 이 기술을 갖고 있었다. 비즈니스에서도 같은 자질을 익힐 필요가 있다. 어째서 2월만 되면 매출이 줄어들까? 왜 직원들은 마감일이 코앞에 닥쳐야만 집중력을 발휘할까? 수많은 회의가 고함과 책임 떠넘기기로 얼룩지는 이유는 뭘까? 지난 6개월 사이 주요 고객을 3명이나 잃은 원인은 어디에 있을까? 이런 질문이 떠오르면 잠시 멈춰서 상황을 파악해야 한다. 현상 아래 숨겨진 진짜 문제를 식별할 수 있는지 확인하라. 편집증은 솔루션을 동반한 호기심으로 이어질 때 진짜 제 기능을 한다.

비즈니스가 성장할수록 취약성도 커진다

성공은 편집증을 무뎌지게 한다. 얼핏 직관에 어긋나는 것처럼 들린다면, 일이 잘 풀릴 때 어떤 일들이 일어나는지 한번 떠올려 보라. 어느 시점까지는 일이 술술 풀리다가 갑자기 꽉 막혀 버리는 경험, 당신도 한 번쯤은 해 봤을 것이다. 어째서 이런 일이 일어나는 걸까?

그 원인은 안이한 태도에 있다. 당신은 업계에서 가장 배고픈 사람의 마음가짐을 던져 버렸다. 당신의 지위가 이제 편집증을 느끼며 절박하게 매달릴 단계를 지나왔다고 판단한 것이다.

로스앤젤레스에서 형사 전문 변호사로 일하던 내 친구 릭에게 일어난 일을 들여다보자. 그는 형사뿐 아니라 모든 분야에서 최고의 실력을 자랑한 덕분에 1970년대부터 1980년대까지 부유하고 막강한 마약상들의 법률 대리인이 되었다. 그들은 릭을 환락 파티에 초대했다. 처음 맛본 코카인 흡입은 두 번 세 번으로 이어졌고, 얼마 후 마약상으로부터

《플레이보이》의 모델들을 소개받은 뒤로는 외출할 때마다 아름다운 여성을 거느리고 다녔다. 한 번에 두 명 이상을 만난 적도 있었다. 몇 번의 어리석은 결정과 불법적인 마약 복용의 대가는 20년 징역형이었다. 릭은 변호사 자격을 박탈당했고, 출소한 후에는 펜이나 티셔츠 같은 기념품을 팔면서 한 달에 3000달러를 겨우 벌고 있다.

나는 이제 60대 후반에 다다른 그에게 학창 시절 이야기를 들려 달라고 했다. "나는 지극히 평범한 학생이었어. 졸업한 후에는 고등학생 때부터 사귀던 여자친구와 결혼했지."

하지만 대화를 나누면 나눌수록 그가 자신의 성공에 압도되었다는 인상이 강해졌다. 변호사로서 성공을 거두면서 사람들은 그를 학창 시절 최고 스타였던 미식축구 팀 주장처럼 대했고, 여성들은 기꺼이 그에게 마음을 열었다.

그는 늦게 피어난 멋쟁이 청년이었고, 마약 세계는 그에게 화려한 유혹을 던졌다. 릭은 도저히 저항할 수 없었다. 한때의 성공을 거머쥔 다른 수많은 인물처럼, 그는 어떤 일 때문에 자신의 경력이 무너진다는 상상을 할 수 없었다(모턴 다우니 주니어의 사례를 기억하는가?). 그는 자신을 망쳐 버릴지도 모르는 성공을 적절히 통제할 준비가 되어 있지 않았다. 2019년 세상을 떠난 그를 생각하면 지금도 마음이 아프다. 그는 훌륭한 인품을 가진 좋은 사람이었지만, 한 번의 잘못된 수(코카인 흡입)와 뒤이은 일련의 악수 끝에 결국 체크메이트를 당하고 말았다.

휴스턴대학교의 연구 교수이자 베스트셀러 작가인 브레네 브라운Brené Brown은 '취약성의 힘The Power of Vulnerability'이라는 주제로 4600만 회 이상의 조회수를 기록한 TED 강연을 했다. 그는 주변의 압박이 어떻게 우리의 잠재력을 최고로 끌어내는지 설명한다. "경계를 설정한다는 것은 타인을 실망시킬 위험을 무릅쓰고 나 자신을 사랑하는 용기 있는 선택입니다." 나 자신에 대한 사랑은 종종 '노No'라는 대답을 이끌어 낸다. 릭이 이 충고를 따를 만큼 지혜를 갖고 있었다면 정말 좋았을 것이다.

당신은 아마도 'O. J. 심슨 사건(미식축구 스타 O. J. 심슨이 아내를 살해한 혐의로 기소되었으나 무죄를 받은 사건)'의 법률 대리를 맡았던 변호사, 로버트 셔피로Robert Shapiro를 기억할 것이다. 그는 막대한 성공에도 불구하고 끝까지 추진력을 잃지 않았고, 지금도 여전히 현직에서 활동하고 있다. 현재는 민사 전문 변호사로 커리어를 바꾼 그와 인터뷰를 진행하면서 나는 형사 전문 변호사로 활동하던 시절 고객으로부터 마약이나 아름다운 여성과 관련된 유혹을 받은 적이 있냐고 물었다.

셔피로는 대답했다. "저는 절대 고객과 개인적인 관계나 우정을 쌓지 않았어요. 항상 일정 수준 이상의 거리를 두었죠."

릭과 대조적으로 그는 경계를 명확히 설정함으로써 부와 명예를 거머쥔 후에도 기세를 유지할 수 있었다. 기업가라면, 특히 이런 종류의 관심에 익숙하지 못한 기업가라면 낯선 이들의 관심과 아첨을 비롯하여 성공에 따라오는 변화에 대비할 필요가 있다. 자신의 성공에 도취된 순간 모든 것이 끝장날 수 있다는 사실을 알아야 한다.

로버트 그린과 조던 피터슨도 비슷한 충고를 건넨다. 좋은 소식과 나쁜 소식을 모두 공유할 친구를 선택할 때는 극도로 신중해야 한다. 두 전문가는 인간의 본성을 꿰뚫어 보며, 실제로 누군가의 성공을 진심으로 기뻐하는 사람이 많지 않다는 사실을 알고 있다. 누군가와 어떤 소식을 공유하기 전에 그가 당신의 성공을 원할지 실패를 원할지 생각해 보라. 당신이 친구라고 믿었던 사람 중 일부는 진짜 필요한 조언을 건네지 않을 수 있다. 그가 당신과 경쟁 관계에 있다면 더욱더 그럴 것이다.

불확실성 속에서도 중심을 유지하는 법

다른 경쟁자들이 모두 흔들리는 동안에도 당신이 꿋꿋하게 중심을 유지할 수 있는 3가지 전략을 소개하겠다.

1. 머피의 법칙과 친해져라

기민한 경영자들은 머피의 법칙을 존중한다. 새 제품을 출시하기 전에, 투자를 하거나 인수 합병을 결정하거나 기타 중대한 조치를 취하기 전에 반드시 자신에게 질문하라. 내 선택의 결과로 일어날 수 있는 최악의 사건은 무엇인가?

그다음으로는 잠재적인 최악의 시나리오를 타개할 계획을 세워라.

당신은 긍정적으로 생각하고 싶을 것이다. 물론 긍정적인 사고는 훌륭하다. 하지만 지나치게 순진해서는 안 된다. 이 원칙은 대규모 프로젝트뿐 아니라 작은 상황에 관한 결정에도 똑같이 적용된다. 중요한 프레젠테이션을 앞둔 상황이라면 프로젝터가 제대로 작동하는지 확인하고 또 확인하라. 과거에 수백 번씩 완벽하게 작동했던 프로젝터라도 투자자들 앞에서 파워포인트를 켜면 마치 불가사의한 힘이 개입한 것처럼 전원이 들어오지 않곤 한다. 그리고 이 작은 기계가 말을 듣지 않았을 때 당신은 혼돈을 마주하게 된다. 세상이 무너지거나 비즈니스가 끝장나는 거대한 재앙은 아닐지라도, 열심히 준비한 프레젠테이션과 그날 하루의 시간을 망쳐 버리는 그런 종류의 혼돈이 찾아올 것이다. 그러나 때로는 이 정도로도 당신의 중심과 잠재적 투자자들의 신뢰가 흔들리기에 충분하다.

내가 항상 사용하는 '반 머피의 법칙Anti-Murphy's Law' 기술이 있다. 조직에서 최고의 두뇌로 손꼽히는 5명 이하의 인재와 한자리에 앉은 뒤 우리가 예상해야 할 리스크와 막아야 할 위험에 대해 논의하는 것이다. 가끔은 이 대화에서 아직 준비가 덜 되었다거나 큰 문제가 발생할 가능성이 높다는 결론이 나왔다는 이유로 이미 결정되었던 프로젝트 추진을 연기하기도 한다. 때로는 시한폭탄이라고 생각했던 이슈가 논의 과정에서 아무것도 아닌 일로 밝혀지기도 한다. 신뢰할 수 있는 인재들을 곁에 두면 균형과 신중함이라는 귀중한 가치를 얻을 수 있다.

2. 작은 손실을 감수하고 패배를 인정하라

소셜커머스 서비스 그루폰Groupon과 리빙소셜Living Social이 처음 인기를 끌었을 때, 나는 경쟁 상품에 대한 아이디어를 떠올렸다. 지역 상점 소개 앱인 옐프Yelp와 그루폰의 기능을 합치고 약간의 재미 요소를 더해서 새로운 서비스를 출시하면 반응이 오겠다고 판단한 것이다. 나는 즉시 10만 달러를 투자해서 초기 베타 버전을 개발했다. 투자자 몇 명이 기꺼이 자금을 대겠다고 나섰지만, 나는 본격적인 실행 전에 믿을 만한 친구들을 불러 모아 의견을 듣기로 했다. 그날 자리에 모인 사람들은 생명 보험 회사 최고경영자부터 미국 최대의 운송 회사 대표까지 다양한 경력을 자랑했다.

내가 사업 계획서와 예상 전망을 발표했을 때, 그들은 내가 놓친 부분들을 지적했다. 연이은 질의응답 후, 나는 이미 성공적으로 운영 중인 내 핵심 비즈니스에 쏟아야 할 집중력을 이 프로젝트에 빼앗길 수 있다는 친구들의 우려를 받아들였다. 아이디어 자체가 나쁜 것은 아니었지만, 회사에 혼란을 초래하면서 악영향을 미칠 가능성이 충분했다. 나는 머피의 법칙을 떠올리며 마땅히 해야 할 선택을 했다. 그 아이디어를 포기한 것이다.

뛰어난 경영자는 손실을 받아들일 줄 안다. 그들은 실패한 투자에 돈을 쏟아붓기보다 패배를 인정하고 미래의 시도를 위해 자금을 절약한다. 줄줄이 잃기만 하면서 언젠가 터질 한 방에 집착하는 카지노 도박꾼들을 떠올려 보라. 성공한 사업가는 그들로부터 불과 몇 걸음 떨어진 곳에서 모든 것을 잃을 위험을 피해 간다.

3. 세 수 앞을(혹은 그 이상을) 내다보라

혼란스러운 상황이 닥치면 의사 결정 능력이 마비되기 쉽다. 사태가 통제할 수 없이 흘러가면 일단은 자세를 낮추고 안전을 도모하고 싶어질 것이다. 기업가에게는 행동하지 않을 사치가 허용되지 않지만, 혼란 앞에서는 이 진리가 잘 떠오르지 않는 법이다.

이런 문제를 방지하고 싶다면 혼란이 닥쳤을 때 최소 세 단계 앞을 최대한 빨리 예측한다는 원칙을 세우고 지켜야 한다. 물론 이 책에서 지금까지 나는 계속 다섯 수를 내다보라고 강조했다. 하지만 신속한 행동이 필요할 때는 눈앞에 직면한 문제를 해결하기 위해 당장 취할 수 있는 3가지 행동에 집중하는 편이 효율적이다. 이 행동에는 응급한 출혈을 막기 위한 임시 대책 혹은 수단이 포함될 수 있다.

예를 들어, 주요 고객이 당신의 기업과 거래를 중지하겠다고 선언했다면 다음과 같은 일련의 조치들을 신속히 취할 수 있다.

- 처음 해당 고객과 거래를 텄던 영업 담당자를 불러 전체적인 상황을 파악한다.
- 고객에게 직접 연락하여 불만을 털어놓도록 설득한다.
- 고객에게 다른 제품을 무료로 보내 준다.

보다시피 이러한 임시 조치는 궁극적인 해결책이나 치밀한 계획과 거리가 멀다. 그러나 이런 행동이라도 취한다면 완벽한 솔루션(어쩌면 존재하지 않을지도 모르는 단 하나의 정답)을 찾을 때까지 제자리에 멈춰 있는 실수를 피할 수 있다. 마비의 함정에 빠져서는 안 된다. 계획을 세우고 즉시 실천하라. 일단 움직이기 시작하면 일은 자연스럽게 풀려 나갈 것이다.

자존심을 굽히고 동맹을 만들어라

강한 자존심 없이는 누구도 큰 기업을 경영할 수 없다. 정말 누구도 할 수 없다. 자존심 자체는 문제가 되지 않는다. 중요한 것은 이를 견제하기 위한 시스템을 갖추는 것이다. 날뛰는 자존심을 통제하지 못한다면 남는 것은 절망뿐이다. 당신의 비즈니스가 성공해서 부와 명예가 쌓이기 시작하면 모든 사람이 당신의 지갑과 마음을 열 방법을 찾는다. 그 결과는 끊임없는 칭찬 세례로 돌아온다.

당신의 결정에 영향을 받을 사람들은 당신에게 주체할 수 없는 아부를 퍼붓는다. 가령 직원들은 해고가 두려워서라도 당신이 얼마나 뛰어난 경영자인지 강조할 것이다. 장담하건대 최소한 90퍼센트는 거짓말이다. 대부분의 사람은 당신이 들어야 할 말 대신 듣고 싶은 말을 해 준다.

당신에게 필요한 것은 어떤 상황에서라도 진실을 말해 줄 사람들이다. 이 사람들이야말로 고고한 자아를 억제할 수 있는 유일한 수단이다(참고로 부양할 아이가 셋쯤 있다면, 그 사실이 자존심을 죽이는 데 큰 도움이 된다). 당신에게 이사회나 멘토를 비롯하여 두려움 없이 진실을 말해 줄 수 있는 소규모 그룹이 없다면, 당신의 비즈니스는 커다란 곤경에 처할 것이다. 나는 경영자들이 이런 위기를 맞는 장면을 여러 번 봐 왔다. 어떤 사람이 돈을 벌기 시작하면 모두가 그의 놀라운 능력을 칭송한다. 그 결과 그는 더 이상 뭔가를 배우거나 다른 사람의 지시를 따르려 하지 않고, 꼭 필요한 충고에도 귀를 닫아 버린다. 이것은 그가 자존심을 통제하는 방법을 잊어버렸다는 뜻이다.

편집증적 상태를 유지한다는 건 다른 말로 겸손하다는 뜻이다. 겸손 없이는 결코 사람들을 끌어모을 수 없다. 경영자가 겸손하지 못하다면 그와 의견이 다른 사람들은 결코 비즈니스를 함께하려 하지 않을 것이다. 다양성도 반대 의견도 없는 조직에서 어떻게 신선한 관점을 갖고 혁신적인 아이디어를 내놓을 수 있겠는가? 주변에 동조하는 이들만 남는다면 사람은 안주하게 되며, 이는 편집증과 정반대의 노선이다.

자존심을 통제한다는 것은 스스로 모든 일을 해낼 수 없다는 사실을 인정한다는 의미다. 물론 편집증에 지나치게 사로잡히면 누구도 신뢰하지 못한다. 하지만 편집증의 강도를 적절히 조절하면 오히려 강력한 동맹 관계를 얻을 수 있다. 경쟁 관계인 동시에 동맹 관계인 파트너의 존재는 비즈니스에 큰 도움이 된다. 당신은 그를 통해 지능 수준을 끌어올릴 수 있다.

로버트 그린은 저서 《인간 욕망의 법칙》에서 이렇게 말했다. "세상은 위험하고, 적들은 사방에 깔려 있다. 모든 사람은 자기 자신을 보호해야 한다. 얼핏 보기에는 요새 안에 숨어 있는 편이 가장 안전할 것 같겠지만, 고립된 상태에서는 중요한 정보를 얻기 힘들뿐더러 눈에 띄는 타깃이 되기 쉽다. 결과적으로 고립은 보호보다 더 큰 위험을 초래한다."

그린은 타인을 신뢰하는 것이 어렵다는 사실을 인정하면서도 고립된 상태에서 일하는 쪽이 훨씬 더 위험하다고 지적한다.

동맹은 종종 깜짝 놀랄 만큼 의외의 관계에서 나타난다. 1997년 8월 애플이 경영난에 시달릴 때 스티브 잡스에게 손을 내민 이는 거의 없었다. 그가 경쟁자에게 도움을 청한다는, 과거라면 상상도 할 수 없었던 결단을 내린 것은 드높은 자존심을 기꺼이 내려놓은 덕분이었다. 그는 입술을 깨물며 그의 대표적인 라이벌 빌 게이츠를 찾아가 작은 호의를 베풀어 달라고 청했다. 애플에 1억 5000만 달러를 투자해 달라고 부탁한 것이다.

〈애플인사이더AppleInsider〉의 스티븐 실버Stephen Silver 기자에 따르면, 잡스는 당시 상황을 이렇게 표현했다고 한다. "애플 조직과 애플 생태계에 속한 사람들 대부분이 애플이 살아남으려면 마이크로소프트를 쓰러뜨려야 한다고 생각했어요. 하지만 그건 유일한 길이 아니었습니다. 애플은 마이크로소프트를 상대하지 않기로 결정했어요. 애초에 그럴 필요도 없었죠. 우리에게 필요한 것은 어느새 잊어버리고 있었던 애플만의 고유한 정체성을 다시 기억해 내는 거였어요."

잡스의 부탁은 '작은 호의' 이상의 결과를 초래했다. 애플은 마이크로소프트에서 1억 5000만 달러를 투자 받는 대가로 기존의 법적 분쟁을 원만히 합의하는 데 동의했으며, 이로써 두 기업 모두 막대한 시간과 비용을 절약할 수 있었다.

여기에 더해 애플은 마이크로소프트 오피스 프로그램과 맥 OS의 연동을 허용했다. 한때의 경쟁자들이 명백한 파트너십을 맺은 것이다.

만약 잡스가 이 동맹을 시도하지 않았다면 어떤 일이 벌어졌을지 상상해 보라. 그는 결코 자존심이 낮은 사람이 아니었다. 그러나 고개를 숙여야 할 때, 결코 억지를 부리거나 혼자서 뭐든 해낼 수 있다고 고집을 피우지 않았다. 오늘날 우리가 아이폰을 비롯한 애플의 다양한 기기를 사용할 수 있는 것은 적절한 편집증과 강한 자존심을 지닌 한 남자가 최선의 동맹을 맺을 만큼 현명하고 인간적이었던 덕분이다.

다음으로 살펴볼 사례 또한 편집증과 동맹의 필요성을 동시에 보여준다. 2000년 8월 아마존과 토이저러스Toys "R" Us는 《월스트리트저널》이 "혁신적인 합의Groundbreaking agreement"라고 묘사한 계약을 맺었다. "아마존은 향후 10년간 자사 웹사이트에 토이저러스의 장난감과 어린이 용품 전용 페이지를 개설할 예정이다. 장난감 구매자들은 인터넷에 구축된 가상의 매장을 둘러보며 인기 상품을 확인하고 제품을 구매할 수 있다." 우리는 2000년 3월 11일에 일명 '닷컴 버블' 사태가 터졌다는 사실을 기억해야 한다. 아마존은 목숨을 걸고 싸우는 중이었다. 내가 봤을 때 이 동맹이 없었다면 아마존은 살아남기 어려웠을 것이다. 상품 판매를 통한 직접적인 수익 외에도 아마존은 토이저러스와의 파트너십을 통해 자사 사이트로 트래픽을 유도하면서 다른 분야의 매출까지 끌어올렸고, 계속해서 수많은 기업과 제휴를 맺을 수 있었다.

그로부터 5년 뒤, 두 회사는 뉴저지 고등법원에서 맞붙었다. 동맹으로 시작된 관계는 어느새 소송전으로 얼룩져 있었다. 큰 타격을 입은 토이저러스는 결국 2018년 폐업 결정을 내렸다.

이 이야기가 주는 교훈이 무엇일까? 동맹을 맺은 후에도 편집증을 유지해야 한다는 것이다!

현명한 멘토에도 레벨이 있다

위기가 닥치면 도움이 필요하다. 비즈니스 과정에서 현명한 팀을 구축했다면(적절한 사람을 선택하고 올바르게 대우했다면) 위기 상황에서 그들에게 손을 내밀 수 있다. 특히 사업이 흔들리기 시작하는 순간에는 반드시 동맹이 필요하다. 그들은 당신이 장애물을 극복하고 반등할 수 있도록 힘을 실어 줄 것이다.

똑똑한 경영자가 사업에 실패하는 모습은 자주 봤지만, 현명한 경영자가 반등에 실패한 사례는 이제껏 만나 보지 못했다. 이 둘의 차이는 전자가 혼자서 모든 것을 할 수 있다고 자만하는 반면, 후자는 그렇지 않다는 사실을 알고 있다는 점이다. 지혜는 혼란한 시기에 특히 큰 가치를 지닌다.

나는 경험을 통해 이 교훈을 배웠다. 만 22세 무렵, 나는 4만 9000달러의 카드 빚과 처참한 신용등급을 가지고 있었다. 당시 여자친구와의 관계는 주로 재정적인 문제 때문에 시궁창으로 빠져들었다. 그때 깨달았다. 내가 지금 이 삶에 안주한다면, 내 인생은 계속해서 같은 방향으로 나아가리라는 사실을.

나는 지혜를 찾기로 결심했고, 그 순간부터 은둔형 괴짜들을 놀리던 사람에서 심각한 은둔형 괴짜가 되었다. 나는 책을 탐독했다. 멘토들이 주는 가르침을 스펀지처럼 흡수했다. 그중에서도 가장 중요한 노력은 삶과 사업에 대해 가르쳐 줄 수 있는 가장 현명한 사람들로 내 주변을 둘러쌌다는 것이다. 2장에서 다뤘던, 내게 개인 정체성 감사의 시발

점이 된 질문을 던져 준 지인 또한 이들 중 한 명이었다.

현명한 멘토를 어디에서 찾을 수 있을까? 내가 경험을 통해 어렵게 얻은 교훈을 공유하려 한다. 나는 수많은 코치 및 컨설턴트와 일했고, 그들 중 상당수가 경험보다 책에서 얻은 지식을 바탕으로 조언을 제공한다는 사실을 알게 되었다. 그 과정에서 나는 멘토나 조언자를 택할 때 3단계의 전문 지식 수준을 고려할 수 있다는 결론을 내렸다. 각 단계는 이론가Theory와 목격자Witness, 그리고 직접 경험자Application로 구분할 수 있다.

- 이론가: 이들은 주로 명문대를 졸업한 지식인들이다. 대부분의 컨설턴트와 교수가 이 범주에 속한다. 이론가는 똑똑하지만 때로는 현명하지 못할 수도 있다. 지혜는 실제 경험에서 나오는 반면 이들은 주로 이론을 근거로 제안하기 때문이다. 이들은 사업 운영 방식에 대해 조언하지만, 막상 사업을 해 봤느냐고 물으면 대개 이런 대답이 돌아온다. "아니요. 하지만 컨설팅은 많이 해 봤습니다. 비즈니스와 관련된 책도 다 읽었고요." 이들이 제공하는 조언은 이론 수준의 멘토링이다. 물론 이론에도 가치가 있다. 이론가들은 좋은 조언자가 될 수 있지만, 그래도 3단계 중에서는 가장 낮은 레벨의 멘토라고 할 수 있다.

- 목격자: 이들은 성공적인 기업가들과 협업하며 얻은 경험 덕분에 뛰어난 리더들이 어떻게 사업을 구축해 왔는지 정확히 알고 있다.

예를 들어, 애플의 마케터 출신인 가이 가와사키Guy Kawasaki는 종종 스티브 잡스와 1대 매킨토시 팀에서 일하며 배운 지식을 공유한다. 목격자들은 직접 무언가를 경영한 적은 없지만 실제 비즈니스를 운영했던 누군가와 긴밀하게 협력한 경력이 있다. 이들에게 부동산 중개업을 해 본 적이 있느냐고 묻는다면 이런 대답이 돌아올 것이다. "직접 해 본 적은 없습니다. 하지만 베벌리힐스 최고의 부동산 중개인 밑에서 10년간 일하며 많은 것을 배웠죠." 그의 가치는 바로 이 경험에서 나온다. 그에게 묻는다면 최고의 중개인이 무엇을 했는지, 어떻게 일했는지, 어떻게 고객을 다루었으며 거의 폐업할 뻔한 위기에서 어떻게 부활했는지 상세히 알려 줄 것이다.

- 직접 경험자: 이들이 제공하는 정보는 본인에게서 나온 것이다. 경험자들은 본인이 무슨 일을 했는지 직접 말해 줄 수 있다. 가장 가치 있는 멘토는 자기 자신의 이야기를 들려주는 사람들이다. 실제 기업가들은 공부나 관찰만으로는 결코 이해할 수 없는, 비즈니스에서 일어나는 각종 시행착오를 공유할 수 있다.

이 외에도 이론과 목격, 적용까지 3가지 특성을 모두 지닌 '삼위일체형' 멘토가 존재한다. 물론 이들은 현실에서 찾아보기가 매우 어렵다.

유튜브에 영상을 올리는 사람들은 대부분 순수한 이론가 혹은 목격자들이다. 그 내용을 자신의 삶에 적용해 본 사람은 많지 않다. 그런 의미에서라도 지금 당신이 멘토로 삼고 있는 사람이 위의 3단계 중 어디에 속해 있는지 확인해 보라. 3단계의 조언자들은 모두 나름대로 도움이 되지만, 그중에서도 직접 경험한 멘토의 가치가 가장 크며, 특히 어려운 시기를 헤쳐나가야 할 때는 그들로부터 가장 유용한 조언을 얻을 수 있다. 체스 그랜드마스터 망누스 칼센이 한때의 적수이자 전 세계 챔피언 출신인 가리 카스파로프_{Garry Kasparov}를 코치로 영입한 것도 바로 이런 이유 때문이다.

비즈니스 게임은 때로 추하게 변질된다. 하지만 전쟁 지휘관의 사고 방식을 갖고 있다면 진흙탕 싸움에서도 개인적인 감정을 배제할 수 있다. 경쟁자들은 당신을 좌절시키고 분노와 혼란을 가져올 것이다. 그들이 비겁한 술수를 쓰리라는 것은 거의 의심할 여지가 없이 자명한 일이다. 때로는 당신이 발굴하고 성장시키고 위기의 순간에 지켜 주며 키워 낸 최고의 인재가 어느 날 갑자기 떠나 버릴 수도 있다. 당신은 쓰디쓴 배신감을 맛본다. 문제의 원인이 정부 기관이나 소비자 단체일 때도 있다. 그들은 마치 당신에게 원한이라도 있는 것처럼 아무 이유 없이 당신의 비즈니스를 지목해서 트집을 잡는다.

그러나 이런 상황을 감정적으로 받아들이는 태도는 지극히 비생산적이다. 가장 큰 적은 당신의 자아다. 비즈니스를 운영하다 보면 단순히 추한 수준을 뛰어넘는 온갖 지저분한 꼴을 봐야 하고, 이때 경영자에게는 이성뿐 아니라 감정까지 통제하는 노력이 필요하다. 상황에 개인적인 감정을 개입시키면 혼란에 빠져서 명확한 대책을 세우기가 어렵다. 그저 분노와 복수심에 잠식당할 뿐이다.

어려운 때일수록 뒤로 한발 물러나 상황을 분석적으로 살펴봐야 한다. 분노나 수치심이 중요한 결정에 영향을 미치지 않도록 하라. 감정 자체를 버리라는 얘기가 아니다. 당신은 인간이 느끼는 모든 감정을 가질 자격이 있다. 다만 그런 감정들이 판단을 흐리도록 내버려 두지 말라는 의미다. 최고의 기업가들은 혼란 속에서도 감정적인 반응을 억누르고 객관적인 판단을 내릴 수 있다.

이 장에서는 수십 년간 추진력을 유지한 성공적인 경영자들과 그들이 지닌 편집증을 살펴보았다. 기업을 경영한다는 것은 끊임없이 과거와 다른 방식으로 점을 연결하며 목표를 이루어 나가는 행위다. 매 순간 긴장하고 정신을 바짝 차려라.

기하급수적인 확장 실현하기

1 기하급수적 확장을 향한 도약

비즈니스에 자본을 조달할 방법을 확인하라. 선형적 성장 및 기하급수적 성장을 추진하는 전략을 실행하라. 인재들에게 도전 과제와 책임감을 부여하며 그들을 지휘하라.

2 추진력을 유지하며 혼돈에 대비하라

비즈니스를 무너뜨리지 않으면서 속도를 끌어올릴 계획을 수립하라. 당신에게 필요한 것은 시간 프레임을 압축하는 방법이다. 부적절한 유혹을 피하고 자칫 최악의 적이 될 수도 있는 본인의 자아를 통제하기 위해 노력하라.

3 '머니볼' 전략

− 비즈니스를 추적하는 시스템

당신의 비즈니스에서 가장 중요한 공식이 무엇인지 확인하고, 그 흐름을 철저하게 추적하라. 당신이 알고 있는 모든 지식을 전수 가능한 형태의 매뉴얼로 정리하라. 이러한 지식 전수 프로젝트에 추가 인력이 필요한지도 판단해 볼 필요가 있다.

4 편집증의 힘

− 그랜드마스터는 한순간도 방심하지 않는다

기업 규모가 커질수록 취약성도 덩달아 증가한다. 언제든지 공격당할 수 있다는 사실을 인지하고 긴장을 유지해야 한다. 끊임없이 적들의 입장을 생각하며 만약 당신이 그들이라면 어떻게 당신의 사업을 무너뜨리려고 할지 예측하라. 그들이 정확히 그 방법대로 당신을 공격한다 해도 개인적인 감정으로 대응해서는 안 된다.

힘의 균형을 움직이는
전략 익히기

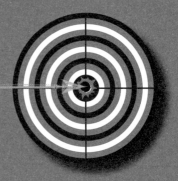

제
13
장

골리앗을 쓰러뜨리고
이야기를 통제하는 법

"난 비즈니스맨이 아니에요. 비즈니스 그 자체죠."

―제이지Jay-Z

비즈니스에 종사하는 사람이라면 누구나 마음속에 골리앗의 존재를 품고 있다. 골리앗이 꼭 업계에서 가장 큰 기업일 필요는 없다. 당신의 골리앗은 특정 지역에서 시장 점유율을 독차지하는 기업일 수도 있고, 조직 내에서 당신보다 더 많은 경험과 성과를 인정받는 동료처럼 개인 적인 대상일 수도 있다.

골리앗과 맞서기로 마음먹었다면 우선 그가 당신보다 더 많은 자본 과 경험, 그리고 자원(가령 능력 있는 변호인단)을 지녔다는 사실을 이해해야 한다. 탄탄한 평판과 퍼스널 브랜딩은 기본이다. 한마디로 골리앗은 당신보다 더 안정적인 위치에 있다.

만약 이 모든 현실을 알면서도 그를 넘어서기로 마음먹었다면 당신 앞에 놓인 장애물을 직시해야 한다. 기회까지 포착할 수 있다면 더할 나위 없을 것이다. 그가 편안한 현실에 안주하여 편집증을 살짝 내려놓는 순간이 당신에게는 행동을 취할 기회다.

시작 단계부터 분명히 짚고 넘어가야 할 점이 있다. 이 도전은 결코 모두를 위한 싸움이 아니다. 자그마한 월마트가 K마트를 업계에서 밀어내리라고 누가 예상했겠는가? 구글과 아마존, 마이크로소프트의 성공담 뒤에는 모든 것을 잃은 개인과 기업의 스토리가 끝없이 이어진다. 골리앗을 쓰러뜨리는 것은 가능한 목표지만, 싸움을 시작하려면 우선 크나큰 고통을 각오해야 한다. 그럼에도 불구하고 여전히 도전에 대한 의지가 남아 있다면 이어질 내용을 계속 읽어도 좋다.

◉ 골리앗과의 싸움이 비즈니스에 미치는 영향

1. 두려움이 밀려든다. 돈을 잃는다는 생각만큼이나 싸움에 뛰어들어 패배할지도 모른다는 생각이 자아를 괴롭힐 것이다.

2. 불안과 공황 장애가 찾아온다. 지금까지 이런 증상이 없었다는 것은 아직 진짜 도전을 시작하지 않았다는 확실한 증거다. 싸움에 뛰어들었다는 것은 할 수 있는 모든 노력을 바친다는 뜻이다. 그 과정에는 말할 수 없는 스트레스가 동반될 수밖에 없다.

3. 괴롭힘과 비웃음을 당한다. 골리앗을 무너뜨리려는 시도와 별개로

그런 목표를 지녔다는 사실 자체가 비웃음의 대상이 될 것이다. 수많은 의심 또한 뒤따를 것이다. 이러한 부정적 반응을 예상하고 마음의 준비를 해두자.

4. 망상가가 되어라. 이 상황에서만큼은 망상이 긍정적인 효과를 발휘한다. 골리앗을 왕좌에서 끌어내리려는 도전자는 살짝 '맛이 갈' 필요가 있다.

5. 예상보다 10배는 더 노력해라. 스스로 한계에 다다랐다는 생각이 들었을 때, 그 시점을 기준으로 딱 10배의 노력을 더 투자해야 한다. 가족과의 시간은 줄어들고, 취미 생활은 애초에 불가능하다. 다시 한번 강조하지만, 이 도전은 모두를 위한 싸움이 아니다.

6. 도전에 필요한 에너지를 감당하려면 건강을 유지해라. 나는 탈진과 입원을 수차례 경험했다. 그 과정에서 고통에 대한 내성을 길렀고, 다시 돌아오면 늘 전보다 더 열심히 일했다. 지금 이 이야기를 들려주는 것은 당신에게 탈진을 경계하라고 알려 주기 위함이 아니다. 골리앗과의 싸움이 가져올 고통을 미리 알고 대비하라는 뜻이다.

X값을 산출하는 공식을 배웠던 5장에서, 나는 사업 초기에 우리 회사를 거의 폐업 위기로 몰고 갔던 아에혼의 고소 사건과 그에 대응하는 과정을 공유한 바 있다. 골리앗은 숨통을 조여 왔고, 우리는 게임 오버 직전까지 내몰렸다. 하지만 그 상황에서 탈출한 이후 내게는 골리앗을 이길 수 있다는 자신감이 생겼다. 다른 무엇보다도 나는 골리앗이 무너지는 '원리' 그 자체를 이해하게 되었다.

골리앗이 무너지는 원리

아직도 도전 의지가 불타고 있는가? 듣던 중 반가운 소리다. 그에 대한 상으로 좋은 소식을 전해 주려 한다. 전투에 대한 준비만 제대로 한다면, 당신에게도 충분히 승산이 있다. 그 이유는 분명하다. 골리앗은 승리의 경험이 쌓이면 쌓일수록 나태해지고 예전만큼 일에 열정을 바치지 않는다. 규모가 커지고 고객과 직접적으로 소통할 기회가 줄어들면서 최신 마케팅 트렌드를 따라가기가 힘겨워진다. 골리앗은 당신만큼 민첩하지 못하다. 잃을 것이 많은 만큼 큰 리스크를 감수하기도 어렵다.

골리앗은 더 이상 광기와 굶주림을 가진 인재들을 불러들일 수 없다. 그들의 지나친 열정이 조직 체계를 뒤흔들 거라는 염려 때문이다. 광기를 지닌 인재들은 골리앗에 순응하기보다 쥐고 흔들길 원한다. 한 시즌에 73승을 거두며 NBA 신기록을 세운 골든스테이트 워리어스에 케빈 듀랜트_{Kevin Durant}가 입단한 이후 그토록 큰 비판을 받았던 이유가 여기에 있고, 그가 이어진 세 시즌 동안 화려한 성적을 거두고 '골리앗'을 떠난 사실도 같은 이유로 설명된다. 골리앗에 맞서는 동안에도 상대를 향한 존중은 잃지 말아야 한다. 한순간만 방심해도 카운터펀치가 날아올 것이다. 순전히 운으로 왕좌를 차지한 사람이나 조직은 없다. 그들은 어떤 의미에서든 만만치 않은 상대다. 그 때문에 그들을 물리쳤을 때 더 큰 보상이 따라오는 것이다. 골리앗을 쓰러뜨리고 싶다면 다음의 방법론을 참고하라.

⊙ 골리앗을 쓰러뜨리는 12가지 방법

1. 본인의 약점을 파악하라. 자신의 강점을 알기는 쉽다. 하지만 자신의 약점을 정확히 파악한다면 민첩한 움직임과 탄탄한 중심을 동시에 갖출 수 있다.

2. 상대의 약점을 파악하라. 골리앗의 주 무대에서는 싸움이 되지 않는다. 그의 아킬레스건을 찾아서 역으로 이용해야 한다.

3. 비교 우위 3가지를 만들어라. 당신의 경쟁 분야는 당신이 정해야 한다. 본인의 강점을 활용하여 골리앗을 압도하거나 최소한 더 잘 해낼 수 있는 3가지 분야를 만들어 내라.

4. 골리앗이 되려고 하지 마라. 상대에게서 정보와 전략을 배울 수는 있지만, 그의 길을 뒤따르는 순간 승리의 기회는 멀어진다. 남의 힘을 이용하는 대신 자신의 힘을 발휘해야 한다.

5. 스페셜리스트가 되어라. 골리앗은 힘과 영향력의 범위를 유지하기 위해 제너럴리스트가 되는 경향이 있다. 상대의 시장에서 점유율을 뺏어 오려면 특정 분야의 스페셜리스트가 되어야 한다.

6. 실제 규모는 작더라도 큰 경쟁자처럼 행동하라. 가슴을 펴고, 골리앗의 크기와 힘에 위축되지 마라. 미래의 현실을 바라보며 유리한 위치를 점유한 상대처럼 싸움에 임하라.

7. 시작부터 싸움을 걸지 마라. 도전 초기에는 많은 도움이 필요하고, 상황이 안정될 때까지 시간도 걸리기 마련이다. 이 시기에 괜한 분란을 조장하며 소음을 일으킨다면 결국 손해를 입는 쪽은 당신이다. 본격적인 싸움을 시작하기 전에는 우선 주어진 일에 집중하라.

8. 민첩하게 움직여라. 작은 조직 고유의 강점인 에너지와 속도를 최대한 이용하라. 골리앗은 절대 당신만큼 빠르게 움직일 수 없다.

9. 공공의 적을 둔 경쟁자와 협력하라. 골리앗은 적이 많다. 그들과 전략적인 동맹을 맺고, 그를 통해 시너지를 발휘할 방법을 찾아라.

10. 역사를 공부하라. 과거의 사례를 연구하다 보면 생각지도 못한 전략과 통찰을 얻을 수 있다. 지식의 열매는 늘 그 자리에 달려 있지만, 오직 수확하는 자만이 배를 채울 수 있다.

11. 다른 경쟁자를 이용하여 적의 힘을 약화시켜라. 골리앗은 늘 수많은 경쟁자를 상대해야 하며, 당신이 매번 최전방에 설 필요는 없다. 한 걸음 물러서서 다른 경쟁자에게 골리앗의 주목을 돌린다면 현재의 자원에 집중하면서 유리한 입지를 다질 수 있다.

12. 전략을 100퍼센트 공개하지 마라. 이것은 설명이 필요 없는 진리다.

이야기를 통제하면 무슨 일이 생길까?

위 전략을 실행하게 되면, 모두의 관심이 당신에게 쏠릴 것이다. 그렇다면 이제는 세상을 무대로 무엇을 어떻게 이야기해야 할지 고민해야 할 시점이다. 만약 당신이 개인적으로 어떤 사람이며 어떤 믿음과 관점을 지녔는지 제대로 보여 주지 못한다면, 세상은 당신의 이미지를 제멋대로 창조해 버릴 것이다. 이야기를 통제하고 당신의 도전기를 직접 들려주어라. 당신이 하지 않는다면 다른 누군가가 나서서 떠들어 댈 것이다.

골리앗의 도전자에게 소셜미디어는 최고의 동지다. 내가 막 비즈니스를 시작했을 때, 골리앗은 온갖 수단을 동원하여 우리를 괴롭혔다. 경쟁자들은 입에 담을 수 없는 험담과 함께 내 명예를 실추시킬 만한 지독한 소문을 꾸며댔다. 이 경험을 통해 나는 소셜미디어를 적절히 활용하면 이야기를 통제할 수 있다는 사실을 완전히 이해할 수 있었다.

괴롭힘에는 다양한 형태가 있다. 그 기술 또한 오랜 세월에 걸쳐 발전해 왔다. 당신이 작은 비즈니스를 운영한다면 인격을 모독하고 루머를 퍼뜨리는 인간을 수없이 만나게 될 것이다. 그들에게 반격하려면 자신의 이야기를 직접 통제해야 한다는 것이 내가 경험을 통해 얻은 깨달음이다.

내 험담을 들은 이들은 진실을 확인하기 위해 구글에서 내 이름을 검색했을 것이다. 그 결과 어떤 내용을 확인했을까? 그들은 괴물이라고 전해 들었던 인물이 소문과 전혀 다른 이미지의 사람이라는 사실을 깨달았다. 나는 이야기를 통제하는 데 성공했고, 덕분에 가십으로 나를 알게 되었던 많은 사람과 오히려 파트너십을 맺을 수 있었다.

인터넷 시대가 도래하기 전에는 상황이 얼마나 달랐을지 상상해 보라. 스티브 잡스는 자신의 이야기를 세상에 전하기 위해 《플레이보이》에 기사를 써 달라고 요청해야 했다. 게다가 그가 인터뷰한 시점부터 실제 기사가 발행되기까지는 무려 두 달이 걸렸다! 하지만 지금은 당신이 쓴 이야기를 사람들이 읽기까지 100분의 1초밖에 걸리지 않는다.

골리앗은 홍보에 수백만 달러를 투자할 수 있다. 그러나 당신이 아이폰으로 찍은 영상이 더 많은 조회수와 긍정적인 반응을 얻을 수도 있다.

인터넷에 콘텐츠를 올릴 때는 자신의 진정한 모습을 공유해야 한다. 우리는 살면서 자신의 가장 좋은 모습만 드러내는 것이 프로다운 태도라고 배웠다. 문제는 사람들이 완벽한 로봇에게 공감하지 못한다는 점이다. 그들은 진솔한 당신을 원한다. 이야기할 때는 실수와 약한 모습까지도 공유하라. 잘 나가는 모습만으로는 진정한 관심을 얻기 어렵다. 실수 한 번 없이 정상까지 올라가는 사람은 없다. 사람들은 당신이 당신다운 순간을 공유할 때 더욱 큰 유대감을 느낀다.

반대 의견을 기꺼이 받아들이는 태도 또한 호감을 얻는 비결이다. 사람들에게 생각을 들려 달라고 청하라. 문제를 공유하고 구체적인 해결책을 추천해 달라고 부탁하라. 이 과정을 통해 당신은 배움을 얻는 동시에 시청자(혹은 독자)의 참여도를 높일 수 있다.

유대감을 형성하는 또 하나의 비결은 일관성을 유지하는 것이다. 사람들은 당신의 이야기가 올라올 타이밍을 알고자 하며, 따라서 규칙적인 일정에 맞춰 콘텐츠를 업로드하면 긍정적인 효과를 기대할 수 있다. 베스트셀러 저자 세스 고딘과 대니얼 핑크Daniel Pink는 이 부분에 대해 서로 다른 전략을 취한다. 고딘은 팔로워들을 위해 짧고 통찰력 있는 포스트를 매일 올리지만, 핑크는 '핑캐스트Pinkast'라고 이름 붙인 콘텐츠를 격주로 업로드한다. 하지만 두 전략 모두 독자들에게 예측 가능성을 안겨 준다는 조건을 충족한다.

일관성은 진정성과 함께 가야 한다. 콘텐츠가 관심을 받기 시작하면 특정 대상을 홍보해 달라는 제안에 들어오기 시작할 것이다. 당신의 브랜드를 싸게 팔아치우지 마라. 스폰서를 받으면 다른 브랜드에 충성을 나눠 바쳐야 한다. 독자들은 흔들림 없이 자신의 메시지를 밀고 나가는 당신의 모습에서 신뢰를 느낄 것이다. 진정성 유지라는 긴 게임을 성공적으로 진행하려면 눈앞의 유혹을 거절하고 영광의 순간을 유보할 줄 아는 뚝심이 필요하다.

뻔뻔한 자가 살아남는다

자기 PR의 첫째 조건은 뻔뻔함이다. 사람들은 평가에 대한 두려움 때문에 선뜻 자신을 드러내지 못한다. 그러나 선구자들은 그 단계를 넘어선다. 남들의 평가를 두려워하면 결코 자기 PR을 할 수 없다. 당신의 '목표'는 사람들이 당신을 알아주는 것이다. 나이키의 창업자 필 나이트Phil Knight는 뻔뻔하다. 댈러스 카우보이스Dallas Cowboys의 구단주 제리 존스Jerry Jones도 마찬가지다. 일명 '더 록The Rock'이라고 불리던 레슬링 선수 출신 배우 드웨인 존슨Dwayne Johnson은 부끄러움을 모르고, 코미디언 케빈 하트 또한 얼굴에 철판을 깔고 자신을 홍보한다. 케빈 하트가 인스타그램에서 1억 명에 가까운 팔로워를 보유한 비결이 소심함이라고 생각하는가? 뻔뻔하지 않으면 누구도 당신을 알아주지 않는다.

우리의 뻔뻔함을 가로막는 가장 큰 장애물은 굴욕에 대한 두려움이다. 망신당하면 어떡하지? 망신이 두렵다면 누구도 알아주지 않는 사람으로 살아가는 수밖에 없다. 회사의 안전한 울타리 안에서 숨어 지내는 사람 말이다. 여기서 말하는 '뻔뻔함'은 허세를 말하는 게 아니다. 당신의 이야기와 브랜드의 범위 내에서 가능한 한 많은 관심을 모아야 한다는 뜻이다. 자기 PR은 분명한 기술의 영역이다.

자기 자랑이 불편하게 느껴질 수도 있겠지만, 이야기의 미묘한 힘을 잘 활용하면 한결 부드러운 톤으로 본인의 강점을 전달할 수 있다. 예를 들어 당신이 어떤 변호사를 방문했는데 사무실 벽에 각종 표창장이 걸려 있다고 치자. 당신은 그의 성과를 칭찬하며 이렇게 말할 수 있다.

"이렇게 많은 표창을 받으셨다니 인상적이네요. 이 정도로 인정받는 변호사가 되기까지 엄청난 노력을 하셨을 테죠. 진심으로 존경합니다. 저 또한 회사에서 최고의 브로커로 인정받아 표창을 받은 적이 있는데, 그 자리에 가기까지 말도 못 하게 고생했거든요. 하지만 사람들은 대부분 결과에만 주목할 뿐 그 뒤에 숨은 노력을 생각하지 않죠. 그런 의미에서 저는 변호사님의 성공뿐 아니라 노력까지 존경한다고 말씀드리고 싶습니다."

자신의 능력을 보여 주는 또 다른 방법은 미래에 대한 예측을 내놓는 것이다. 직관과 연구를 통해 도출한 예측 결과를 사람들에게 공유하라. 그래야 하는 이유가 뭐냐고? 당신이 예언한 내용 중 일부라도 들어맞는 다면 신뢰와 선구자 이미지를 동시에 얻을 수 있기 때문이다.

어떤 독자들은 이렇게 생각할지도 모른다. "바보 같은 조언이군. 내 생각을 공개했다가 큰 망신이라도 당하면 누가 책임지겠어?" 하지만 반대의 선택이 가져올 결과를 떠올려 보라. 숨어 있으면 망신당할 일도 없지만, 누구도 당신을 알아주지 않을 것이다.

전 UFC 챔피언 코너 맥그리거Conor McGregor는 말했다. "저는 제 승리를 당당하게 예측합니다. 그 누구보다 열심히 훈련했으니까요. 하지만 경기가 끝난 후에는 승리든 패배든 결과를 겸손하게 받아들입니다." 그는 뻔뻔스럽게 자신을 홍보하며, 과감한 예측의 힘으로 승패와 관계없이 이야기를 긍정적인 방향으로 통제해 낸다.

뛰어난 부동산 중개인이나 금융인들 또한 맥그리거와 같은 자질을 갖추고 있다. 그들은 항상 뉴스거리를 만든다. 헤지펀드 매니저 짐 크레이머Jim Cramer가 리스크를 두려워하는 소심한 성격 덕에 TV쇼 진행자 자리를 꿰찼다고 생각하는가? 그의 프로그램에 〈샤이 머니Shy Money〉가 아니라 〈매드 머니Mad Money〉라는 제목이 붙은 데는 다 이유가 있다. 그는 사람들이 자신에 대해 이야기하도록 유도한다. 어떤 이는 그의 조언을 신뢰하고, 어떤 이는 그가 얼간이라고 말한다. 나는 개인적으로 크레이머를 알지 못하지만, 그가 관심을 지렛대 삼아 돈을 쓸어 담고 있으리라고 장담할 수 있다.

당신이 몸담은 분야에 대해 자신감 있게 예측을 내놓아라. 중요한 것은 이미지 구축이다. 아래 제목들은 투자 컨설턴트 피터 시프Peter Schiff가 지난 수년간 진행한 인터뷰의 머리기사다.

- 피터 시프, "마이너스 금리는 바보짓이다."
- 피터 시프, "금과 은을 매수한 투자자만이 승리한다."
- 피터 시프, "연방준비제도이사회의 행보에서 악취가 난다."

시프는 수십 년 동안 일관성 있는 주장을 펼쳤다. 때로는 그의 예측이 들어맞았지만 때로는 빗나갔다. 결과가 어찌 되었든 그의 발언은 항상 관심을 받았다. 그는 대담한 예측을 내놓으며 자기 자신을 홍보했고, 그 결과 '피터 시프=금 투자'는 일종의 공식이 되었다. 금 투자 전문가의 의견이 필요한 방송국은 반드시 그를 찾게 됐다.

지금까지 살펴본 다양한 예시를 바탕으로 소셜미디어의 효율적인 활용법을 정리하자면 다음과 같다.

- 개성을 살려라.
- 대담하게 행동하라.
- 자신 있는 분야에 관한 자신감을 숨기지 마라.
- 적극적으로 소통하라.
- 예측이 들어맞으면 자신의 능력을 적극적으로 홍보하라.
- 예측이 틀리면 유머러스하게 실수를 인정하라.
- 잘못된 예측이 가져올 손해를 기꺼이 감수하라.

자기 PR은 매 순간 진행되어야 한다. 유용한 기술을 하나 더 전수하자면, 때로는 당신의 권위 대신 책의 권위를 통해 의견을 전달할 수도 있다. 회의 중에 어떤 안건에 대해 코멘트를 던지고 싶다면 이런 식으로 얘기해 보라. "제가 X라는 책을 읽었는데, 지금 우리 회사의 상황이 그 책의 내용과 꼭 들어맞는 것 같군요. 여러분도 한번 읽어 보시면 좋을 것 같습니다." 성장에 대한 욕구가 있는 사람이라면 당신이 언급한 책의 제목을 받아 적을 것이다. 비즈니스 대화 도중에 주제와 관련된 책을 두세 권 언급할 수 있다면, 당신은 상대의 머릿속에 식견이 높은 조언자로 자리 잡을 것이다. 학력과는 완전히 별개의 문제다.

전문 분야에 확실한 의견을 갖는 것도 PR에 도움이 된다. 예를 들어 당신은 일반적인 트렌드 예측에 동의하지 않는다고 말할 수도 있고, 업계의 잘못된 관행을 지적할 수도 있다. 블로그와 유튜브, 팟캐스트는 이런 의견을 공유하기에 매우 적합한 플랫폼이다. 다른 대화 중에라도 해당 주제가 나오면 이렇게 얘기해 보라. "얼마 전에 이 문제에 대해서 블로그 포스팅을 했거든요. 아무래도 제 의견이 ○○한 방향이다 보니 논란도 조금 있었지요. 읽어 보실 수 있도록 링크를 보내 드리겠습니다."

한번은 미국 내 주택 소유를 아메리칸드림이라고 부를 수 없는 이유에 대해 글을 써서 인터넷에 올린 적이 있다. 조회수는 폭발했고, CNN과 폭스 방송사에서 연락이 왔다. 《덴버포스트The Denver Post》는 내 포스팅을 토대로 기사를 실으며 주택 소유가 꿈의 실현이 아니라고 믿는 기업가로 나를 소개했다. 그것은 실제 내 의견이었다. 아메리칸드림이 주택 대신 기업가정신을 통해 구현된다는 글 한 편은 각계에 뜨거운 논쟁을 불러일으켰다. 이것이 바로 생각과 의견을 적극적으로 공유하고 콘텐츠를 통해 자신을 알렸을 때 기대할 수 있는 효과다.

당신은 자신이 뱉는 말에 확신을 가져야 한다. 사람들은 상대에게서 확신과 불안을 읽어 낼 수 있다. 내 말을 믿어도 좋다. 누군가가 자신의 말에 확신을 가졌는지 알아내기란 별로 어렵지 않은 일이다. 그런 의미에서 확신을 보여 주는 것은 효과적인 PR의 한 방법이다.

그렇다고 오버하거나 있지도 않은 자신감을 꾸며 낼 필요는 없다. 어떤 주제에 대한 의견을 가지고, 당신의 생각과 증거를 명확하게 보여 주면 충분하다.

자기 PR은 내가 당신에게 던지는 도전 과제다. 평가에 대한 두려움을 접어 두고 자신을 드러내라. 대담하게 말하고 행동하라. 당신이 누구인지, 어떤 신념을 가졌는지 세상에 당당하게 공개하라.

당신의 비전과 브랜드를 일치시켜라

유튜브에 처음 콘텐츠를 올리려고 마음먹었을 때, 나는 내 이름인 '패트릭 벳–데이비드'를 채널명으로 정하고 '패트릭과의 2분'이라는 카테고리를 만들었다. 내가 이 채널을 통해 구현하고 싶었던 최종적인 비전은 바로 교육이었다. 나는 전 세계의 기업가들에게 가치와 재미를 동시에 전달하고 싶었다.

내가 만드는 영상의 '이타적인' 목표는 '나눔'이었다. 나는 평범한 영업 사원이 자기 사업을 경영하는 최고경영자로 성장하는 과정에서 미리 알았다면 좋았으리라고 생각한 모든 정보를 공유하고 싶었다. 이 목표를 달성하기 위해 우선 내 경력의 모든 단계를 돌아보며 무력하거나 막막하다고 느꼈던 상황들을 떠올리고, 각 상황에 적용되는 솔루션을 목록으로 정리했다. 정보를 흥미롭게 전달하는 부분에도 많은 공을 들였다. 나는 수많은 사람이 공부에 어려움을 겪는 이유가 끔찍하게 지루한 접근법 때문이라는 사실을 잘 알고 있었다. 채널의 핵심 타깃은 남성 시청자로 잡았고, 그들에게 배움과 흥미를 동시에 전달하기 위해 최선을 다했다.

하지만 내 콘텐츠의 바탕에는 2가지 '이기적인' 목표도 깔려 있었다. 첫째, 나는 자녀들과 (미래의) 손주들에게 삶에 대한 내 신념을 보여 주고 싶었다. 영상을 찍을 때, 나는 그 아이들이 내 콘텐츠에 푹 빠져서 정신없이 시청하는 모습을 상상하곤 했다. 언젠가 우리 사이에 의견이 틀어지는 날이 오더라도 그 영상들을 보면 내가 얼마나 그들을 사랑하는지 깨달을 수 있을 것이다.

두 번째 이유는 이미 짐작했으리라 생각한다. 내가 유튜브 채널과 영상을 만든 이유는 내 이야기를 통제하기 위해서였다.

나는 브랜드를 확장하기 위해 나라는 개인보다 비전을 제시하는 데 집중해야 한다는 깨달음을 얻었고, 이러한 사업적 목표를 실현하기 위해 밸류테인먼트를 창조했다.

눈치 빠른 독자는 이미 내 이야기에서 모순점을 발견했을 것이다. 우리 채널에서 주간 콘텐츠가 올라오는 카테고리, '패트릭과의 2분'은 온통 내 개인적인 이야기로 채워져 있지 않은가! 그 영상들은 얼핏 보기에 비전과 아무런 관련이 없다.

나는 지금까지 체스 그랜드마스터처럼 생각하는 방법에 대해 열정적으로 설명했다. 거대한 비전을 바탕으로 새로운 아이디어를 실현하려면 그랜드마스터와 같이 열다섯 수 앞을 미리 내다보아야 한다. 혹시 이 시점에 떠오르는 계획이 있는가? 만약 당신이 그때의 나라면, 홀로 영상을 찍으며 고군분투하는 1인 기업가에서 선구적인 교육가로 거듭나기 위해 어떤 전략을 취할 수 있었겠는가? 어쩌면 당신은 내가 놓쳤던 부분까지 생각할 수 있을지도 모른다. 다음에 정리해 둔 당시의 내 전략을 살펴보며 부족한 점을 지적한다면 두 팔 벌려 환영하겠다.

지금부터 내가 만든 교육 콘텐츠의 위상을 현재의 위치까지 끌어올리기 위해 구체적으로 어떤 계획을 세우고 실행했는지 살펴보려 한다.

⊙ '패트릭과의 2분'을 최고의 기업가 교육 콘텐츠로 성장시키기 위한 15단계 전략

1. 홀로 사색하는 시간을 통해 채널의 비전을 명확히 결정하기

2. 창의적인 인재들과 상의하며 새로운 채널명에 대한 아이디어 수집하기

3. 마케팅과 미디어에 관한 모든 책을 구매하여 읽기

4. 벤치마크할 롤모델과 교훈으로 삼을 실패 사례 정리하기

5. 내 개인적 성향 대신 비전에 맞춰서 채널의 방향성 결정하기

6. 선구적인 교육자의 이미지에 부합하는 브랜드 이름과 로고, 홈페이지 제작하기

7. 소셜미디어 업계의 콘퍼런스에 참여하여 다양한 전략 습득하기

8. 미디어 시장의 언어를 배우고 파악해야 할 요소들 숙지하기

9. 약점을 메워 줄 인재 영입하기. 특히 90일 이내에 검색엔진 최적화 전문가를 채용할 것

10. 게시하는 영상의 수를 점진적으로 늘려 나가기

11. 30일 이내에 전담 편집자 채용하기

12. 유튜브와 인스타그램, 트위터, 페이스북 운영 전략과 더불어 현존하는 빅4 플랫폼을 능가할 새로운 서비스가 등장할 경우에 대비해서 방책 마련하기

13. 시장 전문가 이미지로 포지셔닝하기. 전문가 관점의 콘텐츠를 제작하여 여러 플랫폼에 게시하기

14. 채널의 브랜드를 고려하여 게스트로 초대할 인물의 명확한 기준 세우기

15. 마지막 전략은 아직 공개할 수 없다. 내가 다음에 둘 수는 곧 확인할 수 있을 것

이 15단계 전략의 결과가 어떻게 되었냐고? 우리는 채널명을 밸류테인먼트로 바꿨고, 나머지 성과는 시간이 증명해 내고 있다. 현재 우리 채널의 영상 재생 시간은 약 수십억 분에 이르며, 새로운 주제를 다룰 때마다 해당 업계에서 일하는 구독자들이 새로 유입되는 고무적인 성과도 거두고 있다. 수많은 비즈니스 인맥과 거래가 유튜브 콘텐츠 덕분에 성사되었고, 덕분에 우리는 확고한 브랜드와 더불어 회사의 성장까지 손에 넣었다. 2021년 9월을 기준으로 밸류테인먼트 채널의 구독자는 311만 명을 돌파했으며 기업가정신 교육을 선도하는 채널로 확고히 자리를 잡았다.

불필요한 소음과 지방을 제거할 때

2005년 미국 국립과학재단National Science Foundation은 평범한 사람들이 하루에 1만 2000~6만 가지의 생각을 떠올린다고 발표했다. 그중 80퍼센트는 부정적인 생각이며 95퍼센트는 예전에도 똑같이 떠올렸던

생각이라고 한다.

성장으로 이어지는 동력의 상당 부분은 불필요한 소음을 끄는 데서 출발한다. 당신의 이야기를 통제하기 시작했다면 타인이 만들어 내는 소음에도 관심을 줄여 나가야 한다. 거물급 선구자들이 유명인에 대한 가십을 신경 쓸 것이라고 생각하는가? 그들이 뉴스 보도를 맹목적으로 믿을까? 최신 트렌드를 파악하기 위해 조간신문 정도는 읽겠지만, 자극적인 제목으로 클릭을 유도하는 저질 기사나 음모론은 그들의 관심사 밖에 있다. 이런 소음들은 그저 시끄럽기만 할 뿐이다.

가십뿐 아니라 지인들의 부정적인 생각이나 무의미한 참견에도 관심을 줄여야 한다. 당신의 목표를 지지하지 않는 가족들이 만들어 내는 소음을 꺼라. 어차피 부정적인 반응만 보여 주는 사람 앞에서 당신의 생각을 공유할 필요는 없다. 소음을 막고 모든 종류의 반대와 훼방을 차단하라. 건설적인 비판을 제공하는 사람과 근본적으로 부정적인 사람 사이에는 큰 차이가 있다는 사실을 기억해야 한다.

여기에 더해서 당신의 인생에 덕지덕지 붙은 불필요한 지방을 제거해야 한다. 비디오 게임이 성공에 아무런 도움을 주지 못한다고 판단된다면 지금 당장 그만둬라. 동시에 여러 여자(혹은 남자)를 만나거나 일주일에 세 번씩 나이트클럽에 출입하는 습관도 당장 끊어라. 하루에 20장씩 '셀카'를 올리거나 30초에 한 번씩 축구 경기 스코어를 확인하는 행동도 마찬가지다. 당신에게 개인적인 단점이나 나쁜 습관이 있다면 통제할 방법을 찾아내야 한다.

크게 사고하는 데에 훼방을 놓는 요소가 있다면 그게 무엇이든 끊어

낼 필요가 있다. 당신은 이미 내 조언의 요점을 정확히 이해했을 것이다. 구구절절 설명할 필요도 없는 문제니까. 자기 자신을 돌아보라. 당신은 자신의 인생에서 제거해야 할 요소들을 알고 있다. 지금 머릿속에 떠오르는 그것 말이다. 바로 그것을 당장 끊어라. 그것은 당신의 성장을 방해하고 있으며, 그렇게까지 해서 유지할 가치도 없는 일이다. 그것을 통해 얻는 눈앞의 즐거움은 당신이 인생을 장기적으로 내다보고 비전을 실현했을 때 찾아올 성취감과 비교도 되지 않는다.

예를 들어 보자. 나는 여자를 좋아한다. 젊고 독신이었던 시절에는 클럽에서 누구보다 즐거운 시간을 보냈다. 한번은 라디오 토크쇼에서 인터뷰를 하던 중 계획과 목표에 관한 이야기가 나왔다. 디제이가 내게 물었다. "패트릭 씨의 인생을 바꾼 가장 큰 결심을 꼽자면 무엇이 있을까요?"

나는 대답했다. "20대 중반 무렵, 100만 달러를 벌 때까지는 누구와도 성관계를 갖지 않겠다고 다짐했었죠."

"그럼 100만 달러를 정말 빨리 벌었겠네요?"

안타깝게도 그 질문에 대한 답은 '아니요'였다. 나는 17개월 동안이나 금욕 생활을 했고, 그것은 말할 수 없이 괴로운 시간이었다. 하지만 그러는 사이 2가지 변화가 동시에 일어났다. 첫째, 이 경험은 내게 성공을 이루는 데 필요한 동기와 절제를 가르쳐 주었다. 둘째, 나는 진짜 중요한 일에 시간을 온전히 투자할 수 있었다. 금욕이라는 목표를 설정하기 전까지의 나는 클럽에 출입하고 여자들의 마음을 사로잡는 데 엄청난 시간과 에너지를 쏟아붓고 있었다. 그러나 그 모든 일은 내 인생에 소음일

뿐이었다. 소음에 집착하던 시간을 수익 창출에 투자하자 생산성은 급상승했고, 마침내 나는 현재의 아내를 만나 제대로 자리를 잡았다.

골리앗을 쓰러뜨리려면 실수의 여지가 없어야 한다. 최고의 성공을 거두려면 낭비할 시간이 없다. 여기서 말하는 '시간 낭비'는 소셜미디어 활용 전략과도 연결되어 있다. 내가 파티 중독자였던 시절에 인스타그램이 존재하지 않아서 얼마나 다행인지 모른다. 만약 그랬다면 지금까지도 인터넷에 내 부끄러운 과거 사진이 나돌아 다녔을 것이다.

모두가 나와 같은 선택을 할 필요는 없다. 나는 전형적인 사람이 아니고, 내게 효과가 있었던 전략이 당신에게도 반드시 통하리라는 법도 없다. 디저트를 폭식하는 습관이든, TV나 스포츠를 향한 도가 지나친 열정이든, 자기 자신의 약점을 인지하고 집중해서 고쳐 나가야 한다. 어떤 이들은 일요일 내내 미식축구 경기를 보고도 월요일 밤이면 또다시 《먼데이 나이트 풋볼Monday Night Football》을 틀어 놓고 3시간 반을 보낸다. 이틀 사이에만 무려 13시간 이상을 스포츠 중계 시청에 쏟아붓는 것이다. 응원하는 팀의 경기를 완전히 포기할 필요는 없지만, 일주일에 딱 한 게임만 보기로 결심한다면 최소 10시간을 벌 수 있다. 일주일이 지날 때마다 하루가 더 생기는 셈이다. 그사이에 어떤 일들을 할 수 있는지 상상이 되는가?

자기 수양에는 다양한 방식이 있다. 누군가는 웹 서핑에 들이는 시간을 제한할 수 있고, 누군가는 하루에 5시간 동안 가장 중요한 비즈니스 업무에 집중하기로 결정할 수도 있다. 하루에 한 번 이상 비즈니스 리스크를 확인하는 시간을 가질 수도 있다. 형태가 어떻든 그 엄격한 절제가 결실로 이어질 것이다. 수양을 계속하면 끝없이 성장할 수 있다.

미래의 현실 vs. 긍정의 확언

우리는 방금 사람이 하루 최대 6만 가지 생각을 떠올린다는 연구 결과를 살펴보았다. 당신의 마음속을 흐르는 이런 생각들은 중요하다. 그것도 생각보다 많이.

론다 번Rhonda Byrne의 《시크릿》이 책과 영화 양쪽에서 성공을 거두며 '긍정의 확언Positive Affirmation'이라는 말이 유행하기 시작했다. 사람들은 말이 엄청난 힘을 품고 있으며, '말을 통해 존재를 만들 수 있다'고까지 생각하게 되었다. 《시크릿》에서 말하는 일명 '끌어당김의 법칙Law of Attraction'은 내게 진실과 착각 사이의 어디쯤엔가 위치한 개념이다. 그런 의미에서 나는 당신이 미래의 현실을 살아가는 것과 긍정의 확언을 활용하는 것 사이의 차이점을 분명히 알고 넘어가길 바란다.

긍정적 메시지나 동기 부여 명언의 가치를 부정하려는 게 아니다. 그러나 그 저변에 탄탄한 확신과 감정이 깔려 있지 않다면 이러한 말들은 아무런 쓸모가 없다. 당신에게 필요한 것은 그 말을 현실로 검증해 줄 이야기와 이를 바탕으로 수립된 적절한 수준의 확언이다. 단순히 "나는 강해. 나는 대단해. 나는 재능이 넘쳐"라고 말하는 대신 "나는 강해. 왜냐하면 우리 가족들이 나를 필요로 할 때 기꺼이 나서서 힘든 문제를 해결했으니까"라고 말해야 한다.

배우의 감정 연기를 이끌어 내는 영화감독을 떠올려 보라. 그의 역할은 배우가 자신의 감정을 정확히 이해하도록 만드는 것이다. 스스로 감정의 이해도를 끌어올리고 싶다면 다음의 방법을 활용해 보라.

⊙ 생각의 창고에서 기억을 꺼내 정리하기

1. 살면서 가장 고통스러웠던 5가지 순간

2. 살면서 가장 성공적이라고 느꼈던 5가지 순간

3. 살면서 가장 큰 고통을 안겨 주었던 말들

4. 살면서 가장 큰 무력감을 느꼈던 5가지 순간

⊙ 긍정적 확언에 현실적 검증 덧붙이기

1. "나는 위대한 리더가 될 것이다." 혹은 "나는 누구보다 화려하게 복귀할 것이다."

2. 위의 확언에 당신의 고통이나 승리가 반영된 이야기를 더하라. '왜냐하면'이라는 접속사를 활용해 증거를 덧붙이면 된다. "왜냐하면 역경을 이겨 냈으니까." "왜냐하면 이미 성공했던 경험이 있으니까." "왜냐하면 나는 더 많은 고통을 극복했으니까."

사람들은 내게 묻는다. "당신을 지금의 자리로 올려 준 자신감의 바탕은 무엇인가요?" 여기에는 총 4가지 답을 내놓을 수 있다.

1. 나는 내가 무언가 큰일을 할 운명이라는 믿음을 지녔다.

2. 나는 신앙을 바탕으로 사람보다 더 높은 존재가 내 뒤를 받쳐 준다

고 믿는다.

3. 나는 내가 무엇을 원하는지 정확히 알게 되었다. 내 비전을 세상에 드러내고 어떤 사람이 되고 싶은지 말하자 꼭 필요한 사람들이 나타났다.

4. 나는 세상에 존재하는 사람 중 가장 운이 좋다고 생각한다.

검증이 뒷받침된 확언은 지금 이 순간부터 당신을 이끌어 줄 미래의 현실이 된다. 미래의 현실을 상상한다는 것은 자신이 되고자 하는 모습을 정확히 안다는 뜻이며, 남은 일은 그 상상을 현실로 만들기 위해서 필요한 조건을 갖추는 것뿐이다.

1996년에 개봉한 영화 《스윙어스Swingers》를 보면 트렌트를 연기하는 빈스 본Vince Vaughn이 미키 역의 존 패브로Jon Favreau에게 연애 코칭을 해 주는 장면이 나온다. 미키는 소심하고 겁이 많은 캐릭터다. 어쩌면 몇 년쯤 훈련하면 자신감 있는 남자로 성장할지도 모르지만, 어쨌든 그의 바람은 미래가 아니라 '지금' 이성의 마음을 사로잡는 것이다. 트렌트는 그의 마음을 이해하고, 친구에게 '일단 행동하라'고 무모하게 조언하는 대신 미키가 미래의 현실을 구현할 수 있도록 그의 감정을 활용한다. 그는 마치 코치나 감독이 선수와 배우에게 말하듯 친구를 다독인다.

"관심 있는 이성에게 말을 걸 때는 12세 관람 등급 영화의 주인공처럼 행동해선 안 돼. 모두가 잘되길 응원하는 그런 귀여운 캐릭터 말이야. 상대를 유혹하고 싶다면 청소년 관람 불가 영화의 주인공이 되어야 하는 거야. 호감인지 비호감인지 잘 모르겠고, 무슨 의도로 접근한 건지 헷갈려야 해. 알겠어? 나쁜 남자가 되라고. 넌 나쁜 남자야."

이것은 복잡한 심리학이 아니라 상식적인 힘의 방향 이동에 대한 것이다. 만약 당신이 자신을 대단하지 않다고 느낀다면 상대방도 그렇게 느낄 것이다. 당신이 판매하는 제품(혹은 그 물건을 파는 자기 자신)을 신뢰하지 않는다면 고객도 똑같이 불신할 것이다. 당신이 게으른 사람처럼 보인다면 실제로도 점차 게으르게 행동할 것이고, 사람들은 당신을 완전한 게으름뱅이로 인식할 것이다.《스윙어스》에서 볼 수 있듯이, 우리에게는 때로 미래의 현실을 실현시켜 줄 코치가 필요하다.

'말을 통해 내 존재를 만들 수 있다'고 생각한다면 우선 그 말을 뒷받침해 줄 적절한 이야기와 감정을 갖춰야 한다. 그 말을 세상에 알리려거든 당신의 삶 자체를 통해 증거를 보여야 한다. 이것이 바로 인생의 이야기를 통제하는 방법이다.

벤치프레스 중량을 늘려 나가라

이 시점이면 당신의 의지가 1분에 2킬로미터씩 달려 나가고 있길 바란다. 열정이 불타오른 나머지 골리앗이 자비를 구걸할 때까지 거센 공격을 멈추지 않았으면 좋겠다. 소셜미디어를 통해 과감한 예측을 선보이고 자신의 이야기를 통제할 수 있는 전략을 이미 세워 두었길 바란다. 이 모든 과정이 어렵게 느껴지리라는 것을 잘 안다. 이쯤에서 다시 한번 상기하자면, 상당한 시간이 들어간다는 사실을 이해해야 한다. 그 사실에 압도당해서 멈춰 서기보다는 목표를 작은 단계로 나누는 편이 훨씬 효율적이다.

만 14세 때 나는 키 180센티미터에 몸무게 60킬로그램을 겨우 넘는 깡마른 소년이었다. 앞에서 회비로 월 13달러 50센트를 낼 돈이 없어 YMCA에 들어가지 못했다고 이야기했는데, 사실은 나를 불쌍히 여긴 멤버 몇 명이 몰래 뒷문을 열어 주었다. 내가 너무나 말라서 문을 많이 열어 줄 필요도 없었기 때문에 괜찮다고 여긴 모양이었다. 모두가 나를 '소말리아 기아'라고 불렀다. 멋지지도 정치적으로 올바르지도 않은 별명이었지만, 어쨌거나 바람만 불어도 날아갈 것 같았던 내 외모를 가장 정확히 나타내는 표현이긴 했다. 왜소한 몸이 부끄러웠던 나는 가냘픈 체격을 감추기 위해 늘 두꺼운 스웨터를 껴입고 다녔다.

그러던 중, 당시 YMCA에서 코치로 활동하던 프레드가 내게 관심을 보이기 시작했다. 그는 체력 단련실에서 두툼한 알통을 뽐내는 선수들을 바라보던 내 시선을 알아차렸다. 누가 봐도 나는 낙담한 표정을 짓고 있었다. 내 눈에 그 선수들은 마치 다른 종족처럼 보였다. 프레드는 20킬로그램짜리 역기를 들려고 끙끙대는 나를 지켜보았다. 고백하건대 그때의 나는 양옆에 둥그런 바벨판을 부착하지 않은 역기봉조차도 겨우 한 번 들어 올릴 수 있을까 말까 했다.

"괜찮아." 프레드가 말했다. 그는 옆에 놓인 1킬로그램짜리 바벨판을 가리켰다. "지금부터 저게 네 베스트 프렌드가 될 거야."

"무슨 뜻인가요?"

"중량을 조금씩 늘려서 일주일에 2킬로그램(양쪽에 각각 1킬로그램짜리 판을 부착하므로 총무게는 2킬로그램이 된다)씩만 더 들어 보도록 하자."

"그건 너무 부끄러운데요." 나는 너무 가벼운 것을 드는 훈련법이 성에 차지 않았다.

"나를 믿고 일단 해 봐. 그리고 어떤 변화가 생기는지 보자."

나는 마지못해 그의 조언대로 했다. 시간이 갈수록 내 역기의 중량은 조금씩 무거워졌다. 그사이 몸에는 근육이 붙었고 자연스레 힘도 세졌다. 나는 끈기 있게 훈련을 이어 갔고, 점차 프레드의 조언을 성경 말씀처럼 따르기 시작했다. 18주가 되었을 때는 그의 예언대로 60킬로그램짜리 역기로 벤치프레스를 할 수 있었고, 그로부터 몇 주 후에는 175킬로그램을 들어 올렸다. 나는 그렇게 한때 부러운 눈길로 바라보던 선수들과 같은 몸을 갖게 되었다.

이 1킬로그램의 원리를 당신의 사업과 경력에 응용해 보자. 당신보다 몇 년쯤 앞서나가는 것처럼 보이는 사람 혹은 회사와 자신을 비교하지 말고, 차라리 규칙적으로 성취할 수 있는 작은 성장에 집중하라.

장담하는데 당신이 이 규칙을 따르며 성실히 훈련하는 사이 경쟁자들은 점차 취약해질 것이다. 골리앗조차 게을러진다. 지금까지의 성공에 안주하면서 무너질 여지를 만드는 것이다. 1955년 포천500으로 선정된 기업이었으나 2019년 목록에서 사라진 수많은 기업에 관한 얘기가 기억나는가?

점진적인 성장이 꾸준히 쌓이면 경쟁자를 뛰어넘을 수 있다. 상대보다 뒤처졌던 당신이 그를 따라잡고 앞서 나가기 시작하는 것이다. 지금은 거대한 골리앗이더라도 어느 시점이 오면 속도를 늦추고 현실에 안주하기 마련이다. 그 순간 지금껏 조용히 성장을 이어 가던 기업들이 혜성처럼 등장하여 골리앗을 당황시킨다. 자신의 최고 기록을 경신하기 위한 지속적인 노력은 당신을 업계 최고의 자리에 올려 줄 가장 단순하면서도 확실한 방법이다.

우리는 이 장에서 다양한 자료를 살펴보았다. 지금의 당신은 그 안에 담긴 가르침을 감당해 낼 수 있을 것이다. 당신은 골리앗을 약화시키는 방법과 업계의 거인을 쓰러뜨리기 위해 취해야 할 구체적인 전략들을 배웠다.

당신은 평가에 대한 두려움을 떨치고 자기 PR을 하는 태도가 얼마나 중요한지도 알게 되었다. 소셜미디어가 최고의 지원군이라는 사실을 이해했다면 현재 자신의 상황에 꼭 맞는 전략을 수립할 수 있을 것이다. 이 과정을 통해 당신은 자신의 이야기를 스스로 통제할 수 있게 된다.

위대한 성공을 거두고 싶다면 작은 실수의 여지까지도 차단해야 한다. 부정적인 생각과 사람, 활동들이 주의를 분산시키게 내버려 두지 마라. 성장을 방해하는 요소들을 솔직히 인정하고, 그 불필요한 지방들을 인생에서 걷어 내라.

마피아에게 배우는
협상과 영업, 영향력의 기술

"나는 상대가 절대로 거절할 수 없는 제안을 할 거야."

–영화 《대부》 중 돈 비토 코를레오네Don Vito Corleone의 대사

이 장의 제목을 읽었을 때, 당신은 내가 제정신이 아니라고 생각했을 것이다. 그렇지 않은가? 하지만 내 말을 들어 보라. 마피아는 어떤 면에서 궁극적인 기업가라고 할 수 있다. 그들은 큰 보상을 위해 기꺼이 위험을 감수한다. 특히 성공을 거둔 마피아들은 협상에 탁월한 역량을 발휘한다. 민첩한 사고는 물론 수많은 정보 앞에서 신속히 의사 결정을 내리는 능력이 없다면 결코 살아남을 수 없는 것이 그들의 세계다.

분명히 얘기하지만 나는 불법적이거나 비윤리적인 방식으로 비즈니

스를 운영하라고 조언할 마음이 없다. 말할 필요도 없는 소리지만 노파심에 굳이 명시하자면, 나는 살인과 강도와 마약 거래를 지극히 싫어하며 불법 행위에 무조건 반대하는 사람이다. 물론 기존 규범을 깨는 선택에는 대찬성이다. 경쟁이 치열한 시장을 공략하거나 이미 있는 시장에서 우위를 점하려면 기존에 당연하게 받아들여지던 규칙들을 무너뜨릴 필요가 있다. 이 장에는 나쁜 인간들을 지지하는 내용이 아니라 그들이 잘 다루는 기술을 객관적으로 배우는 방법이 담겨 있다.

2012년 9월, 나는 우리 회사의 전 직원에게 로버트 그린의《인간 욕망의 법칙》을 읽으라고 지시했다. 나의 목표는 책에 나온 법칙을 가지고 사람을 조종하는 게 아니라, 그 원리를 숙지함으로써 남들이 우리를 조종하지 못하도록 막는 것이었다. 우리가 거쳐 온 성장의 모든 단계에서, 사람들은 책 속에 등장한 더러운 속임수를 통해 우리를 무너뜨리려고 했다. 그들의 전술에 맞서기 위해서라도 우리는 인간의 생각을 정확히 이해할 필요가 있다.

수많은 리더와 경영자가《대부》1, 2편을 오락이 아닌 교육 자료로 여기는 이유가 있다. 그들이 비즈니스를 운영하며 겪는 모든 투쟁이 그 안에 담겨 있기 때문이다. 영화 속 주인공들은 배신과 상실, 채용, 협상을 경험한다. 가족의 도움을 받고 입이 가벼운 구성원을 처벌하며 남의 돈을 가져온다. 마피아는 이런 일들을 처리해야 하며, 기업가인 당신 또한 마찬가지다.

내가 유튜브 채널을 운영하며 마피아들을 인터뷰한 이유도 여기에 있다. 나는 '황소 새미' 살바토레 그라바노를 비롯하여 프랭크 쿨로타_{Frank}

Cullotta, 랠프 나탈레Ralph Natale, 그리고 도니 브래스코로 위장하여 조직에 잠입했던 조 피스톤의 이야기를 들었다. 당신이 속한 업계의 경쟁이 아무리 치열해도, 이익을 위해 문자 그대로 경쟁자를 죽이기까지 하는 마피아 세계만큼 치열하지는 않을 것이다. 당신이 실패하면 사업을 잃지만, 그들은 실패와 동시에 목숨을 잃는다. 그들은 결코 환상에 들떠 움직이지 않으며, 매 순간 자신이 어떤 상황에 처해 있는지 정확히 인지한다.

인맥, 협상, 거래는 이익에 지대한 영향을 미치는 요소다. 마피아는 패밀리에 합류함으로써 얻을 수 있는 혜택을 어떻게 보여 줘야 하는지 잘 알고 있는 만큼 인재를 모집하는 데도 능하다. 모든 계층의 사람들을 끌어들이고, 설득하고, 영향을 주는 그들의 기술은 모든 기업가가 필요로 하는 특별한 능력이다.

나는 몇몇 전직 마피아가 최고의 비즈니스 스승이라는 사실을 깨달았다. 그들은 종종 삶과 죽음의 경계를 넘나드는 리스크를 감당하면서 상대와 소통하고 위기에 대비하며 사람의 마음을 읽어 내는 방법을 익혔다. 그들은 또한 최고의 협상가인 동시에 심리학자이기도 하다. 분명한 것은 이것이 누구나 훈련을 통해 배울 수 있는 기술이라는 점이다. 본격적인 배움을 시작하기 전에 일단 마피아들의 비즈니스 방식을 분석하는 데서부터 시작하자.

회의 준비 덕분에 목숨을 구한 마피아

━━━━━ 마이클 프랜지스Michael Franzese는 알 카포네Al Capone 이래로 조직 범죄 역사상 가장 많은 돈을 번 카포레짐Caporegime(마피아 조직에서 2인자를 가리키는 이탈리아어-옮긴이) 중 하나로 알려져 있다. 그는 현재 '과거'에서 손을 씻고 범죄와 무관한 삶을 살고 있지만, 여전히 《대부》에서 알 파치노가 연기한 가상의 캐릭터 마이클 코를레오네와 자주 비교된다. 두 마이클에게 번개처럼 빠른 정보 처리 능력과 극심한 압박 속에서 성공을 이루어 냈다는 공통점이 있기 때문이다.

수년 전, 아직 마피아 밑에서 일하던 마이클은 브루클린의 한 아파트에서 열린 조직 회의에 소환되었다. 그는 차에서 아파트까지 걸어가는 그 짧은 거리가 인생에서 가장 긴 시간처럼 느껴졌다고 회상했다. 보스는 그가 20억 달러의 정부 자금을 빼돌렸다는 루머를 들은 상황이었다. 물론 실제로 돈을 훔쳤대도 마피아로서 문제가 될 것은 없었지만, 만일 그 루머가 사실일 경우 그는 조직 몫으로 돈을 상납했어야 했다. 말 그대로 죽음과 삶의 갈림길이었다. 회의가 열린 방으로 들어선 그때, 그는 보스가 자신의 충성을 불신하는 순간 이곳을 살아 나가지 못하리라는 사실을 직감했다.

목숨이라는 엄청난 리스크가 걸린 만큼 마이클은 회의 준비에 완벽을 기했다. 사실 그는 목록을 중요시하는 사람이 아니었지만, 나는 목록에 집착하는 타입이므로 모든 회의 전에 반드시 수행해야 할 7단계 준비 과정을 다음과 같이 정리해 보았다.

⊙ 회의를 준비할 때 거쳐야 할 7단계 필수 과정

1. 상대의 요구와 욕망, 불만을 고려하라. 사람들은 대부분 두려움, 욕심, 허영심에서 동기를 얻는다는 사실을 기억하라.

2. 상대방이 할 말을 예상하라.

3. 하고 싶은 말을 미리 정리한 스크립트나 최소한 키워드라도 준비하라.

4. 다양한 상황극 리허설을 진행하며 서로 다른 반응에 대비하라.

5. 믿을 수 있는 조언자들에게 맹점을 지적해 달라고 요청하라.

6. 회의 전에 최대한 마인드 컨트롤을 하라.

7. 약속을 뛰어넘는 성과를 달성함으로써 좋은 평판을 쌓아라.

제대로 준비한 만큼, 마이클은 결코 떨거나 움츠리거나 이성을 잃지 않았다. 그 대신 자신을 향한 비난에 정면으로 대응했다. "그들(언론)이 누군가(마피아)에 대해 기사를 낸다면 그 내용이 진실일 리 없습니다. 그런데 저에 대한 이번 기사만 갑자기 진실이 될 수 있을까요? 저는 패밀리에 성실히 상납금(주당 200만 달러)을 바치고 있습니다. 제가 발이 닳도록 뛰어다니는 덕분에 보스께서는 움직이실 필요도 없지 않습니까. 만약 제가 배신을 한다면 결국 끝장나는 건 저와 제 부하들입니다. 제가 무슨 이유로 그런 짓을 하겠습니까?"

마이클은 변론을 펼치며 감정을 살짝 노출했다. 당연히 계획 중 하나였다. 이 순간을 준비하는 동안, 그는 최선의 전략이 상대를 당황시키는 것이라고 판단했다. 비록 산전수전 다 겪은 마피아지만 본인도 감정을 가진 인간이며, 지금 느끼는 가장 큰 감정이 분노라는 사실을 전달하고자 한 것이다. 그는 상황을 면밀하게 분석하며 작은 말과 행동까지 신중하게 선택했고, 그러는 내내 보스에 대한 존경심을 내비쳤다.

일단 첫 공격을 날린 뒤, 마이클은 한 걸음 물러서서 상대의 말을 경청했다. 그는 이 위기의 배후에 일명 '소니Sonny'라고 불리던 자신의 친아버지, 존 프랜지스John Franzese가 있다는 사실을 알게 되었다. 아들이 뒤에서 더 많은 돈을 벌고 있다고 의심한 아버지가 진실을 확인하기 위해 조직 회의를 제안했던 것이다.

당신이 목숨을 건 회의에 호출당했는데 알고 보니 가까운 친구나 사업 파트너, 심지어 가족이 당신을 팔아 치웠다는 사실을 확인했다고 상상해 보라. 속이 부글부글 끓지 않을 수 없다. 하지만 그 순간 당신이 해야 할 일은 끓어오르는 모든 감정을 뒤로하고 이성적으로 상황을 처리하는 것이다. 복수밖에 떠오르지 않는 상황에서 대체 어떻게 하면 문제에 대한 솔루션과 생존 전략을 떠올릴 수 있을까?

아버지의 행동에 큰 상처를 입었음에도 마이클은 그 상황의 주인답게 행동했다. 그는 보스 앞에서 태연한 태도로 문제를 해결하겠다고 약속했고, 심지어 자신을 호출해 상황을 알려 줘서 감사하다고까지 말했다. 회의 직전까지 분 단위로 리허설을 하지 않았다면 결코 보일 수 없는 침착함이었다.

살아서 그 방을 걸어 나온 뒤, 마이클은 아버지가 자신을 팔아넘긴 결과로 일어난 문제들을 처리해야 했다. 그는 스스로 완벽한 해결책을 찾을 때까지 아버지와 얘기해서는 안 된다는 사실을 깨달았다. 오랜 고민 끝에, 그는 아버지의 선택을 이해하기로 결심했다. 때때로 인생은 부모와 자식 사이를 갈라놓기도 한다. 하지만 마이클은 자신의 가족에게 그런 일이 일어나도록 내버려 두지 않을 작정이었다. 그는 자신을 타일렀다. "살다 보면 적절한 시기가 올 때까지 침묵을 지키는 법을 배우게 되지. 이번 경험으로 매사에 말과 행동을 주의해야 한다는 뼈저린 교훈을 얻었잖아. 아버지에게 실망한 건 사실이지만, 그렇다고 해서 그분을 향한 사랑까지 버릴 수는 없어."

뛰어난 프로는 자신의 행동을 책임지며 좌절감조차 새로운 교훈과 패턴 학습의 바탕으로 삼는다. 마이클은 아버지가 한 일을 회상하며 이렇게 말했다. "지금은 아버지께 감사드리고 있어요. 그 사건으로부터 2년 후에 지금의 아내가 될 여성을 만났고, 그 순간 지하 세계에서 손을 씻기로 결심했죠. (…) 아마도 하나님이 아버지의 손을 통해 저를 어둠으로부터 구해 내신 게 아닌가 싶어요."

문제 해결은 절대 쉽지 않다. 마이클은 생명의 위협 속에서 방어적인 태도를 숨기며 자신을 방어한다는 극도로 모순적인 도전에 직면했다. 머릿속에서 수많은 생각이 소용돌이쳤지만, 결국 그는 압박을 이겨 내고 상황을 분석해 냈으며 그 결과 적절한 솔루션을 찾는 데 성공했다. 하지만 그의 진짜 탁월함은 눈에 보이지 않는 곳, 다시 말해 위기에 대비하여 수행했던 강박적인 준비 과정에서 나왔다.

고위급 회의를 준비하는 특별한 기술

5대 마피아 패밀리들은 '좌담회Sit-down'라고 불리는 회의에서 비즈니스 방향을 결정했다. 어떻게 보면 대기업 최고 경영진들이 이사회에서 나누는 비즈니스 논의와 다를 것이 없다. 차이점이 하나 있다면 그 장소가 회의실이 아니라 이탈리안 레스토랑의 은밀한 뒷방이라는 것 정도랄까?

얼마 전, 나는 케이맨제도_Cayman Islands_에서 세계 최대 규모의 보험 회사 중 한 곳과 고위급 경영진 회의를 가졌다. 상대 쪽 참석자는 최고경영자와 2명의 수석 부사장이었다. 내가 그들을 찾은 이유는 우리 회사가 받을 보상액을 인상해 달라고 요청하기 위해서였다.

상당한 판돈이 걸린 자리였다. 내가 예상한 최악의 시나리오는 그들이 내 요구를 불쾌하게 받아들이며 우리와의 계약 자체를 무효화하는 것이었다. 그렇게 된다면 사업 자체가 흔들릴 수도 있었다. 그 정도까지는 아니더라도 우리 측의 인상 요구안이 거절될 가능성은 얼마든지 있었고, 그렇다면 경쟁사보다 더 높은 수익률을 기대하기 어려운 만큼 우수한 인력이 대거 유출될 공산이 컸다.

한마디로, 그날의 회의는 어려운 시기에 어려운 고객에게 어려운 부탁을 하는 어려운 자리였다. 이렇게 중요한 기회를 어설프게 준비했다간 자칫 시작하기도 전에 감정적으로 무너지기 쉬웠다. 이런 불상사를 막기 위해 나는 '좌담회' 준비의 첫 번째 원칙을 따랐다. 무기도 없이 뛰어들지 마라. 늘 그래 왔듯이 나는 '회의를 준비할 때 거쳐야 할 7단계 필수 과정'에 따라 움직이며 모든 그랜드마스터가 그러하듯이 여러 수 앞을 내다보며 치밀한 계획을 세웠다.

1. 상대의 요구와 욕망, 불만을 고려하라. 사람들은 대부분 두려움, 욕심, 허영심에서 동기를 얻는다는 사실을 기억하라

나는 회의 참석 전에 상대측 경영진의 불안 요소가 무엇인지, 누가 회사를 위해 가장 큰 공을 세웠는지, 그들에 대한 우리의 입장은 어떤지 객관적으로 평가했다. 그 결과 상대와 거래를 시작한 지 2년 만에 우리가 작은 거래처에서 두 번째로 많은 고객을 보유한 회사로 급성장했다는 사실을 확인했다.

스티븐 코비Stephen Covey는 《성공하는 사람들의 7가지 습관》에서 "먼저 상대를 이해하려고 노력한 후 이해받길 원하라"라고 말했다. 이 가르침에 따라 나는 내 개인적인 사정을 떠나서 상대의 입장을 생각하고 그들의 관점에서 상황을 분석했다.

- 상대의 두려움: 우리 회사와 거래를 끊게 되면 수백만 달러 이상의 수익을 잃는다.
- 상대의 욕심: 우리 회사와 한 거래를 지킨다면 수백만 달러 이상의 수익이 유지되며, 이는 경영진에게 상당한 보너스로 돌아올 것이다.
- 상대의 허영심: 우리가 그들의 경쟁사로 가 버린다면 협상에 실패한 경영진의 체면이 구겨질 것이다.

2. 상대방이 할 말을 예상하라

기민한 변호사는 변론할 때 일단 상대방이 어떤 공격을 던질지 예상한다. 상대가 무슨 말을 할 것인지, 그 목적은 무엇인지 정확히 예측할수록 내 변론을 더욱 설득력 있게 구성할 수 있다.

3. 하고 싶은 말을 미리 정리한 스크립트나 최소한 키워드를 준비하라

나는 노트와 펜을 들고 시작한다. 연습을 반복할수록 메시지는 더 정확해진다. 스크립트의 형태는 말하는 사람의 스타일에 따라 크게 달라질 수 있다. 어떤 이들은 모든 대사가 적힌 대본을 선호하지만, 어떤 이들은 워드프로세서에서 글머리 기호로 간결하게 정리된 키워드를 선호한다. 나는 개인적으로 키워드를 선호하는 편이다.

4. 다양한 상황극 리허설을 진행하며 서로 다른 반응에 대비하라

스크립트를 정리한 후, 나는 팀을 구성해서 케이맨제도에서 만날 경영진의 역할을 대신해 달라고 요청했다. 우리 직원들은 상대방의 입장이 되어 내게 질문을 던지고 내 대답에 반론을 제시했다. 그 과정에서 스크립트가 상당 부분 수정되었고 여러 다른 반응에 대한 대비책 또한 세울 수 있었다.

5. 믿을 수 있는 조언자들에게 맹점을 지적해 달라고 요청하라

이 단계의 상당 부분은 상황극 리허설에서 충족되었다. 하지만 다음 과정으로 넘어가기 전에 마지막 사각지대까지 꼼꼼히 확인할 수 있도록 신뢰할 만한 업계 외부의 지인들에게 의견을 구했다.

6. 회의 전에 최대한 마인드 컨트롤을 하라

나는 회의실에 도착하기 직전까지 모든 세부 상황을 꼼꼼히 점검했다. 비행기가 연착되는 불상사를 막을 수 있도록 하루 일찍 도착했고, 옷을 입는 방식부터 식사나 운동 일정 하나까지도 마음을 안정시킬 수 있는 방향으로 세심하게 결정했다. 회의가 성공적으로 끝났을 때 우리 비즈니스에 미칠 긍정적인 영향을 시각화해서 상상하는 것 또한 중요한 과정이었다.

7. 약속을 뛰어넘는 성과를 달성함으로써 좋은 평판을 쌓아라

당신이 해야 할 일을 하지 않는다면 지금까지 준비한 내용들은 아무 소용이 없다. 비즈니스맨으로서 얻을 수 있는 최악의 평판은 말만 많고 결과를 가져오지 못하는 사람이 되는 것이다.

'상대의 관점'에서 상황을 이해하려고 노력한 결과, 나는 우리 측의 결점과 개선점을 객관적으로 파악할 수 있었다. 덕분에 회의 당일에는 이러한 결점을 어떻게 개선할지 보여 주는 자료들을 잔뜩 준비한 상태였다. 나는 100퍼센트의 준비를 마친 채 회의실로 출발했다. 그중 60퍼센트는 상대 회사에 대한 분석, 40퍼센트는 우리 회사에 대한 분석이었다. 앞에서도 강조했듯이 좌담회에 참석할 때는 본인보다 상대방의 관심사를 파악하는 데 더 많은 시간을 투자해야 한다.

나는 회의실에 들어서서 말했다. "자, 지난번에 만났을 때 말씀하신 내용을 바탕으로 여러분이 원하는 것을 가져왔습니다. 이쪽이 우리 측의 약점이고, 이쪽이 개선 방안에 대한 계획이에요. 우리 제안을 수락하신다면 추가적인 비용 없이도 진행이 가능합니다. 제가 이미 시스템 공급사에 연락해서 확인을 마쳤어요. 시스템 도입을 고려하고 계시죠? 알고 계신 것처럼 기존 단가는 100만 달러입니다. 하지만 우리가 계약을 많이 주면서 그쪽 일을 서비스로 진행해 달라고 설득했어요."

반복된 연습 덕에 나는 이 메시지를 명확하고 자신감 있게 전달할 수 있었다.

어떤 독자는 이런 의문을 떠올릴지도 모른다. "잠깐만, 본인 회사가 받을 보상액을 인상하려던 거 아니었어? 왜 느닷없이 상대에게 100만 달러를 주면서 시작하는 거지?"

비즈니스의 단순한 규칙 중 하나는 이익을 얻기 위해 양보해야 한다는 것이다. 아마추어들은 요구에만 집착하며, 상대에게 먼저 가치를 제공하는 법을 모른다. 하지만 상대의 관점을 파악하고 그들에게 우선적인 이익을 안겨 준다면 상대 또한 자연스럽게 당신이 원하는 것을 내놓을 것이다.

이렇게 솔깃한 제안을 던진 후, 나는 본격적으로 보상액을 인상해 달라는 요구와 더불어 우리 주장을 뒷받침할 객관적인 데이터를 제시했다.

"거절하셔도 우리 입장에서는 문제가 될 것이 없습니다. 우리 제안을 받아 줄 다른 회사가 있으니까요. 궁금하신 점이 있나요?"

수많은 질문이 쏟아졌다. 우리는 2시간 30분 동안 논의를 이어 갔다. 하지만 그들이 나에게 던진 질문과 반론, 이의 제기는 전부 이미 경험한 것들이었다. 어떻게 이런 일이 가능했을까? 모두 상황극 리허설 덕분이었다. 나는 언제나 몇 걸음씩 앞서 나가는 체스 그랜드마스터나 거물급 경영자들처럼 상대의 행동을 예측함으로써 내가 원하는 결론을 이끌어 냈다.

《대부》에서 말런 브랜도Marlon Brando가 연기한 돈 비토 코를레오네는 이런 대사를 던졌다. "나는 상대가 절대로 거절할 수 없는 제안을 할 거야." 회의에서 내가 던진 제안은 양쪽 모두의 성장을 보장하는 상생 협력이었다. 그 데이터를 봤다면 누구도 거절할 수 없었을 것이다. 그리고 내가 거둔 성공의 가장 큰 열쇠는 좌담회가 시작되기 '전에' 진행한 일들이었다.

확신은 관점을 어떻게 변화시키는가

이 장의 주제가 마피아의 비즈니스 기술이긴 하지만, 완벽을 기하기 위해 전설적인 지그 지글러Zig Ziglar의 지혜를 잠시 빌려 오도록 하겠다. 지글러는 2012년에 만 86세의 나이로 세상을 떠나기 전까지 세계에서 가장 영향력 있는 영업 트레이너로 이름을 떨쳤다. 그는 강연 중에 자신이 지도한 주방용품 영업 사원이 슬럼프에 빠졌을 때의 일화를 들려주며 강력한 영감을 선사했다.

당시 지글러가 저조한 실적의 원인을 묻자, 영업 사원은 시간이 촉박하고 주방용품 가격이 비싸다는 등 몇 가지 이유를 댔다. 그러자 지글러는 그에게 본인이 판매하는 주방용품을 실제로 사용하느냐고 물었다. 대답은 '아니요'였다. 그 이유를 다시 물었을 때, 영업 사원은 지금 슬럼프 때문에 수입이 많지 않아 그런 고가의 제품을 구매할 여유가 없다고 말했다.

지글러는 질문을 던지고, 상대의 대답을 경청하고, 그의 말에 공감했다. 사실 지글러는 그가 판매하는 주방용품을 사용하고 있었고, 진심으로 그 제품이 괜찮다고 생각했다. 가격은 꽤 비쌌지만 그에 상응하는 기능이 갖춰져 있기 때문이었다. 모든 투자와 마찬가지로 주방용품 구매에도 비용이 발생한다. 그러나 모든 현명한 투자와 마찬가지로 그 제품에는 비용 이상의 가치가 담겨 있었다.

지글러는 차분히 영업 사원의 설명을 들었다. 그가 자신이 판매하는 제품을 구매하지 않은 데는 그럴듯한 이유가 있었지만, 지글러는 그 소비가 삶의 질을 높여 줄 것이라는 확신을 갖고 그를 설득했다. 자신의 모든 반론이 설득력 있게 재반박당하자 영업 사원은 결국 그 주방용품을 사기로 했다. 그리고 이 결정은 엄청난 변화의 시발점이었다.

다음번 잠재 고객에게 제품을 설명하는 동안, 그는 상대로부터 구매를 망설이는 온갖 이유를 들었다. 며칠 전 지글러가 그랬듯, 영업 사원은 상대에게 질문을 던지고 대답을 경청하고 공감을 표현했다. 한 가지 달라진 점이라면 그사이에 직접 제품을 사용하면서 가치를 확신하게 된 그가 더 이상 고객의 변명에 포기하고 물러나지 않는다는 점이었다. 그는 이 주방용품이 비용보다 더 크게 삶의 질을 향상해 주리라고 진심으로 믿었다.

그가 배운 것은 복잡한 영업 전략이나 상대를 조종하는 기술이 아니었다. 변한 것은 제품에 대한 '관점'의 변화뿐이었다. 그는 당장 그날 영업에 성공했고, 모두가 예상했겠지만 이후로는 그 영업 팀 최고 매출을 달성하는 성과를 거뒀다. 본인이 파는 제품을 직접 구매할 수 있을 정도로 강한 확신을 지니게 되자 슬럼프는 자연스럽게 끝이 났다.

이 일화에 담긴 교훈을 지글러 본인의 말을 인용해서 전하고 싶다. "당신이 판매하는 제품이 가격보다 더 큰 가치를 지녔다는 절대적이고 완전한 확신을 가지세요. 그 확신은 당신 스스로 그 제품을 구입하고 사용할 만큼 분명해야 합니다."

영업에서는 '말발'의 힘이 과대평가되는 경향이 있다. 반면 확신의 힘은 과소평가된다. 진정한 영업은 감정과 믿음에서 나오는 것이기에 나는 영업 사원을 뽑을 때 자기 자신과 우리 회사에 대한 믿음을 중요시한다. 상대에게 도움을 주고자 하는 열정과 진정성이 결합되면 고객(혹은 많은 청중) 앞에서 확신에 찬 목소리로 자신이 하는 일을 설명할 수 있게 된다.

영업은 자기 자신에 대해 이야기하듯이 편안하게 진행돼야 한다. 그렇게만 된다면 본인이 하는 일을 설명하면서 즐거운 흥분감이 밀려올 것이다. 세계적인 화장품 브랜드의 공동 설립자로 《타임》이 선정한 '20세기에 가장 큰 영향력을 지닌 20인의 천재' 명단에 여성으로서 유일하게 이름을 올린 에스티 로더Estée Lauder는 말했다. "제 평생 단 하루도 영업을 하지 않고 살아 온 날이 없었어요. 제가 무언가를 믿게 된다면 저는 그것을 열심히 팔고 또 팝니다."

누구나 살다 보면 영업에 설득될 때가 있지만, 세상에 영업 사원으로 태어난 사람은 없다. '타고난 영업 사원'을 찾으려 하는 대신 자신의 비전을 믿고 관계를 만들어 나가려고 하는 사람을 찾아라. 어쩌면 그들은 사교성이 약간 모자랄 수도 있다. 실제로 내 주위에서 가장 인기 있고 매력적이며 커다란 영향력을 행사하는 이들 중 일부는 진술하면서도 내성적인 성격을 지닌 사람이다.

영향력은 '아무에게나 아무것이나 파는' 능력이 아니다. 상대에게 손해 보는 결정을 유도하는 기술도 아니다. 영업이란 자신과 비즈니스에 대한 믿음, 그리고 상대에게 줄 수 있는 가치에 대한 확신을 바탕으로 이뤄져야 한다. 상대가 개인 고객이든, 주요 거래처든, 업계의 거물이든 달라질 것은 없다. 당신이 판매하는 것을 스스로 믿는다면, 모든 협상이 윈-윈으로 끝날 수 있다고 생각한다면, 타인에게 도움을 줄 수 있다고 확신한다면, 그리고 당신의 영업이 계산 대신 감정과 직관으로 이루어진다면, 인맥과 협상과 영업의 기술은 당신의 자연스러운 재능이 될 것이다.

허세가 아닌 확신이 영향력을 만들어 낸다

협상에서는 더 큰 영향력을 지닌 사람이 우위를 점한다. 하지만 양측이 지닌 영향력의 크기가 항상 명확한 것은 아니다. 당신이 아무리 열심히 준비한다 해도 상대의 상황을 100퍼센트 파악할 수는 없다. 가장 중요한 것은 영향력의 속성을 이해하고 힘을 얻는 기술이다.

특정 거래에서 얻을 이익을 극대화하기 위해 지나친 영향력을 행사한다면 전투 하나는 이길 수 있을 것이다. 그러나 전쟁 자체의 패배를 맛볼 수 있다. 포커계의 전설이자 1972년 월드시리즈 포커대회 우승자인 아마릴로 슬림Amarillo Slim은 말했다. "양털은 100번도 깎을 수 있지만 가죽은 한 번 벗기면 끝이다." 슬림 같은 도박꾼도 장기적인 커리어를 위해서는 상대가 원하는 방식으로 비즈니스를 이끌어 가야 한다는 사실을 알고 있었다. 어떤 게임에서든 진정한 목표는 눈앞의 득점이 아니라 두 당사자가 '영원히' 이익을 보는 협력 관계가 되어야 한다.

경력 초반의 내게는 영향력이라고 할 만한 것이 없었다. 하지만 내가 유능한 협상가가 될 수 있었던 비결은 없는 영향력을 꾸며 냈기 때문이 아니다. 나는 굳이 '블러핑Bluffing'을 해야 할 이유를 찾지 못했다. 다만 상대방이 리스크를 최소화하고 이익을 최대화할 수 있는 거래를 설계하고 제안했을 뿐이다. 단기적으로는 내 쪽에서 상당한 손해를 입을 수도 있었지만, 나는 몇 수 앞을 내다보면서 상대의 주머니를 채워 주는 동시에 일정한 조건을 달성하면 내게도 보상이 돌아오도록 협상의 방향을 조정했다. 내가 장기적인 파트너십을 구축할 수 있었던 데는 공정하다는 평판이 주효한 역할을 했다.

비즈니스를 막 시작했을 무렵, 데이비드라는 사람이 소프트웨어 제안서를 들고 나를 찾아왔다. 그는 본인이 판매하는 소프트웨어가 많은 회사에서 사용될수록 더 큰 효율성을 창출하리라는 사실을 알았고, 내게 본인을 대신해서 다른 보험 회사들과 협상을 진행해 달라고 부탁했다. 실제로 그의 제품은 성능이 뛰어난 데다 그가 건넨 제안서는 내 이익과도 맞아떨어지는 면이 있었다. 이 사실을 잘 알았던 데이비드는 협상 조건을 강하게 밀어붙였다. 내가 다른 기업들을 설득해 주는 것은 물론 5만 달러의 라이선스 사용료를 지급해야 한다고 주장한 것이다. 5만 달러는 해당 소프트웨어의 '소매 가격'보다 약간 저렴한 수준이었는데도 그는 내게 큰 호의를 베푸는 것처럼 할인 가격을 제시했다.

나는 제품을 판매하는 '동시에' 내가 가진 인맥까지 이용하려는 그의 시도가 다소 뻔뻔하다고 생각했다. 하지만 앞으로 둘 수를 알려 주지 않는 그랜드마스터들처럼 일단은 침묵을 지켰다. 어쨌든 우리 회사는 그 소프트웨어가 필요했고, 자금 사정이 어려웠던 당시로써는 할인 제안에 귀가 솔깃했다. 게다가 겉보기엔 데이비드가 내게 부탁을 하는 상황이긴 해도, 해당 소프트웨어를 사용하는 회사들이 많아지면 실제 우리의 업무 효율도 올라갈 터였다. 데이비드는 자신의 제안이 양쪽에 이익을 가져다주리라 믿었고, 그의 주장은 충분히 타당했다. 만약 우리와 거래하는 모든 보험 회사가 그 소프트웨어를 사용한다면 업무 처리 시간이 비약적으로 단축되고(내가 또 얼마나 속도에 목숨을 거는 사람인가?) 인건비도 상당 부분 절약할 수 있었다.

이 상황에서 영향력의 속성을 짚고 넘어가자. 일단 나는 데이비드에게 내 생각을 전부 공유하지 않았다. 만약 그가 내 속을 정확히 꿰뚫어 봤다면 내 영향력에 흠집이 났을 것이다. 사실 데이비드의 제안은 상당히 영리했기에, 당시 우리 이사회의 의장까지도 좋은 기회가 아니냐며 나를 설득하려 했다. 물론 의장의 생각에도 일리가 있었지만, 그럼에도 나는 그의 성급한 판단에 깜짝 놀랐다. 조직을 운영하다 보면 종종 최고 경영진이 오너만큼 예산 집행에 신중하지 않은 경우를 만나게 된다.

그에게는 5만 달러가 푼돈이었을지 모르지만, 돈을 내는 사람은 그가 아니라 나였다.

나는 그 자리에서 데이비드에게 업계 동료 한 명과의 통화 기회를 주선해 주었다. 두 사람은 4분 정도 대화를 나눴다. 그 후, 나는 데이비드 앞에서 그의 제안에 대한 의견을 간략하게 전달했다. "솔직히 말할게요. 당신은 내 인맥을 활용해서 다른 회사들과 협상하길 원하죠. 그러면서 소프트웨어 비용 5만 달러까지 청구한다고요?" 나는 그가 내 말을 이해할 때까지 잠시 기다린 후 말을 이어 갔다. "우리가 소프트웨어를 무료로 사용할 수 있다면 협상 건을 수락하겠습니다. 제 조건을 받아들인다면 담당 부서를 연결해 드리죠. 하지만 거절해도 상관없어요. 더 궁금한 점이 있나요?" 데이비드는 5초가량 머뭇거리다 입을 열었다. "아니요."

내 강경한 태도가 지나치게 무모했다고 생각할지도 모르겠다. 하지만 나는 스스로 세운 준비 원칙에 따라 그의 입장에서 이 거래를 분석했고, 그 결과 내 모든 인맥을 활용한 협상이 그에게 얼마나 큰 이익을 가져다줄지 가늠할 수 있었다. 여기에 더해 나는 그가 그랜드마스터처럼 생각할 수 있는 뛰어난 인재라는 사실을 파악했다(적을 이기려면 그를 정확히 알아야 한다!). 그는 상황의 주인이 될 줄 아는 똑똑한 인재이며, 따라서 내 인맥으로 확보할 고객 명단에 비하면 5만 달러쯤은 장기적으로 아무것도 아니라는 사실을 이해할 것이었다. 나는 이 판단을 바탕으로 유리한 영향력을 행사했다.

그 결과가 힘의 방향을 어떻게 움직였을까?

지금까지 내 처절한 실패담을 충분히 들려준 만큼 이번에는 가벼운 마음으로 성공담을 공유하도록 하겠다.

데이비드는 내 조건을 받아들여 소프트웨어를 무상 제공했을 뿐 아니라 사모펀드를 운영하는 자신의 친구 그레그에게 나와의 일화를 전했다. 그가 나를 '업계의 거물이 되기 위한 모든 조건을 갖춘 인물'로 평가해 준 덕분에, 그레그는 우리 회사에 1000만 달러를 투자하기로 결정했다.

어떻게 이런 일이 가능했느냐고?

성과에 대한 확신과 노력에 대한 의지가 분명하다면 움츠리지 말고 강한 영향력을 밀어붙여도 좋다. 그러나 성과를 가져오지 못한다면 그 모든 말들은 오만한 허세로 전락하고 만다. 약속을 지키는 태도야말로 비즈니스 세계에서 존중을 얻는 가장 큰 열쇠다.

상대가 승리했다고 착각하게 만들어라

비즈니스를 하다 보면 아주 다양한 사람을 만나고 상대하게 된다. 어떤 이는 똑똑하고, 어떤 이는 거만하고, 어떤 이는 특이하다. 개중에는 정신병이 있다고 심각하게 의심되는 인간들도 있다. 성공을 이루고자 한다면 고객과 직원과 사업 파트너를 비롯하여 다채로운 성향의 사람들과 효과적으로 협업할 수 있는 능력을 갖춰야 한다. 그리고 이러한 능력의 상당 부분은 상대를 빠르게 판단하고 탄탄한 업무 관계를 맺는 방법을 익히는 데서 나온다.

광기와 열정, 광인과 천재 사이에는 아주 미묘한 차이가 존재한다. 그 차이를 알고 싶다면 존 가트너의 《조증》과 나시르 가에미Nassir Ghaemi

의 《광기의 리더십A First Rate Madness》을 읽어 보길 추천한다. 이 책들을 읽으면 상위 1퍼센트 중에서도 1퍼센트의 천재들이 어떻게 남다른 생각을 하는지 확인할 수 있을 것이다. 그들 대부분은 비범한 생각의 연결 고리를 갖고 있다. 중요한 것은 그 연결 고리를 효과적으로 배열하는 것이다.

경영자라면 이런 유형과 협상하는 방법을 알아야 한다. 처음에는 자기애 외에 아무런 감정도 없는 로봇과 대화하는 기분이 들 것이다. 그러나 비즈니스를 하면서 이런 이들을 만나지 않기란 불가능하고, 따라서 그들을 다루는 방법을 익히는 편이 효율적이다. 게다가 이 책을 읽고 있는 당신에게 성공의 꼭대기에 도달하고자 하는 욕망이 있다면, 당신 또한 결과적으로는 살짝 '맛이 간' 사람이라는 평가를 받게 될 것이다.

나는 살짝이 아니라 확실히 '맛이 간' 사람이다. 내게는 1퍼센트 중의 1퍼센트가 되고 싶다는 의지가 있으며, 따라서 그 준비에 도움이 되리라 판단하면 사람이든 물건이든 가리지 않고 공부한다.

만약 당신이 자존심을 뛰어넘을 수 있다면, 종종 다른 사람에게 승리를 넘겨줄 때 더 큰 승리가 찾아온다는 사실을 깨달을 것이다. 때로는 당신의 뛰어난 아이디어가 본인의 것이라고 착각하게 만드는 편이 이득일 때도 있다. 이번에는 마피아의 세계만큼이나 압박이 심한 것으로 유명한 헤지펀드 비즈니스로 넘어가서 이 기술이 어떻게 적용되는지 살펴보도록 하자.

데리어스라는 젊은이가 헤지펀드에서 일하던 시절, 그는 마치 존 고티John Gotti(뉴욕 최대의 마피아 조직 중 하나인 '감비노 패밀리'의 전 보스-옮긴이)를 연상시키는 상사 밑에서 일했다. 지금부터 그 상사를 데일이라고 부르자. 데일은 능력이 뛰어났고 자존심은 더 강했다. 당시 데리어스는 차액 거래 기회를 노리며 몇 달 동안 시장을 분석하고 있었다. 마침내 목표에 꼭 들어맞는 타깃과 이를 뒷받침할 데이터를 찾아냈을 때, 그는 당장 데일을 찾아가 자신의 투자 계획을 자세히 설명했다. 그의 분석과 프레젠테이션은 능력과 성실함과 설득력을 고루 갖춘, 한마디로 아카데미상을 줘도 아깝지 않을 만큼 훌륭한 걸작이었다.

그러나 상사는 그의 투자를 허가하지 않았다.

데리어스는 크게 당황했다. 데이터를 모든 각도에서 다시 분석해 봐도 그의 지식과 경험 안에서는 문제점을 찾아낼 수 없었다. 좌절한 나머지 회사를 떠날 생각까지 했지만, 그는 이내 마음을 고쳐먹고 분석 결과를 꼼꼼히 재검토한 끝에 자신의 아이디어에 작은 맹점이 있다는 사실을 확인했다. 얼마 후 팀의 투자 회의에 참석한 그는 한 동료가 본인 의견을 거의 내놓지 않은 채 데일의 제안을 칭찬하기만 한다는 사실을 눈치챘다. 그 제안의 상당 부분이 동료의 아이디어였는데도 회의에서는 마치 데일의 생각인 것처럼 발표되고 있다는 사실을 알았을 때는 깜짝 놀랐다.

그 순간 데리어스에게 깨달음이 찾아왔다. "유레카!"

다음번 아이디어를 떠올렸을 때, 그는 이전과 다른 접근법을 취했다. 데일에게 제안서를 제출하는 대신 그를 찾아가 질문 세례를 던진 것이다. 데리어스는 상대의 태도에서 제안서를 검토하던 때의 완고함 대신 당황을 읽어 냈다. "최근 국채 수익률 곡선이 평평해지고 있던데요?" 데리어스가 말했다.

"무슨 뜻인가?" 데일이 되물었다.

"게다가 10년 만기 국채 가격이 과거 평균보다 높아지고 있더라고요."

"말도 안 되는 소리 마."

"저도 이해가 안 돼요." 데리어스가 짐짓 당혹스러운 척 대답했다. "혹시 무슨 문제가 생긴 게 아닐까요?"

"문제는 네 멍청함이겠지. 지금은 10년 만기 국채 비중을 줄여야 할 때라고."

"그 말씀이 옳은 것 같아요. 어떻게 그런 생각을 못 했을까요?"

"당연히 내가 옳지. 수익을 내려면 30년을 내다보라고 몇 번을 말했나. 당장 나가서 10년 만기 국채를 열심히 매도하도록."

우리가 지금까지 배운 힘의 균형을 고려하면 이 이야기(실화)의 의미가 와닿을 것이다. 데리어스는 마침내 그랜드마스터처럼 생각하는 방법을 깨달았고, 몇 수 앞을 내다보며 적절한 질문을 던진 끝에 자존심 강한 상사를 본인이 원하는 방향으로 움직일 수 있었다.

마피아는 매혹적인 조직이다. 물론 그들이 하는 일에는 대부분 반대하지만, 최소한 그들의 비즈니스 방식에서만큼은 중요한 가르침을 얻을 수 있다. 이제 당신은 사람들이 장난삼아 흉내 내곤 하는 《대부》의 대사, "상대가 거절할 수 없는 제안을 할 거야"를 다른 식으로 받아들이게 되었을 것이다. 마피아의 관점으로 회의를 준비한다면 언제나 상대의 이해관계를 철저히 분석하고 회의가 시작되기도 전에 할 수 있는 모든 일을 처리하게 될 것이다. '거절할 수 없는 제안'이란 결국 상대와 당신 모두를 풍요롭게 하는 원-윈 협상이다.

힘의 균형을 끌어오고
유지하는 기술

"누군가 부를 자랑하더라도 그 재산을 어떻게 사용하는지

알 때까지는 칭찬하지 마라."

–소크라테스

당신과 경쟁 관계에 놓이기 전까지는 모두가 당신을 좋아한다. 당신
이 유능한 인재일수록 더욱더 그렇다. 내가 막 사업을 시작했을 때, 온
갖 사람이 찾아와 나의 성공을 응원했다. 그러나 그들이 진짜 좋아하
는 건 따뜻하고 말랑말랑한 약자의 이야기뿐이다. 우리 회사가 성장을
시작하자 사방에서 적들이 나타났다. 내 소셜미디어 계정을 차단하거나
근거 없는 루머를 퍼뜨리고, 〈스타워즈〉의 악역 '다스베이더'와 내 이름

을 합쳐서 나를 '다스 벳–데이비드'라고 부르는 인간까지 있었다. 이쯤이면 당신도 잘 알고 있겠지만, 우리 업계 사람들은 나를 고립시키기 위해 수단과 방법을 가리지 않았다.

성공한 기업가의 지위를 매년 유지한다는 것은 우리가 상상할 수 있는 도전 중에서 가장 어려운 것이다.

15장에서는 영향력의 속성을 더 깊이 파헤칠 것이다. 일단 선택권의 존재가 어떻게 경영자의 마음가짐을 바꾸고 그 결과 어떤 궁극적인 힘을 가져다주는지 살펴볼 것이다. 이익을 얻으려 하기 전에 상대를 도울 방법을 찾는 태도가 어떻게 당신의 모든 상호 작용을 변화시키는지도 확인할 것이다.

이 마지막 장은 앞에서 다뤘던 다양한 주제를 한 단계 확장하는 영역이다. 조직을 성장시키려면 적절한 인력이 필요하고, 만족스러운 삶을 살아가려면 충실한 인간관계가 필요하다. 그러므로 나는 사람들에게서 최선의 잠재력을 이끌어 내는 방법을 깊이 있게 분석할 것이다. '이끌어 낸다'는 표현을 썼다고 해서 당신에게 모든 관계의 주도권이 있다고 착각해서는 안 된다. 당신의 역할은 사람들을 움직이는 동력을 이해하고, 그 동력이 개인마다 다르다는 사실을 인정하고, 모든 사람이 자신의 삶을 이끌 수 있도록 리더십을 발휘하여 돕는 것이다.

진정한 힘은 선택지에서 나온다

영향력은 힘의 핵심 요소인 만큼 보다 더 깊이 파고들어 심도 있게 이해할 필요가 있다. 거래할 때는 '가장 절박하지 않은 사람'이 가장 큰 영향력을 지니게 된다. 선택지는 곧 힘이다. 반드시 이 거래를 성사시킬 필요가 없다면 유리한 위치에서 최상의 조건을 협상할 수 있다. 하지만 거래에 절박하게 매달린다면 오히려 상대의 힘에 휘둘리다가 형편없는 조건에 도장을 찍게 된다.

너무나 당연한 이야기다. 문제는 '이 이론을 어떻게 실천할 것인가?'다. 정답을 짧게 알려 주자면, 가능할 때 다양한 선택지를 만들어 두어라. 단 하나의 드림카를 목표로 삼는 대신 시장을 둘러보며 당신이 만족할 만한 옵션을 더 찾아 두어야 한다(주택과 빌딩, 핵심 인재 채용에도 같은 원리가 적용된다). 시장을 살펴보고 3가지 적당한 옵션을 찾아라. 그 상태에서 최고의 선택지를 놓고 거래를 한다면, 실패해도 여전히 괜찮은 옵션이 남아 있는 만큼 시작부터 유리한 고지를 선점할 수 있다. 심지어 상대방에게 이 거래가 유일한 승부처라는 사실을 확인한 순간부터는 절대적인 영향력이 주어진다.

나는 큰 고객 하나만 쫓아다니며 그 관계가 모든 문제를 해결해 주길 바라는 기업가들을 꽤 알고 있다. 그들은 코스트코나 타깃Target, 월마트에 제품을 입점시키면 더 이상 거래처를 뚫을 필요가 없다고 믿는다. 어쩌면 그런 거래가 마법의 열쇠가 되어 줄지도 모른다. 한두 달, 길게는 한두 해 정도 그런 행운이 지속될 수도 있다. 하지만 언젠가는 그 소중한 고객이 그들의 힘을 빼앗기 위해 영향력을 행사할 것이다.

주요 고객이나 핵심 인재를 잃어버릴까 봐 얼마나 많은 밤을 전전긍긍하며 지새는가? 이제는 그 근본적인 원인을 고민할 시점이다. 당신의 진짜 문제는 고객이나 직원 하나를 잃는 것만으로 생존의 위협을 느낀다는 것이다. 사실 이런 고민을 한다는 것 자체가 상대에게 영향력을 넘겨줬다는 의미다.

내가 자문을 맡았던 바비의 회사는 연수익 800만 달러에 이르는, 서류상으로만 보면 탄탄하기 그지없는 기업이었다. 단 하나의 문제를 꼽자면 수익 중 500만 달러가 한 고객에게서 나온다는 점이었다. 한동안은 고객이 그와의 거래에 만족했고, 그의 비즈니스는 순조롭게 번창했다. 하지만 시간이 지날수록 상대는 더 많은 양보를 요구했다. 어째서 바비는 반발하지 않았을까? 다른 선택의 여지가 없었기 때문이다. 제아무리 가식과 허세를 떨어도 사람들은 관계의 힘이 어느 쪽으로 기울었는지 알 수 있다. 바비의 고객은 점점 들어 주기 어려운 조건을 요구했고, 그 바탕에는 암묵적인 위협이 깔려 있었다. 원하는 대로 해 주지 않으면 당신을 버리고 다른 회사와 거래하겠어.

이 책을 읽는 당신도 지금쯤이면 그랜드마스터의 지식을 갖췄을 것이다. 바비를 수렁에서 건져 낼 완벽한 솔루션이 떠오르는가? 실제로 바비는 내게 이 솔루션을 요청했다. 그의 위기는 몇 년 전에 내린 잘못된 판단에서 비롯되었다. 큰 고객을 잡은 순간, 그로 인해 시장 탐색과 사업 성장을 멈추고 안일해진 순간에 모든 문제는 시작되었다.

나는 바비에게 더 많은 선택지를 찾아내라는 단순한 해결책을 제시했다. 기존 거래에서 그의 영향력은 이미 사라진 지 오래였다. 그가 기존의 큰 고객을 지키면서 이익을 1센트라도 가져올 방법이나 행동은 존재하지 않았다.

그러나 그는 내 말을 듣지 않았다.

결국 바비는 고객을 잃었고, 그의 기업은 하룻밤 사이에 연수익 800만 달러에서 300만 달러로 쪼그라들었다. 불행은 그것으로 끝이 아니었다. 주요 고객 없이 비즈니스를 유지할 수 없었던 바비는 결국 회사를 매각해야 했다. 인수자가 누구였겠는가? 바로 예전의 그 고객이었다. 그들은 인수가 성사되자마자 바비의 손에서 경영권을 빼앗았다. 그는 아마추어처럼 게임에 임했고, 한두 수 앞도 내다보지 못했다. 그 결과는 퇴출이었다.

이 이야기의 교훈이 무엇일까? 진정한 힘은 다양한 선택지에서 나온다. 바비가 더 많은 고객을 확보하여 수익 구조를 분산시켰다면 협상 앞에서 그렇게 취약해지지 않았을 것이다. 그가 제품 개발에 힘써서 수요가 공급을 초과하는 상황을 만들었다면 모든 결정권이 그에게 넘어왔을 것이다. 그렇게 힘의 균형을 본인 쪽으로 끌어왔다면 가격을 인상하거나 더 빠르고 신속한 결제 조건을 요구한다 해도 상대가 매달렸을 공산이 크다.

어쩌면 당신은 개인적으로 완벽한 파트너를 만나서 '오래오래 행복하게' 살아가는 행운을 누릴지도 모른다. 하지만 비즈니스에서는 상대가 아무리 멋지고 부유하더라도 결코 완벽한 파트너가 될 수 없다. 수익의 30퍼센트 이상이 한 고객에게서 나온다면 문제가 있는 것이다. 당장 얼마나 많은 돈을 버는지는 중요하지 않다. 수익원이 한 고객으로 고정된다면 통제권이 넘어갈 수밖에 없다.

당신을 위한 옵션을 확보하라. 외부 고객뿐 아니라 내부 인재 또한 마찬가지다. 이 2가지 분야에서 다양성을 확보한다면 사람이 떠나갈까 봐 끊임없이 마음 졸일 필요가 없어진다. 운동을 열심히 해서 체형을 유지하면 누구에게나 더 매력적으로 보일 수 있다. 비즈니스에서 매력적인 체형이란 경쟁자보다 뛰어난 성과와 성장, 전략, 지구력을 의미한다.

겸손한 태도와 장기적인 봉사가 불러오는 효과

2019년 캘리포니아주 롱비치에서 열린 '드라이브DRIVEN' 행사에서 기업가 지망생들을 상대로 강연할 기회가 있었다. 강연을 마치고 내려오는데 한 남자가 다가왔다. 우리 주변에는 대략 40명쯤 되는 사람들이 있었고, 다섯 대의 카메라가 나를 찍고 있었다. 그들 앞에서 남자는 이야기를 시작했다. "패트릭, 당신의 영상이 제 인생을 바꿔 놨어요. 저는 더 이상 예전의 제가 아니에요."

이런 순간이야말로 내 인생의 목표다. 열심히 만든 콘텐츠가 사람들에게 도움을 주었다는 이야기는 내게 최고의 자랑거리다. 내가 한창 칭찬에 들떠 있을 때, 그가 내게 명함을 건네주며 말했다. "제 이름은 리치예요. 혹시 라스베이거스에서 부동산을 보실 일이 있다면 제게 연락 주세요."

"잠깐만요, 질문 하나만 할게요." 나는 그의 말을 끊고 물었다. "지금 본인이 무슨 행동을 했는지 압니까?"

"제가 뭘 했는데요?" 그가 되물었다.

여기서 잠깐 그가 한 일을 되짚어 보자. 내가 봤을 때 그의 행동은 술

집에서 여성에게 다가가 이렇게 얘기한 것과 맞먹는 실수였다. "세상에, 너무 아름다우시네요. 머릿결이 끝내주는데, 관리를 받은 건가요? 완벽한 눈썹은 또 어떻고요. 와우, 정말 눈이 부셔요! 저기요, 이게 제 명함인데요. 혹시 오늘 밤에 저랑 잘 생각이 있다면 연락 주세요."

이 사람이 힘의 균형을 잘 끌어왔다고 생각하는가?

나는 리치가 좋았고, 그의 열정에 감사했다. 다만 그의 잘못된 접근이 나와 장기적인 관계를 맺을 가능성을 어떻게 손상시켰는지 그에게도 알려 줘야 한다고 생각했을 뿐이다. 물론 숫자로 승부하는 전략을 택한다면 짧고 강하게 밀어붙이는 접근법으로도 데이트 상대나 사업 파트너를 몇 명쯤 낚을 수 있을 것이다. 한 치 앞밖에 못 보는 아마추어들도 가끔은 거래를 성사시키니까.

나는 그에게 물었다. "이 관계에서 지금 당장 뭘 하길 바랍니까? 당신은 지금 초점을 잘못 맞췄어요. 나와의 관계에서 뭔가를 얻을 생각밖에 없잖습니까."

우리는 조금 더 대화를 나눴고, 그가 충분히 순수하고 호기심 많은 사람이라는 인상을 받은 나는 그에게 이야기를 들려주기로 했다.

막 보험 영업을 시작했던 20대 초반 무렵, 나는 일라이라는 남성을 알게 되었다. 우리는 죽이 잘 맞았다. 그는 나와 같은 중동 출신이었고, 같이 아는 친구들도 몇 명 있었다. 우리 관계는 자연스럽게 비즈니스가 아닌 친구에 가까워졌다. 우리는 스스럼없이 서로를 대했고, 그는 얼마 후 열린 50번째 생일 파티에 나를 초대했다. 포드 포커스를 타고 파티 장소인 로스앤젤레스 교외의 저택에 도착했을 때, 나는 인근에 주차된

한 무리의 고급 자동차를 보았다. 그 순간 이 파티가 엄청난 네트워킹 기회가 될 수 있겠다는 직감이 스쳤다. 그럼에도 불구하고 나는 끝까지 겸손한 태도를 유지했다. 누구와도 비즈니스 얘기를 하지 않았고, 명함도 한 장 돌리지 않았다. 심지어 파티가 끝난 후에도 남아서 정리를 도왔다.

일라이와 나는 사심 없이 우정을 쌓았다. 시간이 지나 우리가 서로를 더 잘 알게 되었을 때, 나는 그에게 물었다. "제가 도울 일이 있을까요? 제가 어떻게 하면 일라이 씨의 삶이 조금이라도 더 행복해질까요?"

일라이는 순간적으로 감정의 벽을 허물며 자신의 아들이 9년째 복역 중이라고 털어놓았다. 지금은 샌루이스 오비스포 San Luis Obispo 교도소에 수감되어 있는데, 로스앤젤레스에서 차로 4시간이나 떨어진 데다 워낙 거칠다고 알려진 곳이라 아무도 면회를 가지 않는다고 했다. "만약 네가 그 아이를 만나러 가 준다면 정말 기쁠 거야. 물론 갈 수 없다고 해도 충분히 이해해. 하지만 만약에라도 날 위해 그렇게 해 준다면 내게는 그보다 큰 행복이 없을 거야."

난 기꺼이 가겠다고 대답했다. 면회 신청을 하려면 신상 조사를 받아야 했고, 열 손가락의 지문을 모두 떠서 제출해야 했다. 허가를 받는 데만도 한 달이 꼬박 걸렸다. 마침내 허가증이 나왔을 때, 나는 차를 타고 샌루이스 오비스포에 가서 일라이의 아들과 온종일 시간을 보냈다. 그는 구석 자리에 앉아서 교도소가 돌아가는 이야기를 들려주었다. "저 사람이 방금 옆에 있던 남자를 발로 찼잖아? 빚을 안 갚아서 그래. 때린 사람이 이 구역의 왕이거든." 그는 마치 내가 오랜 친구인 것처럼 이 사람 저 사람을 가리키며 이야기보따리를 풀어 놓았다.

그날 이후 우리는 펜팔 친구가 되어 편지를 주고받았다. 그것도 이메일이 아닌 손편지를! 그를 만나기 위해 4시간 거리를 몇 번 더 달려가기도 했다. 첫 면회를 마치고 돌아온 날, 일라이는 내게 전화를 걸어 말했다. "네가 나를 위해 해 준 일이 어떤 의미인지 넌 결코 모를 거야."

"형님, 당연한 일을 가지고 뭘 그러세요."

하루는 일라이의 집에 놀러 가서 점심을 먹던 중 그가 물었다. "내가 널 어떻게 도와줄 수 있을까?"

그의 앞에서 나의 직업은 보험 중개인이며, 현재 고객이 필요한 상황이라는 사실을 털어놓은 것은 그때가 처음이었다.

일라이는 내게 600명의 이름이 적힌 명부를 주며 그들에게 연락하면서 본인의 소개를 받았다고 얘기하라고 했다.

그 시점의 나는 무작위 홍보 전화(대부분 끊긴다)와 소개를 통한 전화(종종 실적으로 이어진다)의 차이를 확실히 알 정도로 경력을 쌓은 상태였다.

그렇게 소개받은 이들 중 한 명은 나를 또 다른 사람과 연결해 주었고, 그가 또 다른 누군가를 소개하고, 그 인연이 또 소개로 이어졌다. 그 연결 고리의 끝에서 나는 3000만 달러짜리 거래처를 손에 넣었다.

내가 이야기를 마쳤을 때, 리치의 표정은 사뭇 달라져 있었다. 나는 그에게 말했다. "만약 내가 일라이를 알게 된 첫날에 인맥을 좀 연결해 달라고 요청했다면 어떤 결과가 생겼을까요? 그는 당연히 내 부탁을 거절했을 겁니다."

힘의 균형을 끌어오는 파워 게임은 장기전으로 접근해야 한다. 내가 체스 그랜드마스터들의 이야기를 그렇게 많이 한 이유가 무엇이겠는가? 인맥을 원한다면, 장기적인 관계를 원한다면, 누구를 만나든 첫 대면에서 이렇게 말해서는 안 된다(영향력을 가진 주요 인물에게는 더욱더 안 된다). "나랑 자러 갈래요? 내가 원하는 걸 줄래요?"

관계의 힘을 내 쪽으로 끌어오는 질문은 따로 있다. "무엇을 도와줄까요? 제가 도와줄 일이 있을까요?" 이런 질문을 던지려면 사고방식 자체를 바꿔야 하고, 그 변화는 당신의 인생을 완전히 전환시킬 것이다. 파워 게임에 장기전으로 접근한다면 단순히 인간관계가 개선되는 수준을 떠나서 막대한 부를 쌓게 될 것이다.

⊙ 파워 게임의 공식

- 더 큰 성과: 노력은 매우 중요하지만, 열심히 일하는 것만으로는 충분하지 않다.
- 더 빠른 성장: 남들보다 빨리 성장하면 비즈니스의 수준을 끌어올릴 다양한 무기를 얻게 된다. 자신감은 덤이다. 내가 경쟁에서 가장 집착했던 분야가 바로 동료들보다 더 빠른 성장이었다.
- 더 나은 전략: 다섯 수 앞을 내다봐라. 비즈니스를 확장시킬 방법을 찾아내고 열매를 수확하기 전까지 짧지 않은 시간을 버텨 내라.
- 더 강한 지구력: 엄청난 성공이나 처참한 실패를 겪으면 주변 사람의 본질을 알 수 있다. 누가 끝까지 함께할 진짜 친구인지 당장은 알기 어렵다. 남들보다 오래 살아남으려면 인내심이 필요하며, 이 힘은 정신을 바짝 차리고 게임에 집중하는 일련의 선택에서 나온다.

영웅의 그림자가 되어라

자, 이제 우리는 배움의 사이클을 한 바퀴 돌아 다시 처음으로 돌아왔다. 비즈니스 예측을 위해 당신이 처음으로 익혔던 기술은 어떤 사람이 되고자 하는지 확인하는 것이었다. 그 이상향에 다가가는 데 필요한 힘을 얻으려면 이미 그 자리에 도달한 영웅을 찾아서 그의 그림자가 되어야 한다.

워런 버핏은 컬럼비아대학교 경영대학원에서 벤저민 그레이엄Benjamin Graham을 지도교수로 만나는 행운을 누렸다. 《현명한 투자자》의 저자이기도 한 그레이엄은 '가치 투자의 아버지'라 불리는 인물이다. 투자 역사상 최고의 선구자가 전한 가르침을 바로 곁에서 들은 경험은 버핏의 성공에 큰 영향을 미쳤다. 대학원을 졸업한 버핏은 배움을 이어 가기 위해 그의 밑에서 무급으로 일하겠다는 결심까지 했다. 하지만 그레이엄은 그를 곧바로 채용하지 않았고, 버핏은 고향인 네브래스카주 오마하로 돌아갈 수밖에 없었다. 하지만 훗날 그는 결국 그레이엄과 함께 일할 기회를 얻었다. 버핏은 당시의 경험을 이렇게 설명했다. "내 영웅인 그레이엄 교수님 밑에서 일하게 됐을 때, 나는 절대 돈 얘기를 꺼내지 않았다. 첫 월급을 받고 나서야 내 급여가 얼마인지 알게 되었다."

이렇게 물리적으로 접근할 수 있는 영웅의 존재는 12장에서 논의한 멘토 찾기와 구분되어야 한다. 바로 곁에서 관찰할 수 있는 롤모델을 찾았다면 절대 그 기회를 놓치지 마라. 단순한 멘토와 그림자처럼 따라다닐 수 있는 영웅은 분명히 다르다. 멘토는 당신이 해야 할 일을 '말'해 주지만, 영웅은 그 길을 직접 '보여' 준다. 당신은 그가 치열한 협상에서 어떤 전략을 사용하는지 직접 관찰할 수 있다. 그가 적을 다루는 방법과 직원들에게 동기를 부여하는 방법도 확인할 수 있다.

당신이 원하는 삶을 실제로 살고 있는 사람들을 곁에 두는 경험이 얼마나 중요한지는 말로 다 설명할 수 없다. 중요한 것은 당신이 경력의 어느 단계에 있든 당신의 삶에 성공한 사람들의 그림자를 드리우려고 노력해야 한다는 점이다. 나는 성장하면서 지나온 모든 길목에서 존경하는 인물들의 곁을 지켰다. 어린 시절에는 어딜 가나 아버지와 함께했고, 군대에서는 최고의 지휘관들과 가깝게 지냈다. 체육관에서는 가장 힘센 사나이들과 같이 운동했고, 밸리 토털 피트니스에서 회원권을 팔던 시절에는 최고의 영업 실적을 올리던 프랜시스코 데이비스_{Francisco Davis}를 졸졸 따라다녔다. 아무리 오랜 시간이 걸려도, 아무리 '지질'해 보이더라도 개의치 않았다. 그가 고객과 10분간 대화를 나누거나 업무 전화를 하는 동안 같은 공간에 머물 수만 있다면 밤늦게까지 퇴근을 미룰 가치가 충분하다고 생각했다. 내 목표는 오직 개선할 부분을 확인하고 더 생산적인 사고방식을 갖출 방법을 찾는 것뿐이었다.

성공한 사람들은 매우 바쁘며, 따라서 그들과 함께하려면 '가치'를 제공해야 한다. 커피나 점심을 대접하겠다는 제안도 나쁘지 않지만, 그들의 비즈니스에 도움이 되는 서비스를 제공하는 편이 훨씬 낫다. 가령 당신은 자발적으로 시장 조사를 하거나 제안서를 검토해 줄 수 있다. 상대가 영업 회의를 하는 동안 고객에게 보낼 감사 엽서를 대신 써 줄 수도 있다. 당신이 제공할 수 있는 도움이 얼마나 많은지 알면 깜짝 놀랄 것이다. 만약 당신의 나이가 어리다면, 40대 이상의 사람들보다 소셜미디어 활용법에 밝을 테고, 그렇다면 상대를 위해 비즈니스 계정을 만들어 줄 수 있다. 잘만 풀린다면 그와 당신은 완전한 윈-윈 관계가 될 것이다. 당신은 성공한 사람에게 배움을 얻고, 상대는 당신의 능력과 열정을 얻는다.

마지막 사례의 주인공은 NBA 감독 스티브 커다. 그렇다. 골든스테이트 워리어스에서 안드레 이궈달라에게 팀의 승리를 위해 당신이 꼭 '필요'하다는 감정을 심어 주었던 그 스티브 커 말이다. 그는 감독으로 부임한 첫해부터 5시즌 연속으로 팀을 결승에 진출시켰고 그사이 세 번의 우승컵을 거머쥐었다. 그 치열한 시기를 보내고, 특히 케빈 듀랜트와 클레이 톰프슨Klay Alexander Thompson, 드마커스 커즌스DeMarcus Amir Cousins가 심각한 부상을 입은 마지막 시즌까지 마무리한 그가 2019년 여름 정도는 휴식을 취하며 보내리라고 사람들은 예상했다.

그해 여름 미국 국가대표 팀은 국제농구연맹 피바FIBA가 주최하는 세계 농구 월드컵을 준비하고 있었다. 나는 농구 광팬이지만 'FIBA'가 무슨 말의 약자인지도 모른다. 세계 농구 월드컵은 대단한 영광도 메달도 없는 그저 그런 경기로, 감독이나 코치진으로서도 딱히 기대할 만한 메리트가 없었다. 사실 대부분의 NBA 스타들이 출전을 거부하는 바람에 국가대표 명단 중에서 '올스타'라고 할 만한 선수는 몇 명 있지도 않았다. 하지만 스티브 커는 그 팀에 코치로 합류했다. 오직 국가대표 감독을 맡은 그레그 포포비치Gregg Popovich 밑에서 그를 보조하기 위해 휴가를 반납한 것이다. 그는 위대한 감독의 그림자가 될 기회를 거부할 수 없었다.

"이것은 놀랍고도 감사한 기회입니다." 커는 말했다. "저는 30년 전에 아마추어 선수로서 미국 국가대표 팀과 첫 인연을 맺었습니다. 그런 제가 이렇게 세계 무대로 복귀해서 전 코치이자 멘토인 포포비치 감독님과 함께 일할 기회를 얻었다는 건 엄청난 영광이에요."

힘을 얻고 싶다면 그 힘을 지닌 사람들을 그림자처럼 따라다녀라. 성공을 얻은 후에도 만족하지 말고 더욱 뛰어난 선구자로 성장하고 싶다면 강력한 리더들과 함께할 기회를 단 한 순간도 놓치지 말아야 한다.

동기의 원천을 이해하는 자가 진짜 리더가 된다

이 마지막 챕터에서는 지금까지 살펴본 내용을 복기하면서 현재 단계에서 한 걸음 나아가는 방법을 살펴보고 있다. 3장에서 당신은 사람을 움직이는 동기의 원천을 이해하는 기술에 대해 배웠다. 그 기술을 바탕으로 이제는 다른 사람들에게 동기를 부여하는 방법을 확인할 차례다. 기업가에게 필요한 9가지 사랑의 언어를 배우면서 이 내용을 잠깐 다뤘지만, 지금부터 살펴볼 내용은 한 차원 높은 수준이다.

모건스탠리 딘위터Morgan Stanley Dean Witter에서 일하던 만 22세의 나는 한 달 사이에 두 개의 서로 다른 그룹을 대상으로 강연을 진행했다. 첫 번째 그룹은 더 나은 은퇴 라이프를 설계하고자 하는 노년층 고객들이었다. 나는 강의 시간 내내 1000제곱미터짜리 저택에 살면서 지갑에 아메리칸익스프레스 블랙 카드를 넣고 페라리를 타는 삶이 어떤 것인지 설명했다. 하지만 그들은 내 말에 집중하지 않았고 얼마 후에는 아예 관심을 꺼 버렸다.

그로부터 몇 주 후에 만난 두 번째 그룹은 20대 후반에서 30대 초반 사이의 영업 사원들이었다. 이미 한 번의 실패를 맛본 나는 완전히 다른 접근법을 취하기로 결정했고, 그들에게 돈 걱정 없이 자녀와 손주를 최고의 대학에 보낼 수 있는 삶을 떠올려 보라고 했다. 은퇴 계좌에 돈을 넉넉히 저축해 두고 여생 동안 여유롭게 골프를 치며 한 달에 1만 달러씩 소비하는 삶이 얼마나 근사할지 상상해 보라고 했다. 나는 또다시 청중을 사로잡는 데 실패했다.

당시 내 관리자는 항상 내게 동기 부여를 하려고 노력했다. 하지만 그의 입에서 나온 모든 말들은 '본인'에게 영감을 주는 것들뿐이었다. 쉽게 예상할 수 있겠지만, 그는 나의 주의를 집중시키지 못했다. 조금만 깊이 생각해 보면 내가 두 번의 강연을 모두 실패한 원인이 명확히 보인다. 내 관리자가 나를 움직이게 하는 동기를 자극하지 못했던 것처럼, 나 또한 청중들을 움직이게 하는 동기를 전해 주지 못했던 것이다.

힘의 균형을 긍정적으로 변화시키려면 상대의 잠재력을 최대한 끌어내야 한다. 내 경험상 세상에 이보다 더 보람 있는 일은 없다. 나는 사람들이 자신의 힘에 눈을 뜨고 성공에 도달하는 모습을 볼 때 인생의 의미를 느끼며, 지금 당신을 위해 이 책을 쓰고 있는 것도 같은 이유 때문이다.

위대한 리더란 스스로 모범을 보이고 도덕적 권위를 얻는 사람이다.

그들은 또한 사람들이 혼자서는 할 수 없는 일을 할 수 있게 만든다. 훌륭한 본보기를 보여 주는데도 직원들이 자신의 행동을 따르지 않아서 고민하는 기업가들을 여럿 보았다. 본보기만으로는 충분하지 않다. 유능한 리더들은 사람들이 가진 역량을 최대치로 발휘할 수 있도록 이끌어 내는 방법을 이해한다. 이것은 결코 쉬운 일이 아니고, 따라서 그들에게 막대한 연봉을 가져다준다. 사람을 움직이는 기술을 익힌다면 업계에 상관없이 환영받는 기업가가 될 것이다.

사람들에게 동기를 부여하는 4가지 원천

발전 Advancement

−승진하기
−프로젝트 완수
−마감 기한 맞추기
−팀 목표 달성하기

개인적 이익 Individuality

−멋진 라이프 스타일
−사람들의 인정
−여유로운 생활

광기 Madness

−저항
−경쟁
−통제
−권력과 명예
−내가 옳았음을 증명하기
−매 순간 당당한 삶
−정복
−최고가 되려는(기록을 세우려는) 열망

목적 Purpose

−역사
−타인을 위한 도움
−변화
−영향력
−깨달음 / 자아실현

동기의 원천은 인생의 단계에 따라 달라질 수 있다.

사람을 움직이는 4가지 동기의 원천을 다시 한번 살펴보자. 그다음 각 범주에 속하는 이들을 이끄는 방법에 대해 구체적으로 설명하겠다.

- 발전을 위해 움직이는 사람들은 새로운 단계에 도달하고자 하는 욕구가 동기 부여의 가장 큰 원천이다. 계속해서 다음 도전이나 목표를 던짐으로써 성장을 유도하지 않으면 지루함을 느낀다.

- 개인적 이익을 추구하는 이들에게 가장 효과적인 동기 부여 언어는 최선을 다했을 때 얻게 될 미래를 보여 주는 것이다. 고급 자동차, 명예, 여행, 최고의 레스토랑에서 식사하며 이른바 셀럽들과 어울리는 삶 등. 당신과 함께 일한 결과가 멋진 라이프 스타일로 돌아올 것이라고 확신할 때 그들은 회사의 성장을 위해 자기 몫을 해낼 것이다.

- 광기로 움직이는 이들은 비전통적인 요소들을 가장 큰 동기 부여의 원천으로 생각한다. 이들은 적을 상대하는 데 가장 큰 열정을 느끼며, 따라서 이들을 움직이게 하려면 끊임없이 새로운 적의 존재를 제시해야 한다.

- 목적을 위해 움직이는 이들은 자신보다 큰 무언가에 속하길 바라는 한편 역사에 이름을 남기고자 하는 욕구를 지니고 있다(가령 회사의 연혁이나 업계 소식지에 이름을 싣는 것 등). 이 범주에 속하는 인재는 가장 찾기 어렵지만, 운 좋게 영입할 수 있다면 기하급수적인 성장을 기대할 수 있다.

이해하고 배치하고 이끌어라.
단, 고치려 들지는 마라

당신이 관리하는 인재가 어떤 사람이든, 섣불리 그를 바꾸려고 하면 결국 그의 몸과 마음이 당신을 떠나 버릴 것이다. 나는 경력을 쌓는 과정에서 이런 실수를 꽤 자주 저질렀다. 사람을 바꾸려고 하는 대신 그를 움직이는 동기를 찾아내서 그가 가장 큰 잠재력을 발휘할 수 있는 곳에 적절히 배치하라. 어쩌면 이 과정에서 그를 바라보는 관점 자체가 바뀔 수도 있다.

사람을 고쳐 쓰겠다는 생각을 버려야 한다. 사람을 바꾸거나 고칠 수 있다는 믿음은 오만한 착각이다. 사업을 막 시작했을 무렵, 나는 항상 이 죄를 저질렀다. 직원들의 성과가 부족할 때마다 그들을 강하게 몰아붙였던 것이다. 그때는 그들이 원하는 리더십이 바로 이런 거라고 믿었다. 그들이 뭔가를 잘못했다면 내 피드백이 아무리 거칠어도 감사히 받아들일 것이고, 결국은 제 몫을 해내는 뛰어난 인재로 성장하리라고 생각했다.

그것은 완전한 망상이었다. 나는 내 힘으로 사람들을 변화시킬 수 없다는 사실을 깨달았다. 그들에게 진짜 필요한 것은 자신의 실수를 스스로 고치게 만드는 내면의 동기였다. 이러한 깨달음은 효과적인 인재 관리로 이어졌다. 직원들의 문제를 나서서 해결하려 하는 대신, 나는 그들의 말을 들어 주고 적절한 질문을 던져 주고 올바른 방향을 부드럽게 제시했다. 사람들은 경청을 원한다. 그들을 이해하기 위해 충분한 시간을 투자하면 힘의 균형에 본질적인 변화가 생긴다. 이 과정을 거치면 그들 스스로 내면의 동기를 추진력으로 삼아 결점을 고쳐 나갈 것이다. 그 이후에는 비로소 자기 몫을 해내는 인재가 된다.

힘의 균형을 깊이 있게 분석하는 과정에서 우리는 인간의 모든 상호작용을 지금까지와 다른 시선으로 바라볼 수 있게 되었다. 중요한 인물과 첫 대면을 할 때든 영향력이 필요한 협상을 할 때든, 시간을 들여 힘의 균형을 파악하고 적절한 전략을 세운다면 그랜드마스터로 성장할 수 있다. 파워 게임을 익히는 가장 효과적인 방법은 영웅의 그림자가 되는 것이다. 경력의 어느 단계에 있든 당신이 원하는 기술과 성공을 갖춘 사람들에게 붙어 있을 수 있도록 최선의 노력을 기울여라.

마지막으로, 사람들을 곁에서 관찰하며 그들을 움직이는 동기의 원천을 지속적으로 파악하라. 모든 사람은 각기 다른 추진력으로 움직인다. 리더로서 당신의 역할은 그들을 직접 움직이는 것이 아니라(바꾸려고 해서는 더욱더 안 된다) 그들의 동기를 이해하고 그들이 자신의 체스 경기를 적절히 운영하도록 도움으로써 최대의 잠재력을 이끌어 내는 것이다.

힘의 균형을 움직이는 전략 익히기

1 골리앗을 쓰러뜨리고 이야기를 통제하는 법

당신 혹은 당신의 기업이 목표로 삼을 골리앗을 확인하라. 이야기를
통제하는 전략을 수립하라. 골리앗을 쓰러뜨리는 데 방해가 되는 모
든 위험 요소를 최소화하라.

2 마피아에게 배우는 협상과 영업, 영향력의 기술

자신의 이익만 생각하기보다 전략적 파트너의 성공을 도울 방법을
고민하라. 회의 참석 전에 7가지 준비 단계를 모두 수행하라. 협상할
때는 더 큰 영향력을 지닌 쪽이 누구인지 반드시 확인해야 한다. 영
향력이 부족할 때는 지나치게 강경한 태도를 삼가고, 영향력이 충분
할 때라도 힘을 남용해서는 안 된다. 특히 상대방과 장기적으로 전
략적인 파트너십을 유지하고 싶다면 더욱 그렇게 해야 한다.

3 힘의 균형을 끌어오고 유지하는 기술

영향력에 대해 끊임없이 공부하라. 주변 사람들과 기업, 국가 간의 모든 상호 작용을 관찰하며 누가 영향력을 지니고 있는지, 그가 그 힘을 적절히 행사하는지 판단하라. 비즈니스를 성사시키고 싶다면 빠르게 밀어붙이는 전략보다는 장기적으로 상대를 도울 방법을 찾아라. 마지막으로 사람들을 깊이 있게 관찰하면서 무엇이 그들을 움직이는지, 그 동기를 바탕으로 어떻게 그들을 이끌 수 있을지 고민하고 또 고민하라.

이 책을
나가며

체크메이트

"학교를 제대로 마치지 못한 사람으로서,

나는 평생 배우는 사람의 자세로 세상에 끝없는 호기심을 품는 것이

무엇보다 중요하다고 생각한다."

–리처드 브랜슨

우리는 함께 먼 길을 왔다. 만약 당신이 스포츠 팬이 아니라면 스포츠에 관련된 비유가 너무 많이 등장한다고 생각했을지도 모른다. 하지만 내가 얻은 지식을 공유하며 스포츠와의 유사성을 찾지 않기란 불가

능했다. 그런 의미에서 마지막으로 한 번 더 비슷한 이야기를 들어 주었으면 한다. 코트 위의 망누스 칼센이라고 할 수 있는 농구계의 천재, 앤드루 바이넘Andrew Bynum에 대한 이야기다. 시작부터 그를 너무 추켜세우는 것 같겠지만, 조금만 참고 내 말을 들어 보라.

바이넘은 전례 없는 재능을 타고났다. 그는 겨우 만 17세였던 2005년에 내가 응원하는 팀인 LA 레이커스에서 1라운드 선발 플레이어로 뛰었다. 지금은 고인이 된 레전드 코비 브라이언트가 한창 전성기를 누리던 시절이었다. 나는 혜성처럼 등장한 2미터 10센티미터짜리 괴물 신인이 NBA를 제패하는 순간을 하루빨리 보고 싶었다. 바이넘은 신체 조건만 봐도 차세대 샤킬 오닐Shaquille O'Neal이 되기에 충분했고, 코트에 오르면 명예의 전당 유력 후보임을 입증하는 플레이를 선보였다.

그는 끝내주게 멋진 선수로 농구 경력을 시작했다. 레이커스가 2009년과 2010년에 우승컵을 거머쥐는 데도 큰 역할을 했고, 2012년에는 만 25세도 되지 않은 나이에 시즌 최고의 선수만 선발되는 올NBA(All-NBA)에 들어갔다. 그때까지는 누구나 그의 미래가 더 많은 승리와 올NBA 고정 멤버로 채워지리라 생각했을 것이다.

그러나 그 순간부터 모든 것이 곤두박질치기 시작했다.

그는 부상을 입은 상태에서 필라델피아 세븐티식서스Philadelphia 76ers로 이적했고, 제대로 적응하지 못하는 모습을 보이다가 클리블랜드 캐벌리어스Cleveland Cavaliers로 다시 이적한 2013년에는 급기야 출장 정지를 당했다. 사유는 경기 방해 행위였다. 그는 연습 경기를 하면서 패스를 받을 때마다 위치에 상관없이 무조건 슛을 던져 버렸다. 나 같은 농구 팬의 입장에서 그의 행동은 단순히 감독과 팀 선수들에 대한 조롱을 넘어서 농구 자체에 대한 모욕이었다. NBA 우승컵도, 수많은 표창도, 수천만 달러의 재산도 소용없었다. 그는 만 26세의 나이에 농구를 모독하고 경력을 완전히 망쳤다.

어째서일까?

실제로 그를 만나 보지 못했으므로 추측만 할 뿐이지만, 나는 그가 농구 경기를 사랑하지 않았다고 생각한다. 사랑하지 않는 일을 어떻게 존중할 수 있겠는가?

사람은 때로 너무 쉽게 주어진 것들에 사랑을 느끼지 못한다. 비즈니스 세계에서도 비슷한 상황을 볼 수 있다. 특히 막대한 유산을 물려받은 부유한 집안의 자녀들이 흔히 이런 패턴을 보인다. 삶에 투쟁이 결여될 때, 다시 말해서 뭔가를 얻기 위해 노력해야 할 필요가 없을 때, 우리는 마치 자신에게 특별한 자격이라도 있는 것처럼 주어진 것들을 당연하게 받아들인다. 이것은 인간 본성의 법칙 중 하나다.

내가 앤드루 바이넘의 이야기를 이렇게 길게 하는 까닭은, 그의 행동이 잠재력의 핵심 열쇠와 연결되어 있기 때문이다. '어떤 일에 잠재력을 발휘하려면 그 일을 중요하게 생각해야 한다.' 역사책은 자신에게 중요한 일을 하기 위해 불가능을 가능으로 바꾼 개인들의 이야기로 가득 차 있다. 바라건대, 바이넘이 지금이라도 기꺼이 최선을 다하고 싶고 마음을 끌어당기는 대상을 찾았으면 좋겠다.

당신은 성공을 원해야 한다. 아프도록 간절히 갈구해야 한다. 끈기와 헌신, 추진력은 운동선수부터 체스 그랜드마스터, 최고경영자에 이르기까지 성공한 모든 이가 가진 공통적인 특징이다. 나는 성공에 이르는 길이 힘들다는 내용을 반복해서 강조했다. 그 이유는 당신의 잠재력을 상상할 수 있는 가장 높은 수준으로 끌어올리기 위해서는 지금까지와 전혀 다른 준비가 필요하다는 걸 알기 때문이다.

'레벨업'은 바닥부터 다시 시작하는 것이다

역량을 갖추려면 두려움을 버리고 '덤벼들어야' 한다. 모든 분야에서 최고의 실력을 갖추기 위해 노력하라. 이러한 노력의 역설은 성장할 때마다 바닥부터 다시 시작해야 한다는 점이다.

초등학교 최고참 학년도 중학교에 올라가는 순간 서열 꼴찌가 된다. 겨우 사다리의 꼭대기에 오르면 고등학교에 입학하고 다시 밑바닥으로 떨어진다. 당신 앞에 펼쳐질 모든 경력도 비슷한 양상일 것이다. 한 단계 성장함과 동시에 다음 레벨의 최하위 서열이 된다. 우리의 성장을 가로막는 가장 큰 장애 요소 중 하나는 존경을 잃어버릴지도 모른다는 두려움이다. 다음의 도표를 통해 확인해 보자.

1퍼센트에 진입하는 비결은 끝없는 학습과 성장에 대한 투자다. 대기업은 그들의 역량 계발을 지원한다. 고가의 트레이닝 프로그램을 도입하고, 경험이 풍부한 멘토와 연결시켜 주고, 리더십을 기르기 위해 유망한 후배들을 붙여 준다. 만약 당신의 재능에 투자해 줄 기업이 없다고 해도 자신에게 투자할 방법을 스스로 찾아내야 한다.

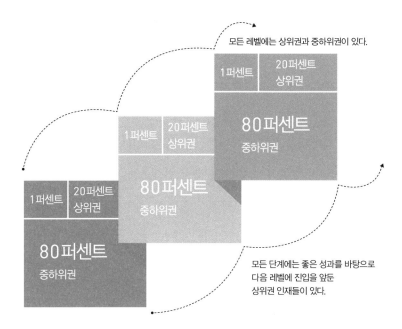

모든 레벨에는 상위권과 중하위권이 있다.

1퍼센트 / 20퍼센트 상위권

80퍼센트 중하위권

1퍼센트 / 20퍼센트 상위권

80퍼센트 중하위권

1퍼센트 / 20퍼센트 상위권

80퍼센트 중하위권

모든 단계에는 좋은 성과를 바탕으로
다음 레벨에 진입을 앞둔
상위권 인재들이 있다.

　　무슨 이유에선지 사람들은 대부분 도전을 두렵게 생각한다. 하지만 도전이 없다면 우리 삶이 얼마나 정체되고 지루할 것인가. 도전을 받아들이지 않는다면 우리 내면에 얼마나 큰 잠재력이 있는지, 얼마나 많은 것을 성취할 수 있는지 확인할 방법이 없다. 분별력 있는 기업가라면 도전이 두렵다는 어리석은 생각을 버려야 한다. 도전은 피할 수 없으며, 그런 의미에서라도 그것을 받아들이고 성공적으로 이겨 내는 편이 현명하다. 모든 투쟁은 성장과 발전의 기회로 연결된다.

　　한 걸음 올라설 때마다 능력의 한계를 벗어났다는 불안이 밀려오며 마치 시험당하는 기분이 들 것이다. 다시 말하지만, 당신의 성공을 결정짓는 핵심 열쇠는 그 일이 당신에게 얼마나 중요한지에 달려 있다.

기업가정신으로 세상의 문제들을 바라보라

나는 입이 아프도록 기업가정신이 세상의 많은 문제를 해결할 수 있다고 주장하곤 한다. 가장 큰 이유는 기업가들이 최고의 문제 해결사이기 때문이다. 그들은 복잡한 상황을 확인하고, 분석하고, 단순화하고, 본질적인 솔루션을 찾아낸다. 기업가들은 건강과 경제, 환경, 교육 문제를 해결할 줄 아는 사람들이다.

사업 경험이 전무한 사람이 기업가가 되기로 마음먹는 경우, 그 첫 번째 동기는 대개 돈을 많이 벌어서 더 큰 집과 자동차, 멋진 물건을 갖고 싶다는 욕망이다. 여기에는 아무런 문제도 없다. 하지만 진짜 기업가라면 그보다 큰 생각을 가져야 한다. 오늘날의 세계가 끝없이 이어지는 문제들을 해결하면서 기업가들에게 크게 의지한다는 사실을 기억하라.

비즈니스 게임은 종종 진흙탕 싸움이 된다. 스타트업의 공동묘지에는 선의와 재능을 갖추고 야심 차게 출발했던 기업들의 무덤이 즐비하다. 그들의 문제는 비즈니스를 운영하는 과정에서 맞닥뜨리게 되는 혼돈에 제대로 대비하지 못한 것뿐이었다. 한계에 부딪히고, 골리앗에게 얻어맞고, 친구들에게 배신당하면서도 여전히 주어진 임무에 충실할 수 있다면 당신의 노력에는 그만한 가치가 생길 것이다. 그 노력이 '언젠가' 가치를 창출할 것이라는 얘기가 아니다. 당신이 매일같이 어떤 목표를 위해 싸우고, 미래의 진실을 보며 살아가고, 사람들의 잠재력을 최고로 이끌어 낸다면 매 순간 가치 있는 보람을 느낄 것이다.

세상은 당신을 필요로 한다. 우리에게는 당신의 아이디어와 열정, 진심이 필요하다. 이 책을 다 읽어 가는 지금, 나는 당신에게 간단한 질문을 던지고 싶다. 앞으로 당신이 둘 다섯 수는 무엇인가?

우리는 지금까지 5가지 중요한 수들을 마스터했다.

- 나는 어떤 사람이 되고자 하는가?
- 문제 상황을 어떻게 처리하는가?
- 어떻게 이상적인 조직을 구성하는가?
- 어떻게 조직을 확장시키는가?
- 어떻게 힘의 균형을 끌어오는가?

이 책에 담긴 모든 질문과 기술, 이야기의 목적은 당신을 돕는 것이다. 하지만 당신이 배움을 삶에 적용하지 않는다면 보상을 받을 수 없다. 지금은 당신이 자신에게 다음에 둘 수를 물을 시간이다.

최소 다섯 수를 열거하라. 만약 최고의 그랜드마스터가 되고자 한다면 열다섯 수를 내다보는 도전도 시작해 보라. 수를 예측할 때는 각 움직임의 흐름을 고려해야 한다. 때로는 열다섯 번째로 두어야 할 수를 세 번 만에 두고 싶은 유혹이 찾아올 것이다. 그럴 때는 더 큰 그림에 집중하라. 명심하자. 그랜드마스터가 되려면 올바른 순서에 따라 움직여야 한다. 이러한 움직임이야말로 당신을 전쟁터와 이사회, 그리고 침대 위의 승자로 만들어 줄 핵심 열쇠다.

나의 열다섯 수 계획하기

아마추어 레벨	1	
	2	
	3	
프로 레벨	4	
	5	
마스터	6	
	7	
	8	
	9	
	10	
그랜드마스터	11	
	12	
	13	
	14	
	15	

감사의 말

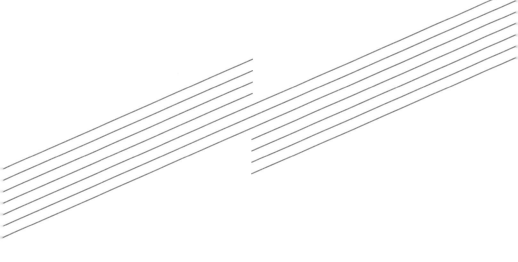

패트릭 벳-데이비드

　　내 인생은 크게 6가지 요소로 이뤄져 있으므로, 그 요소들을 활용해서 감사한 사람들과 감사한 일들에 마음을 전하려 한다.

　　유전자　이 모든 것은 우리 부모님, 게이브리얼 벳-데이비드와 다이애나 보고시안Diana Boghosian에서 출발했다. 그분들이 없었다면 나는 지금의 내가 아니었을 것이다.

　　문화　현재의 나는 5가지 감사한 문화의 산물이다. 내 절반은 아르메니아인이고 절반은 아시리아인이다. 10년간 이란의 수도 테헤란에서 살다가 독일의 에를랑겐으로 망명했고, 결국 미국으로 건너오게 되었다.

각각의 문화가 지닌 특징은 삶을 바라보는 내 시각에 큰 영향을 미쳤다.

경험 사람들은 고통과 환희를 포함하여 다양한 경험을 하며 살아 온 배우가 훌륭한 연기를 할 수 있다고 믿는다. 비즈니스 또한 마찬가지다. 내 인생에 즐거운 일들만 일어났던 것은 아니지만, 그럼에도 나는 그 모든 경험에 감사한다. 이란에서 전쟁을 겪고, 난민촌에서 연명하고, 군대에서 복무하지 않았다면 나는 지금의 내가 될 수 없었을 것이다. 그 모든 경험과 그 이상의 일들이 오늘의 나를 만들었다.

선택 나는 살면서 나쁜 선택은 수없이, 좋은 선택은 몇 번쯤 했다. 어떤 선택은 실수임을 깨닫기 전까지 현명한 결정처럼 느껴졌고, 어떤 선택은 좋은 결과가 나올 때까지 어리석은 판단으로 여겨졌다. 나는 이 모든 선택이 준 교훈을 소중히 여긴다. 어떤 선택은 많은 돈이 들었고, 어떤 선택은 관계를 희생시켰다. 그러나 돈을 벌어다 주거나 소중한 인연과 연결해 준 선택들도 있다. 그 경험들이 쌓여 지금의 내가 되었다.

사람 내가 감사한 사람은 몇 가지 범주로 나눌 수 있다. 우선 처음 만난 순간부터 나를 지지해 준 아내 제니퍼 벳-데이비드에게 고마움을 전하며 시작하려 한다. 제니퍼를 알게 된 날부터 내 인생은 바뀌었다. 그가 낳아 준 우리 세 아이, 패트릭과 딜런, 세나 또한 저마다의 방식으로 내 삶을 변화시켰다.

내 누나이자 최고의 친구인 폴렛 벳-데이비드에게도 감사를 전하고 싶다. 매형 시아막 세바티마니Siamak Sebatimani는 내가 평생 갖고 싶어 했던 남자 형제가 되어 주었다. 우리 아이들이 태어나기 전, 나는 조카 그레이스와 숀에게 푹 빠져 지냈다.

모든 가능성이 불리한 방향을 가리켰음에도 불구하고 망설임 없이 우리 회사를 택해 준 PHP에이전시의 경영진에게도 무한한 감사를 느낀다. 그들이 없었다면 우리는 결코 1만 5000명 규모의 보험 회사로 성장할 수 없었을 것이다. 시나 사파울라와 맷 사파울라, 호세 가이탄Jose Gyatan과 마를린 가이탄Marlene Gaytan, 그리고 다른 모든 이에게도 고마움을 전한다.

진정한 러닝메이트를 찾는다는 것은 절대 쉽지 않은 일이다. 하지만 마리오 아길라Mario Aguilar는 내게 그런 사람이 되어 주었다. 그는 이 책에 필요한 자료 수집을 포함하여 수많은 프로젝트에서 내 최고의 파트너였다.

출판 대리인 스콧 호프먼Scott Hoffman이 없었다면 이 책은 세상에 나오지 못했을 것이다.

내 경험과 아이디어에 체계적인 구조를 부여해 준 그레그 딘킨에게도 감사를 전해야 한다. 그 외에도 우리가 특정한 아이디어나 주제에 갇혀 있을 때 생각을 정리하도록 도와준 다양한 사람이 있다. 마랄 케시시안 Maral Keshishian, 티그란 베키안Tigran Bekian, 톰 엘스워스Tom Ellsworth, 데이비드 몰다와David Moldawar, 카이 로드Kai Lode가 특히 큰 도움을 주었다.

갤러리북스Gallery Books 출판사의 제니퍼 버그스트롬Jennifer Burgstrom과 천재적인 편집자 카린 마커스Karyn Marcus, 레베카 스트로벨Rebecca Strobel에게도 무한한 감사를 느낀다. 린 앤더슨Lynn Anderson과 에릭 레이머Eric Raymer의 예리한 센스에도 크게 감탄했다.

수백만에 이르는 밸류테인먼트의 구독자들과 월 단위로 우리 콘텐츠를 구독하는 기업가들이 없었다면 이 책을 비롯한 새로운 콘텐츠를 창작하지 못했을 것이다. 진심으로 감사를 전한다. 그들 모두는 말로 표현할 수 없는 방식으로 나를 격려해 주었다.

우리는 감사한 사람을 떠올릴 때 사랑과 지지를 보내 준 이들은 쉽게 기억하는 반면 우리에게 경쟁과 비난과 비웃음을 선사했던 이들은 너무 쉽게 잊어버린다. 그러나 내 마음속에는 나를 의심했던 사람들을 위한 특별한 자리가 마련되어 있다. 이름을 부르며 감사를 전하고 싶지만, 일일이 나열하면 책이 몇 페이지나 더 길어질 것이므로 생략하겠다. 내가 그대들을 매우 사랑하고 고마워한다는 사실만 알아주기를.

영감 마지막으로 언급하지만 그 중요도는 결코 낮지 않다. 살면서 뭔가 큰일을 해낼 수 있다는 영감을 받은 순간들이 몇 번 있었다. 처음에는 뛰어들고 싶지 않았지만, 어떤 경험들은 자꾸만 나를 끌어당겼다. 지금 돌이켜보면 결국 뛰어들고 최선을 다하기로 마음먹어서 다행이라는 생각이 든다. 이러한 영감의 순간이야말로 내가 매 순간 열정을 느끼고, 미래의 비전을 달성하기 위해 매일 아침 흥분한 상태로 눈을 뜨는 이유다.

그레그 딘킨(공동 저자)

어쩌면 당신은 내가 패트릭을 처음 만났을 때 느꼈던 것과 똑같은 의심을 품고 있을지 모른다. '이 사람이 하는 말들이 다 진짜일까?' 《포커 MBA》라는 책까지 쓴 포커 챔피언 출신으로서, 나는 허풍쟁이들을 걸러내는 정교한 기술을 갖고 있다. 나는 블러핑하는 인간들을 관찰하며 그들의 진의를 파악한다.

그와 일을 시작하고 한 달 뒤인 2019년 5월, 나는 댈러스에서 열린 볼트 콘퍼런스에 참석했다. 패트릭은 개막 행사인 전략 강연에서 참석자 수십 명으로부터 쏟아지는 질문에 일일이 답변해 주었는데, 그 내용을 들어 봤더니 패트릭은 질문자들의 사업과 관련된 디테일한 부분들을 구체적으로 기억하고 있었다. "오, 맞아요." 그가 말했다. "2년 전에 당신의 사업 계획에 관해 대화를 나눴죠. 어때요, 진행 상황을 잘 추적하고 있나요?" "시장 분석에 더 많은 예산을 투자하는 문제로 제게 이메일 자문을 받았던 분이죠? 투자를 했나요? 아직 아니라고요? 왜요?"

그의 기억력에 놀랐고, 사업 수완에는 더욱 깊은 인상을 받았다. 문득 그가 비즈니스를 운영하고, 세 아이를 키우고, 끊임없이 공부하는 와중에(나는 그처럼 열심히 일하는 사람도, 책을 많이 읽는 사람도 알지 못한다) 오직 도움을 주고 싶다는 마음 하나로 수십 명의 기업가에게 무상으로 멘토링을 제공한다는 사실이 떠올랐다.

그 순간 밸류테인먼트 전용 콘텐츠 제작부터 콘퍼런스 기획, 그리고 이 책의 집필에 이르기까지 그에 대해 품었던 모든 의심이 눈 녹듯 사라졌다. 그날을 기점으로 1년 넘게 지켜본 패트릭은 순수하고 진실하며 주변의 모든 사람을 진심으로 돕고자 하는 사람이었다.

그의 성공 비결을 하나로 압축하자면 다른 사람들이 꿈에 다가갈 수 있도록 돕고자 하는 그의 진심일 것이다. 우리는 패트릭의 모든 지식을 이 책 속에 담아내려고 노력했지만, 그럼에도 사람들을 향한 그의 사랑과 헌신까지는 모두 담아낼 수 없었다. 그리고 이런 사실이야말로 그가 세계에서 가장 뛰어난 리더 중 한 명으로 성장한 비밀이 아닐까 싶다.

바쁜 시간을 쪼개서 당신에게 진심 어린 호기심을 느끼고, 당신이 되고자 하는 사람이 누구인지 확인시켜 주기 위해 열심히 질문을 던지는 리더를 떠올려 보라. 이런 지도자는 때때로 당신의 가장 무모한 야망을 기억하고 표출하도록 이끈다. 그 후에는 자원과 코칭을 제공하고, 당신이 지녔다고 상상도 못 했던 최고의 잠재력을 이끌어 내며, 그 능력에 걸맞은 책임을 부여한다. 게다가 그는 사람들에게 요구하는 것보다 훨씬 큰 노력과 성공을 자기 자신에게 요구하며 본보기를 보인다. 이런 그의 가르침 속에서 당신이 어떻게 성공을 비껴갈 수 있겠는가? 그가 대학교 졸업장도 없는 기업가 지망생 수십만 명을 백만장자로 키워 낸 것은 결코 우연이 아니다. 그 과정에는 분명 그들을 향한 애정이 있었다. 진실한 애정이 책임감과 리더십, 그리고 좋은 본보기와 만나면 놀라운 성공이 뒤따른다.

이토록 인상적인 인간을 바로 곁에서 관찰할 수 있었던 것은 큰 행운이었다. 르브론 제임스와 1년 내내 꼭 붙어 다닐 기회를 얻은 농구선수를 생각해 보라. 너무 과도하게 칭찬하는 것 같은가? 그 바탕에는 흘러넘치는 감사가 깔려 있다. 내게 이 책의 공동 집필은 단순한 원고 작업으로 시작했다가 인간의 잠재력 해방에 대한 박사 과정 수준의 가르침으로 끝났다. 그사이 나는 더 나은 코치 겸 리더가 됐을 뿐 아니라 인간적으로도 더 나은 사람이 되었다. 그의 보물 상자에서 지혜를 꺼내 당신에게 전해 주는 작업에는 이미 패트릭의 지식에 도움을 받은 수많은 사람의 모습이 큰 동기를 부여해 주었다.

패트릭에게 감사하는 마음과 더불어, 어느새 완벽한 프로로 성장한 마리오 아길라에게도 고마움을 전하고 싶다. 그는 최고의 콘실리에리로서 이 책이 탄생하는 모든 단계에 지대한 도움을 주었다. 패트릭과 내가 잘 어울릴 것이라고 본능적으로 판단해 준 스콧 호프먼에게도 감사하다. 내 가족과 친구들의 지지에도 말로 표현할 수 없는 감동을 받았다. 어머니와 아버지, 앤디Andy, 제이미Jayme, 레슬리Leslie, 드루Drew, 로건Logan, 테아Thea, 미셸Michelle, 컬리Cully, 조시Josh, 브라이언Bryan, 폴Paul, 찰리Charlie, 마크Mark, 모니크Monique, 조지George, 크리스Chris, 스터키Stuckey, 프랭크Frank는 자신만의 방식으로 내게 큰 은혜를 베풀었다.

YOURNEXTFIVEMOVES.COM에서 무료 퀴즈를 풀어 보라.

부록 B 개인 정체성 감사

노트를 펼쳐서 아래의 자아 탐구 질문들에 대한 답변을 써 보라. 이상적인 답변을 내놓으려고 애쓰지 말고, 정확하고 정직하게 대답하라. 시간을 들여 생각하고, 그에 따라 격렬한 감정이 밀려올수록 돌파구를 찾아낼 가능성은 더욱 커진다(이 개인 정체성 감사에 대한 나의 경험과 설명은 77쪽에 쓰여 있다).

1. 세상이 당신을 어떻게 보고 있다고 생각하는가?

2. 당신은 자기 자신을 어떻게 보는가?

3. 당신의 '공적인 자아'는 '사적인 자아'와 어떻게 다른가?

4. 당신은 어떤 조건에서 '최고의 자신'(도전에 뛰어들어 최선의 결과물을 얻어 내는 사람)이 될

  수 있는가?

  ☐ 남과 경쟁할 때

  ☐ 손실이 두려울 때

  ☐ 난관을 만났을 때

☐ 승리를 원할 때

☐ 믿음에 보답하고 싶을 때

☐ 능력을 증명하고 싶을 때

5. 인생에서 성공을 가장 갈망했던 90일의 기간을 떠올려 보라. 그때 당신을 움직였던

　동력은 무엇이었는가?

6. 당신은 사업적인 손해를 어떻게 처리하는가?

7. 자신의 노력 부족 혹은 훈련 부족을 남 탓으로 돌리는 경향이 있는가? 만약 있다면

　그 이유는 무엇인가?

8. 노력하지 않고 어떤 것을 갖고 싶어 하는 경향이 있는가?

9. 성격이 까다로운 편인가?

☐ 매우 까다롭다

☐ 까다롭다

☐ 약간 까다롭다

☐ 무던하다

☐ 매우 무던하다

10. 다른 사람들과 쉽게 어울리는 편인가? 사람들과의 만남을 불편해하는가?

11. 일이 잘 풀리지 않을 때 주로 어떤 이들과 대화하는가?

☐ 나보다 앞서 나가는 사람들

☐ 나와 비슷한 수준의 사람들

☐ 나보다 뒤처진 사람들

☐ 누구와도 대화하지 않는다

12. 아무도 모르게 질투심을 품는 대상이 있는가? 이 글은 오직 당신만 읽을 것이므로

두려워 말고 솔직히 털어놓아도 좋다. 가장 질투하는 사람과 당신의 관계는 어떤가? 그가 성공하기 위해 기꺼이 쏟는 노력을 똑같이 쏟지 못한다는 사실이 질투에 얼마나 큰 영향을 미치는가?

13. 당신은 어떤 종류의 사람을 볼 때 가장 기분이 나쁘며, 그 이유는 무엇인가?

14. 당신은 어떤 종류의 사람을 가장 좋아하며, 그 이유는 무엇인가?

15. 당신이 가장 자주 협업하는 사람은 누구인가?

16. 다른 사람의 능력이나 성격 중에서 가장 존경하는 부분은 무엇인가?

17. 압박감을 어떻게 관리하는가?

18. 더 나은 관점을 지니기 위해 기존 생각에 스스로 의문을 품는 시도를 얼마나 자주 하는가?

19. 당신이 최악의 단점을 드러내는 순간은 언제이며, 그 이유는 무엇인가?

20. 당신이 최고의 잠재력을 발휘하는 순간은 언제이며, 그 이유는 무엇인가?

21. 비즈니스와 일상생활에서 가장 가치 있게 생각하는 것은 무엇인가?

22. 비즈니스 과정에서 가장 두려워하는 것은 무엇인가?

23. 어떤 성취에 가장 큰 자부심을 느끼며, 그 이유는 무엇인가?

24. 당신이 되고자 하는 사람은 누구인가?

25. 당신이 살고자 하는 삶은 어떤 모습인가?

당신이 앞으로 둘 다섯 수는 무엇인가?

부록 C 비즈니스의 X값을 찾아내는 공식

패트릿 벳 – 데이비드의 의사 결정 과정

문제 상황:

분석	해결책	실행
긴급도 (1~10점)	필요한 인력	필요한 협조
최종적 영향–잠재적 이익 및 잠재적 손실	해결책 목록	책임자 배치
상황의 근본적 원인 왜? 왜? 왜?	발생 가능한 부정적 결과	새로운 예방 규칙

패트릭 벳-데이비드가 꼽은 최고의 비즈니스 도서 52권

1. 김위찬, 르네 마보아, 김현정, 이수경 옮김, 《블루오션 전략》, 교보문고, 2015.

2. 레이 달리오, 하워드 막스, 고영태 옮김, 《원칙》, 한빛비즈, 2018.

3. 패트릭 렌시오니, 송경모 옮김, 《CEO가 빠지기 쉬운 5가지 유혹》, 위즈덤하우스, 2007.

4. John Warrillow, 《Built to Sell: Creating a Business That Can Thrive Without You》, Portfolio, 2012.

5. 마이클 포터, 미래경제연구소 옮김, 《마이클 포터의 경쟁전략》, 프로제, 2018.

6. 리즈 와이즈먼, 이수경 옮김, 《멀티플라이어》, 한국경제신문사, 2019.

7. 앤드루 그로브, 유영수 옮김, 《앤드루 그로브 승자의 법칙》, 한국경제신문사, 2003.

8. 알 리스, 잭 트라우트, 안진환 옮김, 《포지셔닝》, 을유문화사, 2021.

9. 패트릭 렌시오니, 이종민 옮김, 《탁월한 조직이 빠지기 쉬운 5가지 함정》, 다산북스, 2007.

10. 에릭 리스, 이창수, 송우일 옮김, 《린 스타트업》, 인사이트, 2012.

11. 게리 켈러, 제이 파파산, 구세희 옮김, 《원씽》, 비즈니스북스, 2013.

12. 로버트 그린, 이수경 옮김, 《마스터리의 법칙》, 살림Biz, 2013.

13. 조던 B. 피터슨, 강주헌 옮김, 《12가지 인생의 법칙》, 메이븐, 2018.

14. 버네 하니시, 서경호 옮김, 《록펠러식 경영습관 마스터하기》, 일빛, 2004.

15. 로버트 그린, 안진환, 이수경 옮김, 《전쟁의 기술》, 웅진지식하우스, 2007.

16. 마르쿠스 아우렐리우스, 《명상록》.

17. Sam Walton, John Huey, 《Sam Walton: Made in America》, Doubleday, 1992.

18. 피터 드러커, 이재규 옮김, 《피터 드러커 미래경영》, 청림출판, 2013.

19. 데이브 로건, 존 킹, 헤일리 피셔 라이트, 염철현, 한선미 옮김, 《부족 리더십》, 한울, 2020.

20. 에릭 슈미트, 조너선 로젠버그, 앨런 이글, 김민주, 이엽 옮김, 《빌 캠벨, 실리콘밸리의 위대한 코치》, 김영사, 2020.

21. 피터 틸, 블레이크 매스터스, 이지연 옮김, 《제로 투 원》, 한국경제신문사, 2014.

22. Kenneth Blanchard, Norman Vincent Peale, 《The Power of Ethical Management》, Ballantine Books, 1996.

23. 칩 히스, 댄 히스, 안진환, 박슬라 옮김, 《스틱!》, 엘도라도, 2009.

24. 손자, 《손자병법》.

25. Noam Wasserman, 《The Founder's Dilemmas: Anticipating and Avoiding the Pitfalls That Can Sink a Startup》, Princeton University Press, 2013.

26. 피터 드러커, 이재규 옮김, 《미래사회를 이끌어가는 기업가정신》, 한국경제신문사, 2004.

27. Gary Fong, 《The Accidental Millionaire: How to Succeed in Life Without Really Trying》, BenBella Books, 2009.

28. 짐 콜린스, 제리 포라스, 워튼 포럼 옮김, 《성공하는 기업들의 8가지 습관》, 김영사, 2002.

29. Gabriel Weinberg, Justin Mares, 《Traction: How Any Startup Can Achieve Explosive

Customer Growth》, Portfolio Penguin, 2015.

30. Robert C. Townsend, Warren Bennis, 《Up the Organization: How to Stop the Corporation from Stifling People and Strangling Profits》, Jossey-Bass, 2007.

31. 알렉산더 오스터왈더, 이브 피그누어, 유효상 옮김, 《비즈니스 모델의 탄생》, 비즈니스북스, 2021.

32. 에릭 플램홀츠, 이본 랜들, 이광준 옮김, 《기업 성장을 방해하는 10가지 증상》, 매일경제신문사, 2002.

33. 앤드루 그로브, 유정식 옮김, 《하이 아웃풋 매니지먼트》, 청림출판, 2018.

34. 로버트 기요사키, 안진환 옮김, 《부자 아빠 가난한 아빠》, 민음인, 2018.

35. 도널드 트럼프, 이재호 옮김, 《거래의 기술》, 살림, 2016.

36. 벤 호로위츠, 안진환 옮김, 《하드씽》, 한국경제신문사, 2021.

37. 존 가트너, 조자현 옮김, 《조증》, 살림Biz, 2008.

38. 나폴레온 힐, 김정수 편역, 《나폴레온 힐 성공의 법칙》, 중앙경제평론사, 2015.

39. 마이클 거버, 이제용 옮김, 《사업의 철학》, 라이팅하우스, 2015.

40. 애덤 그랜트, 홍지수 옮김, 《오리지널스》, 한국경제신문사, 2020.

41. Charles T. Munger, Peter D. Kaufman, 《Poor Charlie's Almanack: The Wit and Wisdom of Charles T. Munger》, Donning Co Pub, 2005.

42. 칩 히스, 댄 히스, 안진환 옮김, 《자신 있게 결정하라》, 웅진지식하우스, 2013.

43. 라이언 홀리데이, 이경식 옮김, 《에고라는 적》, 흐름출판, 2017.

44. 애슐리 반스, 안기순 옮김, 《일론 머스크, 미래의 설계자》, 김영사, 2015.

45. 도널드 필립스, 임정재, 이강봉 옮김, 《비전을 전파하라》, 한스미디어, 2006.

46. 롤랜드 레이즌비, 서종기 옮김, 《마이클 조던MICHAEL JORDAN》, 1984, 2020.

47. 엘레나 보텔로, 킴 파월, 탈 라즈, 안기순 옮김, 《이웃집 CEO》, 소소의책, 2018.

48. 데이비드 호킨스, 백영미 옮김, 《의식 혁명》, 판미동, 2011.

49. 로버트 그린, 안진환, 이수경 옮김, 《권력의 법칙》, 웅진지식하우스, 2009.

50. Ken langone, 《I Love Capitalism!: An American Story》, Portfolio, 2018.

51. Lawrence M. Miller, 《Barbarians to Bureaucrats: Corporate Life Cycle Strategies: Corporate Life Cycle Strategies》, Fawcett, 1990.

52. 데일 카네기, 임상훈 옮김, 《데일 카네기 인간관계론》, 현대지성, 2019.

기타 참고 도서

• 게리 채프먼, 장동숙, 황을호 옮김, 《5가지 사랑의 언어》, 생명의말씀사, 2010.

• 스티븐 코비, 김경섭 옮김, 《성공하는 사람들의 7가지 습관》, 김영사, 2017.

• H. 노먼 라이트, 오현석 옮김, 《이 사람과 결혼해도 될까?》, 규장, 2018.

• 마이클 루이스, 이미정 옮김, 《빅쇼트》, 비즈니스맵, 2010.

• 더글러스 스톤, 브루스 패튼, 실라 힌, 김영신 옮김, 《우주인들이 인간관계로 스트레스받을 때 우주정거장에서 가장 많이 읽은 대화책》, 21세기북스, 2021.

• 나시르 가에미, 정주연 옮김, 《광기의 리더십》, 학고재, 2012.

• Gordon Bethune, 《From Worst to First: Behind the Scenes of Continental's Remarkable Comeback》, Wiley, 1999.

• 데일 카네기, 임상훈 옮김, 《데일 카네기 자기관리론》, 현대지성, 2021.

• 벤저민 그레이엄, 이건 옮김, 《현명한 투자자》, 국일증권경제연구소, 2020.

• 마이클 루이스, 김찬별, 노은아 옮김, 《머니볼》, 비즈니스맵, 2011.

• Brené Brown, 《The Power of Vulnerability: Teachings on Authenticity, Connection, and

Courage》, Sounds True, 2013.

- 패티 맥코드, 허란, 추가영 옮김, 《파워풀》, 한국경제신문사, 2020.

- Verne Harnish, 《Scaling Up: How a Few Companies Make It⋯ and Why the Rest Don't》, ForbesBooks, 2014.

- 론다 번, 김우열 옮김, 《시크릿》, 살림Biz, 2007.

- 월터 아이작슨, 안진환 옮김, 《스티브 잡스》, 민음사, 2015.

- Pierre Mornell, 《Thank God It's Monday: How to Prevent Success from Ruining Your Marriag》, Bantam, 1985.

- Jeffrey Liker, 《The Toyota Way: 14 Management Principles from the World's Greatest Manufacturer》, McGraw-Hill Education, 2004.

- Gino Wickman, 《Traction: Get a Grip on Your Business》, BenBella Books, 2012.

- Garrett B. Gunderson, Michael G. Isom, 《What Would the Rockefellers Do? How the Wealthy Get and Stay That Way, and How You Can Too》, CreateSpace Independent Publishing Platform, 2018.

- Richard Brookhiser, 《What Would the Founders Do?: Our Questions, Their Answers》, Basic Books, 2007.

- Jon Huntsman, 《Winners Never Cheat: Everyday Values That We Learned as Children》, Pearson PTR, 2005.